U0891155

国家出版基金项目
NATIONAL PUBLICATION FOUNDATION

中｜国｜参｜政｜党｜丛｜书

中国致公党史

中国致公党中央委员会　著

華文出版社
SINO-CULTURE PRESS

图书在版编目（CIP）数据

中国致公党史 / 中国致公党中央委员会著. -- 北京 :
华文出版社，2024. 10
（中国参政党丛书）
ISBN 978-7-5075-5796-1

Ⅰ. ①中… Ⅱ. ①中… Ⅲ. ①中国致公党—党史
Ⅳ. ①D665. 6

中国国家版本馆 CIP 数据核字(2024)第 070361 号

中国参政党丛书：中国致公党史

标准书号： ISBN 978-7-5075-5796-1
丛书编者：“中国参政党丛书”编辑委员会
本册著者： 中国致公党中央委员会
责任编辑： 雷　平
责任印制： 刘力新
封面设计： 李琳琳
出版发行： 华文出版社
地　　址： 北京市西城区广外大街 305 号 8 区 2 号楼
邮政编码： 100055
电　　话： 总 编 室 010-58336239　发行部 010-58336270
责任编辑 010-58336254
经　　销： 新华书店
印　　刷： 北京新华印刷有限公司
开　　本： 710mm×1000mm　1/16
印　　张： 25. 5
字　　数： 365 千字
版　　次： 2024 年 10 月第 1 版
印　　次： 2024 年 10 月第 1 次印刷
定　　价： 698. 00 元（全 8 册）

版权所有，侵权必究

“中国参政党丛书”
编辑委员会

主任委员：尤　权

副主任委员：万鄂湘　丁仲礼　郝明金　蔡达峰
陈　竺　万　钢　武维华　苏　辉
陈小江　陈　旭

编　　委：李惠东　徐　辉　吴晓青　高友东
何　维　吕彩霞　邵　鸿　吴国华
桑福华　张衍前　王　非　胡昊聪
易玉娟

总　序

2018年3月，习近平总书记在看望参加全国政协十三届一次会议的民盟、致公党、无党派人士和侨联界委员时明确指出：中国共产党领导的多党合作和政治协商制度作为我国一项基本政治制度，是中国共产党、中国人民和各民主党派、无党派人士的伟大政治创造，是从中国土壤中生长出来的新型政党制度。习近平总书记的重大理论判断，为我们理解中国的政党和政党制度提供了根本遵循。

一个国家实行什么样的政党制度，是由其特定的历史传承、文化传统、政治经济状况和现实国情等因素决定的。中国共产党领导的多党合作和政治协商制度植根于中华优秀传统文化，孕育于近代以来中国民主革命的历史进程，形成于协商建立新中国的伟大实践，发展于社会主义革命、建设、改革的伟大事业，完善于中国特色社会主义新时代，它是中国近现代社会发展的必然结果，是马克思主义政党理论与中国实际紧密结合的产物，是中国共产党、各民主党派和中国人民的共同政治选择，符合中国的基本国情，体现了中国人民的政治智慧。中国新型政党制度以合作、参与、协商为基本精神，以团结、民主、和谐为本质属性，具有政治参与、利益表达、社会整合、民主监督和维护稳定的重要功能，实现了执政与参政、领导与合作、协商与监督的有机统一，是人民当家作主的重要实现形式和社会主义协商民主的重要制度载体。它能够实现利益代表的广泛性，体现奋斗目标的一致性，促进决策施策的科学性，保障国家治理的有效性，在发展全过程人民民主中发挥了重要作用。

中国新型政党制度中包括中国共产党和八个民主党派，以及无党派人士。八个民主党派是中国国民党革命委员会（简称民革）、中国民主同盟（简称民盟）、中国民主建国会（简称民建）、中国民主促进会（简称民进）、中国农工民主党（简称农工党）、中国致公党（简称致公党）、九三学社、台湾民主自治同盟（简称台盟）。

长期以来，中国共产党同各民主党派长期共存、互相监督、肝胆相照、荣辱与共，形成了通力合作、团结和谐的新型政党关系，奠定了“共产党领导、多党派合作，共产党执政、多党派参政”的政治格局。中国共产党处于领导地位和执政地位。中国共产党是中国特色社会主义事业的坚强领导核心，各民主党派、无党派人士自觉接受中国共产党的领导，拥护中国共产党的领导地位和执政地位。中国共产党对各民主党派、无党派人士的领导，主要是政治领导，即政治原则、政治方向和重大方针政策的领导，中国共产党支持各民主党派、无党派人士独立自主地开展工作，充分履行职能、积极发挥作用。民主党派不是在野党、反对党，也不是旁观者、局外人，而是中国特色社会主义参政党，在中国共产党领导下参与国家治理。民主党派的基本职能是参政议政、民主监督、参加中国共产党领导的政治协商。民主党派参政的基本点是，参加国家政权，参与重要方针政策、重要领导人选的协商，参与国家事务的管理，参与国家方针政策、法律法规的制定和执行。民主党派的参政地位和参政权利受宪法保护，这是人民民主的重要体现。民主党派围绕国家经济社会发展中的重大问题献计出力，是中国特色社会主义事业的亲历者、实践者、维护者、捍卫者。

各民主党派是在中国人民反帝爱国、争取民主和反对独裁专制的斗争中产生和发展起来的，其社会基础主要是民族资产阶级、城市小资产阶级以及同这些阶级相联系的知识分子和其他爱国人士。除致公党1925年成立于美国旧金山、农工党成立于1930年外，民主党派大都成立于抗日战争和解放战争时期。在中国共产党统一战线政策的影响和团结下，各民主党派不断加深对中国共产党的了解，特别是1948年中国共产党发布“五一口号”后，民主党派积极响应，纷纷表示“愿在中共领导下，献其绵薄，贯彻始终，以冀中国人民民主革命之迅速成功，独立、自由、和平、幸福的新中国之早日实现”，积极参加新中国的筹备工作。在血与火的斗争洗礼和比较选择中，民主党派在政治上实现了从同情和倾向中国共产党到公开表示自觉接受中国共产党领导、走新民主主义道路的根本转变。1949年新政协的召开，标志着中国共产党领导的多党合作和政治协商制度这一新型政党制度的正式确立，为各民主党派同中国共产党在更大范围和更深程度上的团结合作提供了制度保障。

在社会主义革命和建设时期，各民主党派积极参加国家政权和国家事务的管理，调动成员和所联系的群众参加各项民主改革和新中国的建设，参加社会主义改造，作出了重要贡献，其自身阶级属性发生深刻变化，逐渐成为一部分劳动者的政党。

进入改革开放和社会主义现代化建设新的历史时期，各民主党派努力加强自身建设，充分发挥各自特点和优势，在深化改革、扩大开放、建设社会主义事业、维护安定团结的政治局面、促进国家统一方面不断作出新贡献。随着中国特色社会主义事业的不断推进，各民主党派进一步发展成为各自所联系的一部分社会主义劳动者、社会主义事业建设者和拥护社会主义的爱国者的政治联盟，成为接受中国共产党领导、同中国共产党通力合作的亲密友党，成为进步性与广泛性相统一、致力于中国特色社会主义事业的参政党。民主党派的性质发生了根本变化，由阶级联盟转变为政治联盟。共产党领导、多党派合作，共产党执政、多党派参政的良好政治格局更加巩固，民主团结、生动活泼的和谐政党关系更加融洽。

中国特色社会主义进入新时代，以习近平同志为核心的中共中央统筹中华民族伟大复兴战略全局和世界百年未有之大变局，形成了习近平总书记关于做好新时代党的统一战线工作的重要思想，强调必须坚持好发展好完善好中国新型政党制度；提出各民主党派是中国特色社会主义参政党，基本职能是参政议政、民主监督、参加中国共产党领导的政治协商；提出要推动多党合作展现新气象，思想共识取得新提高，履职尽责展现新作为，各民主党派要做中国共产党的好参谋、好帮手、好同事。这些新理念新思想新论断，系统回答了在新时代“坚持和发展什么样的多党合作制度、怎样坚持和发展多党合作制度”“建设什么样的参政党、怎样建设参政党”等重大问题。各民主党派认真学习习近平新时代中国特色社会主义思想，不断加强自身建设，提高建言资政水平，为推进国家各项事业发展作出了重要贡献。

知所从来，思所将往。习近平总书记指出：“一切向前走，都不能忘记走过的路；走得再远、走到再光辉的未来，也不能忘记走过的过去，不能忘记为什么出发。”回首中国新型政党制度和各民主党派的形成和发展，同样有着值得铭记的历史和不能忘却的初心。民主党派几经变迁和考验，始终秉持进步理念、认真履行职能、保持自身特色，形成了许多优良传统和宝贵经验，给人以深刻启示。

自觉接受中国共产党领导，是民主党派不断发展的根本保证。中国共产党的领导是中国特色社会主义最本质的特征，是中国特色社会主义制度的最大优势。历史和实践充分表明，中国共产党的领导是民主党派加强自身建设、不断发展进步的根本保证。民主党派的发展史，就是对中国共产党在认识上不断深化、政治上不断认同、行动上不断靠拢的历史。中国共产党的领导核心地位越突出，民主党派自身建设就越有力，多党合作的政治格局就越稳固。迈进新的征程，各民主党派要坚持自觉接受中国共产党领导的政治立场不变、与中国共产党亲密合作和同心同德的政治态度不变，始终做到肝胆相照、荣辱与共。

致力于国家富强、民族复兴和人民幸福，是民主党派不断发展的价值追求。正确的价值取向和目标追求，反映着政党的进步性，决定着政党的生命力。我国民主党派之所以能够经历大浪淘沙、不断发展，就是因为从一开始就以国家和民族大义为团结奋斗的价值追求。围绕这一价值目标，民主党派在民主革命时期同帝国主义和国民党反动派进行不屈的斗争，最后同中国共产党走到了一起。围绕这一价值目标，在新中国建设 70 多年历程中，各民主党派发挥优势作用，凝聚奋进力量，作出重要贡献。迈进新的征程，民主党派只有始终高扬爱国主义旗帜，积极践行致力于国家富强、民族振兴和人民幸福的价值追求，才能更加有所作为、有所进步。

推进社会主义民主政治建设，是民主党派不断发展的重要基础。人民民主是社会主义的生命，也是我国多党合作制度的基石。中国共产党自诞生之日起，就以发展人民民主为己任，开启了中国民主政治发展新征程。中国新型政党制度，就是中国共产党与各民主党派共同推动中国民主政治发展的重大成果，同时又是在新的历史条件下进一步推进全过程人民民主、最广泛地动员和组织人民依法管理国家和社会事务的重要途径。在这一制度下，民主党派作为参政党的作用和优势得到充分发挥。迈进新的征程，各民主党派要始终坚持走中国特色社会主义政治发展道路，进一步把中国新型政党制度坚持好、发展好、完善好，使我国社会主义政治制度的特点和优势得到更充分体现。

坚持进步性与广泛性的统一，是民主党派不断发展的内在要求。民主党派的进步性，集中体现在同中国共产党通力合作，共同建立新中国，共同致力于推进中国特色社会主义事业。民主党派的广泛性，主要表现在其成员来自不同的社会阶层和群体，负有更多地反映和代表各自所联系群众的具体利益和要求的责任。没有进步性，民主党派与中国共产党的合作就没有存在的基础；没有广泛性，民主党派就失去了存在的意义。迈进新的征程，民主党派要紧跟时代步伐、适应形势发展，不断增强进步性、保持广泛性，认真学习借鉴执政党建设的创新理念、经验做法，转化为符合自身实际、体现各自特色的思路举措，始终沿着正确的方向健康发展，不断前进。

为了更好地继承和弘扬民主党派的优良传统，在中央统战部的大力支持下，各民主党派中央持续开展历史传统记录工程，在此基础上撰写了“中国参政党丛书”。这套丛书共八册，主要目的是回望过去，把握现在，展望未来。回望过去，就是系统梳理各民主党派产生、发展、演变的历史脉络，深入总结历史经验，帮助民主党派广大成员深入理解统一战线和多党合作因党而生、伴党而行的光荣历史，充分认识中国共产党对民主党派发展的指引和帮助，感悟民主党派老一辈领导人对中国共产党的深厚感情，传承他们的爱国情怀，弘扬优良传统，搞好政治交接；把握现在，就是立足中国特色社会主义进入新时代的历史方位，从中西对比中深刻认识中国新型政党制度的进步性和优越性，深刻理解多党合作所蕴含的制度价值、政治价值、思想价值和文明价值，坚定制度自信；展望未来，就是顺应中国特色社会主义进入新时代、世界面临百年未有大变局的大趋势，从完善我国基本政治制度、发展全过程人民民主的高度，贯彻落实中共中央关于加强参政党建设的部署和要求，从中国共产党百年奋斗的伟大成就和历史经验中汲取智慧和力量，始终做同中国共产党通力合作的亲密友党和好参谋、好帮手、好同事，在全面建设社会主义现代化国家新征程中再立新功。

我们相信，在以习近平同志为核心的中共中央坚强领导下，我国各民主党派一定能够紧跟时代步伐，保持正确政治方向，谱写蓬勃发展、凝心聚力的崭新篇章！中国新型政党制度这一具有中国特色、中国气派、中国底蕴的好制度，将会展现更加超凡的制度优势，迈出更加坚实的发展步伐！

“中国参政党丛书”编辑委员会

2022 年 8 月

序　言

致公党中央主席　万钢

在中国共产党成立100周年之际，为进一步加强中国新型政党制度建设，中共中央统战部与各民主党派中央共同策划编写“中国参政党丛书”，具有重大意义。2020年致公党开展了庆祝成立95周年系列活动，编写和出版《中国致公党史》是其中的一项重要内容。

此次党史编写是新时代多党合作事业发展的需要。当前，我国新冠肺炎疫情防控工作已经取得重大战略成果，再一次彰显中国特色社会主义制度的显著优势。中国共产党领导的多党合作和政治协商制度就是这一制度的重要组成部分，具有无可比拟的独特优势，也是中国智慧和中国方案的重要组成部分。“中国致公党的历史，是致公党从爱国主义走向社会主义的历史，是致公党自觉接受中国共产党领导，与中国共产党共同争取民族解放，共同致力于建设中国特色社会主义的奋斗史。”这是2010年版《中国致公党简史（1925—2009）》对致公党历史进程的高度概括和总结。我们要通过编写党史，把多党合作的特色优势总结好、宣传好，更好地向海内外读者讲好多党合作的“中国故事”和“致公党故事”，进一步扩大新型政党制度的国际国内影响。这既是多党合作的重要任务，也是我们参政党的政治责任。

此次党史编写是加强致公党自身建设特别是党员思想政治建设的需要。致公党作为我国最早成立的民主党派，作为中国共产党久经考验的亲密友党和中国特色社会主义参政党，要自觉加强自身建设，提升政治意识，共同致力于实现中华民族伟大复兴的中国梦。每个时期的党史研究和编撰成文不仅是对致公党发展历程的总结梳理，更承载全体党员致力于祖国发展建设的共同记忆，为党员学习教育提供教材，是党员思想政治建设的重要依据。知史明志，知往鉴来。只有明确每个时代肩负的政治责任，引导广大党员增进对中国共产党和中国特色社会主义的政治认同、思想认同、理论认同、情感认同，才能凝聚人心、汇聚力量，更好地围绕中共中央决策部署，立足我国经济社会发展的新形势，紧扣全面建设社会主义现代化国家目标任务，做中国共产党的好参谋、好帮手、好同事。

此次党史编写是在《中国致公党简史（1925—2009）》基础上与时俱进、完善致公党历史的需要。2010 年版《中国致公党简史（1925—2009）》只写到 2009 年，已经不能完全适应新时代开展党员党史教育的需要。此次编写将增加致公党历史中 2009—2020 年的内容，展现致公党在长期建设中国特色社会主义过程中，尤其是进入新时代以来的贡献。此次扩写将围绕本党十三大以来各项重点工作，从侨海报国、人才兴党、助力“三大攻坚战”、决胜全面小康等方面总结致公党履行参政党职能和自身发展的理论与实践，为全党深入学习贯彻习近平新时代中国特色社会主义思想提供党史素材。

致公党萌芽于广大华侨华人的爱国情怀，产生于近代海外侨胞的报国革命，成长于社会主义革命与建设历程，发展于改革开放的兴国实践，几经风雨，砥砺前行，为中华民族解放和国家富强贡献着力量。中国致公党由华侨社团美洲洪门致公总堂发起，于 1925 年 10 月在美国旧金山成立，是中国最早成立的民主党派。

历史的车轮，总会在前行的道路上镌刻印记。习近平总书记指出，“历史只会眷顾坚定者、奋进者、搏击者”，“只有与历史同步伐、与时代共命运的人，才能赢得光明的未来”。在庆祝中国共产党成立 100 周年之际，我们共同回顾致公党的创建及坚持中国共产党领导的重大历史转折，铭记优良传统，勇担时代使命，意义重大。

致公党 96 年的奋斗历史，也是中国人民从站起来、富起来到强起来的真实写照。

——复兴中华，华侨建党。1925 年 10 月，中华民族内忧外患，社会危机空前深重，在伟大的民主革命先驱孙中山先生的影响下，中国致公党由华侨社团美洲洪门致公总堂发起成立。成立之初，中国致公党即发布救国主张，投身民主革命。抗战时期，响应中国共产党的号召，积极募捐筹饷，司徒美堂、官文森、许志猛、黄鼎臣等前辈更是与各地侨胞一道浴血抗敌，为世界反法西斯战争的最后胜利建立了功勋。在长期艰苦卓绝的抗日斗争中，致公党员和中共党员从相识、相知到并肩战斗，建立了深厚的友谊。

——历史抉择，玉汝于成。1947 年 5 月，中国致公党第三次代表大会作出重要抉择，决议加入中国共产党领导的人民民主统一战线。次年 5 月，致公党发表宣言拥护中国共产党“五一口号”，自觉接受中国共产党的领导。1949 年 9 月，致公党的代表参加中国人民政治协商会议第一次全体会议，参与筹备中华人民共和国的成立，号召广大侨胞回到祖国的怀抱，为新中国的建设贡献力量。

——致力为公，参政兴国。中华人民共和国成立后，致公党根据形势变化，团结和动员广大党员和海外侨胞积极投身于社会主义革命和建设。中共十一届三中全会后，致公党坚持与中国共产党“长期共存、互相监督、肝胆相照、荣辱与共”的方针，为实现祖国和平统一贡献智慧和力量。在参政议政的实践中提出了“党的规模小声音不能小，党员人数少作为不能少”的口号，走出了一条坚持自身特色、发挥自身优势、服务国家大局的新路子。

——侨海报国，人才兴党。中共十八大以来，中共中央高度重视统一战线工作。2012 年 12 月，习近平总书记在走访致公党中央机关时，殷切希望致公党在新时期注重发挥自身优势，切实做好侨海这篇大文章。我们落实习近平总书记要求，在“致力为公、侨海报国”这一新时期发展主题的引领下，坚持“人才兴党”，以政治引领为凝聚共识的中心环节，以改革、开放、创新为参政议政的第一要务，以兴国利侨为海外联络的着眼点，以改善民生为社会服务的落脚点，以脱贫攻坚为实现全面小康的关键点，更加注重凝聚共识、汇集力量、建言献策、履职尽责。

特别是2020年，突如其来的新冠肺炎疫情带来了新的挑战。在习近平总书记亲自部署指挥和中共中央坚强领导下，致公党团结带领广大党员和海外侨胞同舟共济、众志成城，积极落实习近平总书记重要批示精神，发挥侨海优势，前期联络侨胞，捐钱捐物贡献智慧，后期实施关爱海外侨胞专项行动。致公党全体党员专项捐款740余万元，向美洲、亚洲、欧洲、非洲的68个国家和地区寄送爱心小包裹1.3万多个，抗疫科技讲堂和科普宣传推送覆盖全球60多个国家和地区的200多个侨团。各级组织和各条战线上的党员分别以实际行动加入抗疫伟大斗争，从放弃春节与家人团聚奔赴武汉一线的医卫界党员，到捐献价值亿元物资的党员企业家，从坚守抗疫一线的夫妻党员，到研制出新冠病毒核酸快速检测试剂盒的科技界党员，他们舍生忘死、勇于奉献，充分展现出新时代致公党人“致力为公”的情怀和担当，在实践中汇聚了力量，凝聚了共识，展现出新型政党制度的独特优势。

回顾历史是为了以史为鉴、把握规律并不断开拓未来。中国致公党在96年的光辉历程中，积累了宝贵经验，形成了优良传统，这也是致公党今后努力做好工作必须坚持的重要原则，值得倍加珍惜。

——更加坚定不移地坚持中国共产党的领导，这是我们的事业能够取得一个又一个更大胜利的根本保证。96年的历史昭示我们，坚持中国共产党的领导，是中国致公党始终沿着正确政治方向前进的根本保证，是中国致公党在每一个关键的历史节点都能经受考验、不负时代的根本遵循，这既是中国致公党老一辈领导人深具远见卓识的英明抉择，也是新一代领导集体和全体致公党员坚定的政治信念。我们必须始终不渝坚持中国共产党的领导，始终不渝坚持走中国特色社会主义道路，始终不渝坚持新型政党制度，不断夯实新时代多党合作共同思想政治基础。

——更加鲜明地突出侨海特色和优势，这是我们义不容辞的历史使命和责任担当。96年前，中国致公党由美洲华侨社团发起成立于海外，自此以后，我们就为了维护国家利益和争取华侨权益而不懈努力。侨党的烙印深深地镌刻在中国致公党的历史中，也昭示着中国致公党在服务侨海方面更加灿烂的未来。进入新时代，中国致公党继续致力于团结广大归侨、侨眷、留学人员、海外侨胞和港澳台同胞，提出了“致力为公、侨海报国”的号召，在凝聚侨海之心、汇集侨海之智、发挥侨海之力、维护侨海权益方面作出了有目共睹的新贡献，在推进祖国和平统一大业、讲好中国故事、传播中华文化方面取得了独特的新成就。当前，国际局势复杂多变，世界正经历百年未有之大变局。我们更应直面挑战、抓住机遇，发挥自身特色优势，加强海外联络工作，进一步团结海外侨胞和出国留学人员，加强思想政治引领，积极开展公共外交，坚定维护祖国统一和安全，营造良好国际环境，推动构建人类命运共同体。

——更加努力地强化自身建设，全面提高履职能力，这是我们建设新时代社会主义参政党的必然要求。中国致公党历来重视自身建设，不断加强政治学习和组织建设，履职能力和水平也不断提高。进入新时代，习近平总书记对民主党派提出了“四新”“三好”的新要求，为新时代民主党派自身建设提供了重要指导。历史和实践已经充分证明了中国新型政党制度的强大生命力。只有不断坚持和发展好老一辈领导人参与开创的多党合作事业，更加努力地强化自身建设，全面提升履职能力，按照“四新”“三好”的要求，引导全体致公党员不断增进政治共识，才能把本党建设成为政治信念坚定、履职能力过硬、适应新时代要求的中国特色社会主义高素质参政党。

我们国家已经如期完成脱贫攻坚和全面建成小康社会伟大任务，开启了全面建设社会主义现代化国家新征程。全体致公党员一定要继续坚定不移地拥护中国共产党的领导，坚定不移地深入践行我国新型政党制度，继续紧密团结在以习近平同志为核心的中共中央周围，进一步增强“四个意识”、坚定“四个自信”、做到“两个维护”，不忘合作初心，继续携手前进，弘扬致公党优良传统，无愧使命担当，为实现“两个一百年”奋斗目标、实现中华民族伟大复兴的中国梦作出新的更大贡献。

2021 年 6 月

目录

第一章

复兴中华，中国致公党的创建及转变

中国致公党是以归侨、侨眷中的中上层人士和其他有海外关系的代表性人士为主组成的、具有政治联盟特点的政党，是中国共产党领导的多党合作和政治协商制度中的中国特色社会主义参政党。中国致公党由华侨社团美洲洪门致公总堂发起，于1925年10月在美国旧金山成立，与海外洪门致公堂有渊源关系。中国致公党是中国最早成立的一个民主党派。

一、中国致公党建立的历史土壤

华人移民海外历史较早。到了近代，海外华人移民已具有一定的规模和影响。为了适应海外生活需要，他们沿用国内秘密群众组织——洪门会党的形式组织起来。海外洪门有优良的革命传统，有高度的爱国思想，“‘大团结、爱祖国’，就是海外洪门的全部生活内容”①。在这样的背景下，中国致公党顺应历史发展潮流，在海外洪门的基础上应运而生。

（一）近代中国时局与海外华人概况

明末清初之际，西力东渐，中国与西方的联系逐步增多。1840年鸦片战争爆发后，中国逐步沦为半殖民地半封建社会，社会制度腐败，经济技术落后，人民生活困苦。争取民族独立、人民解放和实现国家富强、人民富裕是近代中国人民必须完成的两大历史任务。一代又一代的志士仁人为救亡图存和实现中华民族伟大复兴而奋斗。从林则徐“开眼

① 中国致公党中央委员会编：《司徒美堂》，中国致公出版社2003年版，第168页。

看世界”、魏源提出“师夷长技以制夷”，到洋务运动学习西方科技，再到戊戌变法主张改良中国的政治体制，中国社会各阶级从不同的立场出发，提出了解决民族危机的主张，对国家独立和民族富强进行了艰苦的探索。

清代早期，东南沿海一带部分民众远渡重洋，到海外谋生。鸦片战争以后，中国社会危机加重，底层的劳动人民没有或只有少量土地，生活艰辛，甚至大批破产，遇到天灾人祸，往往家破人亡。18 世纪末期，西方殖民扩张至东南亚地区，需要大量廉价的劳动力。为了谋生或避难，一些中国民众移民东南亚，并由此逐渐扩散到北美地区及世界各地。以美洲为例，据美国官方统计，1840 年鸦片战争之前，在美华侨总数不到百人。十年之后，在美华侨华人的总数便超过了十万人。

海外华侨为所在国经济社会发展作出了巨大的贡献。近代中国出国谋生的华侨有一部分是自带旅费出国、依靠亲朋好友寻求发展的自由劳动者，但更多的是被以所谓“苦力贸易”协定拐卖来的“契约华工”（俗称“猪仔”）。契约华工生活艰难，地位低下，生命毫无保障，许多人甚至在轮船航行的途中死去。他们从事开矿、筑路、垦荒、服务等工作，付出了极大的牺牲，推动了所在国经济社会的快速发展。巴拿马运河的开辟，很多中国劳工献出生命，“运河工程，非中国人不能竟其全功”①。第一条横贯北美大陆的铁路——美国太平洋铁路的建设中，1.4 万余名华工仅凭人力与简单的工具，开山凿路，完成了东西两条铁路的会合。2014 年 5 月 9 日，美国劳工部将铁路华工列入荣誉纪念堂，以纪念他们的卓越贡献。华工是进入该纪念堂的首批亚裔群体。

海外华侨团结起来维护自己的利益。近代中国，由于国家积贫积弱，海外华侨受尽压迫剥削和种族歧视，合法权益无法得到保障，任人宰割。以美国为例，自 19 世纪 80 年代起，多次颁布“排华律”。如 1882 年颁布的“限制华工律”15 款，1884 年将“限制华工律”改增为 17 款，1892 年

① 中国致公党中央委员会编：《司徒美堂》，中国致公出版社 2003 年版，第 85 页。

颁布“排禁中国移民律”，1893 年再将“排禁中国移民律”加严，1924 年增订“新移民律”，1930 年颁布“中国移民条例”，1932 年颁布“第 876 号法令”。1943 年“排华律”在名义上被废除，但实际上仍然排华如故。[①] 清政府不能保护海外华侨，还限制民众移民海外，认为华侨入海（到海外去），非奸即盗，“天朝弃民，不惜背祖宗坟墓，出洋谋利，朝廷概不闻问”，甚至捉到了还当作“浪民”“顽民”“乱民”看待，就地斩首。[②]

海外华侨身在异国他乡，经常遭受欺辱，只能加入华人社会组织，团结起来，互帮互助，谋求生存保障和维护自身权益。

（二）海外洪门的产生与发展

洪门是清代初期出现的民间秘密组织，在清代由农民和其他下层群众自发结成的，平时主要在成员之间施行互济互助和自卫抗暴，在社会矛盾激化时，则领导会众和其他民众开展反抗国内专制统治和抵抗外国侵略者的斗争。[③]

在洪门流传到东南亚并得到快速发展，曾策动多起反清活动，引起了清政府的注意。清朝统治巩固后，一些洪门人士为躲避镇压，纷纷移居海外避难。由于地缘关系，东南亚成为洪门人士的主要避难所。太平天国运动失败后，逃到南洋的洪门人士大量增加。19 世纪后半叶，英国在马来西亚和新加坡建立了“海峡殖民地”，来自中国的劳工不断增加，海外洪门也在东南亚各地迅速发展起来。海外洪门“固结团体，则以博爱施之，使彼此手足相顾，患难相扶，此最合乎江湖旅客、无家游子之需要”[④]，出现南洋华侨“蜂拥从之”。

---

① 中国致公党中央委员会编：《司徒美堂》，中国致公出版社 2003 年版，第 90 页。

② 同①，第 81 页。

③ 秦宝琦著：《中国洪门史》，福建人民出版社 2012 年版，第 2 页。

④ 广东省社会科学院历史研究室、中国社会科学院近代史研究所中华民国史研究室、中山大学历史系孙中山研究室合编：《孙中山全集》第六卷，中华书局 1985 年版，第 231—232 页。

洪门在美洲和澳洲发展壮大。19 世纪中叶前后，洪门开始传入美洲和澳洲。在美洲，洪门人士于 1848 年在美国旧金山开山立堂建立起洪门组织，1863 年在加拿大不列颠哥伦比亚省创建了洪门组织洪顺堂。美国和加拿大成为洪门在北美地区的重要活动区域，洪门组织达 26 个，名称虽不一，但都是具有“华人共济会”性质的群众团体，即通过华人互助共济，团结起来，以解决侨胞在异国生活和工作中遇到的困难。广大华侨愿意加入洪门，从而使这个组织得到迅速发展。在澳洲，洪门人士于 1867 年成立“义兴会”，于 1919 年在美国旧金山致公总堂建议下更名“澳洲致公总堂”，总部设在悉尼。

洪门人士移居海外，把洪门组织发展到海外。海外洪门是华人、华侨的互助性团体，有的海外洪门在所在国已经成功融入主流社会，是公开的合法社团，为当地的经济发展作出重要贡献。①

据梁启超《新大陆游记》记述，美洲洪门致公堂是规模较大、力量雄厚的海外洪门组织。海外洪门信奉“义气团结，忠诚救国，侠义锄奸”，一方面团结组织华侨，为自身的利益斗争；另一方面坚持反清的斗争活动，有强烈的爱国思想，逐渐发展成为孙中山发动民主革命的一支重要力量。孙中山的革命活动就与海外洪门这一组织结下了不解之缘。

二、辛亥革命孕育了中国致公党

孙中山多次赴海外寻求华侨对革命活动的支持，因革命需要，孙中山加入海外洪门，对其进行重组，为海外洪门从洪门会党向旧民主主义政党转变奠定基础。

在长期的革命斗争中，孙中山与司徒美堂、黄三德等海外洪门人士结

① 秦宝琦著：《中国洪门史》，福建人民出版社 2012 年版，第 2 页。

下了深厚的革命情谊。司徒美堂出生在广东开平的一个穷苦的农民家庭，12 岁时为生活所迫远渡重洋到美国谋生，在唐人街的一家餐馆做杂工。1885 年，司徒美堂拜堂盟誓，加入了洪门致公堂。1894 年，司徒美堂在致公堂内组织安良堂，以“锄强扶弱、除暴安良”为号召，被拥为“大佬”（即洪门大哥）。1905 年，司徒美堂设立安良总堂，任总理。

★ 司徒美堂（1868—1955）

（一）孙中山对致公堂的重组整顿

孙中山先后四次来到美国宣传革命思想，为洪门致公堂播下了革命种子，推动了致公堂由堂改党，启迪和教育了整整一代华侨，为中国致公党在海外的诞生做了重要的准备。①

1894 年，孙中山赴美宣传革命思想，但因未入洪门，没能获得当地华侨的支持。这让孙中山认识到，非加入洪门，实无法利用北美洲华侨之人力、财力以完成革命。1895 年广州起义失败后，孙中山遭到清政府的通缉而流亡海外。

1904 年 1 月 11 日，孙中山接受舅父杨文纳建议，经洪门老前辈钟水养介绍，在檀香山加入洪门国安会馆，任职洪（红）棍（“洪棍”是洪门中主管纪律的高级军事人员，孙中山领导革命，声誉远播海外，故委以此尊称），被尊称为“洪门大哥”，为他宣传革命、争取革命力量提供了极大的方便。次年，孙中山在广州开设大陆山，自认山主。根据洪门只接受帮内人的领导指挥的传统，孙中山以参加洪门、任职洪棍为契机，在黄三德等的支持下迈出了改组致公堂的关键性一步。

改造致公堂《大同日报》。当时的《大同日报》由保皇派人士担任主笔，宣扬保皇、改良的政治道路。孙中山推荐留日学生、同盟会骨干刘成

① 陈延武著：《万水朝东——中国政党制度全景》，生活·读书·新知三联书店 2011 年版，第 14 页。

禺主持日报，将该报改组为革命报纸。《大同日报》改组后，“革命横议，鼓荡全美。华侨受其感化者日众，计总理是次游美之成绩。实以改组《大同日报》为最著”①。

重订致公堂章程。1904 年 5 月，孙中山受致公堂的委托，起草《致公堂重订新章要义》。新章分纲领、权限、专责、保卫、薪俸、进款、支款、办法等八章。在总纲中，孙中山统一各地洪门组织的名称，“本堂名曰致公堂总堂，设在金山大埠。支堂分设各埠。所有名目不同者，今概改正，名曰致公堂，以昭划一”。修订致公堂宗旨，明确以“驱除鞑虏、恢复中华、创立民国、平均地权”为宗旨，给原先以经济互助、生存自卫为目的的会堂组织制定了资产阶级民主主义革命纲领。建立领导机构，实行总理制，公举总理一名，并设协理、管银、核数、议员，实行任期制；设书记、委员、干事，由总理委任，归总理节制；设判事员、陪审员，由总理委任，不受总理节制。改革人事制度，“所有堂友，无论新旧，其有才德出众者，皆能受众公举，以当本堂各职”，“各埠香主，必经总堂议员议决，总理批准，方能领牌受职”。明确经费来源，“各埠堂友须一律认捐重建公堂楼宇经费”，“每一会员须缴纳注册费”，以解决堂口经费问题等。

实行致公堂总注册。为适应时代发展要求，孙中山建议致公堂全美会员总注册，倡议并领导“堂务改革”，以改变原先“章程陈旧，组织涣散”的状况，整顿美洲各地洪门组织。各首领对此项建议多表赞成，遂推举孙中山和黄三德二人亲赴全美各地劝导各分堂会员实行注册，并借机宣传洪门“反清复明”宗旨，凡注册者发给证章一枚。1904 年 5 月至 9 月，黄三德陪同孙中山从旧金山出发，先后到达洛杉矶、亚特兰大、费城、华盛顿、芝加哥、纽约等 30 多个城市，宣传革命主张。② 通过重新注册，整顿了堂风，调动了会员参加革命的热情。孙中山在波士顿会见了当地致公堂领袖司徒美堂，向他宣传在中国进行革命的道理，引导他走上

---

① 冯自由著：《中华民国开国前革命史续编》（上卷），中国文化服务社 1946 年版，第 105 页。
② 陈锡祺主编：《孙中山年谱长编》（上册），中华书局 1991 年版，第 313—323 页。

革命道路。孙中山的宣传活动在以劳动侨胞为基础的洪门致公堂播下了革命种子。

推动美洲同盟会与致公堂联合。1905 年，同盟会在日本成立后，东南亚各侨居地相继建立了分会，众多华侨踊跃加入，而美洲各侨居地同盟会迟迟未能建立，革命工作几乎全部附属于美洲致公堂。1909 年 11 月至 1910 年年初，孙中山到美国建立同盟会组织。为了便于同盟会在美洲开展革命活动，也为了进一步把致公堂改造成为革命组织，孙中山于 1911 年在旧金山建议全体同盟会会员一律加入致公堂。受孙中山革命宣传影响，致公堂对这个建议“备极欢迎”，删除一切繁文缛礼，简化入堂手续，要求各地洪门组织与同盟会联合，匡扶革命事业。1911 年 6 月 18 日，双方在《大同日报》和《少年中国晨报》发布布告，使“各埠会员一体遵照”，“洪门人士一体知悉”。“今得孙总理驾抵金山，主张联合，而致公总堂专开特制会，以招纳本会会员之未入洪门者，本会集议，全体赞成。”① 从此，“南北美洲二十余国华侨，纷纷投向革命阵营，加入同盟会者将达万人，成立同盟会机关者，计有四十九埠”。这一举措不但扩大了致公堂的社会基础，而且还在一定程度上改善了致公堂成员的结构，从而为后来致公堂改为致公党打下了基础。同盟会与致公堂组织上的联合，壮大了推翻清王朝的力量，为团结广大华侨支持国内民主革命事业起到了积极作用。

通过加入并改组致公堂，孙中山将实行民主主义革命的主张贯穿于致公堂新章中，迈出了领导和改造海外洪门的关键性一步，为致公堂从以“联卫共济、手足互助、患难相顾”为堂规、以“捍御祸害”“赒恤同人”为义务、以“反清复明”为宗旨的带有封建色彩的会党组织，逐渐转变为政治主张明确、组织体系完备、领导机构健全，具有资产阶级革命性质的团体。

---

① 冯自由著：《革命逸史》（初集），中华书局 1981 年版，第 157 页。

（二）致公堂支持孙中山领导的革命

经过孙中山的重组整顿，致公堂的组织力量进一步加强，洪门人士的政治觉悟也得到提高。他们更加关注国内革命形势，希望祖国能够独立自主、繁荣富强，为海外华人华侨赢得更多的认可与尊重，改善所处的海外生存环境，也因此对孙中山领导的革命寄予厚望，倾力支持孙中山领导的革命。致公堂或通过创办报刊书社，宣传革命思想；或筹措资金，支持国内革命运动；或不惜流血牺牲，直接参加黄花岗起义、武昌起义等革命斗争，为推翻封建专制、创建民国，作出了巨大的贡献。

海外洪门是孙中山领导革命的重要政治力量。1895 年，孙中山在香港成立兴中会总部时得到洪门人士的积极配合与协助。1909 年，孙中山第三次赴美，由欧洲到纽约、芝加哥、旧金山，1910 年 1 月，在芝加哥建立同盟会组织。同年 2 月，旧金山同盟会成立。孙中山作为介绍人及主盟人，介绍赵昱等洪门人士加入同盟会。美国西部各埠发展迅速，金山大埠同盟会支部遂成为南北美洲总支部。美国东部方面，纽约、芝加哥等各埠同盟会相继成立。1911 年 6 月，致公堂和同盟会联合，壮大了孙中山领导的海外革命力量，与国内革命力量相呼应，为辛亥革命取得胜利提供了坚实保障。

海外洪门为国内革命活动提供大量经费支持。1911 年 2 月，孙中山在加拿大温哥华设立“洪门筹饷局”。由于筹捐、募捐耗时长，加拿大的多伦多、温哥华、维多利亚三地致公堂将四所致公堂大楼典押以支援革命。加拿大致公堂率先实行变产救国之后，美洲各地致公堂爱国人士也纷纷发起变产认募款饷活动。1911 年 6 月，致公堂与同盟会共商筹饷事宜，在旧金山成立美洲洪门筹饷局，设于金山大埠致公总堂内，专门负责为国内武装起义筹备军饷。筹饷局由致公堂和同盟会选出的代表组成，黄三德为监督。孙中山为筹饷局手订缘起、章程及革命军筹饷约章，并颁布《洪门筹饷局缘起》和《革命军筹饷约章》两个文件。海外华侨支持革命的热情高涨，或直接捐款，或认购债券，有的捐出整个月工资，有的还向亲友借债捐献，更有的在购买筹饷局发行的债券后将债券付之一炬，以示对革命事业的坚定支持。“筹饷局于区区数月之间，展开筹募，于年底结束以前，竟筹得美金四十余万元，可见皆当时民气之盛，而主因还是由于致公堂与同盟会，和衷共济，通力合作有以致之。”[①] 孙中山盛赞华侨为革命捐款是“一团热诚，只为救国”，“不图丝粟之利，不慕尺寸之位”。[②]

★ 1911 年 7 月，孙中山在旧金山成立中华革命军筹饷局时和海外人士合影。

海外洪门直接策划和参与国内武装起义。许多致公堂成员以实际行动直接回国参加革命，成为革命的重要军事力量。“当我国国民革命起义之消息传播海外也，南洋、美洲之华侨，因向来对于革命党颇有好感，故应援革命军，募捐军饷，自不待言。就中归国挺身参加革命壮举者亦复不乏人……夏威夷、美国等地归国参加革命军之华侨，为数亦复不少。”[③] 革命党人从 1895 年到 1911 年所发动的历次武装起义中，都有海外洪门志士回国参加。黄花岗之役中，壮烈牺牲的“七十二烈士”中有很多是洪门

① 刘伟森著：《孙中山与美加华侨》，近代中国出版社 1999 年版，第 72 页。
② 王小鸿著：《简论致公堂在辛亥革命中的地位与作用》，《中国统一战线》2011 年第 12 期。
③ 冯自由著：《革命逸史》（初集），中华书局 1981 年版，第 72 页。

人士。海外洪门还给国内革命斗争提供武器装备。1911 年 10 月，经筹饷局核准，购买寇蒂斯式飞机六架并聘请国外飞机师。11 月，飞机抵达上海。

海外洪门为孙中山领导的革命提供舆论支持。黄三德为帮助孙中山宣传革命思想，将邹容所著的《革命军》印了一万多册，向华侨广为散发，并陪同孙中山在美洲游历演说。司徒美堂受孙中山的革命思想影响，走上了支持孙中山革命的道路，在波士顿负责孙中山的安全保卫工作。海外洪门通过《大同日报》《大汉公报》等报纸，宣传孙中山的革命思想，为孙中山领导的革命事业在海外赢得了广泛的舆论支持。

致公堂在支持孙中山领导的革命斗争中，接受革命思想，认同民主革命政治纲领，开始脱离早期的秘密会社形式，积极投身国内的革命斗争。在致公堂的组织发动下，广大海外侨胞纷纷投身民主革命，成为革命思想的传播者、革命经费的支撑者、革命起义的参与者。

（三）辛亥革命对致公堂的影响

1911 年 10 月 10 日，武昌起义爆发。1912 年 1 月 1 日，中华民国成立，孙中山在南京就任临时大总统。辛亥革命的胜利，结束了在中国延续 2000 多年的封建专制制度，建立了共和政体，中国历史开始了崭新的一页。孙中山始终高度评价以致公堂为主的海外华侨为辛亥革命作出的重要贡献。他评价说“华侨为革命之母”①。“我海外同志，昔与文艰苦相共，或输财以充军实，或奋袂而杀国贼，其对革命之奋斗，历十余年如一日。故革命史上，无不有‘华侨’二字，以长留于国人之脑海。”②

辛亥革命对致公堂产生了深远的影响，使致公堂改堂为党成为可

① “华侨为革命之母”经常被孙中山讲话、行文所提及。黄三德曾云：“1911 年 6 月 15 日，洪门筹饷局正式成立……成立那天，孙中山亲自到会祝贺，赞扬‘华侨为革命之母’。”著名爱国侨领陈嘉庚在辛亥革命期间与孙中山有过交往，并给予赞助。据陈嘉庚回忆，“孙先生看到华侨对革命的支持后很感动，他说华侨是‘革命之母’，而且说了不止一次”。据考，孙中山的“华侨为革命之母”的提法，最早见于他 1916 年《致海外革命同志书》中。

② 此处为 1922 年孙中山为中国国民党菲律宾分部落成题词内容。

能。革命激发了洪门的爱国热情，使洪门空前团结、一心为国，更加关注国内政治。海外华侨在支持孙中山领导的辛亥革命过程中，深刻感受到政党的力量，迸发出组建政党、参与国家政治生活的愿望，为致公堂改堂为党统一了思想认识。辛亥革命为致公堂改堂为党提供人才储备。致公堂在组织内部肃清了保皇派的影响，革命性更加鲜明。海外洪门在政治、经济、军事、宣传等方面为辛亥革命的胜利提供了巨大的帮助，洪门人士在长期的革命斗争中得到锻炼和成长，逐渐走出注重同姓、同乡或同堂利益的局限，摆脱"堂口"斗争的影响，致力于为中华复兴、国家独立而奋斗。

辛亥革命"是20世纪中国第一次历史性巨变，是中国人民为改变自己命运而奋起革命的一个伟大里程碑"①。致公堂亲历革命，经受洗礼，在政治上更加成熟。辛亥革命为中国致公党的建立及其后来走上民主革命道路奠定了基础。可以说，辛亥革命孕育了中国致公党。

三、中国致公党第一次代表大会

辛亥革命后，广大华侨和致公堂成员所积极支持的革命胜利成果被袁世凯篡夺。北洋军阀政府与帝国主义互相勾结，广大华侨在国外受歧视和被奴役的地位没有得到丝毫改善。广大华侨和致公堂成员迫切需要建立一个能代表华侨利益的政党，领导他们自卫、反抗和谋生，以及支援国内革命斗争。他们长期生活在资本主义社会里，比较早、也比较容易接受资产阶级民主共和思想及政党政治。1912 年至 1922 年间，黄三德四处奔走游说，争取组党立案。1920 年，司徒美堂提出建立华侨政党的主张，1921 年他从美国到香港联络当地洪门进行组党活动没有成功，又从香港回到美

① 中共中央党史研究室著：《中国共产党的九十年》，中共党史出版社、党建读物出版社 2016 年版，第 9 页。

国，继续酝酿组党。虽组党未果，但是“洪门宜将秘密会社之行动，光正磊落组织为政党，方足以收罗人才，应付国变”已成为海外洪门的共识。中国致公党应运而生。

（一）中国致公党建立的准备工作

1923年10月10日，五洲洪门第三次恳亲大会在美国旧金山召开，司徒美堂、黄三德及海外不少洪门团体代表出席会议。这次大会由美洲致公总堂发起，召集全美各处致公堂参加，着重讨论组党问题。这次恳亲大会实际上是成立致公党的预备会议，开始了建立致公党的一系列准备工作。

在这次恳亲大会的《缘起》中，就成立致公党的宗旨作了说明：“我洪门为复国而起，为保国而存，为富强国而力图进取。肩斯重任，宏济巨难，舍我洪门其谁与归？我洪门人士，其奋兴乎。务使此次恳亲大会计划成功，进行顺利，则令中华民国真正共和之实现。”这次大会还续订《致公堂根本章程》，章程明确致公堂的宗旨是“拥护真正共和，发扬民族精神，扩大人类友爱，促进世界和平”；规定“本堂态度处常则竭力以为民生，处变则效忠以纾国难”，“本堂会务对内为联卫共济，对外为国际运动”。

会上，黄三德等提出《洪门组党章程》议案，包括定党名、党纲、政纲、筹备机关和筹备委员等六条。在关于政党名称上，有两种意见：一是致公党；二是民治党。司徒美堂认为称“致公党”更为适合，因为不但含有民主内容，还包括一切为国为民大公无私的意识，并且符合致公堂原来宗旨，适合致公堂昆仲的习惯，因为“堂”“党”两字变动，即“Tong”改为“Dong”而已。[①] 会议决议成立中国致公党，并在旧金山成立致公党筹备委员会总会，具体筹划将致公堂改组为致公党的工作。这次恳亲大会还讨论了党纲草案的基本精神和主要内容，在大会结束时通过了

① 北京市政协文史资料研究委员会、广东省政协文史资料研究委员会编：《回忆司徒美堂老人》，中国文史出版社1988年版，第163页。

《中国致公党党纲草案》，为中国致公党的成立做了必要的准备。

为顺利地进行改堂组党，1924 年 5 月，致公总堂以“建先烈祠、组织政党、统一机关”之名，派员分赴美国、加拿大、澳洲、墨西哥、古巴等国进行宣传。1925 年 2 月，陈炯明派员到南北美洲各致公堂，联络侨胞，商讨组党事宜。在加拿大与维多利亚致公堂就“组织新政党”达成五项决议：华侨赞成联省自治；举陈炯明为新党领袖，组织政党；筹助粤军饷项；设立航空学校；选派代表回国，征求陈炯明同意。

1925 年 8 月，致公党筹备委员会总会发出《通告全体洪门人士书》，就有关建党的具体事项，通告全体洪门人士：

一、设立筹办中国致公党筹备委员会总会于金门，为海外洪门总机关，以资提挈。所有各洲中国委员会分会，由总会当地昆仲筹办，而收统一之效。二、中国致公党党纲，悉依第三次恳亲大会代表决议通过之党纲草案公布，以尊重旅居各国致公堂代表之公意，而符合洪门本身自组政党案。三、中国致公党委员会总分会成立之后，即为筹建捐救国费机关，捐款由驻在各国致公党汇收，直接汇回内地致公党总机关，以进行救国工作。四、本年（即 1925 年）十月十日为驻美金门致公党总部成立开幕之期，各地如不能及期派出代表，亦须函电致贺，以表同庆。是日起，各洪门团体致公党，均悬党旗三日，以昭大典。五、本总委会决议，举陈公竞存（即陈炯明）为中国致公党领袖、唐继尧副之，各地致公党一律拍电回国，表示拥戴之诚。六、各地中国致公党总分部（如前日致公堂所定之七大区域及南洋、欧洲、非洲），应每部派代表一二人回国协助，参与救国大计。七、凡我党员应领到本党领袖签发之证书为据，方为纯粹真正党员。八、本年十月十日以后，各地致公堂，一律改称致公党。

9 月 1 日，《敬告广东父老昆仲书》发布，“所望全粤父老子弟箪食壶浆之欢迎……暂拥陈公竞存……尤有要者，本党本致公之精神，即民治之精神，以从事政治活动”。

至此，成立中国致公党的各项筹备工作已经就绪，近代中国第一个华侨政党即将诞生。

（二）中国致公党第一次代表大会召开

1925 年 10 月 10 日，五洲洪门第四次恳亲大会在旧金山召开。来自美洲各地、香港、澳门和上海等地的洪门组织代表参加了会议。这一次恳亲大会实际上是中国致公党的第一次代表大会。

★ 1925 年 10 月 10 日，中国致公党第一次代表大会在旧金山召开。

大会的主要内容是：决定以洪门致公堂为基础，组织华侨政党，命名为中国致公党；通过致公党党纲。由于陈炯明早年加入同盟会，追随孙中山参加辛亥革命并担任军政要职，支持孙中山抗衡北洋军阀，主张民治，提倡新文化，实施新政，在广大海外华侨中有较大影响，大会选举他为党的总理，唐继尧为副总理。

大会通过《致公党同人救国主张》（以下简称《主张》），即中国致公党党纲。《主张》以达促进统一、巩固共和、改造社会、发扬民治为最大、最终目的，包括我国政治改建之主张、我国经济改建之主张、我国教育改革之主张、整理侨务之主张、组织政党之主张、附则，共 6 章 26 条。政治方面，“认军政应隶于民政之下”，“认中国代议机关（如省会、国会）流弊滋多，国民应行严密之监督以救济之”；经济方面，“认改良币制为我国发展实业振励工商之先决”，“认移民事业为辟地垦荒发展国家经济之先导”，“认资本与劳工两界同握国家经济之生命”；教育方面，“认强迫教育制度有采用之必要”，“认大学为国中最高之学府，亦即知识界之明星”，“认男女教育机会之均等”，“认文化不论中西……兼收而采之”；整理侨务方面，主张废止各国对华不公正之条约及待遇、不平等之法律，主张侨民与国内人民享受中国之民权、享有平等之参政权；组织政党方面，认为政党建立应以国家为前提，以政策主张为基础，以正义为依归。

中国致公党总部设在旧金山。在美洲凡是有致公堂的地方大多建立了致公党组织，其他一些国家和地区的致公堂组织也相继改堂为党，使致公党的组织遍布美洲、亚洲的 30 多个国家和地区，有 300 多个总支部、支部和 10 万余名党员。

1925 年 12 月 27 日，陈炯明寓居香港，致力于制定党纲概要以及在海外发展致公党的党务。由于港英政府不准华人在港设立政治性的机构，1926 年 2 月 20 日，中国致公党以“致公俱乐部”的名义在香港登记注册。致公党的活动中心从旧金山移到香港。致公俱乐部以杨达波、钟秀南为正副主任，以徐公整、陈天球、陈演生、俞华山、陈益延、曾仲伟、黄伯群等为委员，开始推进党务事宜。致公俱乐部注册后，中国致公党以致公俱乐部名义参与世界各地洪门组织的“庆典”“恳亲会”等活动，并着手推进党务工作。陈炯明与陈演生等拟订驻港支分部暂行章程，从事党员登记。半年之间，陆续登记者十余万人。同时，致公党派员前往澳门、广州湾、厦门各设支部。南洋吉隆坡、马六甲、芙蓉等各埠请求设立支部并派员指导工作。

1928 年 8 月 20 日，致公党总部机关报《公论晨报》出版。《公论晨报》成为致公党向海外侨胞宣传自身主张的阵地。

由于洪门团体之间有较强的独立性，大会关于改堂为党的决议，未能在海外各地洪门团体中普遍实行，致公党一大在实际上形成了党堂并存、党堂不分的组织格局。

致公党由于建立不久，在理论上尚处于幼稚阶段，对国内的形势和社会发展趋势缺乏科学的分析，从而无法形成正确的认识；党的总部又设在海外，对于国内特别是自中国共产党成立以来所发生的一系列根本变化不甚了解，加之它刚从一个带有洪门色彩的会党改组过来，缺乏政党的实践经验，难以对国内的政治斗争发挥作用。成立不久的中国致公党提出了《致公党计划书》，表达了作为政党的国是主张，在当时的历史条件下，对中国的未来做出了设想。

中国致公党第一次代表大会的召开，宣告了中国致公党的成立，表明洪门致公堂逐渐摆脱会党的影响，开始向现代政党转变；标志着华侨政治力量的崛起并正式登上中国的历史舞台，成为自 1921 年中国共产党诞生后逐步形成的近现代中国政党格局中的重要成员。致公党早期群众基础是海外广大的华人华侨，他们身在海外，为侨居国的发展贡献力量；又时刻关心着祖国的发展，与祖国同呼吸、共命运。致公党从创建初始就具有鲜明的侨海特色，致力于为复兴中华和维护华侨权益而努力奋斗。

四、中国致公党第二次代表大会

致公党一大后，国内外的形势发生了很大的变化。1927 年，第一次国共合作破裂。国民党及其政权的性质发生了根本性变化，由原来各革命阶层的联盟变化为大地主大买办的政党和政权，对外投靠帝国主义，执行亲帝的外交政策，通过改订新约的形式，重新确定帝国主义在华特权，换取各帝国主义国家对国民党政权的承认和支持。1929 年，世界经济危机爆发后，西方列强为摆脱危机，加紧对外侵略，欧亚战争策源地开始形成。日本图谋发动侵华战争，妄图吞并中国。成立不久的中国致公党抱着“秉承致公堂旧有爱护国族之精神，更新祈国内政治上经济上社会上合理之改革，欲由实现真正民主政治之途径致国家富强，使人民能享有政治经济之绝大自由，海外侨胞获得强国人民所应享之平等待遇”的强烈愿望，努力使致公党成为一个名副其实的政党，并切实参加国内政治斗争。这就迫切需要加强党务，解决党堂并存、党堂不分的局面。

（一）致公党二大召开的准备

致公党一大后，各地致公党党堂并存、党堂不分的状况十分普遍。致公党代表和致公堂大佬在香港召开五洲致公团体恳亲大会和五洲致公团体各区代表联合会议，强化政党意识，为二大召开作准备。

1931 年 7 月 25 日，五洲致公团体恳亲大会在香港召开。会议就党堂问题进行了四次表决，最后决议由五洲致公团体恳亲大会颁布《五洲致公团体各区代表联合会议决组党存堂公约》（以下简称《公约》）。《公约》第一条“组党大纲”指出：党的名称仍然以致公历史及名义称为中国致公党，并对政纲、组织架构等作出规定。《公约》第二条“存堂细则”中则规定，“保存致公堂及各地洪门原机关”，“致公党致公堂双方根据组党存堂原则，任听自由结合组织”。

1931 年 9 月 15 日，五洲致公团体各区代表联合会议召开，决定成立“中国致公党中央党部临时办事处”，筹备组建党部事宜，拟正式成立“中国致公党中央党部”。

五洲致公团体恳亲大会和五洲致公团体各区代表联合会议由致公党组织召集，彰显致公党实现爱国护侨、争取国家富强的主导作用，虽然没有最终解决组织上的去会党化，但通过商讨与妥协化解了党堂分裂的危机。从当时的时代背景分析，华人华侨分布在不同国家，各地政治形势差异很大，党堂并存能够适应华人所处的生存环境，重要的是实现爱国护侨、实现国家富强的政治引导作用。

（二）中国致公党第二次代表大会召开

1931 年 10 月 10 日，中国致公党在香港举行第二次代表大会。二大主题是团结五洲洪门致公团体，存堂组党，抗日救国。

大会由陈炯明主持。司徒美堂、司徒俊葱、钟秀南、严锡煊、陈演生等来自美洲各地和海外各处的代表数十人出席了会议。

★ 1931 年 10 月，中国致公党第二次代表大会在香港召开。

大会决议通过《中国致公党全党规章》，包括党员、特务党员、全党组织、中央本部、地方总部、支部、分部、党团、纪律、经费和附则共 11 章 246 条，对党员、组织以及运作作了详细规定。第一，关于党员。凡 16 岁以上男女，信仰本党主义，承认本党政纲，遵守本党纪律，愿尽本党义务，确无跨党嫌疑，志愿加入本党，由党员一人之介绍，可以成为党员。党员中有从事特别任务的党员，为“特务党员”：“凡属党员，志愿特别服务，承受特务工作之一者。”特务工作需另外确定。第二，关于党组织。致公党组织“采取联治分职制，以党员之各种集团为基本组织，又以各种集团或各级机关之联合组织，为各级党部”。党部组织分四级：分部、支部、地方总部和中央本部。中央本部为党的最高级机关，由各地方高级党部联合组成。中央本部以总理及全党代表大会、中央干事会、中央监核会构成。总理为全党领袖，有领导全体党员之权责。全党代表大会为中央本部最高级机关。中央干事会代表中央本部对外关系，执行全党大会及中央监核会之决议。中央监核会是监督核查机关。第三，党员中可以成立党团组织："本党基于社会情况，经济关系，为谋组织灵活，团结容易，以便扩大党势，施行党纲起见，特设各种党团，以资活动。"党团分三类：一是"党内一般团体——适用于支部不设分部，或分部党员众多时，组织之"。二是党内特种党团——"适用于特种职业阶级，如用中国社会主义青年团，或同主义妇女团、劳动团、农业团、实业团、政治团、书装团等名誉组织之"。三是在党外团体或机关内之党员集团——"其目的在推行对于党外一切政策为有利益本党之活动"。1932 年 3 月 15 日，中国致公党中央干事会发布训令，要求总部及所属党部遵照办理。

这次会议决定中国致公党总部设在香港，推举陈炯明为总理，陈演生为秘书长，司徒美堂为美洲总支部主席。

致公党二大研究了自一大以来党堂不分的问题。然而，因意见分歧，各执己见，大会只好通过一项妥协、折中的决定：既承认党堂并存的现状，又决定存堂保党、党堂分家，以党领导堂。

中国致公党第二次代表大会是致公党迈向现代政党中的一次重要会议。"党堂分家、以党领导堂"的决定和第一次代表大会"改堂为党"的决定相比，无疑是一大进步。此后党、堂逐渐分离，党在组织上进一步脱离会党的影响，向现代政党发展。

大会根据九一八事变后中国面临着民族存亡的严重威胁以及国内人民和广大华侨日益增长的爱国情绪，提出并通过了以团结抗日、反对国民党独裁统治为主要内容的政纲。面对日本侵略，致公党以挽救民族危亡为己任，毅然决然地走上抗日道路，发动党员和华人华侨与祖国人民一起共赴国难。

致公党二大以后，致公党的党务工作有了起色。到 1933 年，除了美洲原有组织外，还在大洋洲、南洋群岛及香港等地建立了新的地方组织，共计有党员 30 余万人。

1933 年 9 月，陈炯明在香港病逝。致公党中央决定由中央干事会主持中央工作，领导党务，维持现状。陈演生在香港负责与各国各地致公党

（堂）的联系工作。陈其尤被选为中央干事会负责人之一。

1911 年，陈其尤在广州参加同盟会的活动。辛亥革命以后，到日本留学，1916 年在日本中央大学政治经济系毕业，回国后在北方政府财政部任职。1917 年以后，任粤军总司令部机要秘书，先后担任福建东山、云霄两县县长，潮海、汕头海关监督兼海关外交特派员等职。陈其尤于 1931 年加入中国致公党，同年参加在香港召开的致公党第二次代表大会。

★ 陈其尤（1892—1970）

五、参加抗日救亡运动，加深与中国共产党的交往

致公党二大后，广大的国内外党员关心祖国命运，维护侨居国利益，以实际行动支持祖国抗战，积极投入到反对日本帝国主义侵略斗争中。香港沦陷后，致公党总部活动被迫停止，但各国各地区的致公党（堂）组织仍然和所在国或地区的人民一道共同抗击日本侵略者。也正是在这一过程中，致公党与中国共产党从相识、相知、相认到合作，结下深厚情谊。在中国共产党的帮助下，致公党开始踏上新民主主义革命征程。

（一）支持和参加祖国的抗日救亡运动

1931 年，日本帝国主义制造了九一八事变，侵占中国的东北，中国面临着殖民地化的严重威胁。九一八事变后，陈炯明拒绝了日本帝国主义的收买，坚持向日本帝国主义收回东北领土。致公党领导人于 10 月 10 日和 12 月 1 日相继发表《致蔡元培张继书》和《敬告国人书》，号召“集合国民全体，共赴国难”“停止内事、公御外侮”。10 月 10 日致公党作出反应，“通告各埠党部，准备救国事宜”。11 月 6 日，致公党二大发出的通告第一号，提出“国难当前，责无旁贷，急起直追”。在国家灾难深重、民族危亡的紧要关头，致公党中央要求取消党治、停止内争、共御外侮，组织救国大团体，集合国民全体，共赴国难，以团结各党各派共组抗战政府，领导全国人民抗击日本侵略，维护国家独立，同时训令："海内外各处党员，一致参加抗战工作，出钱出力，以尽职责。"各国各地致公党（堂）组织在爱国主义感召下和广大海外侨胞一起积极投入到祖国的抗日救亡斗争中，决心为抗日救亡的神圣事业贡献自己的力量。仅在1931年9月18日至12月中旬，致公党人就筹得10万银圆，由陈演生、马育航、钟秀南等乔装成商贾送交东北义勇军。

支持十九路军抗战。1932年，一·二八事变爆发后，十九路军在军长蔡廷锴、总指挥蒋光鼐的带领下，奋起抵抗。上海人民纷纷支援十九路军，自发组织各种形式的市民义勇军赶赴前线参加战斗。中国致公党上海第一支部及上海洪顺互助会在陈炯明的领导下，积极投入抗战。中国致公党中央本部（第二号）通告指出："自一月廿八日沪变突起，顿使闸北虹口一带悉入战区，而日军与日浪人之残暴以及作战情形谅已尽载港报……部中同志几被拘杀，幸先日已将一切公文函件设法派员护出……请同人等设法收容救济……除由港中同志尽力捐助汇济外，合行通告该部查照并转所属支分部一体查照，设法劝捐。所有捐册、收条由各党部自行制备，捐得之款从速汇回，港部汇（彙）收转汇上海洪顺互助会，将来捐款数目由洪顺互助会登报以昭信实。事关赈救同志，各党部务宜踊跃捐助以符本党共济之。"广大致公党员积极响应，踊跃捐助。广大侨胞对十九路军英勇抗战，莫不热血沸腾，备受鼓舞。对此，陈炯明写诗赞道："天诞蔡将军，使我神明裔。百战转山河，千钧挽强臂。两粤多健儿，三军尽鹰鸷……自此一役后，声威播海外，鼓声乘衰竭，何难返侵地。"

司徒美堂在获悉十九路军英勇杀敌消息后，立即在纽约安良堂主持干事会，作出三项决定：一是以致公党（堂）名义呼吁支持坚守在上海的十九路军；二是迅速成立洪门筹饷机构，发动募捐；三是组织华侨青年参加联合救国运动。1932年4月，司徒美堂又亲自率领侨胞携带侨胞捐款及捐赠物资到上海慰问十九路军。司徒美堂还与在香港以宋庆龄为领导的

“保卫中国大同盟”取得联系，把美洲侨胞的捐款送往国内。

支持福建事变与反蒋抗日。1933 年 11 月，十九路军奉调入闽“剿共”。李济深、陈铭枢、蒋光鼐等联合发动福建事变，成立中华共和国人民革命政府，反蒋抗日。驻美国的中国致公党（堂）获悉后，于 12 月 23 日致电拥护，指出：“得道多助，独夫必诛，以天下之所顺，攻亲戚之所叛，义旗所指，万方景从。”致公党代表广大华侨，表示愿为新政权效力。1934 年 1 月 10 日，加拿大致公堂也致电福建人民政府，宣称：“贵府成立，毅然废除党治，政权公开”，“主张对内打倒媚日卖国之蒋介石与南京党府，对外则贯彻抗日救国收复失土之初衷，正与同人等本旨深契”。不久，福建事变失败，蔡廷锴被迫解甲出洋，8 月 28 日抵美，访问十几个城市。司徒美堂为保证蔡廷锴的安全，不仅亲自向致公堂布置保安任务，而且自始至终为蔡廷锴保镖。继蔡廷锴之后，杨虎城、冯玉祥和陶行知等爱国将领和民主人士在蒋介石的迫害下，避祸美国，也都得到司徒美堂等致公党人和其他爱国侨胞的热情接待和保护，使他们的抗日宣传活动得以顺利进行。

促成华侨华人统一战线。在 1935 年 12 月的纽约全体华侨大会上，司徒美堂促成包括纽约绝大多数华侨华人社团的“纽约全体华侨抗日救国会”，形成了华侨华人的抗日民族统一战线①。1936 年救国会“七君子”事件发生，美洲致公总堂盟长任锐勋与 300 余名知名人士联合发出《旅美华侨告海外同胞书》，明确指出沈钧儒、章乃器等七人爱国无罪，“今日非抗日无以救亡，非联合无以抗日，真理至明”，在海外华侨中发起救援“七君子”运动并引起强烈反响，推动了国内和海外华侨的抗日救国运动。1937 年七七事变后，司徒美堂以其古稀之年，犹不辞辛劳奔走呼号于美国、加拿大、古巴、秘鲁、巴西、巴拿马等国之间，宣传抗日救国。致公党继承发挥华侨爱国光荣传统，积极响应中国共产党提出的“集中一切国力，为抗日救国的神圣事业而奋斗”的号召，坚持长期抗战的募

① 于仁秋著：《救国自救：纽约华侨衣馆联合会简史（1933—1950's）》，三联书店（香港）有限公司 1992 年版，第 107 页。

捐活动，同祖国人民一起承担起抗日救亡的光荣任务。

支持东江人民抗日。1938 年 10 月，致公党在东江一带配合中国共产党及东江游击队，打击日本侵略者。致公党马来亚支部负责人官文森等响应中共号召，发动马来亚惠州华侨出资成立“南洋惠侨救乡会”，出资组建东江华侨回乡服务团（简称“东团”）——文森队回东江参加抗日救国工作。致公党员张友仁帮助游击队筹款，将住所借给东团活动，收留和保护东团人员，安葬惠州抗战殉国的 100 余名将士忠骸，并举行“东江抗战殉国将士公葬典礼”。1938 年 12 月，郑天保受叶剑英委托与东江纵队领导人曾生、叶锋等在惠阳、宝安等地发动当地人民进行武装斗争，参与组建抗日游击总队并任副队长兼参谋长。1939 年，叶少梅接受郑天保的邀请到惠阳参加抗日游击工作，1945 年 5 月，与东江纵队一起，在大径、石塘等地截击并击毁日寇运输船队。1942 年，钟秀南等致公党人协助中共地下党组织和东江纵队，掩护中共海丰县委机关，训练武装骨干，并成功帮助何香凝、柳亚子等民主人士经海路从香港撤离到海丰。

南侨机工归国抗日。1939 年，在爱国侨领陈嘉庚先生的号召和支持下，包括洪门人士在内的 3200 多名南洋华侨机工毅然离别亲人，远涉重洋，突破日军重重封锁，回到祖国，不顾个人安危，在抗战“生命线”滇缅公路上抢运军需辎重及兵员，抢修车辆，培训驾驶和机修人员，保障了抗战“生命线”的畅通和抗战物资的供应。在六年的时间里，1000 多位南侨机工为国捐躯，为中国人民抗日战争胜利建立了不可磨灭的历史功勋。

（二）与侨居国人民一道抗击日本侵略

日本侵略者在南洋各地的残酷统治和疯狂劫掠，激起东南亚各族人民和华侨的愤怒反抗。海外的致公党（堂）组织或运用原有报刊、团体大力进行抗日救亡宣传工作，或组织华侨抗日武装，参加当地人民的抗日军，或以其他各种形式，同侨居地民众、盟国军队并肩作战，坚持抗战，直至取得最后胜利，为世界反法西斯斗争建立了不朽功勋，为祖国赢得了声誉。

1935 年 8 月，菲律宾洪门进步党、洪门致公堂、洪门秉公社、洪门竹林协义团、洪门协合兢业社响应祖国团结抗日号召，共同发起成立“菲律宾中国洪门联合会总会”（简称“洪门总会”），反对投降，反对内战，拥护团结抗日主张，出钱出力，支援祖国抗战。1941 年 1 月 2 日，日军占领马尼拉后，菲律宾洪门进步人士即响应中共统一战线号召，发动华侨洪门人士和菲律宾人民一起共同抗日。1942 年 5 月，成立菲律宾华侨抗日游击支队（简称“华支”）。同年 10 月，菲律宾华侨抗日锄奸义勇军（简称“抗锄”）成立，成员是洪门进步人士及其子女、华侨学生、青年和小商人等，许志猛担任总指挥。“抗锄”从 1944 年年底到 1945 年春，曾配合盟军和“华支”光复马尼拉市，抢救华侨生命财产，收容难民。1943 年，成立“洪门复兴委员会”，由许志猛担任负责人，领导洪门抗日工作。1944 年 8 月至 1947 年 9 月，创办《侨商公报》《华侨导报》，组织和发动华侨青年回国参加抗战。1945 年 3 月，成立洪门青年团。1945 年 4 月，“洪门总会”恢复活动，其中洪门致公堂改称菲律宾中国洪门致公堂，许志猛担任主席。

侨居马来亚的官文森，在抗日战争爆发后，捐款支持马来亚的加影前卫剧社进行抗日救亡宣传工作，号召侨胞出钱出力，对马来亚华侨支援祖国人民的抗日战争，起了很大的推动作用。日军侵占马来亚前夕，官文森不顾生命危险和财产损失，召开“华侨抗日大会”，号召各界侨胞团结一致共同抗击日本侵略者，随后组织华侨青年去新加坡接受军事训练，这些华侨武装后来曾在柔佛一带与日军激战，给侵略者以沉重打击。马来亚沦陷后，官文森避居山林，与当地抗日地下组织取得密切联系，并赞助大批款项和物资援助当地人民的抗日武装——马来亚人民抗日军。华侨在海外反法西斯斗争的规模虽然不大，并且只有在当时的历史条件下才会出现，但是，在侨居地人民反对外来侵略争取独立自由的斗争处于危难之时，广大侨胞和致公党人能同当地人民团结一致、并肩作战，并为崇高目标不惜血洒异国疆场，他们可歌可泣的事迹彪炳史册。

（三）与中国共产党的交往

致公党（堂）的抗日救国运动，得到了中国共产党的高度重视，致公党（堂）开始与中国共产党交往。1933 年，中共党组织安排唐明照[①]前往美国，担任纽约华侨衣馆联合会的英文干事，筹办《美洲华侨日报》，并与美洲致公党（堂）进行联络。[②] 据唐闻生回忆，“我的父亲曾提到，那时《美洲华侨日报》同致公堂的《纽约公报》合作得很好”。“司徒美堂为了加强‘公共合作’，即致公堂和中国共产党的合作，邀请我父亲和当时《美洲华侨日报》的总编辑冀贡泉加入了致公堂。”[③] 司徒美堂参加了纽约华侨衣馆联合会举办的向华侨华人宣传抗日的大会。[④]

1935 年 8 月 1 日，中国共产党发表《为抗日救国告全体同胞书》，把致公党（堂）列入中国“愿意参加抗日救国事业的各党派、各团体”之中，愿意与它们建立抗日民族统一战线，进行谈判，共同建立国防政府。据中共中央华南分局连贯回忆，“司徒美老从祖国归来后，辞去了在美的其他职务，专做纽约筹饷总会工作。他每天早 10 时上班，深夜 12 时才回家。当时募捐的名目有：额捐（即规定每人每月额捐 15 美元）、飞机捐、散捐、餐馆的自由捐和公债票等。据统计，抗战期间，仅额捐一项即达 1400 万美元，纽约的华侨平均每人额捐约为 800 美元。从 1936 年到 1946 年，美洲 20 多万华侨为抗日捐款、购买公债、汇寄家用等约为 4.8 亿美元。司徒美堂先生在美洲不顾国民党右派分子的攻击，在财力上给予八路军、新四军以极大的支持。仅我在八路军、新四军驻香港办事处工作期间，便多次收到美老从美洲汇来的大批捐款。其爱国之情，感人至深，令

---

① 唐明照 1931 年 12 月加入中国共产党。先后担任中共北平西郊区委委员、中共北平市委组织部部长。1933 年进入美国加州大学伯克利分校历史系研读西方近代史，转入美国共产党并相继担任美共加州大学组织部部长、宣传部部长和书记。1937 年参加创办纽约华侨衣馆联合会。1939 年 10 月起任美共中央中国局书记达十年之久。

② 政协恩平市委员会学习和文史委员会编：《唐明照与女儿唐闻生》，政协恩平市委员会学习和文史委员会内部印行，2009 年，第 36 页。

③ 此处据中国侨联原副主席、唐明照的女儿唐闻生回忆。

④ 中国致公党中央研究室编：《司徒美堂》，中国致公出版社 2001 年版，第 204 页。

人难以忘怀”[1]。

1941 年 1 月 6 日，国民党蒋介石发动皖南事变。蒋介石不仅遭到全国人民的谴责，同时也受到海外侨胞的强烈抗议。各地纷驰急电，反对这种“枪口对内”“投降分裂”的可耻行为。司徒美堂忧虑“国共分裂形势严重，祖国将有内战爆发之虞”，于 1 月 8 日分别向重庆、延安国共两党发出快邮代电。毛泽东于 3 月 14 日予以复电，指出中共始终以民族为重，坚持团结抗日的主张，立场坚定，旗帜鲜明，合作抗日到底。1941 年 2 月 23 日，《新华日报》刊登《美洲十万洪门同志通电吁请国共巩固团结要求坚持抗战实现民主政治》的文章，表达了致公党人积极抗日的立场。

国民党的倒行逆施，使致公党更加认同中国共产党的政治主张，积极配合中共开展工作。1938 年，陈其尤因向蒋介石揭发孔祥熙之子孔令侃在香港垄断军火生意而获罪，被囚于贵州熄烽监狱。1941 年，陈其尤被转移到重庆，改为软禁。不久，陈其尤与黄鼎臣重逢。在黄鼎臣的影响下，陈其尤开始阅读《新华日报》和《群众》杂志，听取中共抗日民族统一战线方针和八路军、新四军的英勇抗战事迹，对中国共产党领导的新民主主义革命逐渐有了认识，在思想上有较大提升。在中国共产党的帮助下，陈其尤对抗战胜利后致公党该走什么样的路、如何发展等问题有了初步设想。

★ 黄鼎臣（1901—1995）

黄鼎臣在中学就读期间就认识了彭湃和陈其尤等有志青年，并曾参加彭湃在海陆丰领导的革命活动。1921 年赴日本留学，毕业于东京日本医科大学，后入东京帝国大学附属医院继续深造。在日本求学期间，开始阅读革命书籍，参加留学生的革命活动，担任广东留日学生同乡会总干事。黄鼎臣早年加入中国共产党，1928 年任中共东京特别支部领导的“反日大同盟”组织委员会

① 全国政协文史和学习委员会编：《回忆司徒美堂》，中国文史出版社 2015 年版，第 189 页。

主任委员，因开展爱国反日活动被日本警视厅拘留并遣送回国。同年8月任“反帝大同盟”组织委员会主任委员，9月在上海法租界被捕入狱。1932年出狱后，在澳门、广州、桂林、昆明、重庆等地行医，并从事革命活动。期间，黄鼎臣在澳门挂牌行医时得到陈其尤等以同乡之谊和老朋友的关系给予多方面支持和帮助，建立了与社会各界的联系。1940年，黄鼎臣在重庆林森路303号开办了诊所，并担任新华日报社医疗卫生顾问。

1942年3月，司徒美堂从美国辗转抵达重庆。陈其尤以致公党中央干事会负责人名义，主动与司徒美堂接触，向司徒美堂介绍国内情况，双方就发挥致公党在抗战中的侨党作用、恢复致公党组织活动等达成共识。在重庆红岩八路军办事处，周恩来邀请司徒美堂出席茶话会，民主人士陶行知、徐宗汉等100多人到会。会上，周恩来向司徒美堂详细讲述了国民党在皖南进攻新四军的经过。1943年，与中国共产党、国民党深入接触，并同民主人士广泛交流后，司徒美堂回到美国广为宣传：“忠于抗战事业，而且创造了抗战办法，展开了抗战局面的是共产党，而非国民党；凡是爱国的人，就决不该反共，反共的人实际上也一定反对抗战。”司徒美堂通过与周恩来几次长谈，看到了中国的希望所在。他通过对比，对蒋介石破坏民族团结大业的本质有了更进一步的认识，进而转向接近中国共产党。

1945年2月10日，致公党（堂）属下七家报纸与《美洲华侨日报》等其他爱国华侨办的报纸共同发表《美洲华侨报界对国事主张》（即《十报宣言》），号召“中国要结束国民党的一党专政，还政于民，并召开国民代表会议，成立民主政府”。[①]《十报宣言》是以致公党（堂）为代表的美洲华侨华人对中国共产党的公开声援，是致公党（堂）对国内政治公开发声、响应中共联合政府主张的一次宣言，表达了广大致公党（堂）员和海外华侨对抗战胜利后建立什么样的政府和国家的关注和期望。

① 《美洲华侨报界对国事主张》，《大汉公报》1945年2月10日。

★ 抗日战争期间，周恩来（左四）、董必武（左二）、邓颖超（右一）在八路军驻渝办事处会见司徒美堂（左三）。

1945年4月25日，联合国制宪会议在美国旧金山召开。当时有51个国家派出代表团参加会议。中国派出了以宋子文为首席代表的代表团，司徒美堂被聘为华侨顾问。在代表团的十名代表中，董必武是中国共产党和解放区人民的代表。美洲致公党（堂）的负责人司徒俊葱力排国民政府驻美使领馆的阻拦，公开为董必武及其随员举行招待会，请董必武在会上介绍国内形势和中国共产党的基本政策，并负责保护其人身安全。董必武在会上全面介绍阐述中共坚持抗战、坚持广泛团结、坚持民主进步的基本政治主张，回答听众提出的问题。他还专门赞扬美洲侨胞在抗日救国中发挥的难以替代的作用，作出的突出贡献。美洲致公党（堂）所属的《华侨日报》《大汉公报》等侨报以“中国共产党的基本政策”为题，连载了董必武的演讲，全面介绍、阐述中共基本政策，受到广大侨胞的欢迎，致公党（堂）员加深了对中国共产党的了解。此举在当时产生很大影响，充分反映了致公党和中国共产党的战斗情谊。

六、中国致公党第三次代表大会

1941年日军占领香港后，致公党总部活动被迫停止。在抗日战争后期，中共中央南方局连贯、许涤新等与在重庆的致公党中央干事会负责人陈其尤以及黄鼎臣、伍觉天等交谈时建议：致公党是华侨爱国力量的一个基础的组织，恢复致公党的组织活动，对华侨爱国活动具有一定的影响。陈其尤在中共的帮助和引导下，意识到只有中国共产党才能救中国；致公党应该尽快恢复组织活动，联系海外华侨，参加国内革命斗争。于是，陈其尤以及黄鼎臣、伍觉天等就开始着手开展恢复致公党组织的筹备工作。

（一）中国致公党恢复组织活动

1945年8月日本投降后，蒋介石政府企图扑灭民主力量，继续维持其统治，积极准备内战，中国正面临着向何处去的抉择。广大人民群众和一切爱国力量，包括海外侨胞，寄希望于中国共产党。毛泽东的《两个中国之命运》（1945年4月23日）、《论联合政府》（1945年4月24日）两部论著使一些进步人士对争取走民族复兴的道路更加明确。同时，也给正在酝酿恢复致公党组织活动的有识之士指明了方向。这时有两方面人士正在为重组致公党而努力。

司徒美堂曾经两次组党。第一次是1945年年初。司徒美堂等洪门致公堂领导人感于抗战胜利为时不远，认为需要重新组织一个华侨政党，以便在抗战胜利后回国参加政治活动。司徒美堂发出重组致公党的倡议，同年3月12日，美洲洪门恳亲大会在美国纽约举行，美国、加拿大、墨西哥、巴拿马、巴西、秘鲁、牙买加等九国的致公党（堂）组织均派代表出席大会。会议结束，洪门致公堂改称“中国洪门致公党”，司徒美堂被选为全美总部主席。中国洪门致公党表示要“以华侨资本和人力参加复兴中国建设”，在敦促国民政府解决侨汇问题、救济侨眷方面发挥了重要作用。

这次重组致公党，政治方向是正确的，其主张符合祖国形势变化要求，顺应历史发展潮流，但不能算组党成功。因为从组织的角度看，一是局限于美洲范围内，二是对刷新党务没有多大实际作用。

第二次重组致公党的活动是在1946年年初至六七月间。抗战胜利后，司徒美堂率洪门代表团回国，在上海召开五洲洪门恳亲大会，试图重组统一的中国洪门致公党，以便代表华侨和洪门参与国事。司徒美堂率领代表团回国后，面对错综复杂的局面，很快陷入各种政治势力重围中，组党活动很不顺利，到头来竟由国民党CC系的陈立夫、陈果夫操纵，制造了一个中国洪门民治党。司徒美堂任中央执行委员会主席。中国洪门民治党成立不久，司徒美堂就看出CC系实际上控制了该党。几经周折，司徒美堂发表了“脱离民治党声明”，并登载在上海各大报纸上。司徒美堂这次重组致公党的活动虽然失败，但他在实际斗争中不断进步，开始了一生中的重大转变。

与此同时，在中共的帮助下，陈其尤等在香港开展恢复致公党组织的活动。1946年年初，陈其尤、黄鼎臣、伍觉天等先后由内地到达香港，与坚持在香港工作的致公党秘书长陈演生、钟杰臣和严锡煊等会合，以陈演生的住所为活动地点，积极为恢复致公党组织活动而工作。他们在抗战时期曾分别支持和参加抗战工作，与中共和民主人士有过交往，对国共两党都有较深刻的认识，把祖国独立富强的希望寄托在中国共产党身上，可谓志同道合。这时，一些被殖民者驱逐出境的，或由国内被迫逃亡的致公党员也陆续会集香港。在连贯、饶彰风、许涤新等的帮助和指导下，致公党人对中国革命的形势和前途有了进一步认识。中共华南分局还介绍一些民主进步人士加入致公党，协助恢复致公党组织的工作。陈演生保存有海外组织的通讯处地址和负责人名单，这为联络海外致公党员、恢复致公党组织提供了十分重要的条件。

然而，恢复致公党组织并不是一帆风顺的。国民党在广东的“挺进队”曾派人到香港拉拢陈其尤。拉拢遭拒后，国民党便在香港一家小报上刊登广告，捏造出纯属子虚乌有的“中国致公党华南总支部”，并声称该支部就在香港，企图冒名顶替以陈其尤为首的致公党中央干事会。陈其尤等识破国民党的阴谋，向中国共产党求助。1946 年 4 月下旬，陈其尤把有关情况详细告知在广州的黄鼎臣，并邀请他来港。黄鼎臣经请示中共党组织后，赴港参加了致公党中央干事会会议。黄鼎臣在会上指出，中国历史的转折关头，致公党面临向何处去的问题，在革命与反革命的搏斗中，中间党派没有中立余地，建议致公党应当参加中共领导的民主革命。这一建议得到了中央干事会成员的赞同。会后，黄鼎臣由陈其尤介绍加入了致公党，并积极参加恢复致公党组织工作。

从 1946 年中到 1947 年 4 月间，陈其尤等为恢复致公党组织进行了大量工作：

恢复致公党总部。由陈其尤、陈演生、黄鼎臣、伍觉天等负责内部事务及与中共、各民主党派进行联系，以取得各方面的同情和支持；由陈演生等负责以总部名义同海外各地组织联系，并征求各地组织对于恢复致公党组织活动的意见及要求。

成立了党务整理委员会，重新登记党员，并着手起草党纲党章及其他文件，以确定党的新宗旨及行动方针政策。

以致公党总部名义向社会公开表明致公党的国是主张。1946 年 7 月 6 日，中国致公党中央干事会在香港《华商报》发表《致公党组织概况》，介绍致公党的演变历史，肯定了致公党对辛亥革命和抗日战争的贡献，说明其政治纲领和国是主张，即：“本党一向以实行民主革命，建立真正的民主共和国为标志。主张地方自治，以省为最高自治单位，中央与地方取均权制；反对一党专政、武力统一与武力割据，并反对任何党派拥有军队，实行军队国家化；又主张各党派及社会贤达以和平方式协商，求得政治合理的解决。”向海内外发出呼吁，为适应战后的民主潮流和新局势，准备迅速筹备召开党员代表大会，讨论党务，修改党章与政纲，选举中央干事，进行组织上的改组。《致公党组织概况》发表后很快得到美洲、南洋一些组织的拥护和响应。中央干事会恢复了同五大洲致公党组织的联系，各地组织成立“整理委员会”，重新登记党员。中央干事会组织人力起草党纲党章及其他文件，以确定党的新宗旨及行动方针、政策等。

组建了以任洪为主任委员的致公党广州支部。广州支部受黄鼎臣的委托承担了为恢复中国致公党组织而起草新党章的任务。起草新党章的工作在中山大学政治系教授雷荣珂的指导下，由就读于该系的致公党党员阮耀民（阮哲民）执笔。雷荣珂经黄鼎臣介绍加入中国致公党。在新党章的起草过程中，雷荣珂等通过中山大学的中共地下党组织吸取了《中国共产党章程》及其他一些民主党派章程的精神，由黄鼎臣、伍觉天审阅定稿。

致公党在恢复组织活动的过程中，离不开中国共产党的帮助和指导。连贯对会议有关文件内容进行指导，如连贯建议将三大《政纲》中的土地政策的提法由“没收地主土地分给农民”改为“耕者有其田”。他认为，“没收地主土地分给农民”的提法“应该慎重考虑。华侨地主原来很少，抗战胜利后许多华侨用侨汇购买了一些土地，但不是以剥削农民所得为生活来源，有的并没有收地租。对待华侨地主与其他地主当另作规定”。他还特别指出：“致公党是与华侨有紧密联系的，当前的战斗任务应该是切合中国人民的利益的。”① 1947 年 5 月 5 日发表的《致杜鲁门总统电文》是致公党恢复组织活动后第一个对外的文件。党内虽然有较高英文水平的人，但缺乏用英文写作此类政治文件的经验，后伍觉天通过连贯介绍《华商报》的萨空了先生帮助解决。其他重要的公开发表的文件，也得到《华商报》的帮助。

致公党在积极恢复组织活动的同时，旗帜鲜明地投入了争取国内和平民主的斗争。1945 年 10 月 10 日，由于中国共产党的积极斗争，迫使国民党政府签署了《政府与中共代表会谈纪要》（亦称双十协定），表示愿意“召开政治协商会议，邀集各党派代表及社会贤达协商国是”。可是“协定”墨迹未干，蒋介石政府于 1946 年 6 月至 1947 年年初先后发动了全面

① 致公党中央党务研究委员会编：《中国致公党历史文献和文史资料汇编（1904—1949）》，中国致公出版社 2009 年版，第 74 页。

内战，召开伪国大，与美帝国主义签订出卖国家主权的《中美友好通商航海条约》，允许美军继续占驻中国。对此，致公党中央干事会发表一系列声明，就国家重大政治问题表明自己的立场。1946 年 11 月 2 日，在国民党片面宣布召开其一手包办的国民大会前夕，致公党发表了《致公党对时局意见》，提出应该按照“政协”决定，由改组后的民主联合政府召开国民大会，其宪法草案应根据“政协”修改原则，由宪法草案委员会起草全部条文，以备制宪的国民大会采用；指责执政党不顾“政协”决议，宣布 11 月 12 日召开国民大会，此种举措可能引起全国分裂之危险；要求美国政府改变其对华错误政策，立即撤出驻华美军，停止助长中国内战之一切物资援助，并声明致公党员与为和平民主建设新中国而奋斗的任何党派携手合作。

1947 年 2 月 27 日，致公党针对国民党统治集团为继续其一党专政与个人独裁、撕毁“政协”决议、发动全面内战、包办国民大会而造成的通货膨胀、金融动荡、商业凋敝、民不聊生的状况，发表《中国致公党对时局的宣言》（以下简称《宣言》）。要求国民党立刻取消“钦定”的伪宪法，立刻实施关于保证言论、出版、集会、结社等自由的四项诺言；立刻释放除汉奸外的一切政治犯，然后由国共双方协商全面停战，实现和平；扩大党派协商会议，遵循过去“政协”路线与精神，解决国是争端。《宣言》谴责国民党政府未能采取有效的护侨政策，纵任各地侨胞的生命财产遭受当地政府之残害，越南、印尼、菲律宾等地尤为显著。中国致公党在这一时期，还一再发表声明，严厉谴责美帝国主义援助蒋介石政府内战的错误政策，是中国社会不安、民族危机深重的总根源。因此，强烈要求美国改正其对华政策，立即撤退所有驻华军队及军事训练人员，在中国普遍的和平未实现以前，各国不得再对中国政府或任何政党进行经济援助，任何国家都要遵守莫斯科外长会议关于不干涉中国内政的规定。

致公党的上述活动，说明致公党的组织活动已经恢复，致公党已经成为民主运动中一支重要力量，对美蒋势力是重大冲击，对中国共产党领导的中国革命是有力支持，同时也扩大了致公党在国内外的影响，从而为召开致公党第三次代表大会作了政治上、组织上和干部上的准备。

（二）中国致公党第三次代表大会召开

1947 年 5 月 1 日至 10 日，致公党在香港召开第三次代表大会。到会的有香港、广州两地及美国旧金山和马来亚派出的代表 40 余人。英国利物浦、美国波士顿、墨西哥、古巴和大溪地则委托在香港的成员参加。大会讨论修改了《中国致公党政纲》（以下简称《政纲》）和《中国致公党章程》（以下简称《党章》），发表了《中国致公党第三次全国代表大会宣言》（以下简称《宣言》）、《中国致公党第三次全国代表大会告海外同胞书》（以下简称《告海外同胞书》）、《致杜鲁门总统电文》，并一致决议加入中国共产党领导的人民民主统一战线。

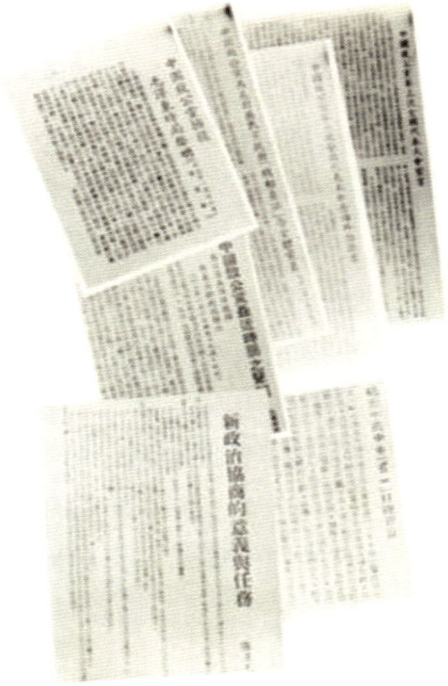

★ 中国致公党第三次代表大会文件及三大以后发表的重要文件和文章。

大会通过的《中国致公党党章》对致公党的建设作了许多原则性的规定，指出：致公党“信仰民主主义”，“积极参加党内政治生活和国内革命运动”，“对一切损害本党及损害国家民族利益者进行斗争”。《党章》规定：致公党组织原则“采取民主集中制”，“党内各级机构的负责人，概由普选制产生”，“凡党员必须服从党，少数必须服从多数，下级必须服从上级”。《党章》还规定在必要时必须对党员绳之以纪律，对地方党部进行改组或全部解散。由此可见，致公党的指导思想已由旧民主主义上升到新民主主义的高度，解决了革命的对象、任务、性质等重大问题。

大会还进行了组织上的改组，选出新的中央执行委员会（即相当于后来的中央委员会）。执委会正式委员 19 人，候补委员 6 人。委员中以广东、香港、广西占多数，其次是马来亚，美国的旧金山、波士顿，加拿大的满地可（即蒙特利尔），墨西哥、古巴、大溪地也都有中央执行委员。选举产生的中央常务委员会由李济深、陈其尤、陈演生、黄鼎臣、雷荣珂、钟杰臣、严锡煊、韩毓辉和伍觉天 9 人组成，推选李济深（20 世纪 20 年代曾任洪门五圣山会办，地位在山主与副山主之间）为主席，陈其尤为副主席，陈演生任秘书长，黄鼎臣任组训部部长，雷荣珂任宣传部部长，钟杰臣任财务部部长，韩毓辉任代理侨务部部长，严锡煊、伍觉天任组训部副部长。设立了香港、马来亚、美洲 3 个总支部及 20 多个分部。

★ 李济深（1885—1959）

当时，由于李济深正与国民党中几个反对蒋介石独裁统治的派别商议组成一个“国民党革命委员会”，李济深以致公党主席身份出现颇有不便，因此致公党的一切活动均由陈其尤出面。

为进一步发动致公党员和海外侨胞投入国内的革命斗争，三大以后出版了《公论》作为致公党中央机关刊物。1947 年 12 月《公论》创刊号出版，其《发刊辞》说，“为挽救当前国家民族之多难，力求中国和平与民主之实现”，“为适应时代之潮流，爰以一己之至诚，阐扬‘和平’与‘民主’之真义，出兹刊物的问世，藉以激励国人”，“取名‘公论’，是亦本‘万几决于公论’之意云尔”。

致公党第三次代表大会制定的《政纲》，全面反映了致公党在新的历史时期的政治主张和要求。《政纲》规定：致公党以民族解放、国家富强、人民自由为奋斗目标。在政治上主张：国家主权属于全体人民，反对个人独裁和一党专政，必须在普选的条件下，融合各党各派建立举国一致的联合政府。为保障民主，国家政体采取民主集中制，由普选产生的人民代表组织国民大会，制定宪法。中央政府采取内阁制，实行中央、地方均权制，省为最高自治单位。在经济上提出：实行全国计划经济；人民有经营企业的自由，劳工利益受法律保护；反对国营事业的官僚化与私人企业的独占化；奖励侨胞向国内投资，并保障其合理利益；利用外资提高发展生产力，但必须不损害国家主权的完整；计划发展轻重工业，配合农业生产，使中国由农业国发展为工业国；逐渐实现“耕者有其田”的土地政策，保障佃权，扩大农业贷款，严禁高利贷盘剥，提高农民生活水平；由政府大兴水利，奖励集体经营农业，组织农业生产合作社。

《政纲》还主张设立侨务机构，实行护侨政策；运用外交手段向所在国交涉，废除对我国侨胞的不平等法律，保护侨胞的权益；海外侨胞遭生命财产损失时，政府应向有关方面提出赔偿，并予以救济；帮助侨胞加强团结，加强侨胞与祖国的联系；鼓励侨胞向国内投资，予以最惠权益；奖励侨胞回国服务，奖励侨胞子女回国就学；增加侨胞国民代表名额，以扩大侨胞的参政权。此外，《政纲》还在财政、军队、外交、教育与文化方面提出了自己的主张。

大会通过的《宣言》，提出了解决国是的步骤：第一步，国共两党军队应立即退回 1946 年 1 月 13 日停战令发布前的原占地区；第二步，重新召开各党各派的政治协商会议；第三步，由政协会议产生各党派平等联合的政府，以代替国民党、民社党和青年党三党联合政府；第四步，联合政府筹组国民大会，制定正式宪法，同时取消国、民、青三党所制之伪宪法；第五步，根据宪法的规定，选举真正民主的新政府，取消国、民、青三党联合政府；第六步，召集各地方民意机关大会，各自选举其政府。《宣言》着重指出："中国所有一切重要问题，在政治未能实现真正民主之前，则毫无根本改善之方法；若政治果能真正实现民主化之后，则一切困难皆可迎刃而解。"因此，致公党《宣言》要"为中国真正民主化而奋斗到底！"大会通过的《告海外同胞书》，揭露国民党在抗战胜利后的一系列罪行之后，号召广大侨胞认清国内形势，关心祖国命运，支持致公党三大所提出的主张，积极参加政治活动，与致公党一道"务使国民党之腐化独裁局面早日消灭，各党派联合民主政府迅速实现"。从而使祖国能日益富强，侨胞在国外的地位也可大大提高。

大会发表的《致杜鲁门总统电文》指出："现时中国民众皆认为美国是主要助长中国内战之责任者，若无美国支持反民主之国民政府对中国的民主势力作战，则和平与民主政治的中国，今日必已实现无疑。"文章呼吁杜鲁门"即时决计撤退所有驻在中国之美国军队及其他一切之军事人员，同时停止一切对中国政府之所有物质援助，中国问题应听由中国人民自行解决"。

（三）历史的重大进步

致公党三大是致公党历史上非常重要的一次大会。在政治上，大会比较鲜明地提出了反对帝国主义、封建主义和官僚资本主义的观点，表明致公党在观察和处理中国革命问题上，已经脱离了旧轨道，上升到新民主主义革命的高度。在组织上，重新登记党员，重新整顿党组织，加强对党员的教育。同时，吸收了一批非洪门人士入党，而且还选举他们进入新的中央领导机构，这使致公党从上到下都有了新的血液，使领导机构比较健全而有活力。这是致公党历史上前所未有的。

大会宣布致公党从此参加中国共产党领导的新民主主义革命，走上中国共产党领导的人民民主统一战线，并为此奋斗到底，开创了致公党参加新民主主义革命的新纪元，是具有里程碑意义的重大进步。致公堂从反清复明的旧式会党，到成为接受孙中山民主思想的革命组织，再到旧民主主义政党，并实现向新民主主义政党的转变，是无数的致公党前辈始终热爱祖国，不畏艰辛，勇于探索，付出巨大的牺牲，顺应历史发展潮流，为复兴中华不懈奋斗的生动体现。致公党三大是致公党历史的重大进步，它全面开启了致公党与中国共产党从认识到认同、从相近到相亲、从同胞到同志，矢志不渝坚持中国共产党的领导，为国家富强、民族复兴、人民幸福贡献智慧和力量的光荣历程。

七、响应中共中央“五一口号”

致公党三大的《政纲》《宣言》和《告海外同胞书》在香港和海内外报刊刊登以后，又针对国民党在南京召开的所谓“行宪国大”、选举“总统”和“副总统”，发表《反对南京伪选声明》，系统揭露国民党政府卖国独裁、祸国殃民的罪行，使广大党员和海外华侨看清国民党政府的反动本质，“为国家前途而作彻底反美反蒋反封建政权之奋斗，使真正能代表民意的联合政府，在短期内，即能建立起来”。

1947 年 10 月 10 日，即在中国人民解放军转入全国性战略反攻之后，中国共产党以人民解放军总司令、副总司令名义发布了《中国人民解放军宣言》，提出了“打倒蒋介石，解放全中国”的口号，并提出了联合各民主党派和全国各界同胞，“组成民族统一战线，打倒蒋介石独裁政府，成立民主联合政府”的主张。1948 年 4 月底，随着人民解放战争的胜利，中国共产党在纪念“五一”劳动节的口号中，又发出了“各民主党派、各人民团体、各社会贤达，迅速召开政治协商会议，讨论并实现召集人民代表大会，成立民主联合政府”的号召。

中共中央“五一口号”立即得到各民主党派的积极响应。1948 年 5 月 2 日，在香港的各民主党派的代表讨论了“五一口号”，一致表示拥护。5 月 5 日，致公党领导人陈其尤和各民主党派领导人李济深、沈钧儒、何香

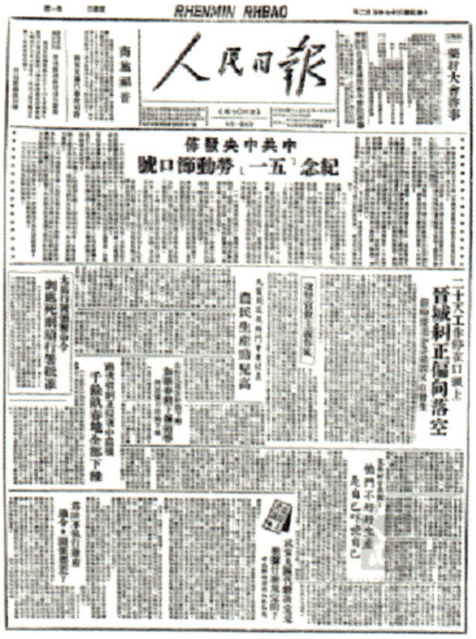

RHENMIN RHBAO

人民日報

中共中央發佈

紀念「五一」勞動節口號

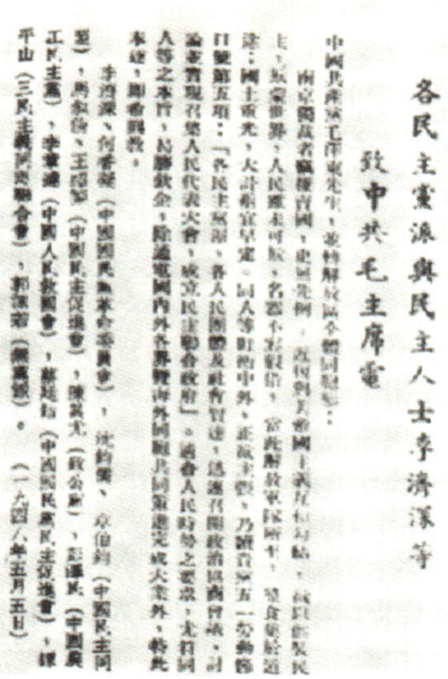

各民主黨派與民主人士李濟深等

致中共毛主席電

（一九四八年五月五日）

★ 1948 年 4 月底，中共中央发布“五一口号”，陈其尤和各民主党派领导人积极响应。

凝及郭沫若等无党派民主人士，向国内外各报馆、各团体及全国同胞发出《各民主党派为召开新政协致海内外电》和《各民主党派为召开新政协致中国共产党电》。6 月 9 日，致公党还单独发表《响应中共中央“五一”号召宣言》（以下简称《宣言》）。《宣言》高度评价“五一口号”是“富有变革历史意义的文献”，“中共这个政治立场和态度是代表全国革命阶级和一切爱国的民主的阶层的，它与本党一向对国是的主张和奋斗目标，也正相符合”。《宣言》指出：“全国人民和人民敌人之间的生死斗争已经到最尖锐化，革命和反革命已明显地划分为两个阵营，人民已没有第三条道路可以观望”，明确表示“中共在中国革命艰苦而长期斗争中，贡献最大而又最英勇，为全国人民起了先导和模范作用，因此，这次新政协的召开，无疑我们得承认它是领导者和召集人”，并断言：“历史决定了独裁者将要走进自己掘好的坟墓，人民必然获得解放和翻身。新的中国已经胎动，将在旧中国的崩溃过程中建立起来！”《宣言》还回顾了广大海外华侨对屡次革命的贡献的同时，强调："今天的中国革命少不了华侨同胞在精神和物质上的支持，在明天新中国的建设中也少不了他们。本党代表他们的利益，因此完全同意中共这次的号召。"《宣言》还号召华侨同胞将来"回到民主的祖国的怀抱，参与新中国的各种建设，使中国成为一个独立、自由、康乐的国家"。同时，致公党中央执行部还函电美洲、南洋各地致公党党部，"切实研究这个重要号召的意义，展开广泛的讨论"，得到了普遍良好的反应，一致希望能"建立真正属于人民全体的、平等的、合理的民主政权"。

中共中央"五一口号"阐明中国共产党与各民主党派合作的初心和使命，为中国革命指明道路和方向，展现了中国共产党的胸襟和气魄。致公党同各民主党派一道响应"五一口号"，表达了同中国共产党共事的热情，坚定了跟中国共产党走的信念，奠定了与中国共产党的合作基础，是致公党自觉接受中国共产党领导的重要标志。

八、参加新政协迎接新中国诞生

（一）坚决拥护"将革命进行到底"

1948 年秋，人民解放战争进入夺取全国胜利的决定性阶段，中共中央科学地分析战争形势，当机立断，及时抓住战略决战有利时机，连续组织辽沈、淮海和平津三大战役。经过三大战役，国民党政府在长江以北的力量已全线崩溃，在长江以南也难以组织起系统防御。蒋介石不得不于 1949 年元旦发表声明，宣布"下野"。但他在声明中提出要保存国民党制定的从来不为人民承认的"宪法"，保存他所谓的"法统"，保存反动军队等，否则就要同中国共产党"周旋到底"。显然，这不是和平的条件，而是以此延缓解放军的进攻，借谈判争取时间，重整军备，一旦时机成熟，就会卷土重来。在这种情况下，是继续不断彻底消灭国民党军队，推翻国民党反动统治，将革命进行到底，还是就此止步，保存国民党在江南的反动势力，使革命半途而废，这是当时摆在全国人民和各民主党派面前的一个十分重大的问题。

针对这种情况，毛泽东在1949年的新年献词中发出“将革命进行到底”的伟大号召。1月6日，致公党立即在《华商报》《文汇报》《大公报》发表《中国致公党最近对时局之声明》以响应，声明明确表示，“中国当前正是民主势力与反民主势力决斗的阶段，也就是革命势力要彻底消灭反革命势力的阶段，在这一阶段里决没有中间路线和妥协的余地”，“革命必须彻底进行”。

1月14日，针对国民党政府的“和平攻势”，毛泽东以中共中央主席名义发表《关于时局的声明》，宣布八项和平条件，号召各民主党派和全国人民为实现真正的和平而奋斗。毛泽东主席的声明，立即得到各民主党派的热烈拥护。1月22日，已经到达解放区的致公党和各民主党派的领导55人联名发表《我们对时局的意见》，表示完全赞同毛泽东提出的八项和平条件，郑重表示：“愿在中共领导下，献其绵薄，共策进行”，认为“革命与反革命之间决无妥协与调和之可能，亦绝不允许有所谓中间路线之存在”。至此，中国共产党在多党合作关系中的领导地位正式确定下来。

1月28日，致公党再一次发表《拥护毛泽东时局声明》。声明指出：国民党政府“明知大势已去，假倡和平，冀收拾余孽，为卷土重来之计”，“兹幸中共领导人民革命，已近全面胜利，甚望彻底肃清反动残余势力，使中国得到真正民主和平”，“本党代表海外数十万华侨，伫望祖国和平统一，独立富强，自当同为新民主主义而奋斗到底，并盼国民党统治区内各界同胞一致主张为幸”。致公党和各民主党派在揭露国民党反动派“和平攻势”的同时，对美帝国主义继续援助国民党政府和妄图干涉中国革命的行径进行了坚决的斗争，显示了致公党和各民主党派，同中国共产党在反对美帝国主义与国民党反动派的斗争中，紧紧地站在一起，团结一致，革命统一战线十分巩固，这就使美帝国主义不敢轻视中国革命人民的力量而突然采取冒险行动，也使美帝国主义妄想收买一些民主人士建立既反蒋又反共的“中间”政府的阴谋彻底破产。

（二）参加新政治协商会议

中共中央“五一口号”发布后，各民主党派和中国共产党密切联系，准备迎接新政协的召开。在香港的民主党派和无党派人士经常举行会议，发表声明。致公党在港澳党员较多，联系广泛。致公党常组织党员在开会时站岗放哨，负责会场附近巡逻任务，并对民主人士暗中保护。

1948 年 8 月 1 日，中共中央主席毛泽东给李济深、陈其尤等各民主党派负责人复信，对“诸先生赞同敝党五月一日关于召开新的政治协商会议，讨论并实现召集人民代表大会、建立民主联合政府一项主张，并热心促其实现，极为钦佩”，并就召集民主党派代表进行协商的时间、地点征求大家意见。从 8 月开始，致公党和各民主党派、无党派民主人士陆续进入解放区。在中国共产党的领导下，积极参与筹备召开新政协，建立人民民主专政的新中国的工作。正是在这个基础上，形成了中华人民共和国成立后中国共产党领导的多党合作和政治协商制度。

随着人民解放战争的胜利推进，各民主党派的领导人先后进入解放区。1948 年 11 月 23 日，陈其尤代表致公党应中共中央的邀请与马叙伦、郭沫若、许广平等离开香港北上参加新政协的筹备工作。12 月 6 日抵沈阳时，受到中共中央代表的热烈欢迎。12 月 19 日，陈其尤致电中共中央领导人毛泽东、朱德、周恩来，代表致公党向中共中央致敬，表示要为实现新民主主义、建设新中国而努力。在东北解放区，陈其尤在各地进行参观，目睹了解放区人民解放后的新气象，并对当地工业在“中共的正确领导及建设和苏联的技术帮助，规模是逐步现代化了，生产力有了长足的进展”，留下了深刻印象，表示“我深信不久的将来，我们的中国是可以从经济落后的农业国一变而为进步的工业国，新中国的前途是光明的”。1949 年 1 月，北平和平解放后，林伯渠代表中共中央，到沈阳迎接民主党派人士入关。2 月 25 日，陈其尤等从沈阳乘火车抵北平，中共中央领导人在前门车站迎接。

1948 年 12 月中旬，黄鼎臣奉命北上。当时华北还没全部解放，海域还控制在国民党手中，黄鼎臣原定于 1948 年 12 月底至 1949 年 1 月北上先行到烟台的计划，只好改变行期。在中共华南局的安排下，1949 年 3 月 20 日，黄鼎臣和其他民主人士顺利登上租来的外轮“宝通”号北上。27 日，黄鼎臣到达天津，再前往北平同先期到达东北的陈其尤等会合，一道参与新政协的筹备工作。

1948 年，司徒美堂从上海抵香港，举行记者招待会，发表国是主张。10 月 23 日，司徒美堂在连贯及中共中央香港分局举行的饯行宴上，即席亲书《上毛主席致敬书》，向“出斯民于水火”的毛泽东致敬，并表示衷诚接受中国共产党领导，“新政协何时开幕，接到电召，当即回国参加”。10 月 30 日，司徒美堂抵达美国后，又根据事先与陈其尤等的约定，在香港各报发表了他在 10 月 18 日签署的另一份声明：《司徒美堂拥护中国共产党召开新政治协商会议的声明》（以下简称《声明》），明确表示“今中共及各民主党派所号召以四大家族除外之新政治协商会议，进而组织人民民主联合政府之主张，余认为乃解决国内政治问题唯一良好方法，表示热诚拥护，并愿以八十有二之高龄，为中国解放而努力”。在《声明》中，司徒美堂以洪门老人身份呼吁洪门兄弟声援陈其尤等人继续组织的中国致公党，对致公党“今能彻底整顿，奋发前进，揭民主政治之大旗，为新政治协商、人民民主联合政府之主张，坚决奋斗。美堂以洪门老人地位深表同情，并竭力赞助”，并认定“中国致公党之民主工作，乃洪门兄弟之良好楷模，必须团结并进，以争取中国革命之彻底成功”。司徒美堂返回美国后，广泛宣传祖国解放战争的大好形势，号召旅美华侨全力支持解放战争。在司徒美堂看来，拥护什么党、支持什么人，其依据就是“谁能拯救祖国于危亡，使民众安居乐业”，谁把民族利益、民族大业放在第一位。他认为“只有共产党才能救中国，只有共产党才能使中国真正富强起来”。

1949 年 1 月，毛泽东亲笔写信给司徒美堂，请他莅临解放区参加新政协。信中说团结全国人民及海外侨胞的力量，完全实现中国人民的独立解放事业，实为当务之急。当时司徒美堂因远在美国，很长一段时间后才接到毛泽东的邀请函，他毅然拒绝孔祥熙等的劝阻，启程离开侨居近70年的美国回国。1949年8月13日，司徒美堂抵达香港。由于半年前李济深、郭沫若、蔡廷锴、陈其尤等突然秘密离港，那些监视他们的港英当局和国民党特务竟无所觉，所以这次司徒美堂来港，国民党人员加紧戒备，气氛非常紧张。在中共中央华南局的帮助下，司徒美堂摆脱国民党特务的跟踪，搭乘太古公司的岳阳轮经台湾海峡，于9月4日抵达北平，参加人民政协，共商新中国成立大计。

6月15日至19日，新政治协商会议筹备会第一次全体会议在北平中南海勤政殿举行。出席会议的有中共及各民主党派等23个单位的134位代表。致公党代表陈其尤、黄鼎臣、官文森、雷荣珂、严希纯出席了筹备会。在筹备会议开始前的资格审查期间，周恩来对致公党予以充分肯定，指出致公党在抗日战争时期就为动员侨胞支援抗战做过贡献，解放战争中又发表声明拥护中共主张，参加到了人民民主统一战线的行列，“致公党响应新政协最早，我们主张列入筹备会”①，是有资格参加人民政协的。在筹备会常委会领导下成立六个小组。第一组拟定参加新政协的单位及其代表名额和名单；第二组起草新政协组织条例；第三组起草共同纲领；第四组拟定中华人民共和国政府方案；第五组起草大会宣言；第六组拟定国旗、国徽及国歌方案。陈其尤参加筹备会第一组和第四组工作，黄鼎臣参加第三组和第五组工作，雷荣珂参加第二组工作。据黄鼎臣回忆，致公党的代表还有幸参加了国旗、国徽方案的审查选定工作。9月17日，新政协筹备会第二次全体会议决定，将新政治协商会议改名中国人民政治协商会议。

1949年9月21日至30日，中国人民政治协商会议第一次全体会议在北平中南海怀仁堂隆重开幕。参加会议的有党派、团体、军队、区域共45个单位，正式代表510人，候补代表77人，特邀代表75人。这是中国

① 金冲及著：《周恩来传（1898—1976）》，中央文献出版社2011年版，第850页。

历史上空前团结的人民盛会。在这个划时代的民主团结大会上，各民主党派以主人翁姿态欢欣鼓舞地共商国是。致公党选派陈其尤、陈演生、黄鼎臣、官文森、雷荣珂、严希纯参加会议。陈演生因留守香港致公党总部，未能出席会议。后通知伍觉天北上参加会议，也因香港总部工作繁重，伍觉天决定留守香港，未能成行。司徒美堂作为华侨界的代表出席了会议。

★ 1949 年 9 月 21 日，中国人民政治协商会议第一届全体会议在北平开幕，毛泽东在会上讲话，前排右二为陈其尤。

大会通过了中华人民共和国成立初期的根本大法《中国人民政治协商会议共同纲领》（以下简称《共同纲领》）、《中国人民政治协商会议组织法》和《中华人民共和国中央人民政府组织法》。

9 月 24 日，陈其尤代表致公党在全体会议上发言，着重阐述制定和贯彻《共同纲领》等文件的重要意义。他首先表示："本党出席本大会的全体同人，听了关于《中国人民政治协商会议组织法》《中华人民共和国中央人民政府组织法》及《中国人民政治协商会议共同纲领》这三个文件的草案的报告后，非常满意。"他说：新政协所制定的《共同纲领》"可说是我们大家反复讨论后才获得的共同结论"，它"代表了各民主党派及各民主人士的共同要求……它可说是我们现阶段的大宪章"，并表示"本党因为历史关系，党员多为华侨，今后，我们愿尽最大的努力推动侨胞各尽所能为新民主主义祖国的建设而共同奋斗"。司徒美堂作为美洲华侨代表在大会上发言。他说："国外华侨一向热爱祖国，效力革命，但在国民党政权统治下得不到祖国真正的爱护，以致在国外受帝国主义的凌辱压迫，回国内来便受贪官污吏的剥削欺骗，所以很长时期热望一个独立自由民主统一的新中国的出现。”中华人民共和国成立，使旅居海外的华侨有了祖国这个坚强的后盾，飘零海外的孤儿回到了母亲怀抱，相信“侨胞在新政府切实保障华侨正当权益的号召下，一定会踊跃投资，返到祖国来”。

在这次会议上，致公党以党派名义递交了一份关于维护海外华侨权益的提案，开了民主党派团体提案的先河。提案内容是：“近年来国外各地政府排华，华侨生命财产和自由备受蹂躏，拟请大会提出严正护侨声明，并由中央人民政府研究和实行护侨政策案。”

9月26日，司徒美堂出席在东交民巷六国饭店举行的午宴。宴会由周恩来主持，共有二三十人参加。这不是一般的应酬，而是一次商谈重要问题的聚会。在讨论国号时，周恩来说：“‘共同纲领’中的国号‘中华人民共和国’之下，有个‘简称中华民国’的括号。”对“中华民国”这个简称，有的说好，有的说不必要。司徒美堂说：“我没有什么学问，我是参加辛亥革命的人，我尊重孙中山先生，但对于‘中华民国’四个字，绝无好感。理由是中华民国，与民无涉。22年（前）更是给蒋介石与CC派弄得天怒人怨，真是痛心疾首。我们试问，中国共产党所领导的这次革命是不是跟辛亥革命不同？如果大家认为不同，那么我们的国号应该叫中华人民共和国，抛掉又臭又坏的中华民国的烂招牌。国号是一个极其庄严的东西，一改就得改好……语云：‘名不正则言不顺，言不顺则令不行。’仍然叫作‘中华民国’，何以昭告天下百姓？我们好像偷偷摸摸似的，革命胜利了，连国号也不敢改。我坚持反对什么简称，我坚决主张光明正大地用‘中华人民共和国’。”周恩来把这些意见综合后送政协主席团参考，后来主席团作出决定，把括号内“中华民国”这个简称删去了。

政协第一届全体会议代行全国人民代表大会职权，选举了毛泽东为中央人民政府主席。司徒美堂以致公党的身份当选中央人民政府委员会委员，并兼任华侨事务委员会委员。[①] 这是致公党参加国家政权的重要体现。致公党的陈其尤、陈演生和司徒美堂当选全国政协第一届委员会委员。会议一致通过了《中国人民政治协商会议第一届全体会议宣言》和《中华人民共和国中央人民政府公告》。9 月 30 日，大会宣告胜利闭幕。

★ 1949 年 9 月 30 日，司徒美堂（前排左二）当选中华人民共和国第一届中央人民政府委员会委员，兼任中央华侨事务委员会委员，图为毛泽东与委员们合影。

10 月 1 日，中华人民共和国庄严宣告成立。司徒美堂、陈其尤及其他出席全国政协第一届全体会议的代表登上天安门城楼，光荣地参加了中华人民共和国开国大典。中国致公党在中国共产党的影响和帮助下，走上了新民主主义革命的道路，为中华人民共和国的成立作出了自己的贡献。

① 刘延东主编：《当代中国的民主党派》，当代中国出版社 1999 年版，第 55 页。

（三）以实际行动迎接全国解放

致公党一方面坚决拥护中国共产党将革命进行到底，另一方面根据自身的特点和优势，积极作为，在港、穗地区着重于会党工作，配合解放军南下，解放全中国。

1948 年 5 月，曾参加过第二次世界大战、由英国制造的“重庆”号巡洋舰被赠予中国政府。舰上有约 600 名青年官兵，绝大多数具有强烈的爱国热情。他们曾被派往英国学习，回国后对蒋介石撕毁和谈协议、挑起内战普遍不满。1949 年 2 月 25 日凌晨，在中共地下党组织策动下，重庆舰官兵在吴淞口发动武装起义，并于 2 月 26 日清晨抵达解放区烟台港口，受到当地热烈欢迎。3 月 4 日凌晨，重庆舰由烟台安全抵达葫芦岛港。5 日，起义人员给毛泽东主席和朱德总司令致电，要求加入中国人民解放军。3 月 20 日，重庆舰在拆除舰上的重要设备后，自沉于葫芦岛。“重庆”号起义震惊中外，后来加入致公党的梁子冠便是当时舰上四名英籍华人“保驾”海员之一。重庆舰自沉后，四名英籍华人海员中其他三人回到英国。而梁子冠积极响应国家的号召，心怀“侨海报国”志向留在了国内，立志为建设人民海军出力。梁子冠在之后打捞重庆舰时立下三等功。参加了“重庆”号起义的李乾武、王刚也在中华人民共和国成立后加入致公党。

1949 年 1 月，致公党广东省驻香港总支部对中国人民解放军粤赣湘、闽粤赣、桂滇黔三边纵队的成立发去贺电，表示：“本总支部秉承本党宗旨，素主张中国应实行民主的革命，以解除人民的痛苦，因此，会对于反动的国民党政府的内外政策，不断予以严正的抨击；尤其对于时局意见，本党更与贵纵队等的声明完全一致。现本支部以与贵纵队等同在一地区从事革命奋斗的关系，当有声应气求的互相需要，因读贵纵队等成立宣言，于感奋之际，特电驰贺！并致革命的敬礼！”随后，不少致公党员或所联系的侨胞参加了三边纵队，以实际行动投入解放华南的战斗中。

1949 年入夏以后，在人民解放战争即将取得全国胜利的前夕，在中共中央华南分局的帮助下，广州致公党组织的工作主要是“防止破坏”。根据工厂工头多数是会党人的特点，致公党利用自身与会党之间的历史渊源关系，积极在他们中间进行宣传教育工作。通过参加他们的一些集会，谈时事，谈工人在新中国中的地位，介绍已经解放地区的工人如何在迎接解放中护矿、护厂的英勇事迹，积极鼓励他们努力保护好工厂设备，免遭国民党反动派的破坏。为了保护人民资财不受敌人破坏，致公党发动自己的成员，利用各种关系和办法，开展保护人民财产工作。他们成功地策反了保安县的保安团，与当地游击队人民武装配合，保卫深圳车站，使致公党通过会党策动的火车司机把火车机车开过罗湖，避免遭受国民党军队的破坏。左大炘坚持在广州国民党中央银行留守工作，团结银行职工，成功地保护了金库免遭敌人劫运。冯君锐利用自己担任国民党政府主管广东、广西五省汽车运输的西南运输处长的职务，使西南运输处在惠州的汽车和修理工厂完好无损，对于中华人民共和国成立初繁忙的公路运输工作作出重要贡献。伍觉天通过做民生公司几位负责人的工作，使民生公司在加拿大定造的航行内河、设备新颖的客轮全部留在香港，免遭国民党的征用；协助陈演生在香港接待海外洪门人士以及赴港寻找“反正”通道的旧军政人员，做好这些人的工作，以实际行动迎接全国解放。

1949 年 10 月 11 日至 14 日，国民党军队撤退逃离惠州，为“维持地方秩序，保护国家财产，协助人民解放军接受惠州”，张友仁等致公党员组织成立“惠州维持会”，武装巡逻，维持治安。10 月 15 日，致公党组织上千群众高举红旗，敲锣打鼓，燃放爆竹，热烈欢迎中国人民解放军进入惠州城。

第二章

团结合作，
投身新中国建设事业

1949 年 9 月，中国人民政治协商会议第一届全体会议召开，中国共产党领导的多党合作和政治协商制度正式形成。10 月，中华人民共和国宣告成立，标志着中华民族获得独立和解放，开辟了中国历史的新纪元。致公党中央党部由香港迁到内地，在中国共产党的领导下，支持抗美援朝，整理党务，在内地建立组织，参加巩固新中国政权和向社会主义过渡的各项工作，投身新中国建设事业。

一、中国致公党第四次全国代表大会

自成立以来，致公党一直以海外活动为主。中华人民共和国成立后，中央党部从香港迁到广州。致公党加强自身建设，努力适应新环境，融入国内政治生活，参与国家经济建设。

（一）致公党中央党部迁往广州

中华人民共和国成立后，面临着较为复杂的国际国内环境。在国际上，帝国主义对新中国采取敌视态度，政治上不承认我国，经济上实行封锁禁运；在国内，蒋介石残余势力盘踞华南、西南各省负隅顽抗，新区的土改尚未进行，社会矛盾仍然十分尖锐。因此，摆在全国人民面前的首要任务是实现祖国统一，巩固新生的人民政权。

1949 年 4 月，中共中央发布《向全国进军的命令》，人民解放军向华南、西南地区挺进。10 月，致公党香港总部派伍觉天、冯君锐等随中共中央华南分局统战部回内地迎接解放军解放广州。1949 年 10 月 14 日，广州解放。由于解放军入城后只留下少数军队和一批政工人员，主力部队则紧追国民党军队向粤西进逼。在国民党军队逃离广州、解放军尚未进入广州市中心，其间有一小段“真空”时间。致公党利用与洪门的关系，做好相关工作，为广州解放发挥应有作用。为维护解放初期广州社会的稳定，广州致公党协助公安部门掌握国民党特务活动情况，有效制止特务破坏。致公党协助广州市公安局处理国民党统治时期郊区乡镇“自卫队”，收缴私人枪械和开展“禁赌”工作。

1949 年年底，致公党中央党部从香港迁至广州，成立临时工作委员会，分秘书、组织、宣传、侨务等组办事。陈其尤任临时工作委员会主席。1950 年 1 月，致公党华南总支部与中央合署办公，负责华南党务推行和联络各党派、机关、团体，下属有广州、紫金、阳江、广西等地的组织。中央党部起初在广州市沿江西路的长堤爱群大厦办公，又先后迁至太平路白宫酒店和光孝路 102 号。1951 年，迁至广州市多宝路 24、26 号（后来门牌号改为多宝路 221、223 号）。①

中央党部由香港迁到广州，致公党活动中心至此也由境外转移到内地。这有利于致公党员和华人华侨参加国内活动，有助于加强与海外华人华侨的联系。对于广泛团结和教育华侨、动员华侨回国参加新中国建设具有重要意义。

（二）在穗干部会议

1949 年年底，致公党召开在穗干部会议。陈其尤在会上指出：“政治协商会议的《中国人民政治协商会议组织法》《共同纲领》及《中华人民共和国中央人民政府组织法》，这三大文献便是中华人民共和国的立国大宪章。尤其是《共同纲领》，实为新民主主义的新中国的建国大方针，全国人民都要共同遵守，为它的实现而作最大的努力。”在谈到致公党的任务时，他强调：“致公党是代表华侨的政党，遍及南洋群岛和美洲。华侨

① 此处被改造为中国致公党早期党部旧址陈列馆，2017 年 6 月，该馆正式对外开放并成为致公党中央第一个挂牌的党员学习教育基地。

有着雄厚资本、企业的组织力、各种专门的技术和熟练的工人。这些只要我们加以发动和鼓励，他们便会欣然投向祖国，努力使工业发展。”“要完成这个重大的使命，首先要整理党务，使致公党的组织健全起来，然后才能担当大任。”

整理党务的方针是：“第一，致公党要接受中共及毛主席的领导，因为中国人民民主的革命，是无产阶级及其先锋队中共所领导的，而以工农联盟为基础，团结小资产阶级和民族资产阶级的。这是正确的方向。第二，我们应以《共同纲领》为致公党的纲领，这是新民主主义革命的中国给予我们的任务。第三，加强干部及一般党员的思想教育，要加强马列主义和毛泽东思想的学习。第四，整理的标准，是重质不重量。对旧党员，要重新登记、严密考核并加以改造。至于吸收新党员，只有在工作的需要范围内去进行。第五，整理国内外的各级党部，并选派优良干部去指导整理的工作，使它能够领导华侨、团结华侨、教育华侨、动员华侨等。”

这次在穗干部会议是中华人民共和国成立后致公党召开的第一次重要会议，也是致公党总部迁到广州后召开的第一次重要会议，为即将召开的四大作了准备，也为将来一个时期的工作作了部署。

1950 年年初，致公党决定召开第四次全国代表大会。3 月至 4 月间，香港总支部、华南总支部、美洲驻穗支部、马来亚总支部、大溪地支部、北京办事处等先后推选出出席四大的代表。

（三）中国致公党第四次全国代表大会召开

1950 年 4 月 15 日至 18 日，致公党第四次全国代表大会在广州召开。会议回顾和总结了三大以来的工作，通过政治报告和大会宣言，修订党章，选举产生新一届中央委员会。

大会决定以《中国人民政治协商会议共同纲领》为致公党的政治纲领。大会宣言指出，由于政治形势的变化，致公党三大所确定的政纲，已经完成其历史使命，四大决议予以撤销，并以《共同纲领》为致公党政治行动纲领。大会号召全体党员应为《共同纲领》的实现而积极斗争，同时应接受中国共产党的领导。

大会确定致公党今后的任务是加强和中国共产党及民主党派的团结合作，支援完成祖国统一事业，巩固人民民主专政，加紧恢复和发展生产，完成新民主主义的伟大建设。同时，为巩固世界持久和平而奋斗。

大会把开展华侨工作确定为今后一个时期的中心工作。号召华侨回国投资，支持政府恢复和发展生产；扩大对华侨的宣传、教育，促进华侨的团结；拥护中央人民政府保护华侨政策。

大会修订了致公党党章。新党章规定：凡“信仰新民主主义，拥护中国人民政治协商会议共同纲领，愿意遵守本党章程”，完成入党手续者均可成为致公党党员；采取民主集中制原则；将中央委员会主席制改为中央委员会主席团制，中央委员会主席团由全国代表大会选举产生；党部组织分为分部、支部、总支部和中央党部四级；中央在必要时可以设立特种委员会，处理各种有关事务，对中央党部负责。新党章还对党员的权利、义务和组织机构等作了新的规定。

大会选举产生了第四届中央委员会，由 42 位中央委员组成，选举陈其尤、陈演生、官文森、雷荣珂、司徒俊葱、郑天保、陈炳瀚、罗伟夫、伍觉天、李维纲、廖保生、钟杰臣、左大炘、李星川、甘善斋为中央常务委员会委员。按新党章规定，由陈其尤、陈演生、官文森、雷荣珂和司徒俊葱组成中央主席团，陈其尤为主席团召集人，郑天保为秘书长。

四大号召为实现《共同纲领》而奋斗、接受中国共产党领导，表明了中国致公党坚定的政治立场。

华南是大陆最后解放的地区，国民党政权经营多年，影响甚大，且毗连港澳，反革命分子容易活动。在国民党统治时期，洪门帮会易为特务所利用。四大针对这种情况，为配合新中国的建设，决定加强海外组织，在国内停止组织发展。

司徒美堂对致公党四大有着重要影响。司徒美堂是四大美洲代表，为了开好四大，致公党中央十分重视司徒美堂的参会和指导，会前、会中都

★ 1950 年 4 月，中国致公党第四次全国代表大会在广州召开。

与之有多次书信往来。四大召开前，中央常务会议扩大会议曾确定司徒美堂为中央委员候选人。司徒美堂致信中央，表示“不甚妥当，请予撤销”。经商定，司徒美堂可“不负党部责任，仍以华侨名义从事华侨工作”。司徒美堂从北京赴广州出席四大，对大会进行指导，并在中央委员会就职典礼上担任监誓。司徒美堂在演说词中表示：“我们全党同志要紧紧地团结在中国共产党和毛主席的（周围），为实现共同纲领而奋斗。”“希望各同志不要挂起革命的招牌而实际想做官享乐，我们应该确立为人民服务的观念，共同建设新中国。”

二、加强新民主主义政党建设

致公党中央党部迁到广州后，在国内继续推进党务整理工作，主要是纯洁队伍、重新登记党员，建立和巩固地方组织，加强思想建设，在政治、组织、思想等方面完善新民主主义政党建设。

（一）党务整理

由于致公党是从旧民主主义革命跨入新民主主义革命行列的政党，组织上较为松散，一些人怀有旧的民主思想。但是，绝大多数同志认为，从1943年在重庆酝酿恢复组织活动，到1946年在香港恢复总部活动，致公党得到八路军驻重庆办事处和中共南方局的大力帮助。没有中国共产党，致公党就不可能出现在新民主主义革命行列中。在致公党四大通过的新党章中规定，以中国人民政治协商会议的《共同纲领》为致公党的政纲。这对致公党来说需要有一个认识与接受的过程。到致公党四届二中全会时，个别人把致公党独立自主开展活动与接受中国共产党的领导对立起来。这显然违背《共同纲领》的精神，也有悖于致公党的优良传统，需要经过艰苦细致的思想工作，才能做到团结全党同志提高认识、凝心聚力，从事国家建设，并完成致公党四大所确定的各项任务。

1949年年底在穗干部会议确定整理党务方针。1951年4月，在广州召开的致公党四届二中全会（扩大会议）指出："本党历史较长，但恢复整理，为时不久，党员散布地区多在海外，在组织上较为松懈，故未能发挥一定力量。因此，今后的组织路线，应肯定地以华侨为对象，国外的组织，应在原有基础上加以巩固，并从巩固中发展。国内方面，由于中国致公党的中坚干部缺乏，工作未能充分展开，我们应该从三大政治任务的运动中，在归侨、侨眷及与华侨工作有关的方面，争取进步的积极分子，培养成为中国致公党的干部，进一步推动党的工作。"

1952年1月，致公党在广州举行中央干部会议，出席会议的有中央委员会委员及各地方组织负责人共25人。会议用批评和自我批评的方式，有重点地检查了致公党一年来参加抗美援朝、土地改革、镇压反革命三大运动的情况和干部的思想作风。会议决定主要任务是在中国共产党领导下，动员全体党员继续支持抗美援朝运动，大力开展增产节约运动，努力进行自我教育和自我改造，着重参加反贪污、反浪费、反官僚主义的斗争。会议决议加强致公党海外组织的政治和思想领导，加强与海外华侨的联系，推动华侨爱国主义运动。会议决定今后的组织路线是纯洁内部、巩固组织，同时成立纪律检查委员会，严格执行党的纪律。

巩固组织机构。1949 年年底，致公党北京办事处成立。华南总支部于广州解放之初成立筹委会，1950 年 5 月召开第一次代表大会，选举产生第一届委员会，共有委员十人，伍觉天为主任委员，司徒擎为副主任委员，统理华南各级党部事宜；1955 年 6 月，华南总支部更名广东省总支部；1956 年 6 月，广东省总支部更名广东省委会。在广西，党员阮耀民（即阮哲民）在中华人民共和国成立前即着手筹建省总支部；1950 年 8 月，广西省党务整理委员会成立，以雷荣珂为主任委员，阮耀民、陆榕树为委员着手整理党务；1951 年 5 月，广西省支部筹备委员会成立；1953 年 7 月，广西省支部成立；1956 年 9 月，广西省委会正式成立。中央迁穗后，香港总支部工作几乎处于停顿状态。中央先后派员前往香港考察，并协助推动香港总支部继续工作。

表 2.1　1949—1955 年党员人数

年份	1949	1950	1951	1952	1953	1955
人数	340	352	378	124	136	133

重新登记党员。全党实行党员人事调查统计，四大后决定先从国内党员着手调查登记，要求每名党员撰写自传，送中央党部备查，对各级组织的人数和党员成分进行登记。为慎重起见，对于中央党部在香港时颁发的党证，于 1950 年 11 月明令宣布作废。在重新登记党员的工作中，清洗部分思想落后、行为反动分子，保证党组织的纯洁。《1951 年党务工作报告》这样总结当时的工作：“一面对部分落后的不纯分子隔离，一面团结一些纯洁可靠分子，进行学习并积极巩固组织，在巩固的基础上来进行审查旧党员，在各种运动中，对敌斗争中，发掘与培养积极分子，重新联系，逐步扩大核心骨干组织，进行整党。”

加强思想改造。全体党员与中华人民共和国成立初期各项运动相结合，和其他民主党派、知识分子一道参加思想改造运动。思想改造主要是以《中国人民政治协商会议共同纲领》为准绳，要求各民主党派成员的思想行为符合《共同纲领》，树立为人民服务的观念。

建立工作制度。为了推进党内整训工作，致公党中央逐步建立规范的工作制度、会议制度与学习制度。学习分三个方面：一是党内工作人员的学习；二是一般党员的学习；三是社会群众的学习。党内工作人员和一般党员的学习主要内容是时事和政治理论。社会群众的学习，一方面吸收非致公党人士参加致公党的学习，另一方面派致公党干部参加其他团体的学习。为了提高党员的政治水平，有计划地保送党员进革命大学或训练班学习，其人数占国内党员的 50% 以上。

（二）恢复与海外组织的联系

致公党组织基础在海外，有旧金山、纽约、檀香山、加拿大、古巴、秘鲁、墨西哥、南太平洋法属大溪地及南洋马来亚等总支部。抗战时期，各总支部与中央失去联络。三大后，中央努力恢复与海外组织的联系，由党员个人通过私人书信加强与海外各地党部负责人的联络。四大后，致公党进一步加强与海外组织的联系，把华侨工作确立为中心工作，团结海外华侨，维护祖国统一。

在北美洲，美国旧金山党部与致公党中央通过私人关系联系较多，许多华侨在致公党带动下参加了民主进步的组织。中央党部通过当地致公党组织对广大华侨进行联系和宣传，使台湾当局组织“华侨观光团”赴台湾观光的骗局落空。

在中南美洲，当地致公党员开展爱国护侨活动。古巴总支部在中国人民政治协商会议召开和中央人民政府成立之时，发来贺电表示热烈拥护，1950 年 5 月具函致公党中央，表示拥护中央的政治路线。致公党中央通过古巴致公党组织恢复与美洲各地旧有关系。古巴党员团结华侨，批驳台湾当局试图借侨团名义诬蔑祖国的言论，挫败台湾当局策动的所谓“华侨观光团”的阴谋。

在马来亚，自 1948 年 6 月英殖民当局颁布紧急法令对马共和相关革命政党进行大逮捕以后，致公党员也受到重大压迫，致公党活动被迫转入地下，和中央及马来亚各地组织联络不畅。1950 年 10 月，有广州致公党员回到马来亚，马来亚总支部得以收到中央指示。1950 年 12 月 18 日，致公党在《人民日报》上发表声明，抗议英国殖民者迫害马来亚华侨。按照中央精神，马来亚总支部号召党员团结群众，拥护人民政府。马来亚党员在非常恶劣的政治环境下，仍然坚持完成中央所交付的支持抗美援朝临时捐款和月捐的任务。

在大溪地，致公党员受法国殖民者压迫，在困难情况下仍进行斗争，坚持不懈地开展爱国保侨及争取华侨福利活动。

这一时期，致公党中央与海外组织的联系工作取得成效。美洲和东南亚许多党员受到极大的鼓舞，投身华侨工作。许多洪门团体通过与致公党的联系，发扬华侨传统的爱国主义精神，更坚决地拥护人民政府，维护侨胞的权益，宣传祖国伟大成就。

三、在国民经济恢复时期的活动

从中华人民共和国成立到 1952 年年底这三年的时间里，新中国迅速恢复了国民经济，为全面开展有计划的经济建设创造了条件。致公党根据四大部署，参加土地改革、抗美援朝、镇压反革命、“三反”“五反”等运动，同时发挥华侨政党的优势，以开展侨务工作为重点，号召华侨回国投资参加祖国生产建设。

（一）拥护土地改革

没收封建地主阶级的土地归农民所有，是新民主主义革命的基本内容。中共七届三中全会决定在新解放区普遍开展土地改革。1950 年 6 月 14 日，全国政协一届二次会议在北京召开，会议的中心议题是改革封建土地制度问题，原则通过了中共中央建议的土地改革法草案，《中华人民共和国土地改革法》于6月30日颁布施行。

致公党拥护并积极参与土地改革。1950年10月14日，陈其尤发表《坚决拥护土地改革》的文章，指出“土改是我国的根本大计，唯有完成土改，彻底废除地主阶级封建剥削的土地所有制，实行农民土地所有制”，“工业化的新中国才能够实现”。在谈到土改中照顾华侨问题时，表示“这种合情合理合法的处置，不仅国内的千百万侨眷为之欣慰感谢，就是千万里之外长期受着帝国主义、封建主义压迫的国外华侨亦为之感奋”。1951年4月，在致公党四届二中全会上，他再次指出“土地改革是中国历史上一件天翻地覆的大事，是巩固人民民主政权的武器”，号召全党“为完成土地改革而斗争”。

致公党中央党部和华南总支部多次举办学习《中华人民共和国土地改革法》座谈会，组织参观土改展览，端正对土改漠不关心的态度，纠正一些错误观点，提高党员政治觉悟和政策理论水平。召开华侨座谈会，了解华侨的土地情况和他们对土改的意见，还分批派出干部参加土改工作队，参加广东一些县的土改工作。他们在工作队的领导下，访贫问苦，扎根串连，组织农会，向农民宣传和解释土改政策，发动农民与地主作斗争，并按土改政策划分阶级成分，协助政府完成土改工作。

1950年6月，在全国政协一届二次会议上，司徒美堂提交了《关于华侨土地问题的几点意见》，由中央华侨事务委员会转呈毛泽东主席，得到批示。1951年2月，经毛泽东主席、周恩来总理批准，司徒美堂南下视察土改，历时100天。途中，司徒美堂上书毛泽东主席，报告土改情况。不久毛泽东主席亲笔复信，此信在广东报纸发表，翻身农民欢欣鼓舞，产生很好的政治效果。司徒美堂在致公党四届二中全会上发言时提到：“广东的华侨能一齐来支持农民，拥护土改法令，作用是非常重大的。我于上月中旬到侨乡鹤山等地视察土改半月，获得的材料说明：土改对于华侨同受其益，土改了，华侨才跟着有出路。中国是非抗美不可，也非土改不可，我的观感已登在广州各报上，这里不再重复。望致公党向华侨多多宣传。”司徒美堂不仅拥护、支持侨乡土改，也直言不讳地向中共中央反映了土改中出现的偏差问题。中央华侨事务委员会副主任廖承志受中共中央和政务院的委托，带工作组到广东调查，并与中共中央华南分局和广东省政府商讨如何纠正侨乡土改中所发生的偏差并制定补救办法，此举获得广大华侨的热烈拥护。

当时，归国华侨和侨眷对土改有几种态度：一是部分华侨地主认为土改不成问题，但是怕被拉回农村清算；二是认为土改中既然有照顾华侨的条文，因此就要强调照顾，强调优待；三是认为自己的土地是从海外辛苦赚钱买来的，与剥削农民所得的不同，不应照例没收；四是不愿写信向海外华侨宣传土改，害怕连累到海外的亲属。

对此，1952 年 8 月 14 日，华南总支部配合广州市荔湾区人民政府召集工商界人士 1150 人，学习中共广东省委书记陶铸“支援土改的指示”。8 月 19 日，致公党向荔湾区归侨、侨眷及银行、电业妇女小组传达广东省人民政府关于“坚决支援农村土改运动”报告。8 月 22 日，郑天保在广东省人民广播电台发表“归侨、侨眷应如何支援土改”的讲话，号召归侨、侨眷从整体利益着想，从大多数农民的利益着想，应该先满足农民，然后满足自己，并指出家乡的新气象、新景况是远离祖国的华侨所乐闻的，归侨、侨眷应该大胆、忠实地多予宣传报道。

华南总支部等三个涉侨机构组织土改工作队，发动广州市各区的归侨、侨眷大力支持土改运动，开展对归侨、侨眷的访问、调查、登记、宣传工作。致公党华南总支部编印《侨乡通讯》1500 本，同时把《侨乡通讯》传到侨胞之手，使海内外华侨及归侨、侨眷能及时了解土改情况。

通过致公党的努力，归侨、侨眷进一步认识到支持土改的正义性与必要性，表示要以实际行动支持土改，并将祖国土改后的生产建设情况、农村新的气象向海外华侨进行宣传。

（二）支持抗美援朝

1950 年 6 月，朝鲜战争爆发。中共中央作出了“抗美援朝、保家卫国”的战略决策。10 月 19 日，中国人民志愿军赴朝作战，全国开展了轰轰烈烈的抗美援朝、保家卫国运动。

1950 年 6 月 29 日，中国致公党发表《斥杜鲁门非法声明》的声明，强烈谴责美国发动朝鲜内战和以武力阻止我军解放台湾省。10 月，周恩来总理邀请民主党派负责人座谈。致公党表示坚决拥护中共中央“抗美援朝”的决策。11 月 4 日，致公党参加签署《各民主党派联合宣言》，严正指出：“以美国为首的帝国主义者侵略朝鲜的行动正在严重地威胁着中国的安全”，中国各民主党派“誓以全力拥护全国人民的正义要求，拥护全国人民在志愿基础上为抗美援朝保家卫国的神圣任务而奋斗”。

1951 年 4 月 2 日，致公党四届二中全会发布《告海外华侨书》：“亲爱的全体海外侨胞们：本党第四届第二次中央委员会扩大会议，是在世界和平受到严重威胁，国内掀起抗美援朝的形势下召开的。”“今天，以美帝为首的帝国主义侵略集团，正疯狂地扩大战争，严重地危害到全世界人类的和平与安全，并加重了对殖民地的摧残和剥削，使海外侨胞遭受到空前的苦难，我们代表全党同志，向你们表示无限的同情并以万分的诚意向您们致深切的慰问。”“今天在毛主席和中国共产党英明领导下，我们的人民志愿军援助朝鲜人民作战，获得伟大胜利，实现了我们的理想，是毛主席的光荣、是祖国的光荣，是中华民族的光荣。”

1951 年 10 月，陈其尤在全国政协一届三次会议上代表华侨、归侨、侨眷表示，“对于伟大的抗美援朝运动，无疑地以最大的力量予以支援”，“无保留地响应祖国的一切号召”，“特别对增产节约捐献武器的工作，将尽最大的努力去完成”。11 月，陈其尤再次表示，“进一步动员致公党党员及联系的海内外华侨、归侨、侨眷，贡献我们的人力、物力、财力，源源不断地支援前线，以支持抗美援朝的正义战争，直至朝鲜问题和平解决为止”。

朝鲜战争爆发，致公党积极响应毛泽东主席的号召，紧紧掌握时机，投入抗美援朝的运动之中。各级组织举行时事座谈会，深刻理解开展抗美援朝的政治意义，扫除在群众中亲美、恐美等思想和顾虑，提高胜利信心。及时将中国各民主党派的联合宣言及其他抗美援朝资料寄给海外华侨团体，帮助他们认清美帝侵略本质。

积极发动党员及所联系的群众，通过种种关系募集物资款项，以实际行动支援抗美援朝。1951 年春节劳军，致公党发动党员及社会群众慷慨捐献，共募集款项约 500 万元（人民币旧币）。有职业的党员几乎全部参加捐款捐物。华南总支部工作同志从 1951 年 3 月起长期捐献月薪 5%—10%，直到 1953 年 7 月 27 日朝鲜停战协议签订后，才停止此项捐款。仅 1951 年，华南总支部党员共捐款约 2.72 亿元（人民币旧币）。

致公党订立《中国致公党爱国公约》，明确规定：拥护毛主席，拥护中国共产党，拥护人民政府，拥护人民解放军；遵守共同纲领，加强扩大人民民主统一战线；以实际行动，支持抗美援朝；保护华侨正当权益，反对帝国主义迫害华侨；号召华侨参加祖国生产建设等。发动党员慰问中国人民志愿军。时任卫生部医政局局长的黄鼎臣组织并率领医疗队赴朝鲜前线。1953 年秋，中央人民政府组织赴朝慰问团，黄鼎臣、伍觉天和各民主党派、人民团体负责人一道赴朝鲜前线慰问。对于在广州休养的志愿军伤病员，致公党每逢“八一”、春节都去慰问。在 1953 年春节拥军优属活动中，广州市党员捐款 509 万元（人民币旧币）。致公党或召开党群座谈会，或派人走访归侨、侨眷，或开展抗美援朝宣传，或联合各党派慰劳驻军，积极开展拥军优属工作。

致公党中央指示海外组织结合各地实际，围绕维护华侨利益等进行适当的宣传引导，开展捐献活动，动员司机和翻译人员回国服务，发动归侨、侨眷撰写家书，沟通信息之余促进联络，加强宣传。

（三）参加镇压反革命及“三反”“五反”运动

国民党逃往台湾省前夕，在大陆潜伏和残留了一批反革命分子、反动党团骨干、反动会道门头子、恶霸和土匪。全国解放时，各级人民政府对反革命分子进行了清查，通令取消各种反动党团和反动会道门。朝鲜战争爆发后，国内反革命势力叫嚷“第三次世界大战马上爆发”，猖狂地进行各种破坏活动，严重影响新中国的社会稳定。根据《共同纲领》“中华人民共和国必须镇压一切反革命活动”的规定，1950 年 7 月 23 日，政务院和最高人民法院公布《关于镇压反革命活动的指示》，在全国范围内大张旗鼓地开展了镇压反革命运动。1951 年 2 月，中央人民政府公布《中华人民共和国惩治反革命条例》。致公党中央坚决拥护并和华南总支部通过举行学习会，使党员从思想上认识到反革命分子的阶级本质及社会根源，同时掌握中共中央镇反工作的政策；协助政府监视和防止特务的活动，还派出干部协助辖区政府办理户籍调查工作等。

1950 年 8 月，各民主党派发出联合号召，开展“政治自觉坦白历史”运动。致公党积极参与，历时四个多月。这一运动有两个重要成果：一是摸清了党员的基本情况，这为纯洁队伍奠定了基础；二是提高了党员的政治觉悟，分清敌我界线，巩固了组织基础。

在致公党内，有些党员在入党时，依照党章规定声明脱离原来的反动党团组织，在革命斗争中得到锻炼，能够站在《共同纲领》的立场，坚持清洗自己的历史，对党、对政府、对人民作了清楚交代。对涉嫌是反动党团分子和反革命分子的党员，致公党配合人民政府和公安部门，开展调查研究，认真落实情况，自觉进行清理。通过参加镇反运动，致公党纯洁了组织，整顿了队伍。

1951 年 12 月，中共中央发出开展反贪污、反浪费、反官僚主义的“三反”运动的号召；次年 1 月，全国各城市又开展反对行贿、反对偷税漏税、反对盗骗国家财产、反对偷工减料和反对盗窃国家经济情报的“五反”运动。对此，陈其尤先后发表了《坚决响应毛主席号召，投入“三反”运动》和《继续坚持战斗，争取反贪污、反盗窃斗争的彻底胜利》，并号召致公党党员投身这一运动。

毛泽东在全国政协一届三次会议上，向全国人民提出“增加生产、厉行节约”的号召，得到致公党的拥护和响应。1952 年 1 月，致公党中央干部会议政治报告提出：“中国人民政协第一届全国委员会第三次会议的决议，以继续加强抗美援朝工作，开展增产节约和思想改造运动，作为全国人民当前的三大任务。为了完成这个中心任务就必须增加生产，厉行节约，并与贪污浪费及官僚主义作坚决的斗争；在思想战线上坚决实行思想改造，以马克思列宁主义及与中国革命实践相结合的毛泽东思想来武装自己、改造自己。这就是今天我党的中心任务。”

华南总支部成立了学习委员会，推动党员积极参加“三反”“五反”运动，提高干部和党员遵纪守法的自觉性。通过参加这项政治运动，致公党的领导思想、组织路线和工作作风得到进一步改造。

（四）团结华侨支持祖国建设

迅速恢复国民经济，争取国家财政经济的根本好转，是新中国的首要任务。在中国共产党的领导下，致公党四大制定了团结华侨，号召华侨回国投资参加祖国生产建设的工作方针，和全国人民一道，投入恢复国民经济和巩固新生政权的工作。

致公党四届二中全会发表《告海外华侨书》，强调了中国致公党与华侨的关系，指出：“海外华侨过去遭受到封建主义与官僚资本主义双重压迫，离乡背井，远涉重洋，走到海外，历尽辛酸，饱尝帝国主义的凌辱压迫。近百年来，无数的血海深仇，锻炼了你们，使你们具备着反帝反封建的革命传统，因此你们特别热爱祖国，时时刻刻希望祖国能够富强进步，提高国际地位……海外侨胞有不少是拥有雄厚的资财和富有建设经验的。过去由于国民党反动政府贪污腐化，帝国主义、封建主义与官僚资本主义的压迫与剥削，使你们不敢回国参加生产工作，或回来后遭受到严重的损失，今天祖国已加紧实行了土地改革，充分地替华侨创造了回国参加生产的有利条件，这一个号召无疑会得到你们热烈拥护与支持，祖国在呼唤着你们，我们在期望着你们！”① 司徒美堂在四届二中全会发言提到：“海外华侨是渴望致公党能在海外领导他们展开斗争的……致公党的工作地域是遍于全世界的，因为世界各处都有华侨，这些华侨许多是洪门反清的老战士，有高度的爱国主义精神，也有不少的侨资，愿意回来祖国参加建设，

① 《南方日报》1952 年 1 月 10 日，新闻稿。

问题在于教育宣传，在于组织领导华侨出于水深火热之中，所以我们的工作要快、要紧、要全面、要深入。”致公党通过各种方式，向海外亲友和华侨人士宣传祖国社会主义建设的成就，宣传国家侨务政策，维护侨胞利益。

致公党于1950年5月在香港设立华侨招待所。协助广东省归侨联谊会筹备东山归侨联谊会，帮助华侨解决实际问题。与广州市荔湾区归侨、侨眷等多次召开时事座谈会；联系广州市华侨举行特别座谈会。通过开展这些活动，加强对归侨、侨眷的联系和团结工作。

1950年9月，致公党派出工作组赴粤中区、汕头等地开展归侨宣传和协助救济归难侨工作，宣传土地改革，揭露美帝的侵略本质，并通过归难侨进一步联系和了解海外的情况。

致公党开展国内侨眷妇女的团结教育工作。1951年10月24日，广州市政协召开各民主党派女干部座谈会，决定采取联合大课的形式，以充实工作内容，共同搞好侨眷妇女工作，创办民主妇女讲座。授课对象除侨眷、侨生和党员家属外，还有部分失业的知识妇女以及“五反”后移交致公党的银行业和电料业两个行业的妇女。通过致公党的团结教育工作，妇女群众提高了政治认识，坚定了胜利信念，将爱国主义精神体现在行动中。如纪念“八一”建军节，她们利用慰问荔湾区烈军属之机，收集整理烈军属对政府的意见和建议，反映给有关单位。

中华人民共和国成立后，中央人民政府为恢复国民经济发行了胜利折实公债。1950年1月11日，致公党中央号召侨胞发扬爱国光荣传统认购胜利折实公债，“我们的侨胞，对于爱护祖国、支援祖国，有过光荣的革命传统。深盼对于人民祖国首次发行的胜利折实公债，一本以往的爱国热情，光荣地踊跃地认购，使祖国得以顺利地恢复战争的创伤，并进而逐步进行新民主主义的伟大建设”。2月6日，陈其尤在广州电台作劝购公债的广播演说，“人民政府发行公债是取之于民，用之于民”，号召海内外同胞“同心一德，热诚地坚强地支持人民政府”。广大党员不仅自己积极响应政府号召，而且还动员香港同胞踊跃认购胜利折实公债，支持国家建设。

1950 年，港澳工商界爱国人士组织观光团到北京参观访问时，表达了港澳同胞、海外华侨为新中国的诞生而欢欣鼓舞的心情，提出了乐意回内地投资、兴办各种实业、为新中国出点力的想法。司徒美堂、陈其尤与该团成员联合发起并认股申请开设“公私合营华南企业股份有限公司”，同时向海外以公开招股的办法招集 1000 万股，申请开设“公私合营华南企业股份有限公司”。这得到了海内外各界人士以及侨领的积极响应，1951 年 2 月，公司成立，成为广州市具有国际信誉的新型企业。[①]

从 1950 年开始，国家按照“按籍安置，面向农村，面向农场”的方针安置归侨。大批华侨学生特别是东南亚青年学生，以及许多海外华侨和港澳的熟练技术工人回国就学和参加生产建设，一些海外党员也回国参加工作。致公党中央和华南总支部积极配合当地政府，参与归侨接待和安置工作，先后协调、安置归侨到广东花县、陆丰、普宁等华侨农场。广东东江的归侨较多，东江的党员从实际出发，满足归侨、侨眷的合理要求，加强组织教育，帮助部分归侨就业和领取政府救济。

四、中国致公党第五次全国代表大会

1953 年，过渡时期总路线提出，我国开始从新民主主义向社会主义过渡。在这一形势下，致公党召开第五次全国代表大会，进一步统一思想，促进党内团结。为更有利于开展各项工作，致公党中央党部从广州迁往北京。

（一）中国致公党第五次全国代表大会召开

1952 年 11 月 8 日至 17 日，中国致公党第五次全国代表大会在广州举

① 广州市地方志编纂委员会编：《广州市志》（卷十八），广州出版社 1996 年版，第 182 页。

行，出席大会的代表共52人。除国内代表外，还有来自马来亚、印尼、缅甸的代表，司徒美堂也从北京来穗参加。

陈其尤作《目前的政治形势和我们的任务》的政治报告，报告分析了当时国际与国内形势，指出“祖国在中国共产党及毛主席的正确领导下，经过全国人民的努力，已经为大规模的经济建设及文化建设创造了必要的条件，使人们能够满怀信心进一步为建设祖国工业化而奋斗”。同时提出致公党今后的中心工作是：继续加强抗美援朝工作，为保卫祖国及世界和平而奋斗；开展“增产节约”运动，号召海外华侨投资祖国的生产建设，迎接即将到来的祖国大规模的经济建设；积极投身思想改造运动，努力学习马克思列宁主义和毛泽东思想，特别是学习《共同纲领》，以武装我们的头脑。

★ 1952年11月，中国致公党第五次全国代表大会在广州召开。

郑天保作《党务报告》，回顾了四年来“在各个政治运动的锻炼中，在不断的工作与学习中，使党员的政治水平提高了，在肃反整干中、在‘三反’中，使我们党内部比较纯洁了，党的组织也较以前巩固了”，而且“在海外的工作也有计划地展开了”，并“在维护海外华侨正当权益方面都取得了巨大的成绩”。

郑天保作了大会《总结报告》，报告指出：这次代表大会充分发扬了民主，总结了两年多来的工作，修改了党章，提高了政治认识，加强了工作信心，澄清了几种不正确的思想，其中最突出的是澄清了致公党代表洪门的错误思想。他说："本党历史上与洪门有很深的渊源，有特别的关系，这是事实，但不是代表他们，这一点是非常明确的。"而且强调："本党是新民主主义政党，已确定以《共同纲领》为自己的政治纲领，要发扬民主精神，走群众路线，要参加各种政治社会改革运动，要把新中国建设起来，稳步走向社会主义，它与洪门的任何一方面都有根本不同之点。"大会通过了《中国致公党第五次全国代表大会宣言》，号召全党"为完成国家的政治任务而努力，为完成共同纲领而奋斗"。

大会修订了《中国致公党章程》。在新党章之前加上《总则》，重申《共同纲领》为致公党的政治纲领，与四大党章相比较更加明确和规范：一是在党的政纲方面，新党章明确规定"中国人民政治协商会议的《共同纲领》，是中国各民主党派共同的政治纲领，也就是致公党的政治纲领"。二是在接受中国共产党的领导问题上，新党章以鲜明坚定的语言进行了表述，"中国致公党是中国人民统一战线的构成部分，在中国共产党领导之下，与中国各民主党派同一目标，同一步骤，以完成新民主主义建设为其历史任务"。

此外，新党章内容还有几处修订：将主席团制改为主席制；精简中央委员会人数；重新调整中央机构设置，将中央原来的财务部、侨务部、秘书处撤销，中央委员会以下分设组织部、宣传部、办公厅，以及华侨工作研究委员会、学习委员会、纪律检查委员会。

大会选举产生致公党第五届中央委员会，由27位委员组成。在五届一中全会上，选出陈其尤、官文森、郑天保、严希纯、黄鼎臣、雷荣珂、司徒俊葱和钟杰臣组成中央常务委员会；选举陈其尤为主席，官文森、司徒俊葱为副主席，郑天保为秘书长。

（二）致公党中央迁往北京

致公党五大后，致公党进一步加强思想教育和组织工作，活跃在国家政治舞台上，更加坚定不移地走社会主义道路。为适应工作需要，致公党中央委员会于 1953 年 7 月 28 日从广州迁到首都北京。

1953 年 3 月 15 日至 16 日，致公党五届中常会三次会议在广州召开。会议展开批评与自我批评，检查了中央各部、会、厅三个月以来的工作，指出了今后工作的努力方向，同时对中央迁到北京等事项作出具体部署。7 月 17 日，致公党中央与华南总支部联合举行动员报告会，会议对迁往北京和留在华南总支部的干部和党员如何在新环境中做好工作进行动员并提出要求。7 月 28 日，致公党中央第一批赴京人员启程。

自 1949 年年底由香港迁到广州，到 1953 年再迁往北京，中央党部在广州开展工作四年有余。在这一段时间里，致公党先后召开第四次和第五次全国代表大会，开展整理党务活动，党员思想觉悟明显提高，党的团结情况有明显进步。为配合形势和加强党员思想教育，致公党中央多次发出学习指示，推动全党思想建设。1952 年 9 月，致公党中央机关刊物《致公通讯》创刊。1953 年 10 月，华南总支部出版了《华南致公》。在中共中央统战部的帮助下，致公党中央和华南总支部先后派党员到中原大学、中南政法学院及统战工作研究班学习，以提高干部的理论政策水平。通过开展学习教育活动，一方面提高了党员和干部的思想政治觉悟，另一方面坚定了党员积极接受社会主义改造的信心。

1952 年 12 月 17 日，陈其尤致函毛泽东专题汇报致公党整顿党务情况。12 月 25 日，毛泽东亲笔复函，体现了毛泽东和中共中央对致公党事业的关心和厚爱。

五、在社会主义过渡时期的活动

经过全国人民三年多的努力，我国基本完成了民主革命遗留的任务，人民民主政权得到巩固，国民经济迅速恢复，迎来了大规模的社会主义改造和有计划的社会主义经济建设。致公党学习贯彻总路线和有关文件，并为实现社会主义改造作出贡献。

（一）活跃在国家政治舞台上

随着国家有计划的大规模经济建设的开始，进一步加强民主政治建设和法制建设势在必行。1953 年 1 月，陈其尤发表了《拥护召开全国人民代表大会》文章，指出“人民代表大会制度是我国的基本制度，是新民主主义政权的基本组织形式”，并“代表致公党全体党员，衷心地拥护召开各级人民代表大会的英明措施”。致公党各级组织积极组织党员学习有关人民代表的《选举法》，协助政府做好我国第一次全国人口调查和选民登记工作，还热情地参加各级人民代表大会的普选。陈其尤、黄鼎臣、郑天保、雷荣珂、官文森等同志当选第一届全国人大代表。

学习和宣传宪法。以毛泽东为首的宪法起草委员会，经过一年的时间，完成了宪法草案初稿。致公党的领导人多次应邀参加座谈讨论，并对草案提出意见。陈其尤表示“中国致公党的全体同志和所联系的华侨群众完全同意这部宪法草案，并愿早日看到全国人民代表大会正式通过它，更决心为实现它所包含的一切伟大目的而奋斗”。各级组织发动党员及所联系的归侨、侨眷写信给海外亲友，以各种方式介绍宪法草案的内容和它对建设富强、繁荣的社会主义新中国的重大意义。

1954 年 9 月，第一届全国人民代表大会第一次会议在北京召开。大会通过《中华人民共和国宪法》（以下简称《宪法》），选举毛泽东、朱德、刘少奇、周恩来等为国家和政府的领导人。一届一次全国人民代表大会的胜利召开，结束了由中国人民政治协商会议代行全国人民代表大会职权、以《共同纲领》代起国家宪法作用的过渡状态，是我国政权建设的重要里程碑。《宪法》在序言中明确规定，“我国人民在建立中华人民共和国的伟大斗争中已经结成以中国共产党为领导的各民主阶级、各民主党派、各人民团体的广泛的人民民主统一战线。今后在动员和团结全国人民完成国家过渡时期总任务和反对内外敌人的斗争中，我国的人民民主统一战线将继续发挥它的作用”。

1954 年 10 月 8 日，致公党中央号召全体党员学习宪法，要求党员遵守宪法，为社会主义建设事业奋斗。在学习中要紧密联系实际，要结合解放台湾的政治任务和其他建设任务、结合党员和所联系群众的社会主义改造开展学习。积极向广大群众宣传宪法，使群众深刻认识宪法，拥护和遵守宪法。通过学习和宣传宪法，全党深刻认识到将“中国共产党是人民民主统一战线的领导”写入宪法的重大意义，坚定了跟中国共产党走、走社会主义道路的信念。

参加政协会议。1954 年 12 月 21 日，全国政协二届一次会议在北京召开。陈其尤、黄鼎臣、官文森、严希纯、雷沛鸿、伍觉天等出席会议。会议制定的《中国人民政治协商会议章程》，成为各民主党派、各人民团体和各界爱国人士共同遵守的准则。12 月 23 日，陈其尤在会上发言，代表致公党海内外同志和所联系的群众表示，要按照《中国人民政治协商会议章程》总纲中所提出的七个准则，在中国共产党和毛主席的领导之下，加强统一战线的工作，对内外敌人作顽强的斗争，为完成我国的社会主义建设事业而奋斗到底。

维护祖国统一。1954 年 8 月，致公党在《中华人民共和国各民主党派各人民团体为解放台湾联合宣言》（以下简称《宣言》）上签字。《宣言》严正地向全世界宣告：台湾是中国的领土，中国人民一定要解放台湾。致公党中央号召全体党员认真学习和宣传《宣言》，全体党员和所联系的华侨群众坚决拥护《宣言》。《宣言》表明了我国人民解放台湾的决心，致公党员必须以革命的精神参加这一神圣的工作，完成这一伟大的历史任务。

1955 年 2 月 1 日，《人民日报》发表陈其尤的署名文章《解放台湾是中国的内政，任何人不能干涉》，文章写道：“1 月 24 日由艾森豪威尔向美国国会提出了一个特别咨文，要求美国国会授权给他，使他能使用美国武装部队‘保卫’台湾和澎湖列岛的‘安全’。这表明了美国政府漠视我国的主权，企图以战争威胁来达到它干涉我国内政、侵占我国领土的罪恶目的。我们正告美国政府和一些追随它的人们，中国人民解放自己的领土台湾，消灭蒋介石卖国集团，是我们的内政，任何外国或者联合国都没有资格干涉或过问。”

1956 年 1 月底，全国政协召开了二届二次会议。会上，陈其尤表示致公党将“加强对海外华侨的宣传和联系，及时和有效地报道祖国的社会主义建设情况及侨乡的新面貌，并深入地开展对归侨、侨眷的服务工作，扩大与巩固华侨爱国主义统一战线”。

从 1953 年起，我国开始执行国家建设的第一个五年计划。这是经历了一个世纪连绵不断的战乱后，中国人民开始的第一次大规模经济建设。这期间，致公党各级组织积极参加社会主义改造事业，在实践中不断发展。

1953 年 10 月 1 日，陈其尤在《人民日报》上发表《庆祝国庆四周年》。文章指出，民主党派的成员必须在毛主席与中国共产党的领导下，积极参加祖国的建设，努力增产，厉行节约，使祖国工业化的伟大建设计划可以迅速实现。海外各阶层的华侨，由于处在敌人直接统治压迫之下，更应该发挥一贯的爱国主义优良传统，团结一致，爱护祖国，并为保卫自己的正当权益而奋斗。

1953 年 12 月 10 日，各民主党派负责人发表谈话，一致拥护中央人民政府发行 1954 年国家经济建设公债，并表示将积极响应国家号召，带动所联系的群众踊跃认购。致公党中央发言人说：“在我国目前发行公债，具有特殊的意义。中国致公党全体同志热烈拥护政府发行建设公债的正确措施，并将踊跃认购，同时将推动所联系的群众大量认购，以尽爱国的责任。”致公党指示所属各级地方组织发动党员做好关于公债的宣传工作，积极认购公债，认购公债“不仅在经济上是筹集社会主义工业化所需资金的重要的和经常的方法之一，而且在政治上也是一种爱国主义的表现”。

1955 年 11 月 1 日，致公党召开常委会，一致拥护中共中央制定的关于农业合作化问题的方针，认为中共中央和毛主席提出要大力开展农业合作化运动是正确和及时的，为祖国即将到来的农业合作化高潮而欢欣鼓舞，决心以实际行动贯彻中共中央和毛主席的有关指示。会议号召致公党在农村中的党员及所联系的归国华侨和华侨眷属要积极参加这一运动，并做好宣传工作。

（二）做好侨务工作

中华人民共和国成立后，中国共产党将侨务工作视为党和国家长期的战略性工作，高度重视华侨工作，成立专门侨务机构。中央华侨事务委员会副主任廖承志对这一时期的侨务政策做了一个概括："所谓做好侨务工作，在国外就是：积极团结各阶层华侨，孤立帝国主义及国民党反动派，将广大华侨（包括华侨资产阶级在内）团结在祖国周围。在国内，就是动员归侨、侨眷积极参加祖国社会主义建设与社会主义改造，要他们积极参加社会主义生产与社会主义改造及爱护一天天向社会主义发展的祖国。"①

致公党五大作出了"加强对海外侨胞的团结与教育的工作，对归侨、侨眷的合理要求，须协助政府机关为之解决，同时加强对他们的团结与教育工作"的决议。五届五次中常会作出"限于目前国外情况和我党本身的条件，海外工作决定不公开或秘密地以党的名义去活动，仍以私人身份在各侨团内以爱国主义团结教育侨胞，并通过所有与海外有联系的同志，加强海外联系和宣传"的决定。各级组织贯彻五大会议精神，组织干部党员学习华侨政策，编印《华侨工作参考资料》，提高干部党员的政策水平和工作水平。

从1953年大规模经济建设开始，致公党将祖国三大政治任务向海外各级党部、侨团及洪门团体进行宣传。1953年元旦，致公党中央向海外侨胞发出写有元旦献词的贺卡1000份，分寄海外侨团、会馆学校、报社、有关洪门团体及知名洪门人士。献词介绍了祖国建设的伟大成就，并号召："必须加强海外华侨爱国主义大团结教育，巩固和扩大海外华侨爱国

① 毛起雄、林晓东编著：《中国侨务政策概述》，中国华侨出版社1993年版，第7页。

民主的统一战线，发挥爱国主义与国际主义精神，密切促进当地人民的友谊关系，坚决地为保护华侨正当权益而奋斗！”此外致公党还将《侨乡通讯》及《中华人民共和国三年来的成就》等寄往海外。中央还将海外的有关资料，包括各海外组织的来信、访问情况、海外寄回的报刊等作系统整理，丰富宣传内容。在对内方面，通过召开座谈会、来信接访等途径，对归侨、侨眷的合理要求，尽力向政府反映，并协助予以解决。如1954年2月至8月，华南总支部接到归侨、侨眷及烈军属来信13件，要求协助解决房屋纠纷的有3件，要求协助解决往香港接外汇、领养老金的有3件，要求协助解决救济的有1件，土改中征用华侨房屋问题的有1件，要求代为查访海外亲人的有4件。这些来信，大部分被及时反映给有关单位，属于查访海外亲人的直接向海外有关方面了解，许多问题得到解决。

做好回国观光的华侨、归侨和侨眷接待工作，向他们介绍祖国建设的成就，解释各种侨务政策，协助归侨和出国华侨解决实际困难，进一步密切和扩大与海外的联系。1954年6月，有一批归侨到达广州，华南总支部派员看望并提供帮助。有两个归侨不识字，他们请致公党员代填归国申请表，想各给5000元报酬，党员婉拒说：“我们国家工作人员是廉洁奉公、为人民服务的，这是我们应尽的义务。”华侨大为感动。

华南总支部于1954年12月31日在广州举行庆祝1955年元旦联欢晚会，招待党员、干部及其家属和联系较为密切的归侨、侨眷积极分子，提出要争取侨汇以支持祖国工业化建设和支援解放台湾的斗争；要求归侨、侨眷加强学习，提高政治认识，拥护宪法和遵守各项政策法令，同时向海外亲友适当地宣传国内情况；积极参加生产建设事业，加强团结互助，协助政府做好侨务工作。

在服务华侨工作中，密切了与海外华侨的联系。列席致公党五大的印尼、印度、缅甸华侨代表，回到居住国后，将祖国各种伟大成就向海外华侨报道，收到较好的效果。除东南亚各国（如印度尼西亚、缅甸、印度等）已建立较过去更密切的联系外，对南北美洲各国（如加拿大、古巴、墨西哥、秘鲁）及澳洲等华侨的联系，也比过去增多了。

致公党在这一时期的华侨工作中取得了一些宝贵的经验：一是必须使对华侨的宣传教育和为归侨、侨眷服务结合起来，才能很好地收到团结教育华侨的效果；二是必须根据华侨的环境和习惯及其觉悟程度进行宣传教育，并坚持爱国大团结的原则，才能达到巩固扩大华侨爱国统一战线的目的。

第三章

矢志不渝，在曲折中努力前进

1956年至1966年是我国开始全面建设社会主义的时期，中国共产党领导各族人民努力探索一条适合我国国情的社会主义建设道路。1956年，中国共产党提出了同民主党派“长期共存、互相监督”八字方针，人民民主统一战线发展到了一个新阶段。1966年到1976年是“文化大革命”时期，政治协商与多党合作制度受到很大冲击。致公党始终坚持中国共产党领导和走社会主义道路的信念，经受住这场政治考验，为祖国建设作出应有的贡献。

一、中国致公党第六次全国代表大会

在祖国建设发展日新月异、欣欣向荣，社会主义革命取得决定性胜利的背景下，致公党中央决定召开六大，总结过去工作，确定今后方针任务。

（一）致公党六大召开的背景

1954年12月，全国政协二届一次会议在北京举行。致公党六名全国政协委员（伍觉天、官文森、陈其尤、黄鼎臣、雷沛鸿、严希纯）出席会议。陈其尤当选常务委员，并代表致公党作大会发言。陈其尤表示，五年多来，在中国共产党的领导下，第一届全体会议所选出的第一届全国委员会，对于国家的各项社会改革运动和各种建设事业，都做了很多工作。这些事实，说明中国人民民主统一战线的组织——中国人民政治协商会议，对于建设我们伟大的祖国所起的作用是异常巨大的；同时，也充分证明了毛泽东把统一战线工作认为是中国人民革命获得成功的三大因素之一是完全正确的。作为人民民主统一战线组织的中国人民政治协商会议，不仅还需继续存在，而且尚须发展和加强。中国作为一个拥有六亿人口的多民族的国家，经济成分、阶级关系均极复杂，要进行社会主义工业化和社会主义改造这样庞大的工作还需要团结广大的人民，从多方面推动；只有要求各民族、各民主阶级更加紧密地团结起来，结成坚固的人民民主统一战线，才能完成我们的任务，建成美好的社会主义社会。

1956 年 1 月 30 日至 2 月 7 日，全国政协二届二次会议在北京举行。致公党四名全国政协委员伍觉天、陈其尤、黄鼎臣、雷沛鸿出席会议（官文森、严希纯请假），刘锦汉、张友仁列席会议。陈其尤在大会上发言表示，当全国处在社会主义革命的高潮中，为了不使我们的工作远落于客观形势的后面，为了使我们全体成员投入这一高潮，我们必须百倍努力，有规划地展开业务，加强对海外华侨的宣传与联系，及时和有效地报道祖国的社会主义建设情况及侨乡的新面貌，并深入对归侨、侨眷的服务工作，扩大与巩固华侨爱国主义统一战线。同时，由于我国现有知识分子的力量不足以适应我国社会主义事业急速发展的要求，我们热烈拥护政府大力动员与培养知识分子为祖国的社会主义事业服务的规划，并号召致公党成员中的知识分子和所联系的高级知识分子响应政府的号召，加紧学习马克思列宁主义，运用批评与自我批评的武器，坚持理论与实践相结合的原则，积极进行自我改造，把自己改造成为更有用之才，以适应社会客观形势的要求，在祖国社会主义革命事业的大进军中尽量贡献其所有的智慧与能力。

1956 年 4 月，致公党五届二中全会通过决议，指出：“由于祖国社会主义工业化和社会主义改造达到空前的高潮，社会主义革命取得决定性的胜利，客观形势起了如此巨大的变化，为了及时适应这种形势的要求，使本党成员能在祖国社会主义事业中作出更大贡献”，决定召开第六次全国代表大会。

（二）中国致公党第六次全国代表大会召开

1956年4月5日至13日，致公党第六次全国代表大会在北京举行。这次大会，是致公党中央从广州迁到首都北京后召开的第一次全国代表大会。出席大会的代表57人，列席2人。全国政协、民革、民盟、民建的代表向大会致辞；中共中央统战部、民进、农工党、九三学社的领导人出席大会。

陈其尤致开幕词，他说："为了迎接今天新形势下的新任务，我们必须及时检查我们的缺点并纠正这些缺点，进一步动员与组织我们的力量，为实现国家过渡时期的总任务，把我国建设成为社会主义国家而发挥其积极性与创造性，这就是我们这次大会的主要内容。这次会议的任务是：总结过去的经验，决定今后工作方针；修改党的章程；选举新的中央领导机构。"

黄鼎臣做《党务报告》。报告总结了三年来的工作成绩，提出今后任务的七点意见。报告指出，致公党自1952年召开第五次全国代表大会以来，在三年多的时间里，取得了一定的成绩。在政治活动方面，致公党在中国共产党和人民政府的统一领导下参加了制定《中华人民共和国宪法》、第一届全国人民代表大会的普选，发表了各项拥护政府对内外政策的声明，参加了赴朝慰问中国人民解放军以及其他工作。在宣传教育方面，中央和地方组织督促和推动党员学好每个时期的重要文件和学好马克思列宁主义理论。扩大了《致公通讯》的篇幅，广东省总支部编印了《广东致公通讯》。积极组织和派送干部参加国家的各项工作实践，号召和推动党员积极迎接和投入国家重大政治运动，开展批评与自我批评。对海外华侨工作取得一定成绩。同时在归侨服务上，访问与接待了一些与我们有联系的华侨、归侨和华侨学生，协助归侨和出国华侨解决了一些困难。在团结教育华侨上收到了一定效果。同时逐步扩大和密切与海外华侨的联系。中央和地方组织加强了对组织生活的领导，逐步提高了党员思想，加强了组织观念，从而促进了党内的团结。报告还分析了当前所处的环境，指出目前的社会主义建设事业正处在蓬勃发展中，全国人民建设社会主义的热忱空前高涨。报告提出了今后工作的七点任务，号召全体党员加倍努力，迎头赶上，紧靠中国共产党和人民政府的统一领导，为协助政府做好华侨工作，为把我们的国家建设成为美满富强的社会主义国家而奋斗。

★ 1956 年 4 月，中国致公党第六次全国代表大会在北京召开。

大会通过了《关于党务报告的决议》，决议号召党员努力做好本职工作，加强思想改造，全力支持祖国社会主义建设。同时以各种方式加强与海外华侨的联系，全力以赴协助政府贯彻华侨政策，团结教育所能联系的华侨、侨眷，及时了解、研究、反映他们的意见和要求。

会议还着重研究组织建设的工作，强调继续巩固组织，并在“巩固组织的基础上，适当地吸收有代表性的中上层人士和对华侨工作有经验的热情的积极分子入党，扩大团结，充实骨干，并有重点地在福州、厦门、江门、汕头等侨区建立适当的机构”。根据我国对外政策，会议重申致公党停止在海外的组织活动。

大会通过了《向毛主席致敬电》，表示：“今后我们致公党全体同志一定要在以中国共产党为领导的人民民主统一战线上，勇往直前，努力做好岗位工作，积极进行思想改造，为我国社会主义建设事业而努力奋斗！”

大会讨论通过了新党章。严希纯在《关于本党章程的说明》中指出：“本党自 1947 年起到现在，召开了四次全国代表大会，修改了四次章程，这是因为我国革命事业不断向前发展，本党章程也必须不断适应客观形势的要求的缘故。”原章程在总则中规定致公党的奋斗目标和政治纲领是“在中国共产党的领导之下，与全国各民主党派同一目标，同一步骤，以完成新民主主义的建设为其历史任务”，“中国人民政治协商会议的共同纲领是全国各民主党派共同的政治纲领，也就是本党的政治纲领”。在新章程的总纲中重新规定“中国致公党是中国人民民主统一战线中的一个民主党派，以《中国人民政治协商会议章程》的总纲为本党的政治纲领，在中国共产党的领导下，全力贯彻宪法的实施，为实现国家在过渡时期的总任务，为把祖国建设成为社会主义社会而奋斗”。此外，新党章还规范了组织结构、活动安排、纪律管理等。新党章规定：“凡中华人民共和国公民，愿决心遵守本党章程，为华侨工作服务，在完成入党手续后，就成为本党党员。”

大会选举产生致公党第六届中央委员会，由 28 位中央委员和 5 位候补委员组成。在致公党六届一中全会上，选出陈其尤、官文森、郑天保、严希纯、黄鼎臣、雷荣珂、钟杰臣、雷沛鸿、伍觉天、王廷俊、司徒俊葱组成常务委员会。选举陈其尤为主席，官文森为副主席，郑天保、严希纯分别为正、副秘书长。

二、思想教育和组织工作

（一）学习毛泽东思想

1960 年 4 月，致公党六届十次中常会扩大会议作出《关于学习毛主席著作的决议》，要求全体党员必须在当地中国共产党党委和政协机构的领导和统一安排下，积极投入这个运动，并以严肃的态度，认真学习毛主席的立场、观点和思想方法、工作方法，来武装自己，加强为社会主义服务，加强自我改造。在致公党六届四中全会上，再次强调“学习毛主席著作是我们的重要任务”，指出“只有认真学习毛泽东思想，才能正确认识当前的国际形势和革命斗争的发展规律，才能正确认识我国社会主义革命、社会主义建设的形势和发展，才能正确认识和贯彻党的方针政策”。

各级组织大力推动党员积极投入学习毛泽东著作的热潮。要求党员必须树立正确的态度，掌握正确的学习方法，有的放矢，实事求是，做到学用一致，言行一致。联系自己的世界观的改造，联系革命实际，特别是目前社会主义革命和社会主义建设的实际。一方面结合学习党的方针政策和党的各项文件，另一方面积极投身于各项政治运动和中心工作，边学边用，边用边学，通过实践、认识、再实践、再认识的反复过程，不断提高思想认识，更好地为社会主义事业服务。要求中央委员及各级领导以身作则，制订出个人学习计划，切实执行，以推动全体党员和所联系的归侨、侨眷的学习。致公党中央编印学习资料，以致公党中央学委会的名义多次向广东省委会、广西省委会、福建省工委会发文，推动各级党员认真学习《毛泽东选集》。

各级组织开展了爱国主义、国际主义和社会主义教育，参加了各项政治活动。但由于当时对阶级斗争形势的错误估计，反右派斗争被严重地扩大化了。致公党内也开展了反右派斗争，一些致公党员被错划为“右派分子”并被开除党籍，受到了伤害。但是，致公党始终没有动摇坚持中国共产党领导和走社会主义道路的信念。

（二）组织构成的重要转变与国内省市组织成立

1954年一届全国人大一次会议通过的《中华人民共和国宪法》，规定“凡具有中华人民共和国国籍的人都是中华人民共和国公民”。1956年，致公党五届五次中常委扩大会议指出，限于目前国内外情况和我党本身的条件，海外工作决定不再公开，秘密地以党的名义去活动，决定停止在国外发展党员，也停止国外的组织活动。

致公党六大通过的章程规定，成为致公党员的首要条件是中华人民共和国公民。章程还规定，大多数致公党员是华侨及侨务工作者。按照章程的精神，撤销海外致公党组织，撤销非中华人民共和国公民的海外华侨党员的组织关系。

1956 年后，致公党香港支部完成了历史使命。在港致公党员以朋友身份与致公党中央和广东省委会进行接触。

1957 年 3 月，福建省工委成立。1957 年 3 月，广东省委会直属海口市支部成立。1957 年 6 月，北京市委会筹委会成立。1958 年 3 月，广西省委会改名广西区委会。

1957 年 5 月前后，致公党先后在广东、广西、福建建立了十多个市县级组织，组织得到了发展，出现新气象，党员人数从 1956 年的 130 人增加到 1957 年的 651 人，1966 年“文化大革命”前党员人数是 407 人。

三、服务与改造

1956 年，苏共二十大之后，社会主义阵营内部发生动荡，社会主义建设出现新问题。中共中央决定从整顿党的作风入手，克服官僚主义、宗派主义和主观主义，正确处理人民内部矛盾。致公党积极开展自我改造，教育全体党员提高政治警惕性和觉悟，解决党员的政治立场问题，更好地为社会主义建设贡献力量。

（一）开展自我改造

1957 年 4 月 27 日，中共中央发出《关于整风运动的指示》，决定在全党进行普遍、深入地反对官僚主义、宗派主义和主观主义的整风运动。4 月 30 日，毛泽东邀请各民主党派负责人座谈，请他们帮助中国共产党整风。从 5 月 8 日到 6 月 3 日，中共中央统战部先后召开各民主党派负责人和无党派人士座谈会 13 次，广泛征求意见，包括致公党中央负责人在内的约 180 名党外人士在座谈会上发言。6 月 8 日，中共中央发出《关于组织力量准备反击右派分子进攻的指示》，同日，《人民日报》发表题为

《这是为什么?》的社论。随即在全国范围内开展了反右派斗争。

致公党积极响应中国共产党的号召，对中国共产党和人民政府的工作、干部的思想作风提出批评和建议，以极大的热情帮助中国共产党进行整风，并要求各地组织积极参加国家政治活动。6月8日，致公党中央召开座谈会，陈其尤说："我们帮助中国共产党整风，应该是实事求是地批评提意见，就是毛主席说的'和风细雨'，从团结的愿望出发，经过批评或斗争，达到新的团结。"并一再指出：并不是我们民主党派就没有缺点，在帮助中国共产党整风的同时，结合检查自己的问题，从而改正自身工作中的错误。黄鼎臣指出：领导我们革命的核心力量是中国共产党，要建设社会主义社会，这核心队伍就要思想统一。在6月11日致公党中央召开的座谈会上，陈其尤说，我们帮助共产党整风，可以结合我们的业务来提意见，对社会上一些不正确的言论，应予冷静地分析批判。严希纯说，我们应该相信，中国共产党在全国范围内，是有无限威信的，它为六亿人民所坚决拥护。我们坚决拥护中国共产党，我们坚信社会主义制度的优越性。致公党中央常务委员会积极响应中共中央号召发布了关于整风运动的指示。

1958年7月，中共中央统战部发布的有关文件强调，民主党派、工商业者和知识分子要实现由资本主义立场到社会主义立场的根本变化。1958年11月，致公党召开六届三中全会扩大会议指出，致公党的根本改造首先是端正自己的政治路线以改变自己的政治面貌和组织面貌。政治路线的端正，即是在政治上必须使本党采取真正接受中国共产党的领导，走社会主义道路的路线，并且教育和督促自己的成员和所联系的群众执行这条路线。要达到这个目的，就要以毛主席所指示的六条政治标准对广大党员包括领导人在内进行社会主义的根本性改造，并提出了根本改造的五条措施：以社会主义工作岗位为基础，通过业务实践和社会实践，进行政治和思想的根本改造；参加体力劳动；加强政治理论的学习和时事政策的学习；定期进行整风；继续开展批评与自我批评。会上黄鼎臣作《中国致公党根本改造草案》的报告。指出：致公党当前最迫切最严重的任务就是“加紧进行成员和组织的根本改造，彻底破资产阶级立场，立社会主义立场，使我们党迅速从一个资产阶级性的政党变成一个真正接受中国共产党领导的为社会主义服务的政党”。大会讨论通过《中国致公党根本改造规划》。各级地方组织坚决贯彻致公党六届三中全会精神，纷纷制定为社会主义服务和自我改造规划。

致公党非常重视党员的思想政治学习。在整风运动期间，要求党员以毛泽东《关于正确处理人民内部矛盾的问题》、周恩来《政府工作报告》为主，同时选择《人民日报》有关的重要社论进行学习。在学习文件的同时，要以《关于正确处理人民内部矛盾的问题》一文中所指示的六项标准作为检查思想、开展批评与自我批评、端正政治立场的准则。

致公党多次组织机关专职干部和党员进行文娱活动，观看有关思想教育的电影和话剧，并组织干部参加体育锻炼。地方组织在当地中共党委领导下，遵照“以政治思想为统帅，以工作岗位为基地，以劳动实践和业务实践为基础”的方针，参加“大炼钢铁运动”，参加街办工厂、公共食堂、托儿所的劳动实践。党员中归侨、侨眷占很大比重，许多人赋闲在家，主要依靠侨汇、房租、存款和利息等生活，不参加也不愿意参加劳动生产。通过实施“个人服务与改造规划”，他们积极响应号召投入各种政治运动，在工作实践和劳动实践中体会到自己的命运同祖国社会主义建设紧密相连。

（二）三年困难时期的工作

1959 年至 1961 年，我国国民经济发生严重困难。1959 年 9 月，毛泽东在最高国务会议上指出，知识分子大有进步，民主党派大有进步，工商界也大有进步。毛泽东的讲话使广大致公党员大受鼓舞。同时，中共中央采取了给部分“右派分子”摘帽、推动民主党派召开“神仙会”，并重申“长期共存、互相监督”的方针等一系列措施。这个时期，致公党从中央到地方组织，举行一系列会议，推动党员学习毛泽东著作，学习时事政策，组织参观访问，并采取了“三自”（“自己提出问题、自己分析问题、自己解决问题”）和“三不”（“不抓辫子、不打棍子、不扣帽子”），用“三不”保证“三自”，用“三自”来达到敞开思想、讲心里话、实事求是、以理服人的目的。

通过自我教育，致公党不断提高党员的思想认识，帮助党员认清形势，正确对待暂时困难，增强了听中国共产党的话、跟中国共产党走、走社会主义道路的信念，与中国共产党保持一致，与全国人民一道在困难中经受了锻炼和考验，共同渡过了三年困难时期。

兴办幼儿园、学校等公益事业。1958 年，致公党广州市委会的党员腾出住房、出钱捐物，创办五个街道托儿所和九个公共食堂。党员个人出资或集资，创办数家集体企业，解决就业问题，创造社会财富，并经常资助所在街道的公益事业。这些企业后来或合并到同行业的国营企业，或转为所在街道的集体所有制企业。1959 年，致公党广州市委会创办侨光中学，当年招收 50 名归侨、侨眷子女，解决他们面临的继续就学困难问题。1959 年，众多党员被评为各条战线、各种级别的劳动模范、标兵、先进工作者和积极分子等，占到党员总人数的 70% 以上。

1959 年至 1960 年，在国家短暂经济困难期间，致公党积极响应政府有关自力更生、艰苦奋斗的号召，开垦荒地办农场生产粮食、蔬菜，分给党员和机关干部，以改善生活。困难时期过后，致公党将这些农场移交给当地，尽一切力量和国家一起共渡难关。

1960 年 2 月 6 日，致公党广东省委会召开“服务与改造工作经验交流大会”。随后广西区委会、福建工委会也召开有关会议，总结交流服务与改造及基层工作经验，提出今后的工作任务。通过上述活动，广大党员增强了在服务中加强自我改造的信心，提高了为社会主义服务的积极性和创造性。

四、团结海外华侨贯彻华侨政策

中华人民共和国成立后，国家始终关心着海外华侨的安全与生活，鼓励华侨回国投资。致公党各级组织推动党员通过各种方式，向海外亲友和华侨人士宣传祖国社会主义建设成就，宣传国家侨务政策。不少归侨、侨眷党员不仅自己投资当地的工业建设和捐赠兴办公益福利事业，还鼓励海外亲友在国内存款，建设社会主义祖国。

（一）宣传和参与落实侨务政策

1951 年、1953 年中央华侨事务委员会连续召开两次侨务扩大会议，对华侨回国投资进行指导。过渡时期总路线公布后中共中央强调："在国外向华侨宣传总路线，必须符合教育侨胞团结爱国、力求在当地长期生存下去的方针。不要作任何行动上的号召，而只是一般地进行爱国和团结教育，不要超过当地环境所允许的范围，而是要处于合法的地位，适合在当地长期生存的要求。" 1955 年 8 月，《华侨申请使用国有的荒山、荒地条例》颁布。1957 年 8 月，《华侨投资于国营华侨投资公司的优待办法》颁布。在国家政策的指引下，致公党团结党员和所联系的群众开展侨务工作。

为了让海外同胞及时认识和了解祖国建设的发展变化，1956 年元旦前夕，致公党中央在香港印制新年贺卡，通过各种渠道将贺卡寄送到缅甸、印尼、印度、古巴、秘鲁、墨西哥、美国、加拿大等国侨胞手中，共发放贺卡 2601 张。在新年贺词中，致公党中央以饱满的热情向海外华人介绍了我国"一五"计划在工业、农业、文化及教育、国际地位影响力方面取得的各项成果，对国家的侨务政策作了具体说明。指出"由于祖国的日益富强，和平外交的不断胜利，华侨的团结加强，华侨与当地人民的友好也有了增进，因而华侨在海外的境况多获得了改善"，号召海外华侨“祖国的任何一点成就，都是与海外华侨的幸福分不开的，让我们携手前进为实现祖国的富强和解放台湾而努力，在人民政府和毛主席的领导下，我们有信心、有能力取得更多更大的胜利”。

为更好地做好侨务工作，陈其尤等常以亲笔信的方式邀请海外华人华侨回国观光并参加国内经济建设，号召“海外洪门爱国，素有爱国光荣传统，今后更要加强团结，使能继续发扬光大”，通过海外关系希望相关人士“能积极推动有代表性而愿自费回国观光的洪门人士回来看看”。1957 年，致公党中央克服重重困难，通过元旦贺岁等契机，向海外侨胞宣传国家发展建设取得的巨大成就及侨务政策。元旦贺词一方面介绍了我国在农业、工商业和社会主义改造上取得的巨大发展，如超额完成计划，宝成铁路、青藏、康藏公路通车，让海外同胞感受到祖国建设日新月异；另一方面，积极号召海外侨胞尽一切可能为争取和平解放台湾而努力，号召大家团结起来热爱祖国，邀请海外洪门兄弟组织观光团回国观光。

反右派斗争的扩大化给侨务工作带来了一定的影响。七千人大会后，中共中央加快了对在反右派斗争中受过批判和处分的党员干部的甄别平反工作。1962 年 5 月 31 日，中共中央批转国家华侨事务委员会党组《关于所谓“海外关系”问题的报告》，对把归国华侨、侨眷、归侨学生在国外的亲友关系，一律作为所谓“海外关系”而滥加怀疑和歧视的错误做法予以纠正，明确指出：“所谓‘海外关系’的提法是模糊政策界限、混淆敌我关系的提法，是不妥当的，有害无益的。要对因所谓‘海外关系’而引起的一系列问题有步骤地加以处理，迅速纠正在历次运动和政治审查中的错误，为被错斗、错处分、错戴帽子者平反。”在这一政策指引下，侨务工作迅速恢复。

致公党中央非常关心归侨、侨眷的生活问题。1957 年 3 月，陈其尤在全国政协二届三次会议中对照顾归侨、侨眷的生活及居住问题专门提出建议。1959 年下半年，国际上掀起反华排华风波，印度尼西亚首先出现排华浪潮。1959 年 12 月，陈毅外长写信给印度尼西亚外长，提出全面解决华侨问题的建议。我国政府采取了有效措施，先后派遣船只接运流离失所的侨胞回到祖国怀抱。广东、广西、福建等地的致公党组织，积极配合当地政府和侨务部门，参加归难侨的接待和安置工作。其中，广东省委会在黄埔、湛江等港口做好迎接归难侨工作，伍觉天带领机关干部，深入归难侨家庭，了解他们的具体情况，配合侨务部门妥善安排归难侨到华侨农场或工厂工作。安置归国华侨就业就学，使他们深切体会到，有强大的祖国，华侨再也不是海外孤儿。1960 年 4 月，陈其尤在全国人大二届二次大会发言时表示："我们在党和政府的领导下，做好接待和安置归侨的工作，使归侨积极参与祖国的社会主义事业。" 1961 年 1 月 13 日，致公党中央向广东、广西、福建等地方组织发文，要求地方组织收集归侨、侨眷归国后的各方面意见并形成书面报告，积极协调解决归侨、侨眷工作及子女就学升学问题。

（二）倡导归侨侨眷参加国内建设

从 1956 年到 1966 年十年间，中国的社会主义建设事业尽管经历曲折，甚至遭受过严重的挫折，但经过全国人民艰苦卓绝的努力，仍取得很大成就。正如中共十一届六中全会通过的《关于建国以来党的若干历史问题的决议》所指出："我们现在赖以进行现代化建设的物质技术基础，很大一部分是这个时间建设起来的；全国经济文化建设等方面的骨干力量和他们的工作经验，大部分也是在这个期间培养和积累起来的。这是这个时期党的工作的主导方面。"① 这里面，就有着华侨、归侨与侨眷的贡献。

在国家政策的支持下，致公党充分发挥侨海优势，积极倡导归侨侨眷参加国内建设，争取侨汇、投资企业。以广东为例，致公党广东省委会副主委、华侨投资公司副董事长刘家祺热心海南垦殖场开发，为家乡建设出钱出力。1955 年投资 50 万元兴办企业，1958 年、1959 年带头捐献汽车、拖拉机，捐建水电站。1959 年广东遭水灾，他捐赠 1.5 万元支援农业生产，还捐款建设华侨中学、省侨联大厦、广州侨光中学、华侨小学等。广

① 《中华人民共和国史》编写组编：《中华人民共和国史》，高等教育出版社、人民出版社 2013 年版，第 284 页。

州市委会副主委刘宜应在广东华侨投资公司投资70多万元，是当时投资最多的归侨。1954年兴建广州华侨小学时，他担任筹建委员会副主任并捐款2万元。1962年他担任刚兴办的华侨中学副董事长并主动捐款，为梅县华侨中学捐建校舍并捐赠教室设备。

三年经济困难时期，许多党员写信动员海外华侨，捐赠化肥、拖拉机、抽水机等农业生产资料，支援祖国农业生产。根据广州市委会统计，1958年至1966年期间，广州市致公党党员争取海外亲友投资华侨投资公司等企业110多万元，捐款200多万元，为团结广大华侨，推动华侨参加祖国社会主义建设作出贡献。

致公党积极协助中共中央华侨事务委员会，介绍推荐不少外商前来参加在广州举行的中国出口商品交易会。1957年，致公党广东省委会副主委伍觉天随中国青年代表团赴苏联参加世界青年联欢节。联欢节后，中国代表团分别与各国代表团举行座谈会，伍觉天参加了与几个拉美国家代表的座谈。从1957年第一届中国出口商品交易会开始，广东省委会就利用自身与海外有广泛联系的特点，配合政府邀请、介绍、接待海外的商人前来参加交易会，派干部驻会协助侨商洽谈贸易。致公党的同志努力工作，出色地完成政治宣传和生活接待任务，为促进国家对外贸易发展贡献了一份力量。

五、推进祖国和平统一大业

祖国统一是全国各族人民的共同心愿，中国共产党和各民主党派积极推进民族统一大业。致公党坚决维护祖国统一，拥护并支持中国共产党和政府和平解放台湾，支持西藏平叛等。

（一）支持和平解放台湾

1956年年初，全国政协二届二次会议上，周恩来总理号召台湾同胞和一切从大陆去台湾的国民党军政人员，站到爱国主义的旗帜下来，同祖国人民一起，为争取和平解放台湾、实现祖国的完全统一而奋斗。

陈其尤在大会作发言时表示，我国是社会主义国家，致公党真诚地期望有持久和平的环境，以便于推进社会主义建设伟业。美国帝国主义集团却不容许我们有这样的期望，保持和不断制造着台湾地区的紧张局势，阻碍中美大使级会谈的进展，美国国务卿杜勒斯最近更猖狂地推行所谓“战争边缘”的恐吓和讹诈政策，企图使中国人民屈服，承认美国一手制造的所谓“两个中国”，并继续放任、利用蒋介石集团进行颠覆性的活动，这是致公党绝不能容许的。致公党完全拥护周总理的声明和号召，“我们决不允许任何第三者来干涉我国这个内部事务”，并须“积极准备在必要的时候用战争方式解放台湾以外，努力争取用和平方式解放台湾”。

各级组织和党员在与归侨、侨眷和所联系的群众以及海外华侨华人的交往中，主动宣传介绍中国共产党和国家的有关和平统一政策，坚决反对美国制造“两个中国”的企图，致力于维护祖国统一和领土完整。

（二）支持西藏平叛

1954 年，一届全国人大一次会议召开后，在京的西藏代表制订了成立西藏自治区筹备委员会的方案。1956 年，西藏自治区筹备委员会成立。伍觉天参加中央人民政府代表团，赴藏祝贺筹备委员会成立。他利用会见在西康工作时的朋友、藏族上层人士之机，配合代表团宣传国家的民族政策。

由于外国帝国主义指使的分裂势力和西藏上层统治集团中坚持封建农奴制度的顽固势力极力阻挠和反对，国家筹备成立西藏自治区的工作受到很大干扰。1959 年 3 月 10 日，两股势力在拉萨发动武装叛乱。4 月 30 日，陈其尤就西藏叛乱事件发表声明，坚决拥护国务院解散西藏地方政府和彻底平息西藏叛乱的命令，并对人民解放军驻藏部队表示敬意。他说，自 1951 年中央人民政府和西藏地方政府签订了关于和平解放西藏办法的《十七条协议》后，全国人民都热烈欢迎这个协议，并为藏族同胞将通过这个协议的实施而逐步得到解放、全国各民族的更加团结而庆贺。然而西藏地方政府和上层反动集团却阳奉阴违，多方阻挠这个协议的实施，他们把中央政府对西藏地方政府种种期待和照顾看作软弱可欺，竟然勾结帝国主义和蒋介石匪帮及外国反动派，公开撕毁《十七条协议》，发动武装叛乱，向人民解放军驻拉萨部队发动进攻。这是罪大恶极、绝不能饶恕的行为。

六、经受“文化大革命”的风雨

“文化大革命”时期，各民主党派和工商联被迫停止活动，但仍然坚信中国共产党的领导，没有动摇走社会主义道路的决心，与中国共产党风雨同舟、患难与共，经受住严峻的考验。

（一）停止组织活动

1966 年 8 月 24 日，北京市中学红卫兵向各民主党派中央机关发出“最后通牒”：限令在 72 小时之内自动解散一切组织。8 月 25 日，各民主党派中央、全国工商联机关分别贴出公告，自即日起停止办公。[①] 致公党从中央到地方组织被迫停止组织活动。1969 年 4 月，解放军派军代表进驻致公党中央机关。1970 年 11 月，各民主党派中央机关工作人员全部在全国工商联大楼集中，在统战系统军代表领导下组织政治学习，参加批判斗争大会。

“文化大革命”期间，中国共产党领导的统一战线受到破坏，广大知识分子和各方面的爱国人士遭受“四人帮”残酷迫害和打击，归侨、侨眷的海外关系被诬蔑为“敌特关系”。尤其是《处理海外关系干部的六条规定》，妄图割断归侨、侨眷和海外亲友的联系，破坏国家侨务政策的贯

① 中共中央统战部著：《中国共产党统一战线史》，中共党史出版社、华文出版社 2017 年版，第 321 页。

彻执行，对有海外亲友关系的干部和归侨、侨眷，强加以“里通外国”等莫须有罪名。一些对新民主主义革命、社会主义革命和建设作出贡献的致公党老同志，他们在国外和回国之后与海外人士有较多往来，因而被打成“特务”“间谍”“反革命”，受到残酷迫害。“四人帮”的倒行逆施对我国华侨政策产生了恶劣影响。华侨投资热情遭受打击，华侨投资的良好势头减弱，“文化大革命”期间华侨投资更是完全中断。

（二）坚定地跟中国共产党走

“文化大革命”期间，致公党组织虽然被迫停止活动，但是中国共产党和国家领导同志仍然关心民主人士。1966 年，周恩来拟定“应予保护的干部名单”，将民主党派负责人纳入保护范围，并反复强调千万不能随意批斗民主人士。毛泽东、周恩来反复重申政协、民主党派存在的必要性。1970 年，经周恩来过问，各民主党派中央机关开始联合办公。在国家领导人的关怀和支持下，致公党中央的领导人，仍然出席中共中央召集的有关座谈会和活动。1972 年秋，根据中共中央的指示，伍觉天从五七干校出来，参加接待对中秘建交有功的秘鲁侨领古容先生。致公党员也在各自岗位上发挥作用。据统计，广东省委会党员从 1972 年到 1979 年，共接待海外朋友 4000 多人次。他们在自己的“政治问题”没有得到解决的情况下，抱定对中国共产党的信任和对祖国的热爱，积极宣传国家的方针政策，为侨胞、海外友好人士释疑解惑，充分彰显了致公党员与祖国共患难、与中国共产党共风雨的坚定信念。

许志猛在担任中侨委处长、华侨旅行社总经理期间，利用自己的海外关系和影响力动员海外华侨，特别是菲律宾的爱国华侨支援祖国家乡的建设，发展祖国的旅游、公益事业。在“文化大革命”期间受到“四人帮”的迫害与摧残，但是他不屈不挠，始终坚信中国共产党，并且还转告其他党员要坚强，要相信中国共产党。在这段曲折的历史时期，遭受“文化大革命”迫害、摧残的致公党员，始终没有动摇对中国共产党的信心，始终没有改变对社会主义祖国的热爱。

1979 年，邓小平在宴请出席各民主党派和全国工商联代表大会的代表时指出：在“文化大革命”十年中，“各民主党派和工商联被停止活动，很多成员遭到迫害，绝大多数人经受住了这场严峻的政治考验，仍然坚信中国共产党的领导，没有动摇走社会主义道路的决心，这是难能可贵的”。这是中国共产党对各民主党派和成员的高度评价。

第四章

调整重心，聚力改革开放

1976 年 10 月，“文化大革命”结束。1978 年，中共十一届三中全会召开，确定今后党和国家的工作要以经济建设为中心，实行改革开放，我国进入一个新的发展时期。1982 年，中国共产党将“长期共存、互相监督”八字方针扩展为“长期共存、互相监督、肝胆相照、荣辱与共”十六字方针，加强同民主党派的合作，对民主党派提出新的更高要求。这成为新时期爱国统一战线的一个基本方针。致公党恢复组织活动，在全党倡导“致力为公”，积极投身改革开放和社会主义现代化建设。

一、中国致公党恢复活动

中共十一届三中全会决定把党和国家工作重点转移到经济建设上来，实行改革开放，实现了党和国家历史的伟大转折，中国从此进入了改革开放和社会主义现代化建设新时期。致公党开始恢复工作，及时转移工作重心，建立健全地方组织，以饱满的热情投身于社会主义现代化建设。

（一）新的形势和任务

1977 年 8 月 12 日，中国共产党召开第十一次全国代表大会，会议重申 20 世纪内把我国建设成为社会主义的现代化强国是新时期的根本任务。12 月 27 日，全国政协副主席叶剑英在全国政协四届七次常务委员会（扩大）会议上，重申要恢复和坚持毛泽东、周恩来等中央领导人关于统一战线的思想、理论和政策，发扬民主协商的优良传统，继续执行“长期共存、互相监督”的方针，把民主党派的工作活跃起来，调动其积极性，为社会主义服务。

1978年12月，中共十一届三中全会在北京召开。这是中华人民共和国成立以来中国共产党历史上具有深远意义的重要会议，揭开了建设中国特色社会主义的序幕。以中共十一届三中全会为开端，亿万人民在中国共产党的领导下，进入了一个新的历史时期，即在坚持社会主义基本制度的前提下，按照“一个中心，两个基本点”的基本路线，进行全面改革和建设，进入解放和发展生产力的新时期，也就是建设和发展有中国特色社会主义的新时期。

1979年6月15日，全国政协五届二次会议在北京召开。全国政协主席邓小平在会上发表了重要讲话。他说，中华人民共和国成立30年来，我国的社会阶级状况发生了根本变化，统一战线“已经成为工人阶级领导的、工农联盟为基础的社会主义劳动者和拥护社会主义的爱国者的广泛联盟”，各民主党派也“都已经成为各自所联系的一部分社会主义劳动者和一部分拥护社会主义的爱国者的政治联盟，都是在中国共产党领导下为社会主义服务的政治力量”。在谈到新时期统一战线和民主党派的任务时他说，“要调动一切积极因素，努力化消极因素为积极因素，团结一切可以团结的力量，同心同德，群策群力，维护和发展安定团结的政治局面，为把我国建设成为现代化的社会主义强国而奋斗”。邓小平的讲话，为新时期统一战线和民主党派工作指明了方向，具有重要的指导意义。从此，我国的统一战线和民主党派工作也随之进入了一个新的历史发展阶段。

中共十一届三中全会后，针对历史遗留问题国家开展大规模的平反冤假错案工作。在侨务政策方面，1978年12月，华侨事务委员会召开工作会议，确定侨务工作的指导思想、方针政策。中共中央、国务院有关部门先后发出《关于落实居住在祖国大陆台湾同胞政策的指示》《关于进一步落实去台人员在祖国大陆亲属政策的通知》等文件，使“文化大革命”中遭受迫害的华侨、归侨和侨眷得以平反，恢复名誉。[①] 面对新的形势和

---

① 《中华人民共和国史》编写组编：《中华人民共和国史》，高等教育出版社、人民出版社2013年版，第279页。

国家工作的需要，各级组织在中共中央及各级统战部的领导下积极恢复党务工作。

1977 年 10 月 15 日，中共中央批转中共中央统战部《关于爱国民主党派问题的请示报告》，报告重申中国共产党对民主党派的方针是“长期共存、互相监督”，提出推动民主党派组织的整顿、恢复与健全。[①] 从 1977 年 10 月起，各省级人民政协相继召开新一届政治协商会议，各民主党派的省级组织相继恢复，并参加政治协商会议。各民主党派一部分直辖市、大城市的区级地方组织和基层组织也逐渐恢复。

1977 年 12 月，全国政协四届七次会议号召各民主党派活跃地开展工作，各民主党派迅速开始组织重建。1977 年冬，各民主党派中央陆续成立临时领导机构。致公党中央暂时由黄鼎臣、伍觉天、伍禅、王廷俊负责。1979 年 6 月，全国政协五届二次会议在北京召开，全国政协主席邓小平明确指出：我国各民主党派在民主革命中有过光荣的历史，在社会主义改造中也作出重要贡献。这些都是中国人民所不会忘记的。现在它们都已经成为各自所联系的一部分社会主义劳动者和拥护社会主义爱国者的政治联盟，都是在中国共产党领导下为社会主义服务的政治力量。

（二）恢复组织活动

从 1977 年起，致公党中央负责人开始参加全国政协和中共中央统战部的相关会议，并积极落实会议精神，有条不紊地恢复党务工作。

1977 年 10 月 18 日，中共中央统战部传达中共中央提出的关于各民主党派和全国工商联恢复活动的建议；11 月 22 日，就中共中央提名出席第五届全国人民代表大会代表和第五届全国政协会议委员的候选人名单进行协商；12 月 24 日，确定各民主党派和全国工商联中央临时领导小组成员名单。随之，致公党中央成立了由黄鼎臣、伍觉天、伍禅、王廷俊组成的临时领导小组，开始恢复工作。各级组织在当地统战部门的领导下，也先

① 顾行超著：《中国特色政党制度 60 年创新发展及其意义》，《上海市社会主义学院学报》2009 年第 6 期，第 27 页。

后成立临时工作组，开始恢复党务活动。

1978 年 2 月底，五届全国人大一次会议和全国政协五届一次会议在北京同时召开，致公党有三人当选全国人大代表，有八人当选全国政协委员。“两会”闭幕后，致公党中央临时领导小组邀集出席全国人大和政协会议的致公党员以及部分地方组织的负责人举行致公党中央工作座谈会。会上，广东、广西、福建和北京市致公党的同志分别介绍了各自的情况，并对恢复组织工作交换意见。会后，在致公党中央的领导下，各地基层组织积极开展工作。恢复初期，致公党的主要工作之一是成立信访小组，调查整理党员基本情况并向上级反映有关建议，通过对党员进行家访、慰问、发放生活困难补助，使党员重获信心。

在临时领导小组领导下，致公党中央制定了 1978 年工作要点：努力学习马列主义、毛泽东思想，深刻领会人大和政协会议精神；开展调研工作，了解地方组织和党员十多年来的变化和当前工作情况；协助侨务部门做好接待回国观光、探亲的华侨、华人和洪门人士的工作；原则上暂不发展组织，确实因工作需要，特殊情况下可个别吸收新党员。

致公党组织一方面及时恢复活动，充分发挥紧密联系归侨、侨眷与海外侨胞的优势，认真贯彻落实改革开放的方针路线，协助有关部门落实国家的侨务政策，重新和海外侨胞恢复联系，大力开展“三引进”工作。另一方面，在广东省各地特别是侨乡，陆续建立地方组织。1978 年，广东省委会正式恢复活动。党员积极参加各级侨联工作，部分党员当选侨联委员和顾问，一些党员成为基层侨务工作的骨干和积极分子。党员协助地方组织接待“三胞”（即台湾同胞、香港同胞、澳门同胞，下同）、协办文教公益事业，在为归侨、侨眷排忧解难、寻访亲人、落实侨务政策等方面做了许多有益工作。逐渐恢复与国外亲友、国外同乡会、宗亲会、校友会，及与致公党有悠久历史渊源的华侨洪门团体的联系；在侨乡的党员积极恢复侨刊，架设沟通侨乡与海外的宗亲、乡亲信息的桥梁，宣传国家的侨务政策，介绍侨乡新貌和国家建设成就，扩大和密切了同国外乡亲的联系，进一步团结了国外乡亲，深受欢迎和好评。

二、中国致公党第七次全国代表大会

中共十一届三中全会之后，全国的政治经济形势发生了深刻的变化。已经逐渐恢复活动的致公党组织和广大党员，精神振奋，大大提高了为社会主义建设服务的积极性。就新时期的政党关系，邓小平指出，多党合作和政治协商制度是我国政治制度的组成部分，是中国政治制度的特点和优点。致公党第七次全国代表大会正是在这一形势下召开的。

1979 年 10 月 11 日至 22 日，致公党第七次全国代表大会在北京召开。出席大会的代表有 78 人，列席 2 人，代表全党 303 名党员。这次大会的议程是：审议第六届中央委员会的工作报告；修改《中国致公党章程》(以下简称《章程》)；选举新的中央领导机构。

黄鼎臣作题为《同心同德，为把我国建设成为社会主义现代化强国贡献力量》的工作报告。报告回顾了致公党六大以来的工作，在总结过去工作的基础上提出了致公党在新时期的任务是：把全党的工作重点转移到为社会主义现代化建设服务上来。伍觉天作了关于修改《中国致公党章程》的说明。在通过的新章程总纲中明确规定：致公党坚决接受中国共产党的领导，走社会主义道路，拥护无产阶级专政，坚持马克思列宁主义、毛泽东思想。

会议提出致公党在新时期的中心任务，即在中国共产党的领导下为调动一切积极因素，努力化消极因素为积极因素，团结可以团结的力量，同心同德，群策群力，维护和发展安定团结的政治局面，为把我国建设成为农业、工业、国防和科学技术现代化的社会主义强国服务；为争取台湾早日回归祖国，完成祖国统一大业服务；为积极开展人民外交活动，促进反霸权斗争，维护世界和平服务。在此基础上，结合致公党特色制定了详尽的工作方针。

大会修订了《中国致公党章程》。新《章程》对致公党的性质规定为："中国致公党是中国共产党领导的革命的爱国的统一战线中一个民主党派；是以归侨、侨眷为主要成分的社会主义劳动者和拥护社会主义的爱国者的政治联盟；是在中国共产党领导下为社会主义服务的政治力量。"《章程》对致公党在新的历史时期的中心任务作了如下表述：调动一切积极因素，团结一切可以团结的力量，维护和发展安定团结的政治局面，为把我国建设成为现代化的伟大的社会主义强国，争取早日完成统一大业，维护世界和平而奋斗。

大会选举产生了致公党第七届中央委员会，由 24 名委员、6 名候补委员组成。在致公党七届一中全会上，选举产生由黄鼎臣、伍觉天、伍禅、邝明、许志猛、陆榕树、廖周行、黄复康、柯朝阳 9 人组成的中央常务委员会，并选举黄鼎臣为主席，伍觉天、伍禅为副主席，邝明为秘书长。在致公党七届二中全会上，增补黄独峰和董寅初为中央常务委员会委员。在致公党七届二中、三中全会上，先后增补了 9 名中央委员、6 名中央候补委员。

★ 中国致公党七届中央领导班子：主席黄鼎臣（前左三），副主席伍觉天（前左二）、伍禅（前右一），中央常委邝明（前左一）、陆榕树、许志猛、黄复康、廖周行（后排自左至右）。

10 月 24 日，叶剑英、邓小平、李先念等中共中央和国家领导人，在人民大会堂亲切接见了包括致公党在内的各民主党派和全国工商联全国代表大会的全体代表。同日，全国政协和中共中央统战部在人民大会堂宴会厅举行盛大招待会，招待各民主党派和全国工商联的全体代表，邓小平出席了招待会并发表了重要讲话。他在充分肯定了各民主党派和全国工商联同中国共产党长期合作、共同奋斗的历史后指出，我国进入新的历史时期，革命的爱国的统一战线仍然是一个重要法宝，“不是可以削弱，而是应该加强，不是可以缩小，而是应该扩大”。他勉励民主党派成员要以主人翁的态度，关心国家大事，热心社会主义事业，在促进祖国统一的大业中，为把我国建设成为社会主义的现代化强国而共同奋斗。全体与会代表深受鼓舞和教育。

致公党第七次全国代表大会是致公党历史上一次承前启后的重要会议。这次大会以中共十一届三中全会精神为指导，全面总结了六大以来23年的工作，确立了致公党在新的历史时期的总任务和工作方针，通过了适应新时期要求、符合致公党实际的新章程，选举产生了新的中央领导机构，为新时期动员全党努力为社会主义现代化事业和祖国统一大业服务，提供了坚实的思想基础和牢固的组织保证。

★ 1979 年 10 月 19 日，中共中央和国家领导人邓小平（前右一）、叶剑英（前左一）、李先念（后右三）、彭真（后右二）、邓颖超（后右一）等亲切接见致公党七大全体代表。

三、中国致公党第八次全国代表大会

（一）致公党八大召开的背景

1982年9月，中国共产党第十二次全国代表大会召开，提出中国共产党在新时期的总任务是实现工业、农业、国防和科技的现代化，把我国建设成高度文明、高度民主的社会主义国家。中共十二大进一步肃清"文化大革命"遗留的消极后果，明确提出建设有中国特色社会主义的重大命题和"小康"战略目标，全面开创社会主义现代化建设新局面。

在中共十二大上，20世纪50年代确立的中国共产党与各民主党派之间"长期共存、互相监督"的八字方针，扩展成为"长期共存、互相监督、肝胆相照、荣辱与共"十六字方针。[①]

致公党召开会议热烈祝贺中共十二大的召开。黄鼎臣认为，中共十二大是一次具有重大意义和深远影响的会议。中共十一届三中全会以来是各民主党派历史上工作比较扎实、活跃的时期，致公党在团结国外华侨和归侨、侨眷、港澳同胞方面做了些工作，党员增加两倍多。这说明中国共产党十一届三中全会以来路线、方针和统一战线政策的正确性。全党同志要和全国人民一起，为实现中共十二大提出的宏伟目标和战斗任务而共同努力。伍禅表示，邓小平同志在开幕词中再次高度评价民主党派的作用，并代表中国共产党向民主党派表示感谢，使民主党派成员增强责任感和光荣感。他决心在中国共产党的领导下，和全党同志一道，为全面开创社会主义现代化建设的新局面作贡献。

---

① 陈延武著：《万水朝东——中国政党制度全景》，生活·读书·新知三联书店2011年版，第234页。

在这一大好形势下，致公党中央决定提前召开第八次全国代表大会。

（二）中国致公党第八次全国代表大会召开

1983 年 11 月 28 日至 12 月 7 日，致公党第八次全国代表大会在北京隆重举行。出席这次大会的代表有 165 人，列席代表 18 人，代表全党 1424 名党员。

大会的议程是：审议第七届中央委员会的工作报告；修改《中国致公党章程》；选举新的中央委员会。大会开幕时，中共中央书记处书记陈丕显向大会宣读了中共中央的贺词，指出，“致公党同我们党有长期合作的历史，在中国革命和建设事业中都作出自己的贡献”，贺词在重申中共十二大精神后，殷切希望致公党组织和广大党员为实现新的历史时期的任务，作出更多的贡献。

伍禅致开幕词。黄鼎臣作了《毋忘团结奋斗，致力振兴中华，为全面开创致公党工作新局面而努力》的工作报告。报告根据中共十二大“全面开创社会主义现代化建设的新局面”的伟大号召，提出致公党今后的工作方针和任务：在中国共产党的领导下，遵循“长期共存、互相监督、肝胆相照、荣辱与共”的方针，以坚持四项基本原则为政治基础，加强思想建设与组织建设，立志改革，充分发挥致公党与海外有广泛联系的特点和优势，发扬全体党员和所联系的归侨、侨眷及其海外亲友的爱国爱乡的优良传统，调动他们的积极性，为实现社会主义现代化建设，维护社会主义民主和法制，促进祖国统一和保卫世界和平贡献我们的力量。

大会修订了《中国致公党章程》。根据新时期统一战线内部阶级关系的根本变化和民主党派性质的根本变化，新《中国致公党章程》明确指出：“中国致公党是中国共产党领导的爱国统一战线中的一个民主党派，是以归侨、侨眷为主的社会主义劳动者和拥护社会主义的爱国者的联盟，是为社会主义事业服务的政党。”并在总纲中增写了“本党的一切活动以《中华人民共和国宪法》为根本准则”。

大会选举产生了致公党第八届中央委员会，由48名委员和14名候补委员组成。在致公党八届一中全会上，选出由叶佩英（女）、伍觉天、伍禅、许志猛、许乃波、郑守仪（女）、柯朝阳、陆榕树、黄鼎臣、黄独峰、董寅初、廖周行、蔡其侃等13人组成的中央常务委员会，并选举黄鼎臣为中央主席，伍觉天、伍禅、许志猛、陆榕树、董寅初、郑守仪为副主席，陆榕树为秘书长（兼）。在致公党八届二中全会上，增补陈其挥、郑正仁、黄清渠3人为中央常委，增补了4名中央委员。在致公党八届三中全会上，增补黄清渠为中央副主席。

★ 中国致公党八届中央领导班子：主席黄鼎臣（前左二），副主席伍觉天（前左三）、伍禅（前左四）、许志猛（前左一）、陆榕树（后左一）、董寅初（后右一）、郑守仪（后中）。

大会根据致公党的特点和开展工作的需要，同时成立了以许乃波为主任的致公党中央华侨知识分子工作委员会和以郑守仪为主任的妇女工作委员会。

大会期间，邓小平、胡耀邦、彭真、邓颖超等中共中央和国家领导人，在人民大会堂亲切会见了全体与会代表和工作人员，并合影留念。中共中央统战部等部门联合在人民大会堂宴会厅举行盛大招待会，招待全体与会代表。

致公党第八次全国代表大会是中华人民共和国成立以来致公党最盛大

的一次大会。大会制定了今后工作的指导方针和任务，通过了新章程，选出新的领导班子，为全党开拓工作的新领域做好了思想和组织准备。

四、中国致公党第九次全国代表大会

（一）致公党全国代表会议召开和九大的准备

1986 年 1 月初，致公党召开八届中常会十次（扩大）会议，专门研究关于引进新人和加强领导班子建设的问题。认识到引进新人、加强领导班子建设的问题，是关系到致公党和中国共产党长期共存、通力合作、后继有人的需要，是一项紧迫的、具有战略意义的重要任务。成立了以黄鼎臣为组长的五人领导小组，并责成省级组织成立相应机构，对已推荐的引进新人进行考察和培养，继续物色新的对象，对今后领导班子的梯队建设进行了研究。

1986 年 7 月，中共中央批准并转发中共中央统战部《关于新时期党对民主党派工作的方针任务的报告》，指出："从现在起，要把帮助民主党派培养、选拔新的代表人物逐步进入领导班子，作为坚持党与民主党派长期合作的一项战略性措施，作出安排，认真抓好，并帮助他们在调整领导班子中，做好协调各方面关系的工作。"

1986 年 9 月，致公党举行八届中常会十四次（扩大）会议，着重讨论关于引进新人和加强中央及地方组织领导班子建设问题。建议中央委员会在 1986 年年底或 1987 年年初召开中国致公党全国代表会议，在致公党九大之前对中央委员会的组成作出适当的充实和调整，增选一些较年轻的同志进入中央委员会，加快新老合作和政治交替的步伐。

1986 年 12 月 30 日至 1987 年 1 月 3 日，致公党全国代表会议在北京召开。出席会议的代表 137 人，列席代表 68 人。这次会议主要是解决充实和调整中央委员会和引进新人问题。

中共中央顾问委员会副主任薄一波代表中共中央致贺词。董寅初致开幕词。黄鼎臣代表中央委员会在会上作《中国致公党中央委员会一九八六年工作报告》。报告指出：致公党组织建设当务之急，是在中国共产党领导下完成致公党肩负的历史使命，需要逐步实现领导班子和工作班子的新老合作和交替，增强组织的活力，使各级组织的领导班子形成梯形的年龄结构和由对海外、港、澳、台有影响的同志以及多方面人才构成的群体。

会议增选了 19 名中央委员和 6 名候补中央委员。这次增选的 25 位委员中，中央委员平均年龄 51.4 岁，候补中央委员平均年龄 50.3 岁，一批年富力强、政治素质好的中青年党员进入领导班子。

致公党全国代表会议是致公党历史上一次特殊的会议，是致公党为实现中央领导机构的新老合作交替而采取的一次非常措施。正如伍觉天在闭幕词中所说："这是贯彻'长期共存、互相监督、肝胆相照、荣辱与共'方针的需要，是百年大计。"

（二）中国致公党第九次全国代表大会召开

1987 年 10 月，中国共产党第十三次全国代表大会召开。中共十三大报告系统阐明了社会主义初级阶段的理论，明确提出了中国共产党在这个历史阶段的基本路线和全面改革的基本方针；还明确地指出不断完善和加强中国共产党领导的多党合作和政治协商制度将作为我国政治体制改革的一项重要内容，这是建设有中国特色社会主义的纲领性文件。

1987 年 11 月 26 日，致公党在北京召开八届中常会十七次会议。会议传达、学习中共十三大精神，并通过《关于学习和贯彻中国共产党第十三次全国代表大会精神的决议》和《关于召开中国致公党第九次全国代表大会的建议方案》。1988 年 4 月，致公党在北京召开八届中常会十八次会议。会议接受黄鼎臣同志辞去中央委员会主席职务的请求，并一致推举董寅初同志担任第八届中央委员会代主席。

1988 年 12 月 12 日至 18 日，致公党第九次全国代表大会在北京隆重举行。出席这次代表大会的代表共有277人，代表全党7912名党员。大会的议程是：审议第八届中央委员会工作报告；修改《中国致公党章程》；选举第九届中央委员会。

中共中央书记处书记芮杏文宣读了中共中央的贺词。贺词指出："在我国社会主义现代化的新时期，致公党积极支持改革开放的总方针、总政策，参与国家大政方针的协商和国家事务的管理，参与民主监督；动员广大成员和所联系的群众参加社会主义物质文明和精神文明建设；加强同海外华侨、华人社团的友好往来，支持成员密切联系海外亲友，以各种方式支援祖国四化建设，为增强中华民族的凝聚力，巩固和扩大爱国统一战线发挥了重要的作用。"

黄鼎臣致开幕词。董寅初作《热爱祖国，致力为公，在建设有中国特色的社会主义旗帜下开拓前进》的工作报告。报告着重阐明了致公党在新的历史时期开展各项工作的指导思想："高举社会主义和爱国主义两面旗帜，以社会主义初级阶段的基本路线为指针，团结全体党员以及所联系的归侨、侨眷和海内外亲友，发扬爱国爱乡的光荣传统，共同为统一祖国、振兴中华，把我国建设成为富强、民主、文明的社会主义现代化国家而奋斗。"

大会通过了新的《中国致公党章程》。新章程对致公党的构成和性质作了如下的表述："中国致公党是以归侨、侨眷和与海外有联系的代表性人士、专家学者组成的，具有政治联盟特点的，致力于建设有中国特色的社会主义的政党。"新党章规定了致公党的政治纲领和基本任务是："高举爱国主义和社会主义两面旗帜，以社会主义初级阶段的基本路线为指针，团结全体党员以及所联系的归侨、侨眷和海内外亲友，发挥爱国爱乡的光荣传统，共同为统一祖国、振兴中华，把我国建设成为富强、民主、文明的社会主义现代化国家而奋斗！"为贯彻致公党的政治纲领而提出：遵循中华人民共和国宪法，维护安定团结的政治局面；参与和完善中国共产党领导的多党合作制度和政治协商制度；贯彻执行"长期共存、互相监督、肝胆相照、荣辱与共"的方针和积极参与"四化"建设以及维护归侨、侨眷、海外侨胞的利益，为促进祖国统一、振兴中华而尽力等六项基本任务。

大会选举产生了致公党第九届中央委员会，由91名委员、9名候补委员组成。在致公党九届一中全会上，选举产生了由董寅初、杨纪珂、伍觉天、黄清渠、陆榕树、郑守仪（女）、王宋大、黄独峰、郑正仁、蔡其侃、叶佩英（女）、俞云波、刘文湖13人组成的中央常务委员会，并选举董寅初为主席，杨纪珂为常务副主席，伍觉天、黄清渠、陆榕树、郑守仪、王宋大为副主席，王宋大为秘书长（兼）。在致公党九届中常会二次会议上，增补邱国义、吴豪德、唐国俊为中央常务委员会委员。在致公党九届中常会十次会议上，增补罗豪才为中央委员、中央常务委员会委员。在致公党九届中常会十五次会议上，增选罗豪才为中央副主席。

★ 董寅初（1915—2009）

★ 中国致公党九届中央领导班子：主席董寅初（左四），常务副主席杨纪珂（左三），副主席伍觉天（右三）、黄清渠（右二）、陆榕树（右一）、郑守仪（左二）、王宋大（左一）。

致公党第九届中央委员会全体会议推举黄鼎臣为名誉主席，许志猛为名誉副主席，许乃波为顾问，15 位同志为咨议。

致公党第九次全国代表大会选举产生的第九届中央委员会，在新老合作交替以及领导班子年轻化、知识化方面迈出了可喜的一步，一批德才兼备、年轻的同志进入了中央委员会，这不仅为中央领导班子增强了新的活力，而且为在中国共产党领导下更好地履行参政党职责，提供了可靠的组织保证。

“致力为公”作为致公党的政治口号，最早见于黄鼎臣在 1987 年致公党第四季度中央全会上关于加强自身建设的讲话，此后为 1988 年致公党第九次全国代表大会报告所引用。董寅初当选第九届致公党中央主席后强调：“致公、致公，致力为公”“致公党就是‘致力为公’”。“致力为公”逐渐成为致公党立党宗旨，得到广大党员的认同和拥护，成为致公党凝聚全党力量、开拓奋进的响亮口号。

五、以经济建设为中心做好参政议政工作

中共十一届三中全会以来，中国共产党和国家工作重点转移到经济建设上来，国家进入改革开放新时代，全国人民满怀豪情地投身建设社会主义现代化新中国的洪流。致公党把围绕经济建设参政议政作为工作中心和重点，广泛参与改革开放和建设中国特色社会主义的伟大实践。

（一）参与国家政治生活

自恢复组织活动以来，广大党员关心国家大事，认真参与国家政治生活，履行政治协商、民主监督职能。从 1979 年年初到 1986 年年底，中共中央主要领导人与民主党派和无党派人士召开的各种形式的政治协商会议有 33 次，超出“文化大革命”前 17 年的总和。中国的民主政治建设出现

了可喜的局面。[①]

1980年11月20日，中华人民共和国最高人民法院特别法庭公开审判林彪、江青反革命集团，致公党中央推荐司徒擎参加审判工作。1982年，五届全国人大五次会议和全国政协五届五次会议期间，致公党的人大代表和政协委员认真学习讨论《中华人民共和国宪法修改草案》。宪法通过后，致公党中央要求全党深入学习和广泛宣传宪法，严格遵守和积极维护宪法，大大加强了党员的法制观念。

在中共十二大精神的指引下，各级组织的领导积极参加国家政治生活，认真履行政党职能。致公党中央领导人先后参加了《中共中央关于经济体制改革的决定（征求意见稿）》《中共中央关于社会主义精神文明建设指导方针的决定（征求意见稿）》《中华人民共和国归侨侨眷权益保护法（征求意见稿）》《香港特别行政区基本法（征求意见稿）》的讨论。致公党主要领导人列席了中国共产党第十三次全国代表大会。地方组织负责人也经常应中共地方党委和政府的邀请，参加各种座谈会、协商会，就地方经济社会发展的重大问题开展讨论、协商，提出意见和建议。

中共十一届三中全会确定以经济建设为中心，采取切实有效的措施，在全国范围内进行拨乱反正工作，有计划、有步骤地解决中华人民共和国成立以来许多重大历史遗留问题和实际生活中出现的各种新问题，调整多年来被搞乱了的社会关系，从而为全面开创社会主义建设新局面创造了条件。在此期间，致公党中央和地方各级组织协助政府有关部门落实政策。

致公党员绝大多数是归侨、侨眷知识分子，有一颗热爱祖国、愿为“四化”建设事业尽心尽力的赤子之心。至1981年8月，在反右派斗争中被错划为“右派”的党员全部得到平反，原有的处分被撤销，恢复致公党党籍，名誉得到恢复。到1981年年底，涉及致公党员的近50件“文化大革命”中的冤假错案和其他历史遗留问题，全部得到平反和纠正，被查抄的物资或基本归还，或折价赔偿。据不完全统计，自1978年恢复组

① 陈延武著：《万水朝东——中国政党制度全景》，生活·读书·新知三联书店2011年版，第242页。

织活动至1983年，致公党中央和地方组织协助有关部门为党员和归侨、侨眷平反冤假错案，改正错划“右派”，妥善处理被占房屋，改变成分以及解决调资、职称等共649件。[①]

“文化大革命”结束后，为了调动知识分子的积极性，为社会主义物质文明和精神文明建设服务，中国共产党和人民政府大力落实知识分子政策，改进对知识分子的工作。1982年2月以来，各民主党派根据中共中央提出的意见，普遍开展调查研究，检查知识分子工作，黄鼎臣曾去福建、广东调研归侨和台胞中的知识分子情况。[②] 这些工作对落实知识分子政策起到了促进作用。[③]

1982年12月，致公党中央邀请20多位高级知识分子党员列席七届中常会七次（扩大）会议，请他们对落实知识分子政策反映情况，提出建议。致公党中央和广东、福建、广西、北京、上海等省（区）市组织以及中央直属的一些地方组织召开知识分子座谈会。广西区委会专门组织工作组，对南宁成员和所联系的知识分子进行调查，听取他们对落实知识分子政策的意见，并将有关意见和建议向政府有关部门反映。这些对于协助中国共产党和人民政府改进知识分子工作，调动知识分子积极性起了一定的作用。

（二）协助落实侨务政策

1978年1月，国务院侨务办公室成立，廖承志担任主任。侨务机构恢复后，首先投入主要精力进行拨乱反正，全面落实各项侨务政策，为侨务工作的全面恢复和发展奠定了坚实基础。

1979年，全国侨务会议和第二次全国归侨代表大会在北京召开。这是侨务工作史上具有重要意义的一次会议，会议全面贯彻落实中共十一届

① 彭湘福主编：《中国民主党派史丛书·中国致公党卷》，河北人民出版社2001年版，第104页。

② 罗广武著：《中国民主党派大事通览（1949—2000）》，华文出版社2010年版，第987页。

③ 同②，第986页。

三中全会作出的将工作重点迅速转移到社会主义现代化建设上来的战略部署，明确“一视同仁、不得歧视、根据特点、适当照顾”等侨务工作基本原则，提出以落实侨务政策为主要内容的工作任务，下大力气解决历史遗留问题，在平反冤假错案、精简归侨职工、解决侨房和其他财产问题方面制定相应政策。

在全国政协七届一次会议上，黄鼎臣代表致公党中央作了题为《为华侨投资创造良好环境》的发言。在全国人大常委会研究、制定有关华侨问题的有关法律、法规时，如中国公民出入境法、华侨投资法、继承财产法、婚姻法、双重国籍及海关关税法等，致公党中央都要召开各种座谈会，收集党员和所联系的归侨、侨眷的意见和建议，向有关部门反映，不少意见被采纳。

与此同时，各级组织和党员积极协助中国共产党和政府有关部门落实侨务政策和知识分子政策，其中 1983 年有 1968 件，1985 年有 500 多件，1986 年有 200 多件。其中包括解决平反冤假错案遗留问题，落实侨房政策，还有党员住房困难、工资待遇、离休退休、夫妇两地分居、工龄、职称、子女升学就业、下放返调以及出国、出境探亲等问题。这些政策的落实，不仅调动了广大归侨、侨眷的积极性，而且使他们的海外亲友深受感动。有些海外侨胞、港澳同胞由于在国内境内的家属得到政策照顾，写信表示感谢和赞扬政府实事求是的精神。

（三）在人大和政协中发挥作用

1983 年 6 月，六届全国人大一次会议和全国政协六届一次会议在北京召开。在新一届的人大和政协中，致公党党员担任各级人大代表有 176 人，各级政协委员有 274 人，其中全国人大代表 9 人，全国政协委员 20 人。他们积极参加各级人大和政协的会议，认真负责地就国家、地方的各项工作发表意见和反映情况。如伍觉天揭发海丰县猖獗的走私活动和某些负责干部的违法乱纪行为，引起当地省、地领导的高度重视，对于揭开当地的走私内幕起了积极作用。他们还对落实侨务政策、改进外贸工作管理、加强法制教育以及当地的经济和社会发展问题，提出意见、提案和建议，反映了广大侨胞和归侨、侨眷的意见和要求，大多数被有关单位采纳。

致公党担任各级人大代表和政协委员的党员（六届期间人大代表和政协委员，共计715人，七届增至1555人，占党员总数的18.6%），在各级人大和政协会议上，对党和政府的工作，对经济建设和地方事务，对改革开放中的重大问题，特别是涉及归侨、侨眷的合法权益和海外侨胞的正当权益的问题，发表了意见和建议，先后提出各种议案、提案和建议2000多件，引起有关部门的重视，有的被有关部门采纳。

六、致力海外联谊工作

致公党八大以后，致公党各级组织和广大党员发挥积极性、主动性，采取请进来、走出去等方式，多层次、多渠道、多领域拓展海外联谊工作。致公党中央以党派名义出访，邀请海外社团和人士来华访问，扩大与华侨华人及其社团组织的联系，参与海外地缘、血缘、业缘社团的联谊活动，海外联谊呈现新局面。

（一）邀请华侨代表人士及社团来华访问

1979年，中共中央为了调动华侨、港澳同胞参加祖国社会主义建设的积极性，发展出口商品生产，制定了一系列政策，吸引他们回国参与建设。致公党中央利用国庆和其他节日邀请海外社团和人士来华访问。各级地方组织和党员通过邀请接待亲友来华探亲、旅游、洽谈贸易、讲学等进行广泛接触，向他们介绍祖国和家乡的变化，宣传祖国的大好形势。

致公党与海外洪门的关系在“文化大革命”期间一度中断。1979年以后，致公党逐渐恢复了与海外洪门的传统关系，先后接待了从美国、加拿大、菲律宾、澳大利亚、秘鲁、缅甸等国家回来探亲、观光、旅游的洪门团体和洪门人士，以及许多台港澳同胞和来自各国的侨胞、外籍华人等。据不完全统计，1979 年到 1983 年四年间共接待台港澳同胞和海外华侨、华人团体共 170 多个。在接待工作中，始终贯彻“了解别人、宣传自己、热情服务、多做工作”的方针，主动宣传中国共产党和政府的方针政策，特别是改革开放和侨务政策；以具体事例实事求是地宣传祖国和家乡的变化，激发起爱国爱乡的热情，为祖国的“四化”建设多作贡献。①有的党员受香港社团委托兴办学校、建设科技楼；有的党员负责侨刊工作，联系“三胞”为侨刊捐赠经费；有的党员去香港协助乡亲消除隔阂，成立同乡会；有的党员运用宗亲关系，广交朋友；有的党员广泛联系港台和海外作家，开辟海外联谊新领域。1983 年 12 月至 1988 年 12 月期间，致公党接待“三胞”共 18 万多人次，团体 758 个。其中，除洪门人士外，还接待了不少专家、学者、工商界人士和台胞，联系面不断拓宽。

（二）以党派名义组团出访

中国致公党是作为参政党可以组团出访的民主党派。1984 年 6 月 24 日至 8 月 13 日，在中共中央的大力支持下，以黄鼎臣为团长、许志猛为副团长的中国致公党访问团出访菲律宾、加拿大和美国，还顺访香港和澳门地区。这次出访开了以致公党名义组团出访的先河。

访问期间，代表团会见了各地的洪门昆仲和华人、华侨社团，拜访了许多老朋友，结识了不少新朋友。每到一处都受到洪门人士和华侨、华人的热情接待。代表团成员向他们介绍了中共十一届三中全会以来祖国各方面取得的巨大成就，使海外的朋友加深了对国内形势的认识。当黄鼎臣把中国致公党情况介绍给海外洪门人士时，他们感到十分欣慰，同时也对中共“长期共存、互相监督、肝胆相照、荣辱与共”的方针表示赞赏和钦佩。通过代表团的工作，促进了各地洪门团体的团结。中国致公党首次出访成功，引起国内外的普遍关注，当地报刊、电台等媒体详细报道了这次

① 彭湘福主编：《中国民主党派史丛书 · 中国致公党卷》，河北人民出版社 2001 年版，第 107 页。

出访。

1986年，董寅初受致公党中央的委托，参加美国纽约洪门致公总堂恳亲大会，并代表致公党中央致贺词。1987年9月，黄鼎臣率团赴牙买加，参加牙买加洪门致公堂100周年盛典，回国途中还顺访了纽约洪门致公堂；伍觉天率团赴澳大利亚，参加了澳大利亚洪门民治党墨尔本总支部成立90周年庆典。

1988年9月至11月，伍觉天、许志猛率团赴加拿大，参加了加拿大洪门民治党温哥华支部成立100周年、《大汉公报》创刊80周年、温哥华达权支社成立70周年的三庆大会，同时还顺访了美国纽约洪门致公总堂、旧金山五洲洪门致公总堂、檀香山洪门致公总堂等。代表团在出访各国期间，还拜访了各地的华人社团，不仅见到了许多老朋友，结识了新朋友，还会见了持不同观点的具有代表性的各方面人士，同他们共叙情谊，增进了解，特别是访问团在出访期间，积极宣传我国政府的对台方针政策，表达海峡两岸同胞应同心协力、促进祖国早日和平统一的愿望，得到了广泛的响应。

（三）多种渠道“走出去”

致公党中央和地方组织的一些负责人，先后参加了全国人大、全国政协和地方人大、政协的代表团，访问了欧洲、美洲各国，以及日本、泰国、缅甸、新加坡、澳大利亚等国和港澳地区，参与了国际交流和人民之间的友好交往，扩大了联系，增进了友谊。与此同时，广大党员中有不少同志经常出国（境）探亲、访问、讲学、演出和参加国际会议。据统计，八大以来出国（境）的人达1500人次。他们除完成自身的任务外，还广泛接触各界人士、会见亲友、拜会社团等。他们讲述自身的经历、家乡的变化，宣传国内的大好形势、和平统一祖国的方针，转达祖国同胞的问候，增进了互相间的了解，加强了友谊。

1987年3月，中葡《关于澳门问题的联合声明》在北京草签后，各民主党派中央负责人发表谈话，认为这是解决祖国统一问题的一件大好事。[①] 黄鼎臣说："我在澳门居住过，海外侨胞都盼望中华人民共和国对澳门恢复行使主权。现在这个问题已在两国政府草签的协议中确定下来，本世纪就能实现，海外侨胞会非常高兴的。"[②]

1988 年 8 月，致公党中央在北京召开对外联络和经济咨询工作会议，就对外联络、经济咨询等方面问题进行交流讨论，并探讨在新形势下如何进一步开展上述活动，为发展生产力作出贡献。[③]

经过全党的共同努力，致公党海外联谊的面越来越广，已经不局限于海外的洪门团体和洪门人士，还扩展到华侨、华人的其他社团以及海外的留学人员，朋友越来越多。致公党海外联系广泛的特点和优势更加凸显。

七、开展社会服务

中共十一届三中全会以来，致公党充分发挥人才智力和社会资源优势，不懈地开展社会服务工作。各级组织充分发挥侨党特色，社会服务工作内容不断拓展、内涵不断丰富、手段不断创新，在各个领域取得良好成效，赢得社会各界的广泛赞许。

（一）服务"四化"和两个文明建设

致公党员在引进外资、介绍海外专家学者来中国讲学、引进国外先进技术和协助办理公益捐献方面做了大量工作。据不完全统计，1979 年至 1982 年间，介绍引进项目 249 项，其中成交的有 90 项，共计金额 1.12 亿余元人民币。成交的项目包括养牛场、建筑材料厂、养殖场、宾馆、茶叶加工厂、衣车板厂、来料服装加工厂、拉链厂等。介绍进出口贸易共 113

① 罗广武著：《中国民主党派大事通览（1949—2000）》，华文出版社 2010 年版，第 1145 页。
② 同①，第 1146 页。
③ 彭湘福主编：《中国民主党派史丛书·中国致公党卷》，河北人民出版社 2001 年版，第 231 页。

项，包括服装、罐头食品、五金、化工原料、矿产品、工艺品、瓷器、纸浆等，涉及金额共1.4亿余元。介绍华侨、外籍华人学者专家来中国讲学或进行学术交流共计193人次。协助港澳和国外的亲友在家乡兴办公益事业共4000多项，包括修桥铺路，兴办学校、医院、图书馆、科技馆，兴修水利，修复风景区，安装电灯、自来水等，总计金额2300多万元。此外，还协助办理多种自愿的物资捐赠。1983年至1987年间，协助引进资金和促成外贸8.7亿余美元和3.5亿余人民币。介绍亲友来华讲学324人次，介绍劳务输出375人等。由致公党组织和党员兴办的各级各类学校有38所，856班，已结业人数近4万人，作为社会力量办教育的一种补充，也为社会各行各业培养了所需的人才。此外，协助和配合海外亲友，为家乡兴办学校、医院、图书馆、科技楼、影剧院和铺路架桥等社会公益事业400多项。

各级组织积极为老少边穷地区经济发展提供技术支援。在开展咨询服务工作中，有的党员提供技术咨询，帮助地方培训人员；有的党员为附近开发地区进行总体规划设计；有的党员提供信息，介绍港商与有关单位合作经营养殖中心等。

为了调动党员在引进工作方面的积极性，有些组织为党员创造有利的工作条件，例如有计划地组织党员到引进工作做得好的地区和单位参观学习，以开阔眼界、解放思想、增加信心；收集有关引进的资料，包括要引进的项目、计划、优惠、奖励办法等发给党员，使大家心中有数；及时交流经验，互通信息；组织党员参加有关部门举办的资金信贷方面和对外开放工作的报告会等。

各级组织认真贯彻致公党七大关于“致公党今后的一切工作，都必须围绕‘四化’这个中心任务进行，为实现‘四化’服务”的要求，鼓励党员在努力做好本职工作基础上，做好“四化”服务工作。据统计，七大后，各级组织举办或联合举办的各类学校24所，在校人数3594人；兴办集体企业41个，安排近1200人就业，其中大部分是归侨、侨眷子女；科技界的一些党员，开展科技咨询服务；医务界同志到一些县和华侨农场，协助当地医疗单位为群众诊病等。

（二）总结服务“四化”建设经验

为了及时交流并总结全党为“四化”建设服务的经验，1980 年 7 月和 1981 年 5 月，致公党中央分别在广州和泉州召开经验交流会。

1984 年 11 月，继广州、泉州会议后，致公党中央又在北京召开经验交流会。全国政协副主席、中共中央统战部部长杨静仁出席大会，他充分肯定致公党在为祖国“四化”建设工作方面做的大量工作和取得的重要成绩。这充分说明致公党在为“三大任务”服务，特别是在团结海外侨胞、港澳同胞、台湾同胞方面可以大有作为。他说，致公党与港澳同胞、台湾同胞、海外侨胞和洪门人士有着广泛的社会联系，成员中有许多学有专长的知识分子，希望通过这次会议，总结经验，发扬优势，进一步把为“四化”建设服务的工作推向前进。[①]

黄鼎臣在会上致开幕词。他谈到，自 1981 年第二次经验交流会以来，致公党进一步开展了为“四化”建设服务的工作。仅 1984 年，致公党中央和地方组织就接待了来自美国、菲律宾等近十个国家的华侨社团和洪门团体 201 个，接待前来旅游观光、探亲访友、洽谈贸易的海外侨胞、港澳同胞和台湾同胞达 1.6 万余人次。从 1983 年 11 月以来，上海、广州、福州等沿海开放城市和经济特区的致公党组织及成员介绍洽谈引进先进技术设备 203 项，介绍洽谈出口贸易 109 项，介绍华侨、华裔专家回来讲学、进行科技交流 203 人次。致公党兴办的各类学校 25 所，参加学习的学生达 1.4 万人。各地党员还兴办了 70 个集体企业，为 2400 多名待业青年安排了工作。

为表彰、总结和推动民主党派为社会主义两个文明建设服务的工作，1985 年 10 月各民主党派、全国工商联为“四化”建设服务先进集体和先进个人代表表彰大会在北京隆重举行。404 名为“四化”建设作出突出贡

① 罗广武著：《中国民主党派大事通览（1949—2000）》，华文出版社 2010 年版，第 1070—1071 页。

献的教育、科技、文化、卫生、工商、财贸界的优秀代表受到表彰。致公党选派了在各条战线上做出显著成绩的30名党员出席大会，其中，三位同志在大会上作了发言。会议期间，中共中央和国家领导人亲切接见了全体与会代表，中共中央领导人在会上作了重要讲话，阐明了民主党派和全国工商联的地位和作用，高度评价了近年来在“四化”建设中所取得的成绩，并提出了殷切的希望，使与会者受到了极大的鼓舞和鞭策。大会闭幕后，全体与会代表积极响应表彰大会的倡议书，决心为改革开放和“四化”建设作出更大成绩。

在改革开放方针鼓舞下，广大党员在本职工作中勤勤恳恳、发挥专长，为“四化”和两个文明建设作出自己的贡献。据不完全统计，1984年至1987年被评为各级先进工作者或模范称号的人数为2331人，其中获国家级荣誉称号的122人。1984年391人，其中获国家级荣誉称号的31人；1985年344人，其中获国家级荣誉称号的26人；1986年539人，其中获国家级荣誉称号的30人，省级荣誉称号的61人；1987年1057人，其中获国家级荣誉称号的35人，省级荣誉称号的299人。

1989年11月28日，中共中央统战部举行茶话会，招待与会全体同志。中共中央统战部负责人发表热情洋溢的讲话，并希望致公党为社会主义两个文明建设服务作出更大成绩，提高到一个新水平。伍觉天代表致公党中央致闭幕词。

八、推动自身建设

在以经济建设为中心的改革开放浪潮中，致公党在中国共产党领导下切实加强自身建设，提高参政议政能力，积极履职尽责。

（一）坚定社会主义信念

加强政治学习。各级组织发扬自我教育的优良传统，对成员加强四项基本原则和形势政策教育，积极推动和组织党员学习中共中央、全国人大、全国政协有关文件及致公党章程和《邓小平文选》，努力提高自身素质，增强政党意识，遵照“长期共存、互相监督、肝胆相照、荣辱与共”的方针，鼓励在各条战线上工作的致公党员努力做好本职工作，开展面向社会的服务活动，促进社会主义精神文明建设，在中国共产党的领导下，不断协调各方面的利益关系，团结各级组织和广大致公党员为建设现代化社会主义国家而共同奋斗。

针对新党员较多的状况，各级组织举办新党员学习班，学习致公党章程和致公党的历史，认识了民主党派的性质、地位和作用；学习统一战线有关理论和政策，认识了新时期巩固和发展爱国统一战线的重大意义，增强了作为民主党派成员的光荣感和责任感。通过学习，新党员对中共十一届三中全会以来的路线、方针和政策有了更深刻的理解和认识，在实际行动中，响应中共中央“毋忘团结奋斗，致力振兴中华”的号召，献身祖国社会主义物质文明和精神文明建设事业。

深化理论研究。1988 年 7 月 20 日至 27 日，致公党中央在北京召开全国“党派基本理论”研讨会。董寅初、杨纪珂和 40 位同志参加。会议要求结合致公党的实际，探讨民主党派的基本理论问题，以进一步认识社会主义初级阶段民主党派的性质、地位、作用和任务。大家认识到要结合致公党特点，要把广大归侨、侨眷爱国爱乡的光荣传统和建设社会主义祖国结合起来，有效地提高党员的思想觉悟，使之自觉地转化为行动。

致公党中央编印《中国致公党成立六十周年纪念册》，分发给国内外有关单位和团体。通过座谈会、参观游览、文艺晚会等活动，共叙友情，既宣传了自己，也了解了别人，进一步加强了联系。致公党还将海外来宾对国内工作的意见和建议向各有关部门作了反映。

恢复办刊。为加强全党的思想教育，报道党员为“四化”建设服务的事迹，表彰先进，交流经验，及时报道中央和地方组织的重要活动，致公党中央于1980 年年底决定恢复出版《致公通讯》。随后，为便于相互交流、互通情况，中央和一些地方组织陆续编印了《工作简报》。《致公通讯》在宣传中国共产党领导的多党合作和政治协商制度、国家有关方针政策，报道、交流致公党工作经验，指导地方党务，配合思想建设工作方面，发挥了一定的作用。各地方组织的刊物，在加强同海外乡亲和侨团的联系方面也发挥了积极的作用。我国广东侨乡素有出版民办的对外小型乡刊、族刊的传统，其内容以报道乡讯为主，有浓厚的乡土气息，深受国外乡亲的欢迎。“文化大革命”期间中断了一个时期。“文化大革命”后，在当地中共党委和侨办领导的支持下，致公党的一些同志积极参与复办和创办工作，他们通过这些刊物向国外乡亲宣传党的侨务政策和家乡的新面貌，收到了团结、教育国外乡亲的良好效果。

1981 年 12 月，致公党中央成立党史编纂委员会，着手收集资料，筹备开展党史编写工作。

各级组织十分重视思想建设，不断组织丰富多彩的支部活动和各种学习活动。在致公党 400 多个支部当中，多数都能坚持一个月举行一至两次支部活动。由于各级的努力，致公党员的思想状况是比较稳定的。

（二）举办各种纪念活动

致公党中央和地方组织以重大活动为节点，举办纪念活动，邀请海外有关社团和朋友参加，既教育了党员，又扩大了致公党在社会上的影响。

为纪念中国致公党建立 60 周年，1985 年 10 月，致公党中央邀请了已故致公党中央领导人在海外的亲属，还邀请了美国、加拿大、澳大利亚、菲律宾、牙买加、秘鲁等地的洪门团体、华人社团和各界代表人士前来参加纪念活动。全国政协主席邓颖超、中共中央书记处书记习仲勋等亲切接见前来参加纪念活动的海外来宾。在纪念大会上，习仲勋代表中共中央向大会致贺词，指出：“致公党是和我们党长期合作、风雨同舟、患难与共的亲密战友，历史的实践已充分证明了这一点。”“致公党在广泛联系海外侨胞、洪门人士、发展爱国统一战线中具有优越条件。我们希望致公党在做好国内工作的同时，继续发展同海外侨胞、洪门和台湾、港澳同胞的联系，为振兴中华、统一祖国的千秋大业作出新的贡献！”黄鼎臣回顾了致公党60年的历史，阐述了三大以来致公党与中国共产党合作的历程；走与中国共产党合作的道路、发扬爱国主义精神、加强思想建设和组织建设的体会，并表示继续与中国共产党紧密合作，努力发展最广泛的爱国主义统一战线，团结所联系的海外侨胞和台港澳同胞，共同为实现祖国的四个现代化、为促进祖国和平统一大业早日实现而奋斗！全国政协、各民主党派中央和海外来宾的代表向大会致了贺词。

1985年是中国抗日战争胜利40周年。8月26日，黄鼎臣在《人民日报》上发表《在抗日民族统一战线政策的感召下》一文，回忆了致公党积极开展抗日救国活动，为抗战作出的贡献。文章指出，中国共产党提出的抗日民族统一战线政策，确是指引抗战胜利的灯塔，起了动员和团结一切抗日力量争取抗战胜利的伟大作用。在抗日民族统一战线的旗帜下，以国共两党合作为基础，工农商学兵各界各族人民，各民主党派、抗日团体、海外侨胞一起奋起，组成了广泛参加的全民族抗战，显示了中国人民蓬勃兴起的民族觉醒和民族团结的巨大力量。

此外，致公党还组织参与了纪念"长期共存、互相监督"方针提出30周年、纪念致公党第三次全国代表大会召开40周年、纪念司徒美堂先生诞辰120周年等活动。

（三）组织的健全和发展

20世纪80年代以来，各民主党派组织恢复整顿取得了很大的进展，工作渐趋正常，但在组织发展上仍存在一些缺点和问题。为了适应新的形势，有利于民主党派的健康发展，1983年11月，各民主党派主要负责人在北京举行座谈会，就民主党派组织发展问题达成共识：为健全和巩固现有的组织，以利于今后的发展，各党派在今后的一段时间里，应坚持巩固与发展相结合的方针，注意总结几年来的经验，加强组织建设，培训骨干和对新成员进行考察、教育工作，适当放慢发展步子；发展新成员必须注意质量，发展对象坚持四项基本原则；各党派在发展成员和新建组织时必须坚持各民主党派的重点分工，坚持以大中城市为主，坚持中上层为主，还可适当发展从港澳台地区归国定居的人士等。并重申在一些地区、部门和工人、农民、青年学生中不发展民主党派成员。

为了做好巩固组织的工作，1984 年四五月间，黄鼎臣和陆榕树率领两个工作组，分别赴上海、杭州、南京和四川、云南等地调查组织情况，帮助地方组织总结经验，健全组织。经过全党各级组织共同努力，组织工作取得了明显的成效。各地吸收了一批新党员，通过举办学习班、读书班等，培训干部和骨干，对新党员进行考察、教育；引进了一批新人，充实了各级组织领导班子。

致公党中央在一些已建有支部或小组、条件成熟的地方，相继成立了委员会或工委会，在沿海开放城市和其他一些大城市也相继建立了组织。1980 年 1 月，福建省委会成立。1980 年 2 月，北京市委会成立。1980 年 12 月，上海市支部成立；1984 年 3 月，上海市委会成立。1982 年 8 月，杭州临时支部成立；1986 年 11 月，浙江省筹备小组成立；1988 年 8 月，浙江省工委成立。1982 年 9 月，南京市筹建组织；1985 年 3 月，江苏省工委筹委会成立；1988 年 10 月，江苏省工委成立。1982 年 9 月，青岛市筹备小组成立；1988 年 1 月，山东省工委成立。1982 年 11 月，长沙支部成立；1985 年 11 月，湖南省工委成立。1983 年，沈阳小组、大连小组成立；1987 年 12 月，辽宁省工委筹备组成立；1988 年 9 月，辽宁省委会成立。1983 年 3 月至 4 月，重庆、成都小组成立；1984 年 3 月，重庆市工委成立。1984 年 4 月，四川省工委成立；1988 年 11 月，四川省委会成立。1983 年 4 月，云南小组成立；1986 年 2 月，云南省委会成立。1983 年 5 月，武汉小组成立。1983 年 9 月，天津市工委成立。1985 年 3 月，海南行政区筹委会在海口市成立；1988 年 7 月，海南省委会筹备组成立。1985 年 7 月，西安市工委成立。1986 年 8 月，安徽省工委筹委会成立。

值得注意的是，不少省市组织在高级知识分子集中的高等院校、科研单位新建支部。据统计，到 1988 年年底，省级组织 15 个，市县级组织 78 个。党员数量有了大幅增加，1979 年为 331 人，1988 年发展到 8726 人。党员的结构和面貌也发生了很大变化，平均年龄 51 岁，具有中高级以上职称的占总数的74%。至此，从东北到东南沿海以及西南地区，致公党都有了组织，初步改变了过去布局不平衡、基层组织过少的局面。

表4.1　1978—1988年致公党党员人数

年份	1978	1979	1980	1981	1982	1983	1984	1985	1986	1987	1988
人数	305	331	450	784	1437	2352	3078	4242	5675	7199	8726

1986年1月5日至10日，致公党全国工作会议在北京举行，中央常务委员、各省市组织主要负责人出席，黄鼎臣主席主持会议。中共中央统战部部长阎明复、副部长李定出席会议并讲话。会议认为，致公党中央和地方组织的负责人必须有选拔新人的迫切感，努力物色、考察、培养人选，在6月以前引进一批新干部，逐渐形成梯队结构。这是民主党派同中国共产党长期共存、合作共事的需要，是形势和工作日益发展的需要，必须抓紧抓好。会议要求致公党各级组织切实抓好自身建设，要发扬民主党派自我教育的优良传统，抵制和反对各种违背四项基本原则的错误思想和不正之风；要继续做好巩固组织的工作，搞好支部生活。

第五章

致力为公，为建设中国特色社会主义而奋斗

为进一步坚持和完善中国共产党领导的多党合作和政治协商制度，1989年，中共中央总结中华人民共和国成立以来特别是改革开放以来，中国共产党同民主党派长期合作和政治协商的成功经验与优良传统，制定了《中共中央关于坚持和完善中国共产党领导的多党合作和政治协商制度的意见》。政治协商、民主监督逐步走向制度化、规范化。1993年，“中国共产党领导的多党合作和政治协商制度将长期存在和发展”载入宪法，为多党合作与民主协商制度提供根本法律保障。致公党深入贯彻中共十四大、十五大精神，提出“致公党组织规模小，声音不能小；党员人数少，作为不能少”的响亮口号，努力加强自身建设，为推进改革开放和现代化建设，促进祖国统一大业作出新的贡献。

一、中国致公党第十次全国代表大会

1992年10月，中国共产党举行第十四次全国代表大会。大会以邓小平同志建设有中国特色社会主义理论为指导，科学总结了1978年以来中国共产党的基本实践和基本经验，确立了邓小平同志建设有中国特色社会主义理论在全党的指导地位，明确提出建立社会主义市场经济体制改革的目标；并把坚持和完善中国共产党领导的多党合作和政治协商制度作为推进我国政治体制改革，加强社会主义民主政治建设的一项重要内容。根据中共十四大的战略部署和实现国民经济发展第二步战略目标的要求，我国的

★ 1992 年元旦，江泽民同志在全国政协新年茶话会上与董寅初亲切握手。

改革开放和现代化建设将迈出更新更快的步伐。

1992 年 12 月 15 日至 20 日，致公党第十次全国代表大会在北京召开。出席大会的代表共 295 名，代表全党 11496 名党员。大会的主要议程是：审议第九届中央委员会的工作报告；修改《中国致公党章程》（以下简称《章程》）；选举新的中央领导机构。

中共中央政治局委员钱其琛宣读了中共中央的贺词。贺词高度评价了致公党进入新时期以来各方面工作的成绩，指出："在新的历史时期，致公党积极拥护并执行'一个中心，两个基本点'基本路线，认真贯彻《中共中央关于坚持和完善中国共产党领导的多党合作和政治协商制度的意见》，在国家政治生活中积极发挥参政议政和民主监督的作用。在爱国主义和社会主义旗帜下，致公党动员和团结广大成员及所联系的归侨、侨眷和海外侨胞，努力开创工作的新局面，为改革开放和社会主义建设服务。致公党以自身的工作实践，为国家和人民作出了新的贡献，并赢得了社会的赞誉。"

杨纪珂致开幕词。董寅初作了题为《团结奋斗，致力为公，为建设有中国特色社会主义作出新贡献》的工作报告。报告指出："中国共产党第十四次全国代表大会以邓小平同志建设有中国特色社会主义理论为指导，全面总结了 14 年来改革和建设的丰富经验，确定了今后一个时期的战略部署，对于加快改革开放步伐，更快更好地发展我国的经济建设，在本世纪末实现社会主义现代化的第二步战略目标，具有重大而深远的意义。中国致公党将一如既往地同中国共产党同心协力，共展宏图。"

大会修订了《中国致公党章程》。新党章对致公党的性质和特点作了新的概括："中国致公党是以归侨、侨眷的中上层人士为主和有海外关系的代表性人士组成，具有政治联盟特点的，致力于建设有中国特色社会主义的政党。"《章程》增加了阐明中国致公党在国家政治生活中应遵守的准则和作为参政党的地位与特点，明确提出了致公党的政治纲领是："遵循建设有中国特色社会主义的理论，坚定不移地贯彻‘以经济建设为中心，坚持四项基本原则，坚持改革开放’的基本路线，高举爱国主义和社会主义两面旗帜，团结全体党员和所联系的归侨、侨眷以及海外侨胞，共同为统一祖国、振兴中华，把我国建设成为富强、民主、文明的社会主义现代化国家而奋斗。”

大会选举产生了致公党第十届中央委员会，由 87 名中央委员、4 名候补中央委员组成。致公党在十届一中全会上，选举产生由王宋大、古华民、叶佩英（女）、吴豪德、邱国义、杨纪珂、杨兆旋、李家宝、李铮友、张骏升、陆榕树、郑守仪（女）、罗豪才、俞云波、唐国俊、梁立基、靳晋、董寅初（以姓氏笔画为序）18 人组成的中央常务委员会，并选举董寅初为中央主席，杨纪珂为常务副主席，陆榕树、郑守仪、王宋大、罗豪才为副主席，王宋大为秘书长（兼）。全会一致推举黄鼎臣为名誉主席，伍觉天为名誉副主席，5 位老同志为顾问和 15 位同志为咨议。在十届四中全会上，增选吴明熹为中央委员、中央常委、中央副主席兼秘书长。会议同意王宋大辞去秘书长职务。在致公党十届五中全会上，增选杜宜瑾为中央委员、中央常委、中央副主席。

★ 中国致公党十届中央常委与中共中央统战部负责同志合影。主席董寅初（前左五），名誉主席黄鼎臣（前左四），常务副主席杨纪珂（前右四），副主席陆榕树（前左二）、郑守仪（前右二）、王宋大（前左一）、罗豪才（前右一）。

致公党第十次全国代表大会依据邓小平同志建设有中国特色社会主义理论和中共十四大精神，确定了致公党今后五年的工作方针和任务。这为致公党沿着建设中国特色社会主义道路奋勇前进，提供了思想政治和理论上的坚实基础。

二、中国致公党第十一次全国代表大会

1997 年到 2002 年是跨世纪的五年，我国的政治经济形势发生了深刻的变化，社会主义现代化建设取得了举世瞩目的成就。1997 年和 1999 年，我国政府分别对香港和澳门恢复行使主权，中华民族欢欣鼓舞，邓小平“一国两制”的伟大构想得以成功实现。

1997 年 9 月 12 日至 18 日，中国共产党第十五次全国代表大会在北京召开。这次大会高举邓小平理论伟大旗帜，回顾了一个世纪来中国人民的奋斗历史，展望 21 世纪 50 年的发展前景，认真总结了中共十一届三中全会以来，特别是中共十四大以来我国改革和建设的新经验，对中国改革开放和社会主义现代化建设跨世纪的发展作出了全面的部署。

在这承前启后、继往开来的关键时期，致公党肩负着同中国共产党亲密合作、共同完成跨世纪历史任务的重要使命。

1997 年 11 月 1 日至 6 日，致公党在北京召开了第十一次全国代表大会。出席大会的代表共 257 名，代表全党 15713 名党员。大会的主要议程是：审议并通过第十届中央委员会的报告；审议并通过《中国致公党章程修正案》；选举中国致公党第十一届中央委员会及其领导机构。

中共中央政治局委员、国务委员李铁映代表中共中央向大会致了贺词。贺词指出：“在过去的五年中，致公党在邓小平理论的指引下，遵循社会主义初级阶段的基本路线，努力实践致公党十大提出的发挥参政党职能、加强自身建设的基本任务，高举爱国主义和社会主义两大旗帜，团结

全体成员以及所联系的归侨、侨眷，发扬爱国革命的光荣传统，为统一祖国、振兴中华而努力奋斗；紧紧围绕国家的中心工作，联系改革和建设中的重大问题以及人民群众普遍关心的社会问题，深入开展调查研究，就经济建设、侨务政策、文教卫生、对外开放、精神文明建设等问题，提出了许多宝贵的意见和建议，受到有关方面的高度重视；致公党中央领导人多次参加中共中央和国务院举行的民主党派人士座谈会、协商会，参与国家大政方针的协商，认真履行参政议政、民主监督的职能；广大成员在做好本职工作的同时，把科技扶贫、智力支边作为为社会主义建设服务的一项重要工作，不断开拓进取，取得了可喜的成绩，为促进社会主义物质文明和精神文明建设作出了积极贡献；结合自身的特点，充分发挥与海外联系广泛的优势，积极开展海外联络工作，为促进祖国的和平统一做出了不懈的努力。"

董寅初致开幕词。杨纪珂代表致公党第十届中央委员会作题为《继往开来，团结进取，为民族振兴和祖国统一大业作出新贡献》的报告。报告回顾了致公党新时期以来的工作，总结了致公党工作的基本经验，并对今后工作提出了建议，报告指出："21 世纪对于中国将是机遇与挑战并存的世纪。我们的祖国和人民都面临着以怎样的姿态跨入新世纪这一重要历史命题。致公党今后工作的指导思想是：以马列主义、毛泽东思想、邓小平理论为指导，坚定地贯彻中共十五大精神，坚持'一个中心，两个基本点'基本路线，高举爱国主义和社会主义旗帜，紧密围绕以经济建设为中心，充分发挥参政党职能，团结全党同志和所联系的归侨、侨眷，为不断推进建设有中国特色社会主义伟大事业作出新贡献。"

大会修订了《中国致公党章程》。致公党新党章是在 1992 年修订的基础上，依据中国共产党第十五次全国代表大会的精神，从跨世纪换届、实现政治交接的要求出发，认真总结长期以来中国致公党同中国共产党真诚合作的优良传统和加强自身建设的新经验修订而成的。新党章进一步明确了在邓小平理论指引下，在多党合作总格局中发挥参政党作用的政治要求和行为准则，进一步完善了组织机制，补充了对各级领导干部和广大党员的基本要求等内容。

大会选举产生的致公党第十一届中央委员会，由92名委员组成。致公党在十一届一中全会上，选举产生了由王宋大、王珣章、古华民、叶文虎、叶佩英（女）、邱国义、杜宜瑾、吴明熹、李家宝、李铮友、杨兆旋、郑守仪（女）、林子亮、罗龙、罗豪才、周畅、俞云波、程津培、蒋作君等19人组成的中央常务委员会，并选举罗豪才为中央主席，郑守仪、王宋大、吴明熹、杜宜瑾、俞云波、王珣章为副主席，任命邱国义为秘书长。全会一致推举董寅初为名誉主席，伍觉天、杨纪珂为名誉副主席，并聘请三位老同志担任顾问。在致公党十一届三中全会上，增选王忠康、许克敏为中央常务委员会委员。

★ 罗豪才（1934—2018）

★ 中国致公党十一届中央领导班子：主席罗豪才（右四），副主席郑守仪（右三）、王宋大（左四）、吴明熹（右二）、杜宜瑾（左三）、俞云波（右一）、王珣章（左二），秘书长邱国义（左一）。

中国致公党第十一次全国代表大会是致公党历史上一次跨世纪的重要会议。这次大会以邓小平理论为指导，认真学习中共十五大精神，总结改革开放 19 年来特别是致公党十大以来的实践经验，确定了今后五年的工作任务，修改了中国致公党章程，使之更具有时代特征和符合致公党实际，选举了新一届中央委员会，顺利完成了跨世纪政治交接任务，为致公党以新的姿态迈向 21 世纪奠定了坚实的基础。

在 1999 年 11 月致公党十一届三中（扩大）全会上，罗豪才指出："党派无论人数多少，都是多党合作总格局中的参政党，肩负着同样重要的历史使命，我们致公党人少，作为不能少。"自此，"致公党组织规模小，声音不能小；党员人数少，作为不能少"这个口号逐步成为全党的共识，极大地激发了广大党员的历史使命感和政治责任感。

三、针对国内外重大事件表明政治态度

（一）谴责"台独"行径，维护祖国统一

20 世纪 90 年代是我国推进祖国和平统一的重要历史时期，邓小平提出的"一国两制"构想，有力地推动了祖国和平统一的进程，香港、澳门回归，海峡两岸的交流也在逐步扩大，伟大祖国必须统一起来，整个中华民族必须团结起来，这是所有中华儿女的共同愿望。但是台湾岛内出现了一股分裂国家、分裂民族的"台独"逆流，引起了全体中国人民的严重关注。

维护祖国统一。中共中央总书记江泽民于 1990 年 6 月 11 日在全国统战工作会议上就台湾问题的解决发表讲话，提出"由中国共产党和中国国民党两党对等商谈"的主张。[①] 这在各民主党派、全国工商联负责人、

① 《江泽民就台湾问题的解决发表重要讲话重申 真正本着"一个中国"的原则两党对等商谈祖国统一问题》，《人民日报》1990 年 6 月 12 日第 1 版。

无党派人士和各界知名人士中引起强烈反响。致公党中央表示坚决拥护和积极推动中国共产党和国民党通过和谈再次合作，实现“一国两制”统一祖国的构想。致公党愿意与台湾各党派、团体及各界人士进行接触，促进中国共产党和中国国民党之间的再次合作。

1993 年 8 月，国务院台湾事务办公室、国务院新闻办公室关于《台湾问题与中国的统一》白皮书发表后，致公党中央召开座谈会，坚决支持我国政府在台湾问题上的立场与主张，并强烈谴责任何制造“一中一台”、“一国两府”及“台湾独立”的分裂国家的倒行逆施。各级组织和成员在接待和出访过程中，都积极宣传我国政府的一贯方针，为维护国家主权、反对分裂做工作。

1995 年 2 月，董寅初发表《坚决拥护八项重要主张，努力促进祖国和平统一》的讲话，对江泽民关于祖国和平统一八项主张表示完全赞同和坚决支持，并号召全党遵循讲话精神，为推进祖国和平统一作出贡献。

1998 年 1 月，各民主党派中央和全国工商联在京集会，纪念江泽民《为促进祖国统一大业的完成而继续奋斗》重要讲话发表三周年。罗豪才说，三年来的实践充分证明，江泽民提出的八项主张，反映了海峡两岸同胞的根本利益，对推动两岸关系发展、促进祖国统一大业早日实现，具有重大的现实意义和深远的历史意义。

各民主党派中央、全国工商联于 2000 年 2 月在京就《一个中国的原则与台湾问题》白皮书举行座谈会。杜宜瑾说，当今全世界 160 多个国家和绝大多数国际组织，都承认世界上只有一个中国，台湾是中国的一部分。事实证明，分裂中国的路线在国际上毫无出路可言。3 月 16 日，罗豪才在接受记者采访时指出，《一个中国的原则与台湾问题》白皮书是和平统一的重要保证。主张“台独”不得人心，搞分裂也绝不会有出路。如果出现那种情况，将是灾难性的结果。台湾人民一定要冷静理智，用自己的力量阻止“台独”分子上台。

谴责“台独”行径。针对“台独”分子的蠢动，1991 年 11 月 18 日，董寅初在《人民日报》上发表题为《遏制“台独”逆流，维护祖国统一》，谴责“台独”分子数典忘祖的倒行逆施，并呼吁台湾当局从民族大义出发，本着对国家、民族负责的态度，摒弃前嫌，共同完成祖国统一大业。在致公党九届十三次中常会上，与会同志强烈谴责“台独”分子分裂祖国、分裂民族的罪恶行径。

1999 年 7 月，李登辉抛出“两国论”，把两岸关系定位为“国与国关系”。致公党中央发言人发表声明，强烈谴责李登辉分裂祖国的言论，坚决拥护江泽民总书记提出的关于推进祖国统一进程的八项主张。各地方组织纷纷举行座谈会、报告会，广大致公党员进一步认清了李登辉分裂祖国、搞“台独”的阴谋。

2000 年 4 月，吕秀莲坚持“台湾是一个主权国家”的立场，将海峡两岸说成两个华人的国家。致公党中央发言人发表《搞“台独”绝没有好下场》的声明，对这又一数典忘祖、分裂祖国的言论进行抨击，并坚决支持中台办、国台办发言人的严正立场。

2000 年 5 月 20 日，台湾当局新领导人发表就职讲话，在“一个中国”原则问题上采取了回避和模糊的态度。5 月 22 日，致公党中央与国务院侨办、全国人大华侨委、全国政协港澳台侨委、中国侨联在北京联合召开“侨界反分裂、反‘台独’、促统一”座谈会，对 5 月 20 日中共中央台办、国务院台办授权就两岸关系问题发表的声明，表示坚决拥护，表达了中国侨界反分裂、反“台独”和促进祖国和平统一事业的坚强决心。

2002 年 8 月，台湾当局领导人陈水扁声称“台湾跟对岸中国一边一国”，鼓吹“公民投票”决定“台湾前途”。8 月 8 日，致公党中央发言人发表谈话对“一边一国”论提出了强烈的谴责，指出陈水扁的“一边一国”论是李登辉“两国论”的翻版，顽固坚持“台独”立场，推行“台独”路线，是不会有好结果的。

（二）深入揭批“法轮功”邪教组织

1999 年 7 月 22 日我国政府发出《关于取缔法轮大法研究会的决定》。次日，致公党中央就“法轮功”扰乱社会公共秩序，破坏改革发展稳定局面的活动发表声明，指出：致公党中央完全赞成并坚决拥护中共中央对“法轮功”问题采取的鲜明立场和断然措施，坚决支持民政部关于取缔“法轮大法研究会”的决定。

同日，致公党中央向各省级组织下发《中国致公党中央关于致公党党员不准修炼“法轮大法”的通知》。通知要求全体党员彻底认清李洪志的反动面目和“法轮大法”的荒谬本质，开展崇尚科学、反对迷信的教育活动，增强政治敏锐性和政治鉴别力，自觉维护社会稳定。

2001 年 1 月，在天安门广场发生了几名“法轮功”痴迷者自焚事件。2 月 2 日，致公党中央与全国人大华侨委、全国政协港澳台侨委、国务院侨办、中国侨联联合在北京举办座谈会，强烈谴责“法轮功”邪教组织残害生命的新罪行。致公党中央指出，李洪志及其“法轮功”邪教组织已沦为西方反华势力的政治工具，他们策划煽动“法轮功”顽固分子聚集闹事，甚至不惜置“法轮功”痴迷者于死地，充分暴露了“法轮功”邪教反人类、反社会、反科学的本质。

（三）对国外重大事件表明态度

1998 年 5 月，印尼发生社会骚乱，广大华人华侨遭受迫害，致公党中央发言人发表题为“华人权益必须保护，不法之徒必须严惩”的谈话，对印尼华人华侨表示声援和同情，坚决支持我国政府对印尼华人华侨问题的严正立场，强烈要求印尼政府惩办凶犯，确保印尼华人华侨的人身安全和合法权益。谈话发表后，致公党各地省市委员会以组织党员座谈讨论、向中央致电等方式，表达对华人华侨利益的深切关心和对谈话的衷心拥护，海外华人和社团纷纷致电，对致公党中央发言人的谈话表示支持和感谢。

1999 年 5 月，以美国为首的北约悍然轰炸我国驻南联盟大使馆，侵犯我国主权。5 月 9 日，致公党中央紧急召开主席（扩大）会议，会议通过严正声明，就以美国为首的北约悍然轰炸我国驻南联盟大使馆提出最强烈的抗议。同日，致公党中央向各地方组织下发了紧急通报，要求各级组织引导党员及时了解真相，坚定立场，维护稳定，把对以美国为首的北约的愤慨和激发出的爱国热情引导到做好本职工作上来。

在谴责日本政府修改历史教科书、抹杀侵略历史等问题上，致公党中央也及时表明了政治态度。

四、履行参政议政职能

1998 年，《致公党中央关于加强参政议政和民主监督工作的意见》（以下简称《意见》）出台。2002 年，《关于贯彻〈致公党中央关于加强参政议政和民主监督工作的意见〉的实施办法》印发。致公党积极参与高层协商，深入开展调查研究，参政议政成效明显。

（一）参加国是协商和重大外事活动

在《中共中央关于坚持和完善中国共产党领导的多党合作和政治协商制度的意见》精神指引下，各级组织积极参政议政，发挥民主监督作用。中共中央就国家政治生活中的重大问题同民主党派进行政治协商，是中国共产党领导的多党合作和政治协商制度的一项重要内容。致公党作为参政党积极参加中共中央、国务院及有关部门举行的高层次座谈会、民主协商会和情况通报会，以及各项考察活动；对国家大政方针和重大决策的制定和实施提出意见建议。据不完全统计，1989 年至 2002 年间，致公党中央领导人参加由中共中央和国务院举行的民主党派人士高层次座谈会、民主协商会、谈心会、情况通报会和各项考察活动约 200 次。[①]

致公党九大期间，董寅初参加了江泽民总书记主持讨论的《中共中央关于制定国民经济和社会发展十年规划和“八五”计划的建议》座谈

① 彭湘福主编：《中国民主党派史丛书·中国致公党卷》，河北人民出版社 2001 年版，第 124 页。

会、参加讨论中共中央制定的《意见》。致公党中央其他领导人还应邀参加中共十三届五中全会前的通报会、《归侨侨眷权益保护法》及其实施细则的讨论座谈会、三峡工程论证会等。在这些会议中，致公党中央领导人就有关国家大政方针和人民群众普遍关心的问题发表意见和建议，受到中共中央和国家领导人的重视。为了贯彻中共中央确定的治理经济环境，整顿经济秩序，全面深化改革的方针，致公党中央负责同志多次分别参加中共中央和政府组织的清理检查公司工作，反腐败调查组工作，一些省市级组织的部分同志还参加财务、税收、物价大检查工作，直接参与了监督、检查工作。

致公党十大期间，致公党中央领导人参加了反腐败问题座谈会、对《中共中央关于建立社会主义市场经济体制若干问题的决定（征求意见稿）》征求意见座谈会、有关教育问题的座谈会；参加中共中央委托中央统战部组织的苏南、浦东和三峡工程的考察活动；参加有关部门组织的反腐败工作调查和财务、税收、物价大检查活动；参加对有关法律的修改工作等。与此同时，各级地方组织的负责同志也经常参加地方党委和政府召开的各种座谈会、协商会等，围绕当地的经济建设以及有关重大问题发表意见、提出建议。

致公党十一大期间，致公党中央和地方组织积极参与国家和地方大政方针和领导人人选的协商，针对经济、政治、科教、文化等方面的政策，特别是西部大开发、海峡两岸经贸合作、“三农”问题等提出意见和建议，为推动中共和政府决策的科学化、民主化发挥了积极作用。致公党中央领导人率团先后赴重庆、天津、四川、广东、广西、福建、陕西、浙江、辽宁等省、直辖市就西部大开发、可持续发展、华侨农场职工社会养老保险统筹、港澳台侨人士在内地举办高等教育、高校体制改革与终身教育体系建设、农村奔小康和农业、农村现代化建设等问题进行专题调研。先后就《中共中央关于农业和农村工作若干重大问题的决定（征求意见稿）》《中共中央关于国有企业改革和发展若干重大问题的决定（征求意见稿）》《中共中央关于制定国民经济和社会发展第十个五年计划的建议（征求意见稿）》《中共中央关于加强和改进党的作风建设的决定（征求意见稿）》等重要文件提出修改意见。2000年，致公党中央积极组织参与《中华人民共和国公益事业捐赠法》的制定和《中华人民共和国归侨侨眷权益保护法（修正案）》的修改。致公党的地方各级组织在宣传和协助有关部门贯彻《中华人民共和国归侨侨眷权益保护法》和落实侨务政策方面亦发挥了重要作用。

各民主党派负责人参加重大国事活动，是我国完善中国共产党领导的多党合作和政治协商制度的一项举措，各民主党派负责人参加的重大国事活动包括欢迎外国首脑和一些政党领导人来访的仪式，以及中共中央和国家领导人与外宾的重要会见等。在民主党派负责人参加的重大国事活动中，中共中央、全国人大和国务院的领导同志把民主党派负责人介绍给外国领导人。这既宣传介绍了我国多党合作和政治协商制度，又使外国领导人对我国民主党派的性质、地位和作用增进了解。1997年11月至2002年11月，致公党中央主要领导同志参加重大外事活动39次。1998年6月27日，罗豪才陪同江泽民主席会见美国总统克林顿。

（二）认真履行人大代表和政协委员职责

按照《意见》关于“进一步发挥民主党派成员、无党派人士在人民代表大会和人民政协中的作用”的精神，致公党中央及其地方各级组织十分重视在各级人大和政协会议中发挥参政议政和民主监督的作用。

担任各级人大代表、政协委员。1988年至1992年间，致公党员担任各级人大代表共515人，各级政协委员共1677人，其中全国人大代表17人，全国政协委员27人，他们在全国及省级人大和政协会议上分别以个人或致公党组织的名义作的大会发言总计123次；向各级人大、政协提交的议案、提案、建议和意见有4000余件。这些发言、议案、提案都围绕国家大政方针并体现致公党的特点，反映了所联系的归侨、侨眷的意见、建议和要求。1992年至1993年，全国各级人大和政协陆续换届。致公党员中有各级人大代表540人，其中全国人大代表28人；有各级政协委员

1598 人，其中全国政协委员 29 人。在全国政协八届一次会议上，董寅初当选为全国政协副主席。有 7 位党员在全国人大和全国政协中担任常委、副秘书长和专委会主任或副主任。在地方各级人大和政协中，也有不少同志担任了人大常委会副主任或政协副主席等领导职务。1997 年 11 月至 2002 年 11 月，致公党有各级人大代表 496 人，各级政协委员 2140 人，其中全国人大代表 31 人，全国政协委员 47 人。在全国政协九届一次会议上，罗豪才当选全国政协副主席。有 8 位党员在全国人大和全国政协中，担任常委、副秘书长或专委会副主任。

致公党各级组织和各级人大代表和政协委员，积极在各级“两会”上提出议案、提案和建议、意见。1992 年 12 月至 1997 年 11 月，提出议案、提案、建议、意见约 6740 件；1997 年至 2002 年间，作大会发言约 390 次，提出议案、提案 13600 余件，所提建议涉及经济建设、侨务政策、法制建设、文教卫生、对外开放、环境保护、精神文明建设等，均结合致公党的自身特点，围绕经济建设和社会发展中的重大问题以及人民群众普遍关注的问题深入调研、注重质量、讲求实效、加强与有关部门的合作，在数量和质量上都有较大提高，受到有关方面的重视和关注。

（三）积极建言献策

围绕中心任务建言。在全国政协七届四次会议上，陆榕树作了题为《重大建设项目在上马之前必须从宏观经济角度做好科学与民主的论证》的发言，在八届全国人大三次会议上，杨纪珂提出《关于建立“全国人民代表大会农村经济委员会”的议案》，得到 274 名人大代表的附议。在全国政协九届二次会议上，致公党中央提出《依法治路，确保质量，促进高速公路建设的快速健康持续发展》提案。在全国政协九届三次会议上，致公党中央提出《借鉴硅谷经验，大力推进海外高科技人才资源的开发》等大会发言和提案。2000 年 8 月，致公党中央提交了《关于在制定“十五”计划及我国社会经济发展战略时应充分重视内河航运建设的建议》，中共中央、国务院领导同志十分重视。有关部门复函表示，将在制定“十五”计划时认真研究，并加以落实。2000年，在全国政协九届三次会议上，致公党中央提交的《关于尽快建立三江源国家级自然保护区的提案》受到中共中央、国务院领导同志关注。2001年，在全国政协九届四次会议上，致公党中央提出《深入扎实地推进农村税费改革》《关于发展我国城市轨道交通案》《加快污水资源化进程》等大会发言和提案。同年2月，致公党中央在交通部支持下与全国政协提案委、九三学社中央共同编辑出版《中国21世纪内河航运论坛》并召开发行座谈会，共同呼吁社会各界关注内河航运事业。2002年，在全国政协九届五次会议上，致公党中央提出《借鉴沿海发达地区经验，推进农业现代化建设》《面对全球化大趋势，加快发展我国沿海枢纽港口》《改善外来务工人员子弟就学状况》等大会发言和提案。这些大会发言和提案，许多被采纳并取得重大成效。

关心反映侨情。郑守仪在全国政协七届四次会议上作了题为《同心协力全面贯彻〈归侨侨眷权益保护法〉》的发言；有许多提案和建议引起有关部门的重视，如解决华侨农林场存在的困难及土地纠纷问题的建议，改善投资环境、努力发展“三资”企业的建议。在全国政协八届一次会议上，陆榕树作了题为《加强侨务工作，更好地为经济建设发挥桥梁作用》的大会发言。在全国政协八届五次会议上，致公党中央作了题为《充分发扬侨的优势，大力促进侨乡精神文明建设》的发言。在全国政协八届三次、四次会议上，致公党中央《关于解决国有华侨农场困难的几点建议》《关于进一步吸引台商在祖国大陆投资的几点建议》的提案，得到了有关领导和部门的重视。《关于解决国有华侨农场困难的几点建议》被评为全国政协优秀提案。在九届全国政协期间，致公党中央有多个涉及侨海方面的提案与大会发言，关心华侨权益，关心留学人员发展。

表 5.1　九届全国政协致公党提案和大会发言（1998—2002）

时间	政协提案数	大会发言数	关于侨海方面的提案和大会发言
1998	9	5	关于新时期侨务工作几个问题的建议；关于加强对出国留学人员工作的领导与协调的建议案；关于加强基础性工作，全面准确掌握我国留学人员状况，建立人才库的建议案；关于加强对海外留学人员、新华侨宣传的建议案；关于界定学成未归留学人员身份的建议案。
1999	4	3	筑巢引凤，精心培育，促进留学人员创业园发展。
2000	4	5	借鉴硅谷的成功经验，大力推进海外高科技人才资源的开发；关于促进留学人员创业园健康发展的几点建议；关于给来华创业的外籍华人永久居留权的建议。
2001	5	7	大力宣传贯彻《中华人民共和国归侨侨眷权益保护法》；关于我国留学人员创业园的现状与发展。
2002	9	19	西部地区是华人资本投资的热土。

聚焦群众热点。全国政协七届四次会议上的提案《积极挽救老中医人员实践经验的建议》被全国政协评为优秀提案，地方各级组织所提出的提案也有不少被评为优秀提案。此外，致公党进入各级人大的女代表、各级政协的女委员，就维护妇女的合法权益，多次发出呼吁，提出议案、提案，如严厉打击拐卖妇女、儿童的人贩子，保护妇女、儿童人身自由，坚决取缔出售淫秽书刊和出租出售黄色录像带等。

（四）推荐党员担任实职

1988 年至 1991 年间，致公党中央和地方各级组织认真做好物色、推荐党员担任各级政府部门和司法机关领导职务工作，这是发挥参政党作用的又一举措，也是实现中国共产党领导的多党合作的一项重要内容。全国政协七届十五次常委会，任命杨纪珂为中央社会主义学院院长。致公党约 100 人先后担任了各级政府及司法部门的领导职务。他们在各自的岗位上恪尽职守、兢兢业业，努力工作，受到好评。与此同时，致公党有不少同志应聘担任各级特邀监察员、检察员、审计员和教育督导员，他们积极参与政府部门组织的廉政建设检查、案件调查、“三乱”情况调查以及审计监督等工作。他们积极工作，如实反映情况，转达人民群众的举报，并向有关部门提出建设性意见和建议，较好地发挥了参政和监督的作用，有的同志还被评为优秀特邀监察员、检察员。

1992年至1997年间，致公党中央积极推荐党员担任各级政府部门和司法机关领导职务。罗豪才担任最高人民法院副院长。有近40人担任市副检察长、副市长、副县长和市、县侨办副主任等职务。有256名同志应聘担任特邀监察员、检察员、审计员、教育督导员和其他方面监督员。他们直接参加了行政监察、司法检察和审计工作，协助政府和司法机关做了大量工作，在反腐倡廉、推动民主与法制建设、促进教育改革与社会发展等方面发挥了积极的作用。此外，不少党员还参加了中共中央、国务院和地方党委、各级政府和司法部门组织的各种检查、调查和审计监督工作，发挥了民主党派直接参与对政府部门的民主监督作用。

1997年至2002年间，致公党有84名成员在县以上政府和司法机关任职（其中省部级干部4名），致公党中央重视做好他们的工作。2001年9月，致公党中央召开担任政府、司法机关领导职务人员的座谈会，总结交流经验，提高从政水平，并就从政中遇到的带有共性的问题进行探讨，增强了担任政府、司法机关领导职务人员加强学习、廉洁奉公、勤政为民的观念。针对在政府、司法机关任职的党员中出现的极个别腐败分子，中央及时地作出处理，并在全党进行警示教育。致公党有600余人先后应聘担任各级特邀监察员、检察员、审计员、教育督导员等特约人员。这些同志广泛参与政府部门组织的调查、检查、监督活动，在推动反腐倡廉和法制建设、改进政府工作作风和提高工作效率等方面做了大量卓有成效的工作。

（五）多措并举提升参政议政水平

1994年9月，致公党中央在四川成都召开了全国参政议政工作会议，要求致公党各级组织围绕全国工作大局及地方经济建设等关系人民切身利益的重大问题，认真选好题目，动员各方面的力量，并加强与中共各级领导和有关部门的联系，创造有利条件，进一步做好调查研究，使调研工作扎实有效地开展起来。其后，多次召开全国参政议政工作会议，总结交流了各地方组织参政议政的经验。1998年6月，致公党中央在长沙召开全党参政议政工作会议，提出要增强参政议政的使命感、紧迫感、作为感。1999年7月，在安徽合肥召开全党参政议政工作会议，深化了对参政议政的地位、作用、内容、途径、方法、队伍、机制等方面规律的认识。2000年11月在云南昆明召开的全党自身建设会议上，强调了加强组织建设和机关建设对于参政议政工作的重要意义。2001年10月，致公党中央在四川成都召开全党参政议政工作经验交流会，总结交流了各地方组织参政议政的经验，促进了参政议政工作制度化、规范化建设。通过这几次会议，推动了致公党参政议政工作的深入开展。

1998年，致公党中央审议通过了《中国致公党关于加强参政议政和民主监督工作的意见》，逐步建立、健全工作制度，实行参政议政课题立项制度。2002年，致公党中央在全党开展了参政议政"质量·效果年"活动，制定了《致公党中央关于加强参政议政和民主监督工作意见的实施办法》、建立了致公党中央参政议政专家网络，广大党员和基层组织参政议政的参与程度不断扩大。

2001年，《中国发展》杂志创刊，由致公党中央主管主办。《中国发展》是面向海内外发行的综合性刊物，致力于报道以人为本，全面、协调、可持续发展的研究成果与实践，坚持抓好发展这个第一要务，关注中国经济与社会发展的热点问题，为实现国民经济又好又快的发展贡献力量。

五、开展海外联谊工作

致公党形成于海外，在开展海外联谊工作中有着得天独厚的优势。1993 年 6 月，致公党中央在福建召开全国海外联络工作会议。1999 年 7 月，致公党中央在北京召开全党海外联谊工作会议，制定了《关于加强海外联谊工作的几点意见》。致公党以“侨”架桥，配合国家有关部门，积极开拓海外联谊工作，努力弘扬中华优秀传统文化，凝聚侨心，涵养侨力，增强海外侨胞的民族认同感和凝聚力，开创了海外联谊工作的新局面。

（一）宣传方针政策，消除“三胞”疑虑

1989 年春夏之交的政治风波发生后，由于海外一些新闻媒介的歪曲报道，使不少“三胞”社团和亲友对国内局势产生误解和忧虑。致公党各级组织和党员，积极配合有关部门通过各种方式进行耐心、细致地解释，如实地反映日趋安定的国内局势，说明祖国仍坚持改革开放的政策，港、澳政策和侨务政策都不变。“三胞”的疑虑逐步消除了，从而得以继续在国内兴办企业及捐款兴办公益事业。1988 年至 1991 年间，各级组织共接待来自五大洲侨胞和台湾同胞、港澳同胞的各类团体数百个，计 5 万余人次。在组织接待和党员个人接待中，都努力做到宣传中国共产党和国家改革开放以来的方针、政策，介绍祖国的建设成就和家乡发生的变化，激发海外华人华侨爱国爱乡的热情。

1988 年至 1991 年，致公党协助引进资金或捐赠公益事业的款额达 9.4 亿元人民币、7.8 亿港币、6.4 亿美元。不少党员由于在动员自己亲友投资国内或在国内兴办公益事业方面做出了出色的工作，受到各有关组织与部门的表彰。1991 年夏季，我国在遭受百年不遇的洪涝灾害期间，党员在自己捐款捐物的同时，积极动员海外亲友支援灾区人民。短期内，

广大港澳同胞和海外侨胞踊跃赈灾，表现了血浓于水的手足深情。1993 年至 1997 年上半年，致公党共协助引进外资和协助捐资兴办公益事业款额约 38.1 亿元人民币、7000 万港币、5.8 亿美元。

（二）开拓海外联谊渠道

致公党继承和发扬海外联系广泛的特点和优势，针对海内外侨情变化的新形势、新特点，加强与海外侨胞的联系，重点开展传统侨团和海外留学人员等方面工作，取得了很好的成绩。

在 1989 年春夏之交的政治风波后，我国民主党派仍组团出国访问，在海外引起积极的反响。与此同时，致公党员出国探亲、访友、讲学和进行学术交流及随同各种团体出访的人数也逐年增加。1989 年年底，董寅初在美期间，代表致公党出席了美国纽约洪门致公总堂、纽约洪门致公堂新春团拜暨新旧职员交接会，发表了热情洋溢的讲话。

1990 年 6 月，董寅初率领致公党代表团出访菲律宾，参加菲律宾洪门进步党总部成立 80 周年纪念活动暨 81、82 届新职员就职典礼。访问期间，代表团拜会了许多老朋友，结识了不少新朋友，加强了致公党与菲洪门社团及各界人士的联系，增进了友谊。

1995 年 5 月，应菲律宾三大菲华义诊组织的邀请，郑守仪率领“山东致公党医疗团”赴菲义诊访问。医疗团运用中华传统医学、医术，开展义诊服务活动，共为病人义诊 2000 余人次，赢得当地华侨华人的高度赞扬。

1996 年年初，致公党中央组成了以陆榕树为团长，郑守仪、罗豪才为副团长的“中国致公党访问团”应邀访菲，参加第二届全菲洪门昆仲恳亲大会，受到菲律宾和菲华各界人士的盛情接待。访菲期间，访问团广泛接触当地华侨、华人，对增进了解、广交朋友起到了积极作用，访问取得了圆满成功。

为加强与海外社团的联系，致公党中央通过节庆活动加强与海外华侨华人的联系。1993 年 10 月，邀请澳大利亚洪门民治党墨尔本总支部、大溪地致公总堂和中华会馆组团访华；1994 年 10 月，邀请秘鲁洪门民治党总支部和通惠总局、澳大利亚悉尼致公总堂、菲律宾洪门联合总会组团访华；1996 年 11 月，邀请古巴洪门民治党总支部和中华总会馆组团访华；特别是 1995 年 10 月，致公党成立 70 周年之际，致公党中央邀请了美国、加拿大、英国、澳大利亚、牙买加、墨西哥和菲律宾 7 个国家的 15 个社团来北京参加纪念活动。2000 年，以致公党成立 75 周年为契机，邀请 30 多个国家的 100 多位海外华人华侨来京参加以“四海同心，反独促统”为主题的庆祝活动，海外侨胞欢聚一堂，共谋促统大计，活动影响广泛，反响良好。

（三）开启与未建交国家交往

从 1999 年开始，致公党通过“请进来”方式，建立了与巴拿马、多米尼加、巴拉圭、哥斯达黎加等国家洪门人士的联系，并通过他们先后组团访问了中南美洲的巴拿马、哥斯达黎加、多米尼加和巴拉圭等国家，接触当地华侨华人和政界人士，促进了了解，增进了感情。

2001 年 7 月，致公党中央邀请以巴拉圭参议院副议长古安内斯为团长的巴拉圭参议员代表团来华访问，并与有关部门进行了广泛接触，取得了积极成果。罗豪才在会见巴拉圭参议员代表团时说，中国人民历来对巴拉圭人民怀有良好的感情，中国政府、全国政协和各民主党派都重视与巴拉圭的关系，希望双方进一步加强多层次和多领域的交流，推动双边关系的发展，希望各位议员能从战略高度和两国人民的根本利益出发，努力推动两国关系正常化。代表团成员就发展双边关系谈了他们的想法与建议。

2002 年 5 月，应古安内斯邀请致公党中央代表团访问巴拉圭，在该国产生较大反响。继此次访问后，致公党还推动中巴两国足球队的交流活动。通过当地华人、致公党中央以及国家体育部门的共同努力，巴拉圭青年足球队于 2002 年 8 月来华与深圳平安队举行一场友谊比赛，推进两国民间往来。

致公党从参政党的角度直接与未建交国家政要人士接触并介绍中国情

况，凸显了致公党作为参政党在国家公共外交中的特色和价值，是民主党派参与国家公共外交的有益探索和实践。

（四）开展对台工作

1999 年，中国台湾地区发生强烈地震。致公党中央立即通过中国统一联盟向受灾同胞表示慰问。慰问电中表示："两岸同胞血脉相连，骨肉情深。台湾海峡隔不断血浓于水的同胞情谊，自然灾害令所有华夏儿女牵肠挂肚。""我们遥祝台湾同胞尽早克服地震带来的痛苦，战胜地震灾害，重建家园。"许多党员也通过电报、电话和信函，表达对台湾同胞的关切之情。

致公党中央和地方组织有计划地邀请台湾洪门人士访问团等前来参观访问，加强往来联系。

2000 年 4 月，台湾地区政局更迭对海外亲台传统侨社造成严重冲击，以老华侨华人为主体的传统侨社出现动荡。致公党适时调整工作重点，加强与世界性、区域性华人华侨反独促统组织联系，进一步开展与包括海外洪门组织在内的传统侨社的往来。致公党中央分别派团参加在柏林、巴拿马、东京和悉尼等地举行的华人华侨反独促统大会，并在大会上作主题发言。

凭借与海外洪门的历史渊源关系，致公党中央派出代表团分别参加美国东部和西部华侨华人社团的一些大型活动，开展与台湾地区有密切联系的传统侨团的工作。

2001 年，致公党中央分别在济南和厦门举办了海外联谊工作座谈会，针对台湾地区政局与海外华人社会的形势，组织干部学习文件，交流侨情信息，掌握有关侨务对台方针政策，总结工作经验。同年，致公党中央向中共中央提出了《关于加强与海外洪门团体的联系，促进侨务对台工作的建议》，得到了中共中央、国务院的重视和肯定，进一步明确了开展这项工作的方针政策。

（五）迎接香港澳门回归

1982年邓小平接见英国首相撒切尔夫人时，表达了中国政府收回香港主权的决心。1984年，经中英两国政府谈判，双方共同签署了《中英联合声明》。1990年4月4日，七届全国人大三次会议通过了《中华人民共和国香港特别行政区基本法》（以下简称《基本法》）。至此，解决香港问题的方针政策基本确立。1992年，末代港督彭定康突然抛出《政改方案》，为香港平稳过渡设置重重人为障碍。1993年3月，在致公党十届中常会二次会议上，与会同志表示，坚决支持我国政府在香港问题上的原则立场，强烈谴责彭定康违反中英联合声明、违反与《基本法》衔接、违反中英双方已达成的协议和谅解的政改方案。致公党中央和各级组织通过学习、领会《基本法》精神，配合有关部门，在海外联谊工作中积极主动地宣传"一国两制"方针、宣传《基本法》精神。

为配合做好香港顺利回归的工作，1992年，伍觉天邀请几位居港的老党员在广州座谈，了解香港同胞对《基本法》的反映。次年，在深圳召开了部分居港致公党员的座谈会。在1994年至1996年，致公党中央连续三年邀请居港致公党员和老朋友参加座谈会。参加座谈的同志畅所欲言，由衷地表达了他们对祖国改革开放以来经济持续发展的肯定，以及对香港实行"一国两制""港人治港、高度自治"方针的拥护，增强了对香港平稳过渡的信心。同时，他们对实现香港保持繁荣稳定、平稳过渡，提出不少问题和看法。致公党中央及时整理了他们的意见和建议，送达有关部门。

1997年7月1日，中国恢复对香港行使主权，这是举世瞩目的大事。在欢庆回归的大喜日子里，董寅初参加中国政府代表团赴香港出席香港政权交接仪式；同时参加了香港特别行政区成立庆典，送上了全国一万多名致公党员的衷心祝贺。在香港回归祖国之际，各级组织纷纷以举行报告会、座谈会、文艺联欢晚会、作诗写文章等形式，表达他们热烈庆祝香港回归的喜悦心情。董寅初在《人民日报》上发表题为《雪百年之耻，扬民族之威》的文章；杨纪珂出席各民主党派中央及全国工商联举行的喜迎香港回归座谈会并在会上发言；罗豪才出席全国政协常委会举行的庆祝香港回归座谈会并讲话。致公党中央领导人的文章和讲话，表达了致公党同全国人民一样，对香港的回归，感到由衷的喜悦和无比的自豪。这不仅是全体中国人民盼望已久的一件大事，也是广大海外华侨、华人久萦于怀的一桩心愿。

1999 年 12 月 19 日，国家主席江泽民率中国政府代表团赴澳门出席澳门政权交接仪式。罗豪才作为代表团成员赴澳门。

1999 年 12 月 14 日，来自京津地区的党员共聚北京，举行喜迎澳门回归祖国座谈会。罗豪才在发言中回顾了澳门问题的历史由来以及中国政府为收回澳门主权所作出的努力，展望了澳门回归后的美好前景，阐述了澳门回归对于祖国完全统一的意义。他说，澳门的顺利回归再一次向世人证明：“和平统一、一国两制”是实现中国统一无可替代的最佳选择，它标志着日益强大起来的中国，向着国家完全统一的目标又迈出了重要一步，中国统一大业的历史进程进入了一个新的阶段。他表示，致公党作为一个与港澳同胞、台湾同胞和海外侨胞有着广泛联系的参政党，将一如既往地关心和致力于祖国的统一与发展，为台湾问题的早日解决、为祖国的完全统一和中华民族的全面复兴贡献力量。

香港和澳门经过多年风雨沧桑，终于回归祖国，不仅标志着中国人民洗刷了百年来的民族耻辱，也标志着中华民族为完成祖国统一大业迈出了重要的一步。香港和澳门能回归祖国，要归功于中国共产党的领导，归功于邓小平提出的“一国两制”的伟大构想，同时也是包括各民主党派成员、香港和澳门同胞在内的全体中国人民长期共同奋斗的结果。

（六）促进留学人员归国创业

致公党把留学人员作为重要的联系对象，有针对性地开展了一系列工作。多次与海外留学人员和归国留学人员举行座谈会，或参与他们组织的会议和活动，关注他们遇到的问题和困难，倾听他们对国家改革和建设的意见建议；在人大、政协会议上，以发言、议案、提案的方式或其他渠道，反映他们创业中涉及的普遍和重要问题，支持和促进留学人员创业园的建设和发展；加强与政府有关部门和其他涉侨机构的合作，多次就如何吸引更多的海外留学人员回国工作和为国服务问题联合开展调查研究，并形成了质量较高的调研报告，为政府决策提供参考。

致公党中央积极支持留学人员归国创业，关心留学人员创业园的发展，经常召开留学人员座谈会，向他们介绍祖国科教兴国、科技发展的情况，建立联系，增进友谊。20 世纪末，我国的一些大城市率先创建了专为支持留学回国人员创业的留学人员创业园。创业园建立之初就吸引了致公党关注的目光。1999 年 3 月，致公党中央在全国政协九届二次会议上作题为《筑巢引凤，精心培育，促进留学人员创业园健康发展》的发言，受到中共中央领导同志的高度重视。有关部门也给予了充分肯定，并认真组织落实，相继制定了创业园的优惠政策和保障措施，促进了创业园的健康发展。这份发言被选送给中共中央领导参阅，并被收进全国政协九届二次会议大会发言精选《国是建言》。此后，致公党中央连续多年就此问题进行调研并提出提案。1999 年全国留学人员创业园年会邀请致公党中央为年会的特邀会员。2000 年全国政协九届三次会议上，致公党中央又提出了《关于促进留学人员创业园健康发展的几点建议》的提案。

改革开放和现代化建设的迅猛发展，吸引很多已取得外国国籍的中国留学人员回到故乡创业，不少外国专家也希望到中国工作，他们迫切需要一张“中国绿卡”。针对这一问题，致公党中央走访公安部出入境管理局和其他有关管理部门，与全国政协港澳台侨委员会联合提出《关于给来华创业的外籍华人永久居留权的建议》的提案。《光明日报》《中华工商时报》等多家媒体以“致公党提出‘中国绿卡’”的显著标题予以报道，在社会上产生了较大的反响。很多地方政府迅速将此问题提上议事日程，相继出台了地区性的法规和居民居住证（“地方绿卡”）。2004 年 8 月 15 日，我国正式出台了《外国人在中国永久居留审批管理办法》，并发放了“中国绿卡”——外国人永久居留证。致公党中央在海外留学人员问题上所做的大量工作，在有关部委和各地的留学人员创业园中产生了很大的影响。

1998 年致公党中央与《光明日报》合办《共商国是·海外留学人员》专栏，就如何吸引他们回国工作与为国服务问题进行探讨。1999 年，与《人民日报》合作，组织《祖国在我心中》征文活动，宣传新中国的建设成就，展现海外侨胞的爱国之情和留学人员的报国之志。2001 年，与《光明日报》、国务院侨办、人事部、教育部、科技部等联合，举办《为华夏献才智》专栏，展示海外留学人员报效祖国的业绩，反映他们为弘扬中华文明的佳言良策。

（七）倡导开展“五侨”联动

全国人大华侨委员会、国务院侨务办公室、全国政协港澳台侨委员会、致公党中央、中国侨联是中央的涉侨单位（简称“五侨”）。1997 年致公党十一大召开不久，罗豪才在中央涉侨单位合作的基础上提出“五侨”联动的工作思路，倡议“五侨”单位共同合作做好侨海工作，得到各涉侨单位的积极响应。中共中央对致公党中央关于“加强五侨沟通与合作，实现信息共享、资源共用、工作互动、形成合力”的建议，给予肯定和支持。

1999 年 2 月，罗豪才主持召开第一次中央“五侨”联席会议，“五侨”部门领导和办事机构主要负责人出席会议。中央“五侨”联席会议制度从此形成。此后，从“五侨”领导的高层议事到“五侨”机关的工作研讨，从联合进行调研到共同接待海外朋友，“五侨”开展了多领域、多渠道的密切合作，合作形式不断活跃，合作内容不断丰富，合作机制不断完善。

1998 年，第九届全国人大常委会决定，将修改《归侨侨眷权益保护法》列入其常委会五年立法规划。为确保侨务立法工作顺利进行，2000 年 1 月第四次中央“五侨”联席会议认为，随着国情、侨情的发展变化，修改该法非常必要，希望促进侨法早日修改出台。2000 年 8 月，《归侨侨眷权益保护法》修正案（草案）向第九届全国人大常委会第十七次会议提交。

2000 年 9 月 11 日，200 多名侨界人士欢聚在北京国务院侨办，共庆中华民族传统的中秋佳节。罗豪才和国务院副总理钱其琛及其他“五侨”单位领导同志共同出席茶话会，首都文艺工作者和部分归侨侨眷表演了精彩的文艺节目。2001 年，致公党中央和其他涉侨单位一起，深入广东、广西华侨农场进行考察，了解农场的生产和经营状态以及归难侨和侨眷的生活情况。随后，“五侨”领导与国家财政部领导进行了情况沟通，并共同磋商如何解决华侨农场归难侨和侨眷的生活困难问题。在财政部的大力支持下，全国 84 个华侨农场的 22 万名归难侨和侨眷的养老保险问题得到解决。在这件事情的解决过程中，“五侨”联动的作用得到了最充分的发挥，“五侨”联动的功效得到了最实际的体现。

六、推进社会服务

智力支边，科技扶贫，是民主党派适应新时期国家工作重点转移和贫困地区脱贫致富的需要所做的一项开创性工作。1988 年 3 月，经中共中央批准，正式成立了“中央统战部、国家民委、各民主党派中央、全国工商联智力支边工作协调小组”。在协调小组统一协调指导下，致公党开始有组织、有计划地开展智力支边、科技扶贫工作。1995 年，为落实国家“八七”扶贫攻坚计划，制定了《中国致公党关于加强扶贫工作的决定》，指出今后要加强领导，扩大扶贫面，加大扶贫力度为 20 世纪末基本消灭贫困实现小康多做实事。

（一）“致酉合作”开新篇

重庆酉阳土家族苗族自治县位于武陵山区腹地，面积 5170 多平方公里。20 世纪 80 年代，酉阳与西部地区的大多数山区一样，贫穷落后。为改变这一现状，中共中央、国务院发出了关于民主党派参与智力支边、科技扶贫的号令，中国致公党主动担当起帮扶酉阳的历史重任。从1990年开始，致公党中央、四川省委会、重庆市委会与酉阳县合作，在酉阳县开展“智力支边、科教扶贫”社会服务工作，帮助酉阳人民脱贫致富，“致酉合作”正式开始。

在确定帮扶酉阳之初，致公党就派出了一支由专家教授组成的考察组，对酉阳进行了一次全方位的考察。专家组成员踏遍酉阳90%的乡镇，撰写出《酉阳土家族苗族自治县中药材发展规划》《酉阳土家族苗族自治县畜牧业发展规划》和《酉阳土家族苗族自治县经济社会发展总体规划》。在规划审定的同时，致公党中央拨出7.8万元专款，并向农业部、国家民委、国家林业局和四川省财政厅为酉阳争取项目经费。就是这不到100万的启动资金，拉开了致公党对酉阳智力支边、科技扶贫的序幕。

为推动扶贫工作的进一步开展，致公党中央于1995年6月在酉阳县召开全国支边扶贫工作会议，会议确立了以规划为引领的帮扶工作思路。致公党撰写的关于酉阳发展的三份规划被酉阳人称为“情系万家的致富经”。致公党员们手把手教农户认识药苗、栽种药苗、管理药苗；挨门挨户地传授科学养殖山羊的技术，并为他们制订了产供销一条龙的详细计划。“致酉合作”共同建立了中药材杜仲基地和养殖基地，使中药材业和畜牧业成为酉阳县的两大支柱产业。“致酉合作”的领域遍及经济、科技、教育、文化、医卫等方面。致公党组织专家赴酉阳县举办中学教师培训班；捐资引资兴建学校、购置教学设备、设立教学基金、资助失学儿童、培训技术人员等。

“致酉合作”取得了一系列可喜成绩。到20世纪90年代中期，酉阳的中药材种植面积从最初的3万多亩发展到15万亩，山羊由20万只发展到80万只。酉阳县于1999年整体跨越温饱，于2000年脱贫，73万酉阳人民开始进入小康社会的建设。2002年，四川省委会被评为四川省扶贫先进单位。

“致酉合作”成效显著，示范效应逐步扩大。2000年，四川省委会以西部大开发为契机，在中共四川省委统战部的帮助下，开展泸州市叙永、古蔺两个贫困县的帮扶工作，形成了以致公党为主，有多个党派参与的“致泸合作”新模式。开展了建立古蔺马嘶苗族乡引水工程、帮助古蔺县建立优质桑蚕种养基地、支持叙永县丹山水泥有限公司争取环保生产立项等帮扶项目。

（二）参加毕节试验区建设

毕节试验区是1988年6月，由时任中共贵州省委书记胡锦涛倡导、经国务院批准建立的“开发扶贫、生态建设”试验区。试验区成立之后，智力支边协调小组和各民主党派中央始终将毕节地区作为智力支边的重点地区。致公党与其他民主党派一起，积极参加毕节试验区的建设，共同推动毕节地区的发展。

致公党中央成立专门工作小组，负责组织和协调全党开展这项工作。致公党中央负责同志带队，组织工作小组成员和部分技术专家、企业家到贵州省进行调查选点，与当地致公党组织和有关部门共同商讨经济开发项目如何落实的问题。1994年，致公党中央组织力量对贵州省毕节地区的科技致富工作给予支持。协助制定《贵州省毕节地区社会经济战略发展总体规划》，规划付诸实施后，取得了较好的效益。

（三）助力“星火计划”

20世纪90年代初，国家科委与民建中央、致公党中央、九三学社中央及全国工商联合会决定联合推动西南（贵州、广西、四川、云南）四省区的“星火计划”和“科技扶贫”工作。1990年11月21日在北京联合举行的黔西南布依族苗族自治州“星火计划”和“科技扶贫试验区项目”论证汇报会上，杨纪珂介绍了考察该州的情况。1995年，致公党中央进一步加强了对贵州省黔西南州“星火计划”和科技扶贫试验区的工作，先后派出有关专家对该州的林副产品的生产加工和家畜家禽的饲养情况进行考察、咨询，并就协助开展深加工和筹建特种家畜家禽良种场达成协议。致公党中央配合国家科委、民委、统战部及其他民主党派中央和全国工商联，赴黔总结五年来“星火计划”、科技扶贫试验区工作，并就今后五年的工作与地方同志进行协商。1996 年，致公党贵州省支部的同志引进“生物有机肥”试验项目，并与黔西南州农业局签订协议书，为贫困农村提供廉价、防污染、增产效果明显的肥料。

一些省、市的致公党组织专门成立了扶贫工作队和科技支边工作队，有重点地帮助贫困地区脱贫致富。致公党中央机关还专门组织人力将全党各方面人才及技术成果等编册、分类，建立了人才、经济技术项目信息库，将副本送国家科委以备随时调整使用。同时，各地方组织开展了多种形式的培训工作，帮助贫困地区培训人才，提高劳动者的素质；协助贫困地区进行项目评估，选择开展项目；跟踪项目实施，协助落实引进资金等。党员中的科技人员利用业余时间为工厂企业咨询提供服务，促进科技成果转化为生产力；医务人员组成医疗队，深入侨乡、华侨农场和贫困地区，义诊义医，送医送药和提供医疗咨询服务。据对致公党几个省、市委员会的抽样调查统计，仅 1989 年至 1990 年两年中，致公党义务为群众提供医疗咨询服务 3 万余人次。文艺工作者深入基层，为工农兵义务演出，有的举办书画篆刻展览，丰富了人民群众的文化生活。

各级组织从参政党的角度出发，以极大的热情和高度的政治责任感，深入老区、边远地区、少数民族贫困地区开展调查研究，向中共各级党委和政府有关部门提出许多建设性的意见和建议。如杨纪珂提交的《关于建立延边州珲春边贸经济区的建议》《关于利用东南亚形势的新格局、加速云南红河州对外开放的建议》等，受到国务院的重视。为表彰他在支持、维护“星火计划”实施方面作出的贡献，国务院授予他“国家星火计划特别荣誉”。一些地方组织也积极开展调研工作，提出了加快贫困地区开发、开放的建议，受到有关部门的好评。

（四）开展献爱心、送温暖活动

致公党中央和各级组织还积极开展“致力为公献爱心”活动，发扬

“一方有难，八方支援”的中华民族传统美德，为贫困地区希望工程捐款建小学或赠送电脑、图书和教学仪器等，为受灾地区的人民捐款、捐物。1997 年至 2002 年间，致公党中央每年都深入贫困地区，开展支边扶贫工作。2000 年 1 月，致公党中央与国务院侨办、全国政协港澳台侨委、中国侨联等中央涉侨单位赴广东、广西对华侨农场进行调研，慰问农场归侨、侨眷，了解农场生产和生活情况，与中央有关部门商议，妥善解决了华侨农场归侨的社会养老保险统筹资金问题。2001 年 4 月，致公党中央与中央涉侨单位发起侨界为西部“送温暖”活动，致公党广西区委会积极组织具有中高级专业技术职称的医务人员赴广西华侨农场，开展医疗咨询和义务诊疗活动。致公党中央领导多次深入贵州黔西南地区、重庆酉阳县、广西百色等地考察，捐资捐物、智力支边，支持当地扶贫、教育事业。据统计，从 1997 年至 2002 年，致公党各级组织及党员捐资建设希望小学及教学楼 15 所，卫生院 2 所，图书馆 36 所，捐资助学、扶贫济困 4000 多万元，资助贫困生 1589 人，为抗洪救灾捐款捐物价值 313 万元，热心支持教育、科技、医卫、工业、交通方面的建设，促进了当地的经济发展。根据自身条件，许多地方组织和党员积极开展社区义诊、咨询、技术创新等多种服务活动。通过社区服务工作，不仅为居民排忧解难，还积极反映侨情民意，使致公党所联系的归侨、侨眷的生活问题得以反映和解决。湖南省委会在桑植县刘家坪乡双溪桥村进村到户，扎扎实实开展定点扶贫村的帮扶工作，受到当地中共党委和政府的高度评价，《光明日报》《团结报》等多家媒体为此作了报道。

（五）做好社会办学

伴随社会主义市场经济的发展，社会办学在提高全民文化素质方面占有越来越重要的地位。致公党进一步关心、支持各级致公党组织和党员所办学校的建设，帮助健全管理制度，提高办学质量，促进学校间的交流与协作，切实为社会培养有用人才。致公党的社会办学以质量求生存，以特色求发展，一些职业培训学校、武术学校为社会输送了各种学有所长的专业人才。这些学校充分发挥自主管理、形式灵活、适应性强的特点，创造了良好的社会效益。

1998 年，致公党中央为酉阳县教委与大连中山区教委建立长期友好合作关系牵线搭桥，落实大连南海集团捐资助学款 23 万元，修建“致公希望小学”。

1999 年 10 月，致公党中央领导同志视察黔江地区、酉阳县扶贫工作，参加了“酉阳致公希望小学”落成典礼，赠送课桌、书报、文体用品、彩电等物品，另向酉阳一中捐赠 2 万元作奖学金。2000 年 5 月，致公党中央领导在参加重庆、四川西部大开发战备实施情况考察时，向四川凉山彝族自治州捐赠人民币 5 万元，支持当地民族教育事业。

1997 年至 2002 年间，致公党地方组织及党员个人兴办的民办大专、中专、幼儿学校 26 所，在校生 6000 多名，毕业生总计 6 万多名。培训教师、下岗工人及农民 19919 名，获各类奖项 40 个，体现了“以质量求生存，以特色求发展”的办学宗旨，涌现了多所有声誉、有生机的“名牌”学校。获国家、省、市级各类奖项近 40 个，其中有的学校形成了规模，办出了特色，成为社会办学的典型和模范。安徽合肥神行太保文武学校是安徽省委会下属的一所专业学校。学校创办于 1993 年，设有 26 个武术班以及从小学到高中、中专 26 个文化班；至 2002 年，向社会输送近 5000 名毕业生，深受用人单位的欢迎。学校多次在全国各级武术竞技大赛中获得单项和团体冠军，并与加拿大、希腊签订了合作办学协议。学校连续多年被合肥市政府评为“社会力量办学先进单位”，步入首批“全国先进武术学校”行列。此外，全国政协委员、致公党中央委员、舞蹈家陈爱莲创办的北京市爱莲舞蹈学校，成为占地 30 余亩，建筑面积 1.6 万平方米、现代化教学设施一应俱全的艺术专门学校。致公党员、歌唱家朱明瑛投资兴办的北京现代国际艺术文化学院及附属学校，采用联合办学的方式，并以北京明瑛文化传媒投资公司的文化产业项目为依托，有效解决了目前民办学校资金来源不稳而影响办学质量的问题。

在为“两个文明”建设服务中，致公党成绩突出的先进集体和先进个人获得表彰。1994 年 10 月，致公党十届中常会六次会议作出召开“致公党为社会主义两文明建设服务先进个人和集体表彰大会”的决定。1995 年 10 月，致公党在北京召开了“为社会主义‘两个文明’建设服务先进个人和先进集体表彰大会”，这次表彰会全党共表彰先进个人 134 名、先进集体 46 个，省级先进项目共 18 个。1996 年 11 月，各民主党派、全国工商联为“两个文明”建设服务经验交流会在北京人民大会堂隆重召开。参加经验交流会的共有 43 个先进集体代表和 106 名先进个人。致公党推选出 4 个先进集体代表和 10 个先进个人。

七、以政治交接为主线促进自身建设

《中共中央关于坚持和完善中国共产党领导的多党合作和政治协商制度的意见》(以下简称《意见》) 首次提出“参政党”概念。从国家政治制度和政党制度的高度，对民主党派在国家政治生活和多党合作中的地位给予明确，指出“中国共产党是社会主义事业的领导核心，是执政党。各民主党派是各自所联系的一部分社会主义劳动者和一部分拥护社会主义的爱国者的政治联盟，是接受中国共产党领导的，同中共通力合作、共同致力于社会主义事业的亲密友党，是参政党”。《意见》还首次将民主党派参政的基本点明确为“一个参加、三个参与”，即参加国家政权，参与国家大政方针和国家领导人选的协商，参与国家事务的管理，参与国家方针、政策、法律、法规的制定执行。1990 年 6 月，中共中央召开全国统战工作会议，江泽民总书记作题为《努力发展最广泛的爱国统一战线》的重要讲话，为致公党加强自身建设指明方向。

(一) 加强思想建设

规划宣传思想工作。为进一步拓展社会主义市场经济条件下全党的宣传思想工作，1994 年 4 月，致公党中央在南京召开了全国宣传思想工作会议，进一步明确全党的宣传思想工作要以邓小平建设有中国特色社会主义理论和“一个中心、两个基本点”的基本路线为指导方针，以科学的理论武装人，以正确的舆论引导人，以高尚的精神塑造人，以优秀的作品鼓舞人，全面提高党员的政治思想素质，提高致公党组织的凝聚力和战斗力。1996 年 6 月，致公党中央在苏州召开了全国宣传思想工作会议，会议讨论了《中国致公党中央关于宣传思想工作五年设想》（以下简称《五年设想》），经致公党十届中常会十二次会议通过后，下发全党贯彻执行。2000 年年初，《中共中央关于加强和改进思想政治工作的若干意见》下发后，致公党中央召开常委会进行学习，强调搞好思想建设是致公党一项长期的政治任务。2000 年 7 月，在青岛召开了致公党第十一届中常会第九次会议，对全党的思想政治工作进行了专题研究，强调要按照江泽民同志关于加强和改进思想政治工作提出的要求，紧密结合致公党的实际，把全党的思想政治工作开展得有声有色、富有成效。2000 年 9 月，致公党召开“中国致公党在新世纪的历史使命”理论研讨会，将加强全党思想理论建设作为重要内容之一进行了探讨和研究。2001 年 10 月，在重庆召开宣传思想工作会议，总结《五年设想》颁布以来的实施情况，提出了要以“三个代表”重要思想为指导，做好新形势下的宣传思想工作，以促进全党的思想建设，在思想上、政治上自觉地与中共中央保持一致。

开展理论学习。致公党十大后，致公党中央根据中共中央发出的学习《邓小平文选》通知精神，组织全党干部和党员学习《邓小平文选》，掌握建设有中国特色社会主义理论的精神实质，增强坚持基本路线的自觉性和坚定性。

1989 年《中共中央关于坚持和完善中国共产党领导的多党合作和政治协商制度的意见》的公布实施是我国人民政治生活中的一件大事。《意见》不仅全面总结了我国多党合作的历史经验，而且阐明了民主党派的性质和地位、中国共产党作为执政党和民主党派作为参政党的相互关系、民主党派参政的基本点等。致公党中央于 1990 年 1 月 31 日，向全国各级组织发出了关于学习中共中央《意见》的通知。

致公党组织全党认真学习中共中央有关文件和国家的有关方针、政策，重点学习、宣传、贯彻中共十四大和中共十四届历次全会精神；组织学习有关社会主义市场经济的基本知识，同时还开展了国情教育、形势教育、中国共产党领导的多党合作和政治协商制度的教育及致公党党史的教育等。用邓小平建设有中国特色社会主义理论培育全党的政治理论素养，努力把中国致公党建设成为具有中国特色的社会主义新型政党。

学习贯彻《中华人民共和国归侨侨眷权益保护法》（以下简称《权益保护法》）。《中华人民共和国归侨侨眷权益保护法》于1991年1月1日起正式施行。这是我国制定的第一部保护归侨、侨眷合法权益的专门法律，标志着我国在侨务工作方面的法制建设迈出了可喜的一步。致公党把贯彻执行《权益保护法》作为一项重要的工作提上议事日程。致公党中央组织讨论并发出通知，要求各级组织认真学习，掌握文件精神，并协助有关部门贯彻落实。一些省委会把贯彻落实《权益保护法》，维护广大归侨、侨眷的合法权益，作为工作重点，充分利用各种机会积极宣传《权益保护法》，编印《权益保护法》等有关政策法规，供广大党员和归侨、侨眷学习参考。致公党认真做好思想政治工作，消除以往归侨、侨眷及海外侨胞因政策多变而产生的各种顾虑，特别是消除过去因法律不健全而使他们的合法权益受到侵犯所带来的思想感情上的创伤。为适应海外侨情的变化和国家对外开放的新形势，致公党提出加强和拓宽海外联谊的建议。从事侨务工作的党员在工作中，以法律为准绳，为本地和全国各地的归侨、侨眷排忧解难，做了大量工作，既维护了法律的尊严，又保护了归侨、侨眷的合法权益。

筑牢宣传阵地。为向海内外宣传、介绍中国改革开放和现代化建设的巨大成就，有系统地出版致公党中央及地方各级组织相关著述，1992年，致公党中央创办了中国致公出版社。主要出版致公党员所编著、以中高层次读者为对象的科技、教育类图书，致公党历史文献研究著作，致公党著名人物的传记、回忆录，致公党各级组织兴办的学校所用的自编教材，少量致公党联系的海外学者的学术著作，以及文学艺术、少儿读物类图书。

2001 年，致公党中央创办的《中国发展》杂志，研究依法治国、科教兴国和可持续发展的治国方略，中国政府的大政方针和国家的法律法规等中国发展和现代化建设中的深层次问题。致公中央机关刊物《致公通讯》于 1994 年改名《中国致公》。《中国致公》和地方组织编辑出版的报刊，都能坚持正确的舆论导向，并突出致公党特点，从内容到形式都有比较大的提高，成为致公党宣传思想工作的重要阵地。《中国致公》通过不断改进和完善，真正发挥了在指导党务、传播信息、研讨理论、宣传典型等方面的作用。1995 年，致公党中央十届十一次主席办公会议决定编写出版《中国致公党简史》。经过两年的努力，完成了书稿（初稿）的编写。

结合节庆活动开展爱国主义教育。1995 年是中国致公党成立 70 周年。致公党中央于 10 月 5 日在北京人民大会堂隆重召开了纪念大会。会前，中共中央领导特为致公党成立 70 周年纪念题词以表祝贺。中共中央总书记、国家主席江泽民的题词是："团结奋斗共同致力于建设有中国特色社会主义。"国务院总理李鹏的题词是："广泛团结归侨和海外侨胞，团结港澳台同胞，为改革开放和现代化建设作出新的贡献。"全国人大常委会委员长乔石的题词是："继承光荣传统，广泛团结五湖四海海外华侨华人，为祖国现代化建设和统一大业作出更大贡献。"全国政协主席李瑞环的题词是："致力大团结，公心谋国事。"在纪念大会上，中共中央政治局常委刘华清代表中共中央向大会致了贺词。贺词充分肯定了致公党建党 70 周年来，在中国革命和现代化建设中所起的作用，指出："致公党具有爱国、革命的光荣传统。长期以来，致公党同中国共产党风雨同舟、通力合作，在国家的政治生活、经济生活中发挥了积极的作用，为改革开放和经济建设作出了可喜的成绩。"贺词最后希望"相信致公党将在今后的工作中，在邓小平建设有中国特色社会主义理论和'一个中心，两个基本点'的基本路线指引下，继承和发扬自身的优良传统，奋发进取，开拓创新，更加广泛地团结归侨、侨眷、台港澳同胞和海外侨胞，为统一祖国、振兴中华，作出新的更大的贡献！"贺词给全党以极大的鼓舞。在纪念大会上，董寅初结合致公党 70 年的发展历程，总结了三条宝贵经验。地方各级组织也开展了形式多样、内容丰富、各具特色的纪念活动。

1997年5月，致公党中央在北京举行纪念致公党三大召开50周年大会。杨纪珂在纪念大会上指出，致公党在香港召开的第三次代表大会，确定了反对美蒋反动派、建立真正的民主国家的宗旨，并一致决议加入中国共产党领导的统一战线。这次会议是致公党由一个旧民主主义政党转变为接受中国共产党领导的新民主主义政党的重要标志。中共中央统战部副部长刘延东到会祝贺，她肯定了致公党自三大以来为中国革命和建设所作出的积极贡献，并热诚希望致公党全体同志继承发扬三大以来形成的优良传统。

致公党还以香港、澳门回归，中国共产党成立70周年，中共十一届三中全会召开20周年，中华人民共和国成立50周年，人民政协成立50周年等重大盛事以及以致公党成立75周年为契机，举行庆祝、纪念活动，进行爱国主义和社会主义教育，扩大了致公党在国内各界和海外华人华侨中的影响。

致公党各级领导干部认真学习老一辈领导人的思想、信念、品德和经验，团结引导广大党员继承和发扬致公党的优良传统，把政治交接的要求落实到自身建设之中，各项工作取得了新的成绩。

（二）重视组织建设

1990年6月底，致公党第九届中常会第七次（扩大）会议通过了《中国致公党关于加强自身建设的决定》，要求全党把思想建设抓紧抓实，不断提高党员的政治素质。9月3日，致公党中央通过了《关于进一步加强自身建设，努力担负起参政党重任的若干意见》。10月，致公党中央制定了《若干意见的实施要点》，要求全党认真贯彻执行。通过出台和落实这三个文件，各级组织加强了领导班子建设，把主要精力放在履行参政党职能上，进一步加强自身建设，提高了党员素质。

确立组织工作的原则和方针。致公党十大刚刚闭幕，中央即在北京召开全国组织工作会议，总结交流全党组织工作的经验，研讨新形势下组织工作的原则和方针。会议统一了认识：必须大力加强领导班子、工作班子的建设；切实加强基层组织的建设，针对党员年龄老化，今后应在注重质量的前提下，发展中青年党员。会议通过了《中国致公党中央关于组织工作的若干意见》。各级组织认真贯彻落实会议精神，加强了领导班子集体领导，健全会议制度；机关干部补充了新生力量，建立和健全了机关各种规章制度；积极物色人才，提出后备干部队伍初步名单，中央还在北京举办了致公党中青年党员学习班，积极培养后备干部队伍。1994 年 10 月，《中国致公党中央关于进一步加强自身建设的意见》通过，指出：为了适应新的形势，致公党必须进一步加强自身建设，健全参政党机制，不断提高党员的总体素质，加强后备干部队伍建设，积极物色、培养人才，顺利实现新老交替，沿着中国共产党领导的多党合作的道路不断前进。

加强领导班子建设。致公党中央换届以后，把政治交接作为自身建设的首要任务。1998 年 3 月，罗豪才主席在致公党第十一届中常会第二次（扩大）会议上，作了“关于领导班子建设”的讲话，提出了新一届领导班子面临的重要任务，就是以政治交接为主线，加强自身建设。他提出加强领导班子建设要：一抓学习；二抓民主集中制；三抓团结；四抓后备干部队伍建设。1998 年，致公党中央修订了《中国致公党中央委员会主席会议议事规则》和《中国致公党中央常务委员会议事规则》。

2000 年 11 月，致公党中央在云南昆明召开了全党自身建设工作会议，根据新的形势，进一步贯彻《各民主党派中央关于加强自身建设若干问题座谈会纪要》精神，要求全党紧紧把握发展这个主题，全面加强自身建设，使全党在政治上更加成熟，组织上更加巩固，党员的整体素质不断提高，各级领导班子更加得力，工作机制更加健全，为把致公党建设成为面向新世纪的高素质的参政党作出不懈努力。2001 年 6 月，致公党中央领导班子借鉴中共“三讲”的成功经验，结合自身实际，开展了集中学习、总结经验的活动，制定了《中央领导班子和机关职能部门改进工作的若干措施》，并在工作中认真贯彻执行。这次活动是致公党中央领导班子加强作风建设的有益探索，中央领导班子进一步提高了责任意识和大局意识，增强了民主观念和群众观念，并带动了各省级及中央直属组织的领导班子建设，推动了全党的自身建设。

加强后备干部队伍建设。1999 年 2 月，致公党中央制定了《中国致公党中央关于加强后备干部队伍建设的意见》。中央通过四个方面的工作，加强后备干部队伍建设：一是深入调查研究，与地方组织相互配合，通过物色、考察、选拔，建立优秀人才和后备干部名册；二是有计划地选派干部到中央社会主义学院学习培训；三是加强与各地统战部门的沟通，了解后备干部的工作和思想状况；四是把制定后备干部队伍建设规划与本届中央、省级组织届中调整和 2002 年换届工作相结合。经过几年工作，在全党形成了一支中青年后备干部队伍，较好地满足了中央和各省级组织 2002 年换届对改善结构的需要。

做好组织发展工作。1996 年 6 月 3 日，各民主党派中央负责人经协商，再次明确了组织发展的指导思想、基本方针和重点分工。各级组织认真贯彻实施，严格组织发展程序，保证了全党组织工作的健康发展。1998 年 12 月召开的致公党十一届二中全会，明确提出了“在归侨、侨眷中发展党员的同时，注意吸纳从海外学成归来的专家学者”。这一举措，是致公党根据新的形势和建设面向 21 世纪的高素质参政党的需要，在组织发展上进行的重要调整，使党的发展前景更为广阔。

推进地方组织建设。1989 年 1 月，安徽省筹委会成立；1990 年 9 月，安徽省委会成立。1989 年 7 月，海南省委会成立。1990 年 5 月，重庆市委会成立；1997 年 4 月，重庆市委会自四川省析置出来。1990 年 12 月，西安市委会成立。1991 年 11 月，浙江省委会成立。1992 年 1 月，江苏省委会成立。1992 年 6 月，武汉市委会成立。1992 年 7 月，天津市委会成立。1992 年 9 月，山东省委会成立。1992 年 9 月，湖南省委会成立。1994 年 3 月，贵州支部成立；1999 年 1 月，贵州省委会成立。

自 1992 年 12 月到 1997 年 7 月底，全党遵照巩固与发展相结合和坚持“三个为主”方针，稳步发展党员。新发展的党员中不少是中青年的学科带头人、大学校长，特别是发展了一些高层次的、有代表性的人士，并吸收进领导班子。

1997年至2002年间，致公党的组织发展在总体上较好地把握了发展速度，1997年年底党员数量为15713名，到2002年6月增加到21000名。其中，中高层次占82.5%，归侨、侨眷和其他有海外关系的人士占89.8%，中青年党员占43%，并在归国留学人员中发展了一批政治素质好、层次高、代表性强的专家学者，使党员的质量有较大的提高，年龄结构得到改善，人才结构逐步优化，侨海特色更为显著。

表5.2　1989—2002年致公党党员人数

年份	1989	1990	1991	1992	1993	1994	1995
人数	10199	10756	11092	11496	12189	13112	14127
年份	1996	1997	1998	1999	2000	2001	2002
人数	15052	15713	16827	17855	18930	20351	21778

基层组织建设是组织建设的基础，是提高党的整体素质的重要环节。为了推进基层组织建设，1998年5月至1999年5月，致公党中央先后派员赴山东、江苏、上海、福建、广东、云南和湖北等地进行调研，全面、深入了解各类基层组织的状况。1999年7月，致公党在全党开展“优秀基层组织评选表彰活动”，各级组织积极参与，逐级选拔，评选出致公党优秀基层组织50个，并于2000年11月在昆明举行的致公党自身建设工作会议期间，举行了优秀基层组织经验交流暨表彰大会。基层组织经验交流与评选表彰活动，推动了致公党的基层组织建设工作。

做好中央和省、市组织换届工作。1996年至1997年，致公党各省（市）级组织面临换届工作任务。1996年3月，十届中常会十二次会议通过了《致公党中央关于中央和省级委员会换届的意见》。5月，致公党中央在广州召开了全党组织工作会议。至1997年7月，全国18个省级组织全部完成了换届工作。各省级组织按照中央的换届意见，制定了《关于市县委员会换届的意见》，在当地中共市县委员会的配合下，顺利完成了市县委员会的换届工作。

通过换届，各级组织面貌发生了较大的变化。领导班子实现新老合作交替，一批年富力强的党员进入领导班子，增强领导班子的活力；领导班子整体素质有所提高，进一步改善领导班子人才的群体结构，年龄结构更趋于合理。

（三）提升机关工作水平

1993 年 12 月 21 日，中共中央政治局常委、全国政协主席李瑞环和中共中央统战部部长王兆国等走访致公党中央机关。27 日，李瑞环、王兆国视察致公党新建的办公大楼，并邀请国务院和北京市的有关部门领导同志座谈。1994 年春，中央机关迁入新址，办公条件大为改善。

自致公党 1993 年全国组织工作会议和 1994 年《中国致公党中央关于进一步加强自身建设的意见》下发以来，全党各级组织的机关工作有了很大起色。1996 年 8 月，致公党中央在大连召开致公党机关建设工作会议，吴明熹强调，做一个合格的党务工作者必须要学政治，讲奉献；识大局，讲团结；守纪律，求进取；要有紧迫的政治责任感和强烈的历史使命感，要尊重领导，团结同志；关心下属，化解矛盾，大胆工作，共图大计，做默默无闻的奉献者。会议形成了三个文件：《关于进一步加强致公党机关信息工作的意见》《关于中国致公党省级及中央直属组织公文办理意见》《中国致公党省级及中央直属组织档案工作规则》。

从 1997 年起，致公党中央机关参照《国家公务员暂行条例》及国家人事部有关文件，从应届大学毕业生中招录机关干部，建立了以领导干部分级负责制和工作人员岗位责任制为核心的管理机制，并且结合“三定”工作进一步定岗定责，开展了年度机关考核工作，参照《国家公务员考核暂行规定》对干部的“德、能、勤、绩”进行全面考评，还采取了干部任职前实行民主评议并进行公示的方法，落实群众对干部选拔任用的知情权、参与权、选择权和监督权。经过五年的建设，中央机关逐步形成了良好风气，工作质量、工作效率大为提高。中央机关的工作受到地方组织党员及相关业务单位的好评，推动了全党各级机关建设工作的开展。

第六章

参政兴国，开启助力科学发展新征程

迈入21世纪，中国进入全面建设小康社会、加快推进社会主义现代化的发展新阶段。中共十六大制定了全面建设小康社会的宏伟目标，中共十七大提出中国特色社会主义理论体系，要求深入贯彻科学发展观。2005年，《中共中央关于进一步加强中国共产党领导的多党合作和政治协商制度建设的意见》发布，为新世纪统一战线和多党合作事业发展提供遵循。致公党提出“参政兴国”“人才兴党”，认真履行参政党职能，切实加强自身建设，开启助力科学发展的新征程。

一、中国致公党第十二次全国代表大会

2002年11月，中国共产党第十六次全国代表大会在北京召开。大会把“三个代表”重要思想同马克思列宁主义、毛泽东思想、邓小平理论一道确立为中国共产党的指导思想，科学总结了中国共产党领导人民建设中国特色社会主义的基本经验，明确提出了全面建设小康社会的奋斗目标，对新世纪新阶段全面推进改革开放和社会主义现代化建设等一系列重大工作进行了战略部署，进一步动员中国共产党党员和全国人民为开创中国特色社会主义事业新局面而奋斗。这次大会，对中国共产党和国家的发展具有重大的现实意义和深远的历史意义，极大地激发了全国各族人民沿着中国特色社会主义道路不断前进的热情和信心。

(一) 胡锦涛总书记走访致公党中央机关

2002年12月27日，中共中央总书记胡锦涛和中共中央政治局常委贾庆林，中共中央政治局常委、中央书记处书记曾庆红，中共中央政治局候补委员、中央书记处书记王刚，中共中央委员、中央统战部部长刘延东一起走访了致公党中央机关，并与致公党中央领导同志座谈。

胡锦涛指出，致公党具有爱国、革命的光荣历史。长期以来，致公党同中国共产党团结合作，建立了深厚的革命情谊，为我国的革命、建设和改革事业作出了重要贡献。近年来，致公党努力加强自身建设，进一步发挥参政党作用，围绕推进改革开放和社会主义现代化建设提出了很多重要建议，为中共中央和国务院决策提供了重要依据。致公党发挥自身优势，开展了多种形式的社会服务工作，取得了良好的社会效益。

胡锦涛指出，中共十六大提出全面建设小康社会的奋斗目标，对我国新世纪新阶段的改革和发展作出了全面部署。实现这一宏伟目标，需要中国共产党和各民主党派更加紧密地团结合作，需要全体中华儿女共同努力奋斗。只要坚定地走中国特色社会主义道路，同心同德，艰苦奋斗，我们的目标就一定能够实现。

胡锦涛指出，要继续坚持和发扬中国共产党和各民主党派在长期团结奋斗中形成的亲密合作的优良传统，更好地发挥我国社会主义政党制度的特点和优势，同心同德为全面建设小康社会、开创中国特色社会主义事业新局面而奋斗。

胡锦涛总书记走访致公党中央机关，对致公党参政履职工作给予充分肯定并提出了殷切希望，这极大地鼓舞了全体党员。各级组织深入学习贯彻胡锦涛总书记在走访致公党中央机关座谈会上的重要讲话和中共十六大精神，积极履职尽责，不断加强自身建设。

★ 2002 年 12 月 27 日，胡锦涛同志走访致公党中央时与罗豪才亲切握手。

（二）中国致公党第十二次全国代表大会召开

2002 年 12 月 10 日至 14 日，中国致公党第十二次全国代表大会在北京召开。这次大会的主题是：以邓小平理论为指导，学习贯彻中共十六大精神，学习“三个代表”重要思想，充分发挥参政党职能，与时俱进，开拓创新，为建设适应新世纪要求的参政党，开创中国共产党领导的多党合作事业的新局面而努力奋斗。

中共中央政治局委员、国务委员吴仪代表中共中央向大会致贺词。贺词对致公党的历史地位与作用给予高度评价：“中国致公党具有爱国、革命的光荣传统，是与中国共产党长期合作、共同致力于中国特色社会主义的参政党，是中国共产党久经考验的亲密友党，是促进社会主义建设和祖国统一大业的一支重要力量。”贺词对致公党近年来的工作予以充分肯定。过去的五年，“致公党坚持以邓小平理论为指导，认真学习和实践‘三个代表’重要思想，积极履行参政议政、民主监督职能，为改革开放和现代化建设建言献策，取得多方面成绩”。“致公党充分发挥海外联系广泛的优势，积极开展海外联谊和交流工作，在凝聚侨心、反独促统和协助有关部门加强同世界上一些友好国家交往等方面，发挥了独特的作用。”“致公党动员广大成员，积极开展支边扶贫、技术咨询等活动，受到社会各界广泛赞誉。”“致公党适应新形势的需要，大力加强自身建设，成员素质不断提高。”贺词对致公党提出了殷切的希望：“希望致公党深入学习和贯彻中共十六大精神，进一步增强与中国共产党团结合作、共同奋斗的责任感和使命感；紧紧围绕全面建设小康社会的目标，更广泛地凝聚广大成员的智慧和力量，不断推进改革开放和社会主义现代化建设；把学习中共十六大精神与参政党建设结合起来，不断提高成员的政治素质，把致公党建设成为在新世纪与中国共产党亲密合作、能够经受各种困难和风险的考验、致力于中国特色社会主义事业的参政党。”“希望致公党更好地发挥自身优势，及时了解和研究海外侨情，以增进乡情、亲情和友情为重点，多渠道、多层次、多形式地开展海外联络工作，积极宣传‘和平统一、一国两制’的基本方针，坚持一个中国的原则，共同反对‘台独’，反对分裂，为实现祖国的完全统一作出新的贡献。”

中国致公党第十二次全国代表大会出席代表355名，代表全党21000多名党员。大会以邓小平理论为指导，学习“三个代表”重要思想，学习贯彻中共十六大精神，审议并通过了中国致公党第十一届中央委员会的报告，审议并通过了《中国致公党章程（修正案）》，选举产生了中国致公党第十二届中央委员会。

罗豪才代表致公党第十一届中央委员会作题为《致力为公，与时俱进，努力建设适应新世纪要求的参政党》的报告。报告回顾了致公党过去五年的工作：在重大政治问题上立场坚定，旗帜鲜明；参政议政、民主监督成绩显著；海外联络工作取得新进展；留学人员工作有了良好开端；社会服务工作形式多样；自身建设得到进一步加强。

报告总结了致公党工作的基本经验：一是搞好政治交接，坚持正确的政治方向；二是贯彻民主集中制原则，加强领导班子建设；三是增强参政党意识，调动全党积极性；四是发挥致公党优势，形成工作特色；五是改进领导作风，加强中央对地方工作的指导。

报告提出，要适应新世纪要求，努力开创致公党工作新局面。报告对今后工作提出了建议：学习贯彻中共十六大精神，学习实践“三个代表”重要思想；全面加强自身建设，提高全党整体素质；发挥整体优势，做好新形势下的参政议政工作；充分发挥致公党特点，配合做好侨务工作；扩大参与范围，做好社会服务工作。

报告指出：“展望新世纪新阶段全面建设小康社会、加快推进社会主义现代化的壮丽前景，我们充满必胜的信心。中共十六大为我们指明了前进的方向，开启了新的伟大进军的征程。让我们高举邓小平理论伟大旗帜，紧密团结在以胡锦涛同志为总书记的中共中央周围，致力为公，与时俱进，努力把致公党建设成为适应新世纪要求的参政党，广泛团结所联系的归侨、侨眷和海外侨胞，为中华民族的伟大复兴和祖国的完全统一作出新的、更大的贡献。”

致公党十二大通过了《中国致公党章程（修正案）》。新章程是在1997年章程的基础上，依据中共十六大精神，从新世纪、新形势的要求出发，认真总结五年来中国致公党同中国共产党亲密合作的优良传统和加强自身建设的新经验修订而成。一是突出了“三个代表”重要思想：“高举邓小平理论伟大旗帜，学习实践‘三个代表’重要思想，切实履行参政党的职能”，并把“努力学习马克思列宁主义、毛泽东思想、邓小平理论和‘三个代表’重要思想”规定为每个党员必须履行的义务。二是提出建设“适应新世纪要求的参政党”：“为了肩负起时代赋予的光荣使命，全党必须大力加强自身建设，坚持中国共产党的领导与发扬社会主义民主的原则，体现政治联盟的特点，体现进步性与广泛性的统一，努力把中国致公党建设成为与中国共产党亲密合作、致力于建设有中国特色社会主义事业、适应新世纪要求的参政党。”三是增加了团结海外留学归国人员、积极开展对出国留学人员的联谊活动的内容：党在现阶段的一个基本任务，是“充分发挥本党和党员与海外联系广泛的特点，积极开展对海外侨胞、台湾同胞、港澳同胞和出国留学人员的联谊活动”。团结与联系出国留学人员，是致公党近几年来，适应形势发展、体现时代特点的一项重要工作，已经取得了一定的成效，有了很好的开端，这也是致公党的一个特点。

大会选举产生了由99人组成的致公党第十二届中央委员会。在十二届一中全会上，选举产生了由牛文元、王孝询、王宋大、王志民、王钦敏、王珣章、古华民、叶文虎、甘霖（女）、朱坦、朱天慧（女）、许克敏、严以新、吴明熹、李羚（女）、杜宜瑾、邱国义、陈杰、林方略①、罗豪才、俞云波、相建海、黄因慧、黄格胜、彭图治、程津培、蒋作君、蔡建国、滕卫平等29人组成的中央常务委员会，罗豪才再次当选中央主席，王宋

① 因违法违纪，于2016年9月29日，免去其职务。

大、吴明熹、杜宜瑾、俞云波、王珣章、程津培、王钦敏为中央副主席。在第二次主席办公会上，明确杜宜瑾为常务副主席，协助主席抓全面工作。在十二届三中全会上，增选杨邦杰为中央副主席；在十二届五中全会上，增选万钢为中央副主席。在十二届八次中常会上，任命曹鸿鸣为秘书长。

★ 中国致公党第十二届中央领导班子：主席罗豪才（左四），副主席王宋大（右四）、吴明熹（左三）、杜宜瑾（右三）、俞云波（左二）、王珣章（右二）、程津培（左一）、王钦敏（右一）。

致公党十二大是致公党在新世纪召开的第一次全国代表大会。大会以中共十六大精神为指导，确立致公党在今后五年的工作方针与主要任务，团结和带领全党同志，围绕全面建设小康社会的目标而努力奋斗。

二、中国致公党第十三次全国代表大会

2007 年 10 月，中国共产党第十七次全国代表大会在北京召开。大会

高举中国特色社会主义伟大旗帜，坚持以马克思列宁主义、毛泽东思想、邓小平理论和“三个代表”重要思想为指导，深入贯彻落实科学发展观，科学回答了中国共产党在改革发展关键阶段举什么旗、走什么路，以什么样的精神状态、朝着什么样的发展目标继续前进等重大问题，是中国共产党团结带领全国各族人民坚定不移地走中国特色社会主义道路，在新的历史起点上继续发展中国特色社会主义的政治宣言和行动纲领，对于进一步动员和激励全国各族人民坚定不移地走中国特色社会主义道路，夺取全面建设小康社会新胜利、开创中国特色社会主义事业新局面，具有十分重要的意义。

（一）习近平致贺词

中国致公党第十三次全国代表大会于2007年12月17日至21日在北京召开。中共中央政治局常委、中央书记处书记习近平代表中共中央向大会致贺词。

习近平高度评价了致公党的历史地位与作用：“中国致公党具有爱国、革命的光荣传统。长期以来，致公党同中国共产党风雨同舟、荣辱与共，高举爱国主义和社会主义旗帜，广泛动员全体成员和所联系的归侨侨眷与海外侨胞，积极投身中国革命、建设、改革事业，为民族独立和人民解放，为国家发展和社会进步，为促进祖国统一大业，发挥了重要作用。”“实践证明，致公党不愧是中国共产党的亲密友党，是发展中国特色社会主义、促进祖国完全统一、实现中华民族伟大复兴的重要力量。”

习近平充分肯定了近年来致公党的工作成就：“致公党团结带领广大成员和所联系的归侨侨眷与海外侨胞，坚持把发展作为参政议政的第一要务，围绕经济建设这个中心和改革发展稳定的大局，就国家经济社会发展具有全局性、战略性的重要课题，深入调查研究，建有用之言，献务实之策，为促进经济社会发展重大决策的科学化、民主化作出了重要贡献；充分发挥同海内外联系广泛的优势，加强同海外爱国传统侨团侨社、华侨华人、港澳台同胞和留学人员的联系，积极拓展海外联谊工作，在凝聚侨心、汇聚侨智、发挥侨力、维护侨益、反‘独’促统、促进我国对外友好交流等方面，发挥了独特作用。”

习近平希望致公党继续发挥优良传统，在中华民族复兴事业上作出更大的贡献：“我们相信，致公党新一届领导机构一定能高举中国特色社会主义伟大旗帜，坚持中国特色社会主义道路和中国特色社会主义理论体系，继承和发扬老一辈领导人同中国共产党全面合作的优良传统，深入开展中国特色社会主义主题学习教育活动，切实搞好政治交接，团结全体成员和所联系群众，把广大归侨侨眷和海外侨胞的积极性充分调动起来，同中国共产党一道，在发展中国特色社会主义、实现中华民族伟大复兴的征途上，不断开创工作新局面，共同谱写事业新篇章。”

（二）中国致公党第十三次全国代表大会召开

中国致公党第十三次全国代表大会出席代表 435 名，代表全党近 30000 名党员。大会以邓小平理论、“三个代表”重要思想为指导，深入贯彻落实科学发展观，学习贯彻中共十七大精神，审议并通过了中国致公党第十二届中央委员会的报告，审议并通过了《中国致公党章程（修正案）》（以下简称《章程》），选举产生了中国致公党第十三届中央委员会。

大会的主题是：高举中国特色社会主义伟大旗帜，坚持中国特色社会主义理论体系，深入贯彻落实科学发展观，切实履行参政党职能，努力加强自身建设，充分发挥侨海优势，为推动中国共产党领导的多党合作事业和夺取全面建设小康社会新胜利而奋斗。

罗豪才代表致公党第十二届中央委员会作题为《致力为公、参政兴国，为夺取全面建设小康社会新胜利贡献力量》的报告。报告回顾了致公党过去五年来的工作：认真贯彻中共中央的重大理论方针政策，始终坚持正确的政治方向；以科学发展观统领参政议政工作，切实履行参政党职能，积极发挥参政议政、民主监督作用；充分发挥侨海特色和优势，积极开展港澳台侨工作；广泛开展社会服务，促进社会主义和谐社会建设；切实加强自身建设，为履行参政党职能提供重要保障。

报告总结了致公党十年来，特别是近五年来的实践所积累的重要经验：一是自觉接受中国共产党的领导，坚持走中国特色社会主义政治发展道路，始终是我们做好各项工作的政治准则；二是增强参政党意识，服务发展大局，始终是我们做好各项工作的根本任务；三是保持侨海特色，密切海内外同胞关系，始终是我们做好各项工作的独特优势；四是发挥党员的主体作用，调动全党的积极性，始终是我们做好各项工作的重要因素；五是坚持加强学习，与时俱进，始终是我们做好各项工作的不竭动力；六是加强自身建设，提高整体素质，始终是我们做好各项工作的基本保障。

报告对今后的工作作出部署：深入学习贯彻中共十七大精神；搞好政治交接，切实加强自身建设，促进多党合作事业的可持续发展；努力加强参政能力建设，不断提高参政议政水平；抓住机遇，发挥优势，不断开拓港澳台侨工作新局面；切实关注民生，搞好社会服务，为促进社会建设多作贡献。

报告指出："中共十七大为我们指明了前进的方向，开启了新的伟大征程。我们站在新的历史起点，面对着改革开放和现代化建设的宏图伟业，面对着光荣的历史使命，让我们高举中国特色社会主义伟大旗帜，坚持以邓小平理论和'三个代表'重要思想为指导，深入贯彻落实科学发展观，毫不动摇地坚持中国特色社会主义道路和中国特色社会主义理论体系，紧密团结在以胡锦涛同志为总书记的中共中央周围，广泛团结本党党员和所联系的归侨、侨眷、海外侨胞，凝心聚力，开拓创新，努力把中国致公党建设成为适应时代发展要求的参政党，为夺取全面建设小康社会的新胜利，把我国建设成为富强民主文明和谐的社会主义现代化国家作出新的更大的贡献。”

大会通过了《中国致公党章程（修正案）》。《章程》在总纲中提出了高举中国特色社会主义伟大旗帜，坚持中国特色社会主义道路，坚持中国特色社会主义理论体系、深入贯彻落实科学发展观、全面遵循多党合作和政治协商的政治准则和坚持中国特色社会主义政治发展道路的要求，对致公党的性质作出了新的完整的表述，将“建设富强民主文明和谐的社会主义现代化国家”写入致公党的奋斗目标中，并将“为促进社会主义经济建设、政治建设、文化建设、社会建设而努力”，“为构建社会主义和谐社会作出贡献”写入致公党现阶段的基本任务中。在致公党现阶段的基本任务中，增加了充分发挥致公党在人民政协中的作用，积极参与国家重大方针政策的讨论协商和履行职责的各种活动等规定，把党员和所联系群众的智慧和力量凝聚到全面建设小康社会的奋斗目标上来。《章程》全面地提出了加强自身建设的任务和目标：按照坚持中国共产党的领导、发扬社会主义民主、体现政治联盟特点、体现进步性和广泛性相统一的原则，以思想建设为核心，以组织建设为基础，以制度建设为保障，努力把中国致公党建设成为与中国共产党亲密合作、致力于建设中国特色社会主义事业、适应时代发展要求的参政党。根据十二大以来的实践经验和当前形势的要求，对现行章程第一章党员、第二章组织制度、第三章中央组织、第四章地方组织、第五章基层组织、第六章党的干部和其他各章中有关内容进行了修订。

大会选举产生了由 110 名中央委员组成的致公党第十三届中央委员会。在十三届一中全会上，选举产生了由万钢、王孝询、王志民、王钦敏、王珣章、甘霖（女）、朱天慧（女）、刘富兴、闫小培（女）、严以新、李羚（女）、李卓彬、李昭玲（女）、杨邦杰、吴幼英（女）、陈杰、林方略、郑继伟、赵进东、相建海、姚凯伦、黄因慧、黄格胜、曹小红（女）、曹鸿鸣、蒋作君、程津培、谢广祥、谢晓尧、蔡建国、滕卫平等 31 人组成的中央常务委员会，选举万钢为中央委员会主席，王钦敏、王珣章、程津培、杨邦杰、严以新、黄格胜、曹小红（女）、李卓彬为副主席。在第一次主席会上，王钦敏被确定为常务副主席，主持中央日常工作。在十三届四中全会上，增选张柏青为中央常委；在十三届五中全会上，增选闫小培为中央副主席。

★ 万钢（1952—）

这次大会是一次民主、求实、团结、奋进的大会，是一次继往开来、与时俱进的大会。这次大会团结带领致公党全体党员，沿着中共十七大指引的方向，高举中国特色社会主义伟大旗帜，坚定不移地走中国特色社会主义政治发展道路，更加紧密地团结在以胡锦涛同志为总书记的中共中央周围，紧密围绕中共十七大提出的战略部署，更好地履行参政党职能，为推动科学发展，促进社会和谐，夺取全面建设小康社会的新胜利，推进祖国和平统一大业作出新的更大的贡献。

★ 中国致公党第十三届中央领导班子：主席万钢（左五），副主席王钦敏（右四）、王珣章（左四）、程津培（右三）、杨邦杰（左三）、严以新（右二）、黄格胜（左二）、曹小红（右一）、李卓彬（左一）。

三、以科学发展观引领参政议政工作

致公党十二大、十三大的十年间，致公党以科学发展观为指导，参与国家政治生活，打造建言献策精品，认真履行民主监督职能，在人大、政府、政协中切实发挥作用，参政议政成效显著。2004 年 4 月，《关于加强海外侨务工作、促进华人华侨资源可持续发展的建议》首次将“可持续发展”这一概念引入海外侨务资源的保护、利用和开发方面，得到中共中央领导同志的重要批示。

（一）参与国家大政方针的协商

2003 年至 2012 年的十年间，致公党中央领导出席中共中央、国务院召开的各种协商会、座谈会和情况通报会以及有关部门的研讨会近 200 次，就中国共产党党代会报告、中共中央重要文件、宪法和重要法律的修改建议、国家领导人建议人选、国民经济和社会发展规划纲要等重大问题，参与高层协商，积极议政建言。

表 6.1　致公党十二大期间罗豪才在党外人士座谈会上议政建言情况摘要（2003—2007）

时间	主要内容
2003	建立健全宪法保障制度。 强化经济区域，以点带面推动经济的发展；加快建立公共参与的民主决策机制。 推动农村金融体制改革。 关于进一步做好非典防治工作的几点建议。 推动农村金融体制改革；关于科研管理宏观协调机制的建议；尽快建立社会稳定预警系统；推进劳动教养制度改革。 保护农民的土地，增加对农业的投入；鼓励、引导和扶持第三产业的发展；加快科技创新体系建设，推动科技创新的可持续发展；大力发展循环经济，走新型工业化道路。

续表

时间	主要内容
2004	加快司法体制改革；关心归侨侨眷中的困难群体，推进华侨农场的体制改革；高度重视香港青年一代的教育培养问题；加强领事侨务工作的力度。 加强对宏观调控的法律分析，不断完善宏观调控制度；明确政府职责划分；加强对经济指标的统计与分析预测。 加快中部地区崛起，统筹区域协调发展；中部地区崛起，观念要先行，农业是基础，产业是支柱，防灾减灾要重视，人才是关键。
2005	注意三个方面的问题，维护社会稳定。 加强制度建设，不断提高依法执政的能力；弘扬中华优秀传统文化，始终保持先进文化的前进方向；进一步更新观念，全面推进社会主义和谐社会建设。 进一步加快加强循环经济建设；为构建和谐社会建立和完善四大补偿制度。
2006	既要扩大公民参与范围和程度，又要重视专家和专门知识的作用；既要重视学历教育，又要重视成人教育。 要重视保持土地数量和质量。 把节能降耗和污染物减排作为优化经济结构的主要抓手；提高劳动报酬，优化收入分配结构；把劳动报酬作为完善收入分配制度和拉动内需的重要内容；把实现高等教育均衡发展作为促进教育公平的重要任务。 关于建立多种形式的农村养老保险制度的建议；关于完善公共治理的建议；关于大力发展我国医疗卫生事业的建议；关于建立社会工作者队伍的建议。 把节能降耗和污染物减排作为优化经济结构的主要抓手；提高劳动报酬优化收入分配结构；把劳动报酬作为完善收入分配制度和拉动内需的重要内容；把实现高等教育均衡发展作为促进教育公平的重要任务。
2007	进一步推进社会主义新农村建设；落实科学发展观，努力构建社会主义和谐社会，促进世界和谐。 深化农村金融改革，加强金融对新农村建设的支持；重视和解决优秀中小企业融资难的问题；注重国家金融监管体系的协调，不断提高金融服务水平；重视国家金融安全问题。 切实完成“十一五”规划中的约束性节能降耗指标；推动我们海洋事业持续健康发展。 逐步推进城乡一体化进程；继续实施开发式扶贫，努力营造全社会支持扶贫事业的良好氛围；发挥侨务资源优势，密切海内外同胞关系，促进和谐世界的建设。 统筹城乡发展，构建社会主义和谐社会；确保食品安全，重视农村环保卫生工作；引导和鼓励中小企业积极开展科技创新；加强对节能减排工作成效的宣传。 依靠科技自主创新，推进产业结构优化升级；着力改善民生，提高居民收入，扩大内需；以改革促发展，完善宏观调控体系；以开放促发展，提高开放型经济水平。

续表

时间	主要内容
2007	学习中共十七大精神，坚定不移地走中国特色社会主义道路；围绕中共十七大提出的各项任务，积极履行参政党职能，加强自身建设。

表 6.2　万钢在党外人士座谈会上议政建言情况摘要（2008—2012）

时间	主要内容
2008	1. 关于经济形势：从科学发展观的高度，进一步增强中央和国务院对宏观经济调控的力度，加强对国家和地方重大经济调控措施的指导与协调；加快资源要素价格等领域的改革；针对内需增长面临的压力，引导社会资本加大对公共服务领域的投入；推动金融监管体制的改革。 2. 关于“三农”问题：以科技为先导发展农村生产力，鼓励优秀人才流向农村，不断提高农业生产的科技含量；以人为本，不断改善农民生产生活条件，切实解决农村民生问题；以市场为导向，积极引导各种社会资本进入农村；引导农村劳动力有序转移，理顺粮食价格机制，切实增加农民收入。 3. 关于我国司法体制与工作机制：以保障民生为宗旨，建设亲民型、服务型司法机构；以树立司法权威为目标，深化审判管理机制改革；稳步推进法官职业化建设，建设高素质人才队伍；积极探索审判监督的方法和形式，维护社会公正。 4. 侨海工作：进一步发挥海外留学人才的智力优势；以“区域对区域”的交往模式，进一步深化海峡两岸经济交流与合作。
2009	1. 关于经济形势：节能减碳既是促进经济结构调整的有力方式，也是应对国际金融危机的重要举措；认清挑战与自身优势，积极应对气候变化；把发展低碳产业作为我国应对国际金融危机与气候变化的重要抓手；占据道义制高点，积极主动地参与气候谈判。 2. 创新发展：着力调整结构，大力培育发展战略性新兴产业；改善民生，扩大内需，促进经济社会和谐发展；积极创造就业机会，努力促进大学毕业生就业创业；提升我国软实力，发挥自主创新在推动经济结构调整中的作用；重视凝聚侨心，加大对侨资企业的帮扶与权益保护。
2010	1. 关于经济形势：科学把握战略性新兴产业在结构调整中的先导作用；充分发挥第三产业在我国经济增长中的带动作用；合理彰显改善民生在构建和谐社会中的作用；着眼长远，提高宏观调控和决策的能力和水平。 2. 创新发展：把握规律、充分发挥战略性新兴产业在结构调整中的作用；深化改革，充分发挥科技创新的驱动和支撑作用；创新机制，着力解决涉及民生的重大问题。 3. 侨海问题：维护侨益、发挥侨力，努力涵养和利用侨务资源。

续表

时间	主要内容
2011	1. 关于经济形势：科学分析各类数据，坚定宏观调控方向，推动产业结构调整和发展方式转变；解决科技型中小企业融资难问题，促进科技创新成果产业化；合理开发利用海洋资源，科学推进海洋经济发展；加强统筹协调，保障我国信息化建设的深度发展；高度重视产业变革，切实把握新技术增长机遇；加快推进科技成果转化和产业化，以自主创新驱动经济结构调整；积极应对粮食生产中的新问题，确保我国粮食安全；采取区别对待措施，引导中小企业健康发展。 2. 加强农村社会化服务体系建设，推进现代农业发展；创新商业模式，保护知识产权；科学开发利用海洋资源，促进海洋经济转型升级和可持续发展；重点制定侨务工作发展纲要，切实将侨务工作纳入国家发展战略。
2012	1. 关于经济形势：依靠创新驱动，积极培育和提高我国创新型企业和优势产业的核心竞争力；坚持扩大内需和结构调整相结合，拉动经济平稳、适度增长；加强政策引导，破解资金进农村难题；完善海外高端人才引进和使用的方式方法，发挥好海外高端人才对我国经济社会发展的积极作用；实现 GDP 和国民收入翻番，更要重视区域协调发展和缩小城乡差别；实施创新驱动发展战略，抓住核心关键技术、带动各行业发展；培育新的经济增长点，要克服政策细节上的障碍；中国文化走向世界，要重视做好海外中文学历教育工作。 2. 把深化改革作为同步推进农业现代化和土地科学利用的重要抓手；把鼓励校车使用新能源汽车作为校车安全管理的重要支撑；把发挥行业协会作用作为促进我国经济可持续发展的重要一环。

（二）围绕中心开展调研

调查研究是参政议政的基础，高质量的提案与建议离不开深入的调研。各级组织高度重视调研工作，积极配合有关单位，就我国经济社会发展中具有综合性、全局性、前瞻性的重要课题，深入调查研究，充分开展论证，建言献策课题形成系列，质量不断提高。

科技自主创新与信息化发展是致公党长期关注的课题。致公党十二大期间，致公党中央组织了以“提高企业自主创新能力”为主题的调研，与九三学社联合，对黑龙江国有企业科技自主创新的情况进行了视察；积极参加了全国政协关于中国科学院知识创新工程进展情况和安徽、湖北科技创新体系建设的视察。致公党十三大期间，中央围绕“北京科技农业”

“中原地区科技创新与区域创新体系建设”“生物质能源的科技创新与产业化发展”“现代信息技术促进产业转型升级”“长株潭自主创新体系建设”“国家信息化发展战略”“科技成果转化”等主题先后开展调研。其中，《关于促进中原地区科技自主创新能力的建议》推动了《国务院关于支持河南省加快建设中原经济区的指导意见》的出台。2010 年，根据致公党中央“合芜蚌科技创新”课题调研形成的建议，促成合芜蚌试验区获批自主创新示范区企业股权和分红激励试点，并列入国家“十二五”自主创新能力重点建设试验区。创新开展中央与地方组织联合调研，成果共享，有力促进了地方经济社会发展。2012 年大调研形成《关于加快推进我国信息化科学发展的若干建议》。

生态与环境保护是致公党中央长期关注的课题。围绕循环经济与可持续发展，致公党中央进行了长期的调研。2003 年，考察了东北老工业基地 7 个城市，相继提出《大力推行循环经济模式，促进可持续发展能力的不断增强》《大力发展循环经济，加快老工业基地改造》等建议。2004 年，与国家环保总局、南开大学联合举办“环境与循环经济”国际研讨会。2007 年，创办中国发展论坛，以《中国发展》杂志为循环经济发展搭建建言立论的平台，推动循环经济实验区的建设。2008 年，就“碳汇林业与生态文明”课题赴云南考察，提出将发展碳汇林业作为中国应对气候变化的重要对策、建立统一的森林碳汇计量体系和标准等多项建议。2009 年，在内蒙古自治区就草原保护与建设开展调研。2010 年，在甘肃就湿地保护进行调研。2011 年就发展低碳交通、促进航道发展进行调研。2012 年，在北京、河北等地调研环首都区域水资源保护与协调发展。

对区域发展的关注，是致公党长期以来参政议政工作的重要内容。从西部开发、中部崛起，到东部长三角的发展和海峡西岸经济区的建立，多年来致公党中央进行了一系列调研。致公党十二大期间，中央相继对中部地区进行考察，提出了中部崛起的建议，促进了当地经济社会文化发展。中央在与全国政协就海峡西岸经济区的构建开展联合调研，提出《建设海峡西岸经济区，构建我国东南沿海繁荣经济圈》的建议，推动“海峡西岸”经济区纳入国家“十一五”规划纲要。2008 年，中央和科技部组团赴闽粤部分地区就海峡西岸区域经济发展和对台工作情况进行调研，最终推动了海峡西岸经济区上升为国家战略。2009 年，中央赴江苏、浙江、安徽和上海进行长三角区域一体化专题调研，提出完善长三角区域合作发展、促进长三角金融合作协调发展等多项建议，推动了国家层面长三角区域规划的出台。2010 年向中共中央、国务院提交了《关于推进攀西战略资源综合开发与西部发展的建议》，2011 年提交了《关于促进巴中、广元等秦巴山区革命老根据地可持续发展的建议》，2012 年提交了《关于推进陕甘宁革命老区振兴与可持续发展的建议》。

围绕社会主义新农村建设，进行了系列调研，因地制宜地提出促进新农村发展的建议。致公党十二大期间，针对农村贫困地区，提出集中连片整体推进的扶贫开发新思路；针对山区，提出稳步开展集体林权制度改革的建议；针对农村环保面临的新问题，提出统筹城乡环保体系的建议；针对粮食主产区，提出节约集约用地、提升粮食综合生产力的建议；针对沿海地区，提出海域权属管理、推进新渔村建设的建议。其中针对农村环保面临的新问题提出的建议，得到了国务院领导的批示。国务院办公厅在 2007 年 11 月转发的环保总局等部门《关于加强农村环境保护工作意见》中，采纳了致公党提出的有关建立健全农村环境保护的管理机制和制定农村环境保护规划等建议。2007 年，围绕统筹城乡经济社会协调发展，推动了重庆、成都统筹城乡综合配套改革实验区的建立。致公党十三大期间，中央继续密切关注农业发展和农村建设问题。2008 年，中央开展“国家粮食核心产区保护与建设”调研，形成了《关于开展粮食核心产区保护与建设工程，保障国家粮食安全的建议》。2009 年，根据调研形成了《关于加强农田水利建设的建议》《关于推进土地整治、促进兴边富民重大战略的建议》。2010 年，中央在北京就科技农业问题进行调研，推动了北京国家级现代农业科技城的建设。2011 年，根据调研形成了《关于加快农田水利建设确保粮食生产的建议》《关于保障和改善经济不发达地区医疗服务体系的建议》《关于妥善解决新型农村合作医疗制度实施中存在的若干问题的建议》。2012 年，根据调研形成了《关于优化农村金融组织，促进农业与农村发展的建议》等。

促进海岛保护立法。海岛是我国国土资源一个特殊的区域，海岛问题不仅事关民生，而且意味着海洋国土的安全和海洋资源的归属。2006 年，致公党中央赴山东东营、日照、青岛等地，2007 年赴广东珠海、湛江和广西北海等地，2008 年赴上海及浙江舟山、宁波等地，就“海岛保护与管理”“海域开发与保护”“海岛立法”“加快偏远海岛发展”等课题进行了一系列的调研，形成《致公党中央开展海岛保护与开发政策调研报告》等三份调研成果。2008 年全国政协十一届一次会议上，致公党中央提交《关于加快海岛保护立法进程，加强海岛开发保护管理的提案》，推动了《海岛保护法》的出台。《海岛保护法》出台以后，致公党继续关注海岛保护法规的落实和发展海洋经济等相关问题。2010 年，中央调研组赴大连长山群岛进行调研，探讨加强海岛生态保护、促进海岛经济社会的可持续发展的有效途径；赴福建平潭岛调研，探索海岛发展规划和推动海洋经济发展的相关课题。2011 年，致公党中央就“偏远海岛保护与整治修复”课题赴西沙调研。

中华传统文化是联结海内外同胞的一个纽带，也是中华民族认同的基础。以中华文化为媒介，密切海内外同胞关系，加强国家软实力建设，是致公党建言献策的另一主题。致公党十二大期间，中央从区域文化切入，罗豪才等中央领导相继对闽南文化、河洛文化、三晋文化、齐鲁文化、客家文化、徽文化、荆楚文化、广西文化等进行了深入的考察和调研，为中华优秀传统文化的传承与发展，提交了建议与提案。地方组织也发挥各自优势，为区域文化的发展献计出力。2006 年，中央召开“弘扬优秀传统文化，密切海内外同胞关系”理论研讨会，就弘扬中华优秀传统文化与构建社会主义和谐社会、做好侨港澳台工作、促进祖国统一的关系进行了认真讨论。

十年来，致公党中央还围绕新型农村合作医疗、职业教育、民办教育、社会资本办医等社会热点问题积极组织调研，在深入调研基础上形成的建议，得到了中共中央、国务院领导同志的高度重视和批示。中央还组织参与了国务院侨办牵头，“五侨”单位共同参与的侨资维权调研等。此外，各级地方组织也就国家与地方经济社会发展中的问题进行调研，每年都有多项提案与建议，受到中共地方党委和政府的重视。

民主党派年度大调研，是指民主党派中央受中共中央委托，由中共中央统战部组织实施，每年就经济社会发展重大问题开展的重点考察调研。这项从1993年就开始的考察调研活动，已成为致公党参政议政、民主监督的常态化工作机制，在每年的参政议政工作中发挥着重要作用。

表6.3　2001—2012年度大调研课题

年份	调研课题
2001	农村小康和农业、农村现代化建设。
2002	生态环境补偿机制与循环经济。
2003	推进循环经济发展模式。
2004	中部崛起。
2005	贫困地区的发展与和谐社会构建。
2006	林业发展与新农村建设。
2007	弘扬中华文化，密切海内外同胞关系。
2008	碳汇林业发展与生态文明建设。
2009	推进长三角区域经济一体化，打造国家经济发展新的增长极。
2010	生物质能源的科技创新与产业化发展。
2011	海洋经济发展与海岛保护。
2012	大力发展现代信息技术，促进产业转型升级。

（三）服务大局建言献策

致公党各级组织高度重视发挥提案、发言等的作用，在历次政协会议上，积极递交提案，踊跃发言。在第十届全国政协历次全体会议上，致公党中央和全国政协致公组共提交大会发言61篇、提案151件，有13件提案被全国政协评为优秀提案。在第十届全国政协历次常委会上共提交发言

23 篇。在第十一届全国政协大会期间，致公党各级组织共提交党派发言材料 1836 件、提案 9413 件，其中向第十一届全国政协大会提交发言共 80 件，提案 119 件，有 7 件被全国政协评为优秀提案。

表 6.4　2003—2012 年全国政协会议致公党提案和大会发言情况

时间	提案数	大会发言数	部分提案和大会发言
2003	24	18	关于积极创建我国农村社会保障体系的建议；关于大力推进循环经济的建议；大力推行循环经济发展模式，促进可持续发展能力的不断增强；建立与完善生态补偿机制，推进可持续发展战略。
2004	19	13	大力发展循环经济，加快东北老工业基地改造进程；关于建立和完善我国生物保安体系的建议；整顿土地市场秩序，保护农民合法权益。
2005	42	10	关于加强农村劳动力转移培训的建议；促进中部地区崛起，全面建设小康社会；加快发展民族医药事业。
2006	50	14	关于构建绿色扶贫试验区，整片推进大别山区发展的提案；关于实现“蓝色农业”可持续发展的提案；提升企业自主创新能力，建设创新型国家；关于国家知识产权发展战略制定工作的几点建议。
2007	22	7	关于在新农村建设中加大农村信息化推进力度的建议；关于推进集体林权制度改革的提案；关于促进西部贫困地区扶贫工作的提案；统筹城乡发展，促进社会和谐；创新节地机制，确保持续发展。
2008	26	8	关于加快海岛保护立法进程，加强海岛开发保护管理的提案；关于建立生态文明建设评估体系的提案；关于发展现代服务业，促进我国经济新一轮增长的提案；关于加强我国非物质文化遗产保护的提案；吸引海外人员回国创业，共建人力资源强国；优先发展教育，推进教育事业科学发展。
2009	26	16	关于解决国际金融危机影响下我国就业问题的提案；关于加强内河航道资源的保护和开发，促进江河水资源综合开发利用的提案；关于加快推进集体林权制度改革，促进农民工返乡就业的提案；关于加快商贸流通业发展，促进消费的提案；关于促进社区早教事业发展的提案；关于全面加强我国食品安全科学监管的提案；城乡统筹必须高度重视中心镇的带动作用；大力发展碳汇林业，促进生态文明建设。

续表

时间	提案数	大会发言数	部分提案和大会发言
2010	38	18	关于加快资产评估立法步伐的提案；关于进一步加强转基因食品安全性认知的提案；关于加快推进小城镇建设的提案；关于调整 CPI 指标体系，保障经济决策科学性的提案；关于后金融危机时期实施科技兴贸战略的提案；加强自主创新，继续推进实施科技兴贸战略；实行垃圾干湿分类，调整垃圾处理结构；调结构、抓转移，促进长三角区域合作新发展。
2011	22	15	顺应时代要求积极稳妥地推动海外中国学校建设的提案；关于加快转变环渤海港口发展方式的提案；关于优化服务业发展环境的提案；关于加强对食疗行业的监管力度的提案；关于完善后续管理，确保住房保障工作健康有序开展的提案；关于促进生物质能源科技创新与产业化发展的提案；关于完善区域创新体系，加快合芜蚌自主创新综合配套改革试验区建设的提案；加强自主创新能力建设，促进中原地区发展；推进科技企业孵化器建设，营造留学人员创新创业良好环境。
2012	25	24	深化改革、优化环境，吸引华侨华人回国创业的提案；关于深入推进文化与科技融合，促进社会主义文化大发展大繁荣的提案；关于建立稳定的农产品价格长效机制的提案；关于积极应对《环境空气质量新标准》的提案；关于完善公共租赁房制度的提案；关于加大政府扶持力度，切实推动非遗类民间艺术的活态传承的提案；加强海洋经济发展与海岛保护，建设海洋强国；保障和改善经济不发达地区医疗服务体系。

一些提案与发言引起社会各界的普遍关注和强烈反响。在全国政协第十届二次会议上，《大力发展循环经济，加快东北老工业基地改造》《整顿土地市场秩序，保护农民合法权益》《推进中心城市交通行政管理体制改革》《关于加强职业教育，全面提高新生劳动力素质的建议》等发言和提案得到全国政协和政府有关部门的重视。在全国政协第十届三次会议上，《关于加快农村信息服务体系建设的建议》被列为本次大会的“一号提案”。在全国政协十届四次会议上，五项提案入选全国政协重点提案办理会。《关于将吸引和用好留学人员作为实施人才战略的一项重要任务的

建议》得到高度重视。在全国政协第十一届一次会议上，大会口头发言《吸引海外人才回国创业，共建人力资源强国》引起海内外媒体的广泛关注和中共中央、国务院及相关部门的重视。《关于解决国际金融危机影响下我国就业问题的提案》被列为全国政协第十一届二次会议的“一号提案”。在全国政协第十一届三次会议上的大会口头发言《调结构、抓转移，促进长三角区域合作新发展》，建议要明确安徽在长三角区域规划中的功能定位，为安徽融入长三角起到了重要的促进作用。一些侨海特色鲜明的意见建议得到了有关部门的高度重视。如《关于把“海外台湾学子”纳入侨务对台工作重要对象的建议》，国台办专门答复，并就此提案进行了会谈，产生了较好的效果。《关于科学推进“走出去”国家战略实施的提案》，得到了国家发改委的专门答复。2012 年，致公党提交的《关于加强涉台文物的保护、开发和使用的建议》《关于日韩老侨历史遗留证件问题的情况反映》《关于支持海外华文教育》《关于黄岩岛事件中菲律宾华侨华人心态的情况反映》等提案和建议也得到关注。

作为国家战略的中原经济区、海峡西岸经济区的设立，国家层面的长三角区域规划，海岛保护法的出台，农村税费改革以及重庆、成都统筹城乡综合配套改革试验区，合芜蚌建设国家自主创新示范区，北京国家级现代农业科技城的设立等，都有致公党的建议与促成作用。另外，关于生态文明、科技自主创新、发展战略性新兴产业、保障国家粮食安全、化解金融风险、土地保护、促进老工业基地发展、加强海外侨务工作、吸引海外优秀人才回国创业、发展职业教育等事关国计民生全局性问题，致公党都提出了重要的建议，发挥了积极的影响，体现了参政党在国家政治生活中应有的作用。

认真做好社情民意工作。收集和反映社情民意是参政党尽职履责的重要内容，致公党始终高度重视这项工作。各级组织发挥侨海特色和智力优势，加强队伍建设，建立健全并不断创新社情民意工作机制，拓宽信息工作渠道，围绕中共各级党委和政府的工作重点和人民群众关心的热点问题，学习和了解相关方针政策，做好实地走访调查研究，形成有价值的意见和建议。许多意见建议得到了有关部门的重视和采用。

表 6.5　2002—2012 年致公党中央社情民意信息工作情况

年份	收到篇数	报送篇数	代表性社情民意信息
2002	260	178	健全社区体育管理体制，走全民小康体育建设之路。
2003	310	233	从 SARS 流行反思我国卫生系统存在的问题。
2004	500	319	应重视农村劳动力转移就业带来的问题。
2005	793	359	中学历史教科书应完整系统地表述统一战线的内容。
2006	1014	600	构建我国技术贸易保护体系，积极应对防范国外技术性贸易壁垒。
2007	766	233	建立国有资本收益管理制度，使国家财政分享国有资本投资收益。
2008	737	429	实施粮食核心产区保护与建设工程。
2009	1390	543	着力发展低碳经济，促进东部地区率先转型发展。
2010	1391	488	关于进一步贯彻落实《民办教育促进法》的建议。
2011	1154	395	爱国华人对我国引进海外人才战略的思考。
2012	1233	339	扩大中医药文化海外传播，促进华侨华人爱国热情凝聚。

（四）创办中国发展论坛

为进一步拓宽资政建言渠道，自 2007 年起，致公党中央创新方式，每年与一个省市合作，就我国经济社会发展中的重大问题，共同举办中国发展论坛，至 2012 年共举办六届。

表 6.6　2007—2012 年中国发展论坛一览

年份	地点	论坛主题
2007	天津	滨海新区循环经济发展及资源节约型和环境友好型社会建设。
2008	重庆	统筹城乡发展。
2009	湖北武汉	武汉城市圈“两型社会”建设。

续表

年份	地点	论坛主题
2010	辽宁大连	辽宁沿海经济带和环渤海地区合作与发展。
2011	浙江宁波	海洋经济发展与海岛保护。
2012	湖北黄石	可持续发展20年暨资源枯竭型城市转型。

第一届中国发展论坛在天津滨海新区举办，就循环经济发展与资源节约型和环境友好型社会建设问题邀请海内外专家学者共同研讨。第二届论坛以统筹城乡发展为主题，与会专家学者围绕统筹城乡综合配套改革试验区的目标定位、基本路径、工作重点，以及相应的制度框架和政策设计，促进城乡统筹的机制、体制创新等问题进行了深入研讨。第三届论坛以新的视角，就“两型社会”建设的发展思路、目标定位、基本途径等重大问题开展了学术交流和讨论。第四届论坛围绕辽宁沿海经济带和环渤海地区合作与发展的规划实施、战略定位、空间布局、发展重点、政策措施、项目安排、体制创新、基本途径和工作重点等重大问题开展了学术交流和工作研讨。第五届论坛以海洋经济发展与海岛保护为主题，邀请了百余名海岛管理人士和知名专家、学者，围绕海岛保护、海岛开发、海岛经济与海岛管理等多个专题进行了学术交流和研讨。第六届论坛围绕资源枯竭型城市转型的思路、目标、定位、途径等重大问题开展了学术交流和讨论，为资源枯竭型城市转型和可持续发展建言立论。

此外，根据实际情况，致公党还举办中国发展论坛的分论坛，如“中国发展·2009浦东论坛”“中国发展·2010潍坊生物医药产业创新发展论坛”“中国发展·2010南京栖霞论坛”等。2011年在呼和浩特举办“中国发展论坛·呼和浩特论坛”，在南京举办“中国发展论坛·书法传统与当代人文修养高层论坛”。

中国发展论坛汇聚致公党各界专家力量，发挥特色和优势，积极建言献策，对提高参政议政的能力和水平发挥了重要作用。

中国发展论坛的重要成果会集中在《中国发展》上专题刊登。《中国发展》自创刊以来，以可持续发展为主题，聚焦发展中的热点问题，为参政议政搭建理论平台，为有关部门决策提供了有益参考。2006 年，中央机构编制委员会办公室批复同意成立《中国发展》杂志社。

（五）在人大、政府、政协中发挥作用

致公党员多人担任各级人大代表、政协委员。第十届人大与政协期间，致公党员担任各级人大代表的有 635 名、政协委员 2962 名，其中全国人大代表 31 人，全国政协委员 48 人，全国政协致公组界别人数由 20 人增加到 30 人。2003 年 3 月，罗豪才当选全国政协副主席。在地方“两会”上，有 1 人当选省人大常委会副主任、11 人当选省（自治区、直辖市）政协副主席。第十一届人大与政协期间，致公党员担任各级人大代表的有 814 名，政协委员 3787 名，其中全国人大代表 37 人，全国政协委员 50 人。2008 年 3 月，万钢当选全国政协副主席。在地方“两会”上，有 1 人当选直辖市人大常委会副主任、9 人当选省（自治区、直辖市）政协副主席。各级人大代表和政协委员以强烈的政治责任感和饱满的参政热情，就政治、经济、社会、文化等各项事业积极建言献策，很多建议被采纳，促进了社会发展，较好地履行了人民代表和政协委员的职责。

致公党员在政府和司法机关担任领导职务。2007 年，万钢担任科技部部长。2003 年至 2012 年的十年间，致公党员 632 人在县级以上政府和司法机关担任领导职务，其中有 9 人当选副省长，他们与中共各级领导干部合作共事，直接参加了政府管理和司法实践活动，较好地履行了自身职责。

在地方政治生活中发挥积极作用。致公党各级地方组织关心地方发展，努力为地方经济社会发展服务。2007 年，上海、江苏、浙江三地致公党组织共同举办“长三角区域合作发展论坛”。论坛每年举办一次，后安徽、湖北、湖南等省加入。该论坛开了省级组织参政议政合作的先河。2003 年，致公党广东省委会开展“一党员一信息、一支部一调研”活动，形成了人人关心国家与地方发展的活跃局面。致公党各级地方组织负责同志积极参加当地中共党委、政府召开的协商会、座谈会和情况通报会，仅

2008年至2012年的五年间，参加各种会议4800多次，对当地改革和建设中的重要问题及人民群众普遍关心的问题，提出了不少建设性的意见和建议，被政府有关部门重视和采纳。

加强与政府部门合作，提高参政议政的质量。与政府部门合作是致公党开展参政议政工作的一大特色，并且形成了许多有效的机制。致公党员发挥担任人大代表、政协委员和在政府、司法机关中任职的优势，与各级人大、政协及政府部门紧密合作，开展课题调研。如与农业农村部合作开展农业农村问题的调研，与国土资源部合作开展土地和海岛保护的调研，与交通部合作开展关于道路建设的专题调研，与科技部合作开展提高自主创新能力、切实转变经济增长方式的调研等。各级地方组织与当地政府加强联系，合作调研，优势互补，形成合力，资源共享，共同为社会经济发展和和谐社会建设贡献力量。

（六）履行民主监督职能

致公党中央和地方组织认真履行民主监督职能，通过各种渠道、各种方式，向中共党委和政府部门就方针政策的制定、执行以及各项工作，提出加强领导、完善政策、改进工作的意见、批评和建议，并将民主监督寓于参政议政之中。各级组织重视收集社情民意，及时报送有关部门，为中共党委和政府决策提供参考。

一些党员还通过多种形式，就经济社会问题提出意见、建议。致公党十二大期间，致公党共有697名党员被各级政府、司法部门聘请为各类特约监督人员。致公党十三大期间，共有854名党员被各级政府、司法部门聘请为特约人员。他们认真参与聘请单位组织的各种调查、检查和监督活动，受到聘请部门的好评，不少同志还荣获优秀特邀监察员、优秀特约检察员等荣誉称号，为国家发展和民主法制建设作出了贡献。

（七）建设专门委员会

致公党中央专门委员会是在中央常委会、主席会议的领导下，为中央履行参政党职能服务的重要工作机构，其成员主要由党内各领域的专业人士组成，被称为“行动中的致公党、平台化的智库”。致公党中央制定《关于加强专门委员会工作的若干意见》和《专门委员会通则》等，完善专委会机构设置，调整人员结构，健全工作机制。

2003年3月，中央决定设立参政议政工作委员会、环境与发展工作委员会、海外联谊工作委员会、留学人员联络工作委员会、社会服务工作委员会、妇女工作委员会、法制建设研究会、党务研究会等八个专门委员会。2004年12月，决定增设科技经济工作委员会。2007年3月，撤销科技经济工作委员会，新设立了经济工作委员会和教育科技文化卫生工作委员会。2008年，中央共有十个专委会：经济与科技委员会、环境与可持续发展委员会、教育与卫生委员会、文化与体育委员会、法制建设委员会、海外联谊委员会、留学人员联络委员会、社会发展与服务委员会、妇女委员会、党务研究委员会。2010年，原经济与科技委员会分立为经济委员会和科技委员会，原教育与卫生委员会调整为医药卫生委员会和教育委员会。至此，中央有12个专门委员会。

各专委会围绕经济社会中的重大问题，开展调查研究，撰写调研报告、提案发言、建议、社情民意等，为致公党中央高层协商和参政议政提供素材。各专委会每年侧重一两个题目进行深入调研，打造参政议政精品，成效显著，多个提案与建议得到了中共中央和国家领导人的批示，产生了广泛的社会影响。

（八）不断深化参政规律的认识

致公党中央在总结全党实践经验的同时，重视提高自身理论水平，不断深化对致公党参政规律的认识。在参政指导思想上，必须高举中国特色社会主义伟大旗帜，坚持以中国特色社会主义理论体系来统一全党思想，指导各项工作；在参政根本宗旨上，必须坚持“致力为公，参政兴国”，继承和发扬优良传统，努力开拓创新，不负时代重托，不辱历史使命；在参政第一要务上，必须牢牢把握发展这个根本任务，紧紧围绕经济建设这个中心，自觉服务改革发展稳定大局，把全党的智慧和力量凝聚到全面建设小康社会的奋斗目标上来，促进社会主义经济建设、政治建设、文化建设和社会建设的全面发展；在参政组织基础上，必须坚持民主党派进步性与广泛性相统一的原则，坚持以归侨侨眷中的中上层人士和其他有海外关系的代表性人士为重点的组织发展方针，反映所联系的广大归侨、侨眷、留学归国人员和出国留学人员、海外侨胞的具体利益和要求；在参政工作机制上，必须坚持协商、协调的基本方法，通过积极履行职能来促进党政关系的和谐，巩固和发展民主团结、生动活泼、安定和谐的局面，并通过协调各种关系来增进全党的和谐，通过建立协调机制来推动全党工作的进展；在参政能力建设上，必须以增强全党的参政能力和水平为重点，全面推进自身建设，把提高参政能力同加强参政党理论建设结合起来，同建设一支高素质的干部队伍结合起来，同加强基层组织建设结合起来，同不断增强全党的团结和活力结合起来。

2003 年 3 月，在全国政协第十届二次会议致公党、侨联界委员联组会上，胡锦涛总书记高度赞扬了致公党在参政议政工作上取得的成绩，他说："近年来，致公党广大党员积极参政议政，建言献策，参与国家大政方针和重大问题的协商，在深入调研的基础上，在加强完善社会主义市场经济体制、实施科教兴国战略、推进国有企业改革、保护环境、做好侨务工作等方面，向中共中央和国务院提交了多项建议，取得了很好的成效。希望大家继续积极参政，积极建言献策，履行好政协委员的职能，为国家各项事业的发展作出新的更大的贡献。"胡锦涛总书记的讲话是对全体党员积极履职建言的充分肯定。

四、拓展海外联谊工作

21 世纪以来，海内外侨情发生明显变化。致公党海外联络工作面临的环境更加复杂，工作方式也更趋多样化。致公党努力开展公共外交探索与实践。在继续做实、做深对海外侨胞、港澳台同胞等联络与维护权益工作的基础上，还注重加强和新侨团与海外留学人员的联谊，促进侨务资源可持续发展。“五侨联动”机制已从中央向地方延伸，形成了侨界前所未有的团结协作的大好局面，推动了国家侨务工作的资源共享、工作互动、优势互补。

（一）加强与海外侨胞联系

致公党十二大期间，各级组织以“致公党代表团”的名义先后前往近40个国家和地区访问近60批次。除中央外，有9个地方组织分别单独组团出访。同时，各级组织接待海外侨胞、港澳台同胞和国际友人7000余人次。致公党十三大期间，各级组织累计派出102个代表团，访问了32个国家和地区。同时接待490个团组，共计8140人次。致公党与五大洲63个国家和地区的侨团和人士建立了友好联系。在与海外侨胞的交往中，致公党关心海外侨胞的生存和发展，鼓励他们融入住在国社会，遵守住在国法律，与当地人民友好相处，为住在国经济发展和社会进步贡献力量。广泛宣传中国的改革开放和现代化建设事业所取得的成就，宣传中国共产党领导的多党合作和政治协商制度，宣传中国的和平外交政策、侨务政策和其他有关政策，鼓励海外侨胞为中国的社会主义现代化建设事业、祖国的和平统一大业以及世界的和平与发展作出贡献。

以重要活动为契机开展联谊活动。2003年和2008年，致公党中央在广东开平分别举办司徒美堂诞辰135周年和140周年纪念大会，邀请多个国家和地区的多个社团和多名侨领以及港澳台同胞出席大会。2009年，致公党中央为庆祝中华人民共和国成立60周年，举办了“庆祝新中国成立60周年文艺演出”等多项活动，邀请海外侨胞代表回国参加，海外侨胞代表充分感受到了中华人民共和国成立60年来所取得的巨大成就。

2011年是辛亥革命爆发100周年，海外侨界及港澳地区同胞举行了丰富多彩的纪念活动。致公党配合国家公共外交宣传重点，利用出访等机会，积极参与活动。万钢率代表团出席了全加洪门机构联合各界侨团在温哥华举行的纪念辛亥革命百年大会。王钦敏率代表团在访问菲律宾、澳大利亚、新西兰时，分别参加了当地侨社举办的纪念辛亥革命100周年活动。美国洪门致公总堂、澳门地区举办纪念辛亥革命100周年大会时，致公党专门致贺信或派团出席以表示支持。

改革开放以来，新华侨华人群体数量迅速增加，在世界各地的华人社会中日益成为重要力量，新移民工作成为侨务工作的一个重要方面，也是致公党海外联络工作着重拓展的重要领域。

致公党十三大期间，致公党中央多次派团赴欧洲、南美洲、非洲，以及日本、韩国等新侨较多的国家和地区进行访问，重点拜会当地以新侨为主的社团，与他们进行了广泛而深入的交流，介绍国内政策，向有关部门反映长期以来困扰他们的问题，力求从实际出发，帮助新侨解决困难。2012年，致公党又分别邀请了阿联酋侨团、欧洲中青年侨领代表团等新侨社团代表来访，通过请进来的方式使他们加深对致公党的了解，增进双方的友谊，为今后进一步开展与新侨社团的联系打下良好基础。

重视与海外洪门团体的联系，加强华侨华人中青年工作。致公党与洪门有特殊的历史渊源，海外洪门团体是海外华侨华人的一个重要组织，中青年是影响未来关系的重要因素。2008年至2012年，中央连续举办了五届海外洪门中青年人士研讨班，共邀请了来自美国、加拿大、澳大利亚、菲律宾、巴拿马、多米尼加以及中国台湾等15个国家和地区的131名海外洪门组织的成员参加。2012年致公党举办了海外洪门负责人文化研习班，邀请了美国、加拿大、菲律宾、澳大利亚等14个国家的36位海外洪门负责人参加。组织他们座谈交流，考察中国的发展建设情况。这都极大地增进了海外洪门社团对中国的了解，巩固了致公党与海外洪门团体的联系，密切了与海外华侨华人中青年的联系，实现了侨务资源可持续发展。

致公党发挥各级组织优势，加强与“五侨”单位和有关部门的协作，通过举办促进经济、科技、农业、文化等方面交流的联谊活动，拓展海外联谊工作，形成致公党中央与地方组织紧密联系、致公党与相关部门通力合作的局面，取得良好成效。

（二）拓展与未建交国家交往

致公党通过洪门社团等渠道，以派出文化交流团和邀请未建交国家侨团来华访问等方式，持续深入开展对未建交国家的民间交流。

未建交国家侨团特别是与致公党联系紧密的洪门社团，具有爱国爱乡的传统，支持“和平统一、一国两制”的方针，是反对“台独”势力、增进所在国与我国交流的重要渠道和纽带，也是致公党对未建交国家开展工作的基础。致公党在派出代表团到未建交国家访问时，都会专门拜访重点侨团和人士，听取他们的意见建议。同时，每年邀请他们来华访问。2006 年，致公党邀请美洲各地中华会馆、中华公所、华侨总会联谊会代表团来华访问。代表团中有分别来自萨尔瓦多、尼加拉瓜、巴拿马、危地马拉四个中美洲未建交国家的侨领。此次邀请未建交国家主流侨团中华会馆来访，打通了致公党与中美洲这几个国家开展联络工作的新渠道。致公党十二大期间，邀请了十余个未建交国家团组来华访问，并邀请未建交国家侨胞 130 人次来华参加国庆等纪念活动，奠定了友好往来的基础。

以政要及高层人士为重点，把对未建交国家工作推向深入。在有关部门的协助和支持下，致公党通过当地有影响的侨领和侨团，积极拓展与未建交国家的民间外交工作。致公党十二大期间，先后派出五个代表团赴未建交国家访问，会见政党领袖 20 余人次，参、众议员和部长级人物 70 余人次。2009 年，李卓彬率团访问巴拉圭时，与巴总统卢戈进行了亲切会面。2012 年，王钦敏率团访问多米尼加时，分别与多米尼加新当选总统梅迪纳、总统费尔南德斯及经济部长蒙塔斯会见。2012 年，致公党邀请以巴拿马国会议员卡洛斯·阿富为团长的巴拿马议员及侨界人士访华团来华访问。

（三）开展同港澳同胞的联谊活动

继续拓展港澳工作。2004 年，致公党中央访问香港后，提议加强内地与香港各界人士的交流与合作，建议加强与香港法律界和律师界人士的接触；加强香港同内地在青少年教育方面的合作交流；发挥民间团体在促进香港经济社会发展和香港与内地交流中的独特作用。以文化为纽带，做好与港澳人士的交流活动。2009 年，致公党中央与中共南京市委统战部、香港音乐家协会、香港南区文艺协进会联合主办了“香港青少年音乐夏令营暨南京香港文化交流公益交响音乐会”，以音乐为媒，以香港青少年为主要对象，推动与香港地区的文化交流。

推进高层访问港澳。拓宽联系渠道，深化沟通交流。2010 年，王钦敏率团访问澳门，这是致公党首次派出高规格代表团赴澳门访问。2011 年，接待了香港侨界社团联会、香港工商界人士访问团、澳门侨界社团负责人访问团等多个来自港澳地区的社团，进一步加深了与港澳地区主要社团的关系。2012 年，王钦敏再次率团赴港澳访问。通过访问，广泛接触了两地十余个社团，向港澳同胞转达了增进友好合作、维护港澳繁荣稳定和共同发展的愿望。2012 年，香港部分具有高级职称的专业人士、学者、企业界高管自发成立了香港致公协会，并组织代表团拜访致公党中央，参观国内高科技企业。通过开展对港澳高科技人才的工作，既为他们为国效力搭建平台、提供服务，也通过他们把内地的发展情况传递出去。

（四）做好对台工作

致公党以台湾岛内洪门社团为基础，以武术论坛、科技论坛等项目为平台，积极开展对岛内民众的工作。

着力打造“海峡两岸中华武术论坛”重点品牌项目。岛内洪门尚武传统历史悠久，为加强与岛内洪门人士以及基层民众的交流，2006 年，致公党中央发起举办海峡两岸中华武术论坛。武术论坛成为与岛内民众以武为媒加强交流的重要平台。

表 6.7　2006—2012 年海峡两岸中华武术论坛举办情况

届别	时间	地点
第一届	2006.4	福建
第二届	2008.1	台湾
第三届	2008.12	海南
第四届	2010.3	台湾
第五届	2011.4	安徽

海峡两岸武术论坛以武术为媒，有力地推进了两岸武术界、体育界、文化界的交流，引起了强烈反响，取得了良好效果。2006 年，第一届海峡两岸中华武术论坛由致公党中央与福建省武术协会主办，在厦门开幕，100 多名来自海峡两岸的专家学者和相关人士参加，其中台湾代表 60 多位。罗豪才参加了论坛。论坛得到中共中央统战部、国务院台办、福建省体育局等有关单位的大力支持，取得了圆满成功。第二届海峡两岸中华武术论坛由世界洪门总会、中华洪门同盟会、中华全球洪门联盟和世界洪门四海中华总会主办，于 2008 年 1 月在高雄市成功举办。王金平、吴伯雄发贺电祝贺，马英九、肖万长、叶寿山等赠送祝贺花篮。2008 年 12 月，致公党中央在海南主办了第三届海峡两岸中华武术研讨会。这次研讨会共邀请 60 名台湾代表参加，其中包括台湾岛内主要洪门社团的负责人，岛内武术界专业人士以及东海大学研究洪门历史文化和武术源流沿革的专家教授。2010 年第四届海峡两岸中华武术论坛在台北举办时，李卓彬率领中华武术交流团赴台参加，实现了致公党中央高层领导首次赴岛内访问。2011 年，致公党中央主办的第五届海峡两岸中华武术论坛在合肥举行，来自大陆、台湾、香港、澳门的 150 余人参加了论坛，1000 多人出席了论坛开幕式，盛况空前。万钢参加了论坛并发表讲话。海峡两岸中华武术论坛取得了丰硕成果，引起强烈反响。多年来致公党一直在努力探索，力争把海峡两岸中华武术论坛打造成为最具影响力的对台交流品牌项目。

举办海峡科技论坛。为积极响应两岸经济合作框架协议，扩大和深化两岸科技交流合作，增进两岸科技界人士的联系，致公党中央于 2005 年在漳州召开海峡两岸农业科技合作高峰论坛，300多位专家学者与会，就建立两岸农业科技交流平台、推动两岸农业科技合作等问题展开讨论。致公党中央自2010年起，举办海峡科技论坛。2010年至2012年在福州、东莞和昆山连续举办了三届海峡科技论坛。

表6.8　2010—2012年海峡科技论坛举办情况

序号	时间	主题	主办地点	影响
1	2010.1	先进制造与工业设计	福建福州	项目对接活动促进了两岸科技产业的实质性合作，签约总金额达17.7亿元，进一步密切了两岸特别是闽台合作关系。
2	2011.12	科技服务与传统产业转型升级	广东东莞	论坛尤其结合东莞市提出的“加快转型升级，建设幸福东莞”的战略目标，确立了“科技服务与传统产业转型升级”的主题，为东莞产业转型升级把脉问诊，使论坛取得实效，进一步扩大了论坛的影响。
3	2012.11	创新合作服务共赢	江苏昆山	论坛密切结合昆山台商密集、江苏产业结构转型升级、两岸迫切希望加强经贸科技合作的实际确定主题，进一步推进了两岸科技交流合作。台湾中华开发工业银行与江苏高科技投资集团签署了合作备忘录，共同筹集20亿元，设立私募股权投资基金，帮助江苏台资企业转型升级。

海峡科技论坛以需求为导向，以服务发展为目的，取得了很好的效果。如第一届论坛，参加的大陆有关先进制造业企业128家，台湾有关先进制造业企业72家，两岸企业家共200多人。签约项目20个，总金额约17.7亿元。论坛逐渐发展成为会聚两岸学术界、科技界和产业界人士，共商合作创新大计，推动两岸产业的调整与振兴，共同为中华民族伟大复兴、为全球创新发展贡献智慧和力量的平台。论坛得到了中央统战部、国台办、科技部，举办地党委、政府的高度重视和大力支持，得到了台湾有关机构的积极响应和支持参与，成为致公党中央对台工作的重要品牌。

以岛内洪门为基础，直接邀请岛内民众来大陆访问。2008年，致公党分别邀请国际洪门中华总会和中华全球洪门联盟组团来大陆访问。两个访问团中有半数以上的人员是首次来到大陆，他们目睹了中国改革开放以来大陆的经济发展和社会进步，在很大程度上扭转了一直以来对大陆的印象。2012 年，致公党响应做台湾民众工作要重心向下移、向南移的精神，邀请了台湾南部的文教界人士来大陆访问，就推进两岸的文教交流与合作交换了意见。

致公党始终强烈谴责“台独”试图分裂祖国的行径。2005 年《反分裂国家法》通过，罗豪才指出，把反分裂、反“台独”上升为国家法律，合乎民心、顺乎民意，有利于动员包括台湾同胞在内的全中国人民共同推动中国和平统一大业。2000 年后台湾政局的变化对海外华人社会造成震荡。致公党中央加强了与世界性、区域性华侨华人“反独促统”组织的联系，先后派团参加在柏林、巴拿马、东京、悉尼等地举行的华侨华人“反独促统”大会，推动美国东部和西部的侨团成立“反独促统”联合会。2005 年，在致公党中央促进下，美洲中国统一促进会联合总会成立，该会秉承反对“台独”，促进中国统一的宗旨，为促进两岸交流与往来，推动两岸关系朝着和平统一的方向发展作出了积极的贡献。致公党中央引导美国侨团举起“反独促统”的鲜明旗帜，传播热爱中华民族的优良传统，为壮大“反独促统”阵营、促进祖国统一作贡献。

致公党在开展对台工作中，掌握原则、积极主动、坚持不懈地开展对重点国家、重点地区的侨团和重要人士的工作。以地方戏、汉语教学等为交流媒介，借助中华文化的魅力凝聚人心，加深台湾同胞对祖国的了解。致公党通过多种方式，积极宣传，扩大影响，为促进中国统一作出努力。

（五）推进“五侨”联动维护侨益

致公党中央继续推进“五侨”联动，坚持为侨服务的宗旨，积极反映他们的意见和合理要求，维护归侨、侨眷的合法权益和海外侨胞的正当权益。

推动《归侨侨眷权益保护法》修改工作。在全国人大常委会审议这部法律修正案草案过程中，致公党和中央其他涉侨单位通力合作，解决了修改该法中的一些难点问题，促成了第十届全国人大常委会第十八次会议作出修改该法的决定。修改后的侨法贯彻了以侨为本精神，适应市场经济体制改革要求，增加了保障侨益的内容，明确了各部门维护侨益的职责，得到了侨界群众的肯定。此后，中央“五侨”联手推动修改实施办法，使修改的实施办法于2004年颁布实行。

促进涉侨监督工作。致公党中央与其他涉侨单位通力合作，推进了涉侨法律法规的实施。2005年年底，中央“五侨”联席会议建议将《归侨侨眷权益保护法》执行情况列入全国人大常委会执法检查计划，以加大维护侨益的力度。2006年，全国人大常委会决定对《归侨侨眷权益保护法》实施情况进行检查。这是该法颁布实施16年来由常委会组织进行的第一次执法检查。全国人大常委会执法检查组对侨法实施情况进行执法检查，既充分肯定成绩，也指出存在的问题和不足，并就促进华侨农场改革发展，帮助贫困归侨侨眷脱贫致富，保护侨胞投资权益，进一步加强侨务法治建设，做好新形势下侨务工作等问题提出了整改建议。当年8月，中央“五侨”再次召开联席会议，通报执法检查情况和后续整改工作安排。致公党和各涉侨部门认真依法开展跟踪督查，推动整改工作继续深入开展。

协助解决归侨侨眷的现实困难。致公党十二大期间，会同其他涉侨单位多次赴华侨农场进行考察慰问，研究解决归侨、侨眷面临的现实困难，并就归难侨的低保和社保问题向中共中央和国务院提出建议，促使这一问题得到基本解决。为了解“十五”时期安置在农林场的归难侨的生产生活情况，2003年11月和2004年2月，致公党参与中央“五侨”成立的两个联合调研组，先后赴粤、桂、闽、云、琼、赣等六省区37个华侨农场进行调研，进一步推动华侨农场改革发展和归侨侨眷困难问题的解决。致公党十三大期间，致公党中央继续就边境归难侨安置、华侨农场发展等开展了多次调研。2009年，致公党中央会同国务院侨办就“加大政策覆盖，促进华侨农场‘三融入’”问题赴福建调研。与全国人大华侨委联合组成调研组，赴云南实地调研华侨农场和归难侨生产生活情况。调研形成的建议得到了国务院领导同志的批示。

在全国政协会议上，致公党中央提交了多件涉及维护侨益的提案和大会发言。

表 6.9　2003—2012 年全国政协会议致公党关于维护侨益方面的提案和大会发言情况

年份	提案和大会发言（部分）
2003	创承弘扬中华民族优秀文化，积极推进海外华人教育工作。
2004	关于华侨农场职工参加医疗保险问题的提案；关于华侨农场职工参加养老保险问题的提案；大力开展华文教育，积极促进祖国统一。
2005	弘扬中华文化，凝聚侨心，促进祖国统一；推进华侨农场体制改革，使华侨农场更好地融入当地社会；弘扬中华文化，凝聚侨心，促进祖国统一。
2006	积极发展侨属经济，引导侨资健康发展；整合侨力资源，开创社区侨务工作新局面。
2007	深化华侨农场改革，开创“侨”资源经济发展新局面。
2008	关于推进我国海外华文教育工作的提案；关于进一步做好华侨华人工作的提案；弘扬中华文化，密切海内外同胞关系。
2009	关于对侨资企业实行专项贴息扶持政策的提案；关于引进华侨华人优秀人才，推行“居住证”制度的提案；关于做好我国华侨华人新生代工作的建议。
2010	关于进一步推进维护侨胞投资权益工作的提案；关于进一步加大对海外华侨华人华文教育工作支持力度的提案；关于提高大陆在海外中华文化传播中话语权的提案；关于把“海外台湾学子”纳入侨务对台工作重要对象的提案；涵养侨务资源，薪传中华文化，高度重视海外华文教育工作。
2011	顺应时代要求，积极稳妥地推动海外中国学校建设；建设海峡文化，推进两岸关系和平发展。
2012	深化改革、优化环境，吸引华侨华人回国创业；关于颁发华侨华人特别身份证件的提案；优化创业环境，保护海外侨胞回国创业权益；关于加强境外中国人、海外华侨保护的建议；关于适应形势变化，整合力量，改善和加强汉语（华文）教育的建议；关于以中医药文化为依托，扩大中华文化海外传播的提案。

（六）服务留学人员

致公党通过多种形式，积极开展留学人员工作，加强与海外留学人员的联系，帮助解决留学人员遇到的问题。致公党十分注重以出访为契机，通过座谈会等形式，在海外实地考察留学人员的学习工作和生活情况，了解他们在求学、工作中遇到的问题和困难，听取他们在回国创业方面的意见和要求，以及他们对中国政党制度、经济、教育、社会等问题的意见、建议。致公党多次派团出席由留学人员主办的活动，向留学生介绍国家的政治经济形势、民主法制建设和政党制度等，受到了广泛的欢迎。各级组织在人大、政协会议上，以发言、议案、提案的方式，或通过其他渠道，积极反映留学人员为国服务的有关意见建议，为推动留学人员回国就业创业、服务国家发挥了作用。

做好海外高科技人才的联系和服务工作。重视与境外高科技人才的沟通与交流，努力做好服务工作。2010 年，一些旅居美国的留学人员中的科技界人士自发成立了北美致公协会。2011 年和 2012 年，该协会在致公党中央的邀请下来华访问，交流信息，并实现项目对接。

举办海外留学人员子女夏令营，增进新生代对中华文化的了解和认同，增进海外留学人员与祖国之间的感情。2010 年和 2011 年，中央连续主办了两届海外留学人员子女夏令营。夏令营安排了丰富多彩的活动，使营员们学到了知识，熟习了中文，了解了中国的民俗文化，加深了营员及其父母对中国的感情。

创办“引凤工程”。“引凤工程”由致公党中央留学人员委员会和江苏省委员会联合主办，以促进海外留学人员回国创新创业兼顾联谊服务为宗旨，以海外博士及高层次人才为对象。自 2010 年开始，每年举办各种形式的海外留学人员联谊、考察、对接活动。活动开展以来，成效显著，吸引了数百位留学人员回国创新创业，进一步拓宽了国内用人单位与海外留学人员直接交流的有效渠道，密切了国家与海外留学人员群体的联系。

2003 年至 2012 年，致公党在全国政协会议上，提交了多份与留学人员相关的提案或大会发言。

表 6.10 2003—2012 年全国政协会议关于留学人员的提案和大会发言情况

年份	提案和大会发言（部分）
2003	加入 WTO 后加快留学人员创业园发展的建议案；关于规范留学中介服务机构的建议案；适应加入 WTO 新形势，加快留学人员创业园发展。
2004	加大吸引海外留学人才力度，落实人才兴国战略；推动留学人员创业园的发展。
2006	加大人才引进力度，做好海外引智工作；关于将吸引和用好留学人员作为实施人才战略的一项重要任务的建议。
2007	关于发挥留学人员在民间外交中作用的提案。
2008	关于加快我国高校归国留学人员科研成果转化的提案；吸引海外人才回国创业，共建人力资源强国；关于取消年龄门槛吸引海外留学人才的建议。
2009	深化留学人员归国创业政策，推动科技进步与技术创新。
2010	关于进一步推进海外高层次人才引进工作的提案；大力推进海外高层次人才引进工作，建设创新型国家。
2011	推进科技企业孵化器建设，营造留学人员创新创业良好环境；充分发挥留学归国人员在我国经济社会发展中的作用。
2012	关于进一步做好吸引留学人员回国工作的提案；关于加强科技创新团队引进，建设人才强国的提案。

五、促进社会服务

致公党始终以服务大局、服务民生为宗旨，以促进社会和谐为根本，按照“发挥优势、突出重点、量力而行、尽力而为”的原则，调动各方面积极性，动员各级组织和广大党员，不断拓展新的领域，以多种形式开展社会服务活动，打造致公“品牌”项目，发挥“名牌”效应，助力科学发展，为构建社会主义和谐社会服务。“致西合作”、支持毕节试验区建设在党内外产生了广泛而积极的影响。致公党动员广大党员和海外华人华侨，参与抗击“非典”疫情，热心救助汶川和玉树地震灾区群众，全力参与灾后重建。

（一）推进“致酉合作”

国务院确定重庆酉阳为致公党中央定点扶贫县。2005 年，罗豪才在酉阳提出：发挥人才荟萃、联系广泛的优势，把扶贫开发工作和参政议政工作、海外联谊工作结合起来。由致公党广大党员和海外华人华侨及社团组成的扶贫队伍，持续推进“致酉合作”。致公党人前赴后继前往酉阳，着力助推酉阳脱贫致富。中央领导数十次率领专家学者到酉阳考察调研，为酉阳制订工作规划并开展扶贫公益事业。实施科教帮扶，提高酉阳发展的科技含量。大力发展教育卫生事业，援建基础设施，积极改善民生。

至 2011 年，致公党员先后 1000 余人次赴酉阳开展对口支援，帮扶酉阳贫困农户和贫困学生 12000 多人，捐建 15 所希望小学和 3 所卫生院，海外侨胞捐助 1800 多万元。经过致公党和酉阳人民的共同努力，酉阳人民解决了温饱问题，迈步奔小康。2007 年，酉阳县人均收入由 1990 年的 250 元变为 6600 元。2010 年，酉阳县 GDP、规模以上工业总产值、全社会固定资产投资、地方财政收入、城镇居民人均可支配收入五项指标增幅均位列渝东南第一。

2010 年，“致酉合作”20 周年纪念大会召开。万钢指出：致公党将继续加大对酉阳的循环农业和科技创新工作的支持力度，在高新技术企业、现代农业和信息化发展上给予酉阳高度关注和大力支持。

致公党帮扶酉阳得到了中共重庆市委和有关单位的大力支持。2011 年，重庆市人民政府印发了《关于支持“致酉合作”推动酉阳县加快发展的备忘录》。这是迄今为止，全国唯一一个省级地方政府专门为民主党派扶贫工作出台的文件。

“致酉合作”的显著成效以及致公党“科学扶贫、精准扶贫、内源扶贫”的帮扶机制多次受到国务院的肯定。1999 年 10 月，重庆市委会荣获国务院第三次全国民族团结进步表彰大会“模范先进集体”称号；2005 年，国务院第四次民族团结进步表彰大会暨中央民族工作会议，再次授予重庆市委会“全国民族团结进步模范集体”称号；2008年，致公党中央获得国务院扶贫开发领导小组授予的“中央国家机关等单位定点扶贫工作先进单位”称号；2011年，致公党中央社会服务办公室获得国务院扶贫开发领导小组授予的“全国扶贫先进集体”称号；同年，《“致西合作”——帮扶老少边穷地区的典范》被中共中央统战部授予“为全面建设小康社会作贡献社会服务优秀成果”奖。

（二）助推毕节试验区建设

致公党积极参与在毕节试验区开展的“同心工程”，与其他兄弟党派和全国工商联一道推动毕节试验区脱贫致富和全面发展。20多年来，致公党人围绕扶贫开发、生态建设、农村教育等献计出力，促进了毕节试验区发展。

积极开展调查研究，通过政策支持，为毕节解决发展瓶颈问题。罗豪才、万钢等多次深入毕节调研，形成调研建议送有关部门，并以提案议案形式在“两会”进行呼吁，有关部门给予积极回应。2006年，罗豪才在毕节考察时了解到，有一段道路破烂不堪，严重阻碍了当地的发展。在致公党的努力下，2007年政府立项建设此段道路。这一呼吁多年未果、当地人民翘首以盼的民生问题终得解决。

注重智力支持，增强毕节自我发展动力。2004年，致公党发起“教育扶贫工程”，开展英语教师培训、设立贫困奖学金等项目，旨在为毕节地区经济可持续发展培养和造就一批后备人才，促进社会全面进步。英语教师培训分五年，每年培训100名小学、初中、高中及综合性英语教师。实施“春晖行动——致公学生培养计划”，自2010年起，连续三年，投入5000多万元资金，招收包含毕节市在内的234名贵州省优秀贫困学生，到北京附属实验学校进行六年的免费学习。2011年，致公党中央和东部六省三市组织发起对贫困小学生“一帮一”关爱行动，近700名党员连续三年一对一帮扶毕节市品学兼优的贫困学生，每人每年资助300元人民币，直至贫困学生小学毕业。

牵线搭桥，招商引资，推动当地发展特色经济。致公党多次组织企业界人士前往毕节考察投资，签约资金达100多亿元。2008年，万钢赴毕节试验区调研新农村建设、石漠化治理和科技发展，促成科技部“高寒山区设施农业技术研究与集成示范”项目成功落户毕节。

开展各类培训活动，为毕节发展提供实用技术。援建学校和卫生院、道路、水渠等各种基础设施，解决毕节群众迫切需求。多年来，在中共中央统战部的协调下，致公党整合全党资源，推动全党参与的毕节试验区建设工作取得了重大进展，受到了中共中央和国家领导人的高度肯定。

（三）关注其他贫困地区

关注民生，推动贫困地区早日脱贫致富，一直是致公党社会服务工作的重点。从中央到地方各级组织，都确定了定点帮扶对象，一些党员也和贫困家庭结对子，长期为他们提供多方面的扶助，帮助他们走向富裕。各级组织也经常性地发动党员捐款捐物，为贫困人员解忧渡难。致公党在帮扶贫困地区与人口脱贫致富中，全力投入，真抓实干，注重实效。

一是进行调研，探讨制约贫困地区发展的根源，提出对策。各级组织组织多个课题组赴贫困地区深入考察，并向各级人大和政协提交议案提案，得到有关部门的重视。2005年，罗豪才赴安徽大别山区就“贫困地区的发展与和谐社会的构建”问题进行考察调研，在2006年全国政协会议上提交了《关于构建绿色扶贫试验区，整体推进大别山区发展的建议》的提案。2011年，罗豪才前往贵州省开展了“保障和改善不发达地区医疗服务体系”专项调研，形成了完整的调研报告报送国务院办公厅，获得了中共中央领导同志批示。二是关心贫困地区科教文卫事业的发展，提高人口素质，改善医疗卫生条件，保障人民健康。充分发挥党内专家、学者众多的优势，各省、市委员会经常组织医药卫生、法律、农业、科技等方面的专业人士，长期为边远地区群众提供义诊、法律咨询、技术指导等方面的服务。三是联系有关部门、企业家和海外朋友，引进资金项目，用于贫困地区社会事业的发展。致公党在四川泸州等地的定点扶贫开发工作取得稳步进展，在安徽大别山地区资助社会办学和通信网络建设项目顺利展开。

致公党十二大期间，用于贫困地区社会事业发展的投入达3000万元，其中经党员及所联系的企业家和海外华侨华人朋友捐助各种善款总计1600余万元，引进落实资金1500多万元。致公党十三大期间，各级组织协助落实各类项目306个，培训各类技术人员近6万人次；各级组织和党员通过多种渠道捐款捐物价值约43.6亿元，援建希望小学和卫生院45所，捐赠图书37.8万余册。

各地方组织充分发挥各自优势，参与扶贫开发工作。致公党四川省委会1998年开展“致泸合作”，为切实发挥作用，做出实效，探索了在致公党的帮扶定点上邀请民革、农工等多党参与的方式，对泸州市古蔺、叙永两个国家级贫困县进行开发帮扶的工作机制。2004年开始，致公党泸州市委会积极与沿海致公党市级组织建立联系，借助党派组织推动相关市政府联动，广泛开展社会服务工作。

（四）抗击“非典”疫情与抗震救灾

2003年上半年，我国突发非典疫情，中共中央带领全国人民一手抓抗击非典，一手抓经济建设。为配合全国抗击非典，致公党中央成立了专门的领导小组。4月，致公党中央发出了《关于积极参与防治非典型肺炎工作的通知》，要求各级组织高度重视，以科学理智的态度应对这场突如其来的重大疫情。致公党积极围绕非典治疗、防治工作法制化、医疗体制改革、提高公共卫生道德，以及维护市场秩序和关注社会问题等，向有关部门提供信息和建议300多条，其中关于医疗垃圾处理问题的建议，得到了中共中央领导同志的批示。党员及各级组织累计捐款捐物折合人民币约1300万元。

2003年7月10日至12日，致公党中央在北京召开抗击非典型肺炎先进集体和先进个人表彰大会，对在防治非典型肺炎工作中表现突出的26个致公党组织和82名致公党员分别授予“中国致公党抗击非典型肺炎先进集体”和“中国致公党抗击非典型肺炎先进个人”荣誉称号。

罗豪才在表彰大会上指出，在疫情面前，各级组织和广大党员发扬与中国共产党风雨同舟、并肩战斗、亲密合作的光荣传统，积极投身抗击非典疫情和促进发展的工作中，用实际行动证明致公党是政治坚定、作风过硬的参政党。在这场战斗中，致公党涌现出许多先进集体和先进个人，他们在严峻的斗争中经受了考验，为致公党学习实践“三个代表”重要思想作出了表率，表现出新时期致公党员良好的精神面貌。他要求致公党各级组织、广大党员都要以这些先进集体和先进个人为榜样，大力弘扬“抗疫精神”，致力为公，参政兴国。

2008 年 5 月 12 日，四川汶川发生特大地震，人民生命财产遭受重大损失。地震发生后，万钢主席第一时间给四川打去电话，询问灾情，并多次前往灾区考察指导抗震救灾和灾后重建工作。中央迅速成立“抗震救灾、共建家园”领导小组，发动全体党员及海外侨胞、港澳台同胞伸出援助之手，支持灾区群众战胜灾难、重建家园。据统计，2008 年抗震救灾期间，致公党和所联系的海外华侨、华人及各方力量，通过多种途径捐资捐物共计 14409 万元，其中捐款 8643 万元，捐助各类急需药品、救灾物资价值 5766 万元。致公党联系的海外华侨、华人、留学生组织通过各所在国（地区）使馆和机构捐款捐物，汇入致公党中央机关账户的海外捐款共计 222120 美元、2100 港币、9968 欧元。来自各级组织和党员特别捐款共计 1173629. 10 元。同时，致公党全面高效地参与灾后重建工作，为绵阳、乐山、攀枝花等灾区联系援建 3 所乡镇卫生院，资助 100 余名当地灾区学生到北大青鸟集团旗下的 3 所学校免费就读，帮助灾区学校建立“致公爱心鼓号队”53 支、“致公爱心图书室”13 所，为成都市都江堰安龙学校援建了致公科普活动中心。

2010 年青海玉树发生地震灾害，致公党中央第一时间通过中共中央统战部，向灾区捐资 10 万元，并向中共青海省委、省政府发出慰问信，向所联系的海外侨胞和各级地方组织发出为地震灾区捐款的倡议书。广大党员纷纷伸出援助之手，或捐款捐物，或投入大型救灾机械开展救灾工作，积极参加灾区重建工作。云南省委会发动党员企业，向玉树捐赠价值近600万元的等离子拒雷装置，帮助灾区人民免受雷电之苦。

2010年以来，西南地区陆续发生特大旱涝灾害。致公党积极奔走，为缓解旱情献计出力。致公党中央拨出专款用于毕节救灾，还与其他民主党派中央、全国工商联一道，以“联合推动组”的名义共为黔西南州捐款150万元。在致公党的号召下，广大党员也纷纷为西南灾区奉献爱心。

（五）开展信息扶贫

致公党适应新的形势，积极探索社会服务新途径，开展信息扶贫，让贫困地区群众和帮扶对象掌握信息技术，实现自我发展。

“致福工程”是致公党2003年开始组织实施的“智力扶农、教农民上网、为农民造福”的扶贫致富活动，旨在帮助农民学习电脑和网络知识，了解和掌握现代信息技术，提高农民素质和生产生活能力，引领农民加快奔小康的步伐。江苏省委会筹集100万元资金，用于免费培训农民学电脑，实现“网上备耕、鼠标种地、网上叫卖、网下交易”。经过几年的推广，有效地缩小了农村与城市在信息方面的差距，被农民称为“永不落幕的科技下乡活动”。此经验被国务院扶贫办和中国扶贫开发协会向全国广大农村推广。

在“致酉合作”与毕节试验区帮扶活动中，致公党同样注重科技与信息扶贫。2007年，致公党与酉阳县人民政府协商，在重庆机械电子高级技工学校开办“致公·酉阳班”，每年在酉阳县招收200名初中毕业贫困学生，为酉阳培养“就业有优势、创业有能力”的高技能人才，真正达到“培养一个，带动一家，脱贫一户”的目的。从2009年起，在酉阳县免费培训农民学电脑，让参加培训的乡村干部掌握现代信息技术。联系清华大学为酉阳县捐赠了远程接收系统，举办多次远程培训。2011年，将福建省南安市“世纪之村——农村信息化综合服务平台”推广到酉阳，以实现农民电脑技术培训与实际生产运用的有效结合，拓宽农民的增收渠道。在毕节试验区，自2011年起，致公党发起免费培训农民学电脑推广活动，为毕节市捐赠大批科普设备及图书用品，联系建立“星火科技图书室”“健华图书馆”“同心·致福书屋”等，极大地改善了毕节试验区的科技发展环境，提高了广大群众的科技素养。

2009 年，致公党中央在南京召开“致福工程”学习交流会，各地方组织负责社会服务工作的同志对“致福工程”的开展情况进行了现场考察和集中学习。会议结束后，该项目在重庆、四川的农村地区得到有力推广，受到了当地农民群众的热烈欢迎。

随着全党社会服务工作的全面开展，结合工作需求，致公党对“致福工程”内涵和外延进行了全面扩充，将“致福工程”由专门的电脑培训项目扩展为涵盖多项社会服务工作的综合性社会服务品牌。“致福工程”被细分为“致福·侨海报国”“致福·支边扶贫”“致福·科技帮扶”“致福·阳光关爱”“致福·民生改善”“致福·帮医助教”六项内容。

在“致福工程”实施过程中，致公党联系中国扶贫开发协会共同举办大型公益活动。联合举办“中国农村信息化扶贫论坛”，向全社会发出“捐资一元·扶贫济困”的倡议，得到与会各界人士的积极响应。联合创办的“绿色电脑扶贫行动”，在扶贫工作中兼顾节能环保，得到各企事业单位及个人的大力支持，为贫困地区募集到了大批绿色电脑。

（六）推进社区公益服务

社区服务是参政党拓展社会服务功能的一个新领域，强调以社区为重点开展社会服务工作，重在协调关系，化解矛盾，建设和谐社区，维护社会稳定。社区和谐是社会和谐的基础，致公党十分关注社区工作。

2005 年，在充分调研的基础上，致公党提出“积极开展社区矫正工作，促进社会和谐稳定”和“加强文明社区建设，构建社会主义和谐社会”等加强社区建设工作的建议。浙江省委会经过专题调研后向中共浙江省委、省政府、省政协提交了《提升社区服务水平，推进和谐社区建设》的调研报告。中共浙江省委高度重视，并下发了推进和谐社区建设的实施意见。2012 年，中央前往广东、浙江等地开展“社会管理创新·

政府购买社会组织公共服务”专项调研，对社会管理创新课题进行深入探索。

各级组织广泛动员和组织党员，从自身工作出发，发挥专业优势，活跃在各自生活的社区中，开展公益活动，切实提高社会服务的质量和效益。各级组织号召党员在做好本职工作的同时，弘扬“爱国爱乡、致力为公”的光荣传统，广泛开展有益于社区的服务活动，从社区困难群体需要提供帮助的问题入手，让有困难的人得到帮助，让老百姓得到实惠。除了发挥党内专家、学者的优势，有的组织还充分发挥离退休党员的作用，在社区内开展法律咨询、医疗咨询、义诊、营养讲座、助养帮困、文艺演出等工作，为社区群众创造良好的生活、学习环境，为建设和谐社区贡献力量。

六、坚持“人才兴党”强化自身建设

2005 年 5 月 8 日，致公党第十二届中常会第十次会议通过《致公党中央关于加强参政能力建设的若干意见》（以下简称《意见》），《意见》对致公党切实加强参政党建设、不断提高自身素质起到了重要作用。万钢提出的“人才兴党”战略逐步在全党达成共识、深入人心，有力推动了自身建设。

（一）提出“人才兴党”战略

2009 年在第十三届七次中常会上，致公党首次提出“人才兴党”战略目标。2009 年 12 月，在第十三届三次全会上万钢强调指出：“全党要树立‘人才兴党’意识。人才资源作为第一资源，对实现致公党‘致力为公，参政兴国’的宗旨具有重要的战略意义。各级组织要适应新形势的要求，结合本地实际，有规划、有重点、有步骤地做好组织发展和人才吸收、培训、培养和锻炼工作，尤其要注意联系和吸纳更多的留学回国人员，挖掘致公党侨海特色的潜力。各级组织一把手要亲自抓后备干部队伍建设工作，要积极为后备干部队伍推荐使用搭建台阶，使他们有更多锻炼和施展才华的机会。”

2010 年 3 月，在第十三届十次中常会上，万钢全面阐释了实施“人才兴党”战略的意义、目标、措施和重点。要从坚持和发展中国共产党领导的多党合作和政治协商制度、巩固和发展多党合作事业这个大局认识实施“人才兴党”战略的意义，实施“人才兴党”战略，不仅要为致公党自身的发展服务，更要为多党合作事业服务，为社会主义现代化事业和国家富强服务。人才战略要着眼全局，谋划长远，服务于总体战略。人才战略应满足四个方面的需求：学习贯彻科学发展观对人才的需求；加强自主创新能力、建设创新型国家对人才的需求；转变发展方式、调整经济结构对人才的需求；促进社会和谐、关心“三农”问题对人才的需求。人才战略的重点涵盖三个方面：一是着力发展本地工作亟须的代表性人才、专门人才和有发展潜力的高层次中青年人才，进一步优化人才结构和知识结构；二是加强对后备人才和骨干党员的培养培训，制定后备干部队伍建设规划，并与组织换届有机结合；三是积极推荐优秀后备干部到政府和司法机关担任实职。

2010 年 12 月，在第十三届四中全会上万钢再次指出，“人才建设是一项强本固基的战略性工作，事关全党参政议政水平和各项工作的顺利展开，也关系到致公党作为参政党在国家政治生活中的地位、作用和声誉。致公党中央提出了‘人才兴党’战略，今后的关键在于创新党内优秀人才的培养和使用机制，使优秀的人才愿意加入致公党，并能在致公党发挥作用”。“保持政党的特色是政党存在和发展的基础，没有特色就没有活力。”要从“人才兴党”的战略出发，对各级领导班子的构成进行研究分析，下大力气加强后备干部队伍建设，切实做好后备干部队伍的发展、推荐、选拔和培养工作；要重视致公党侨海特色，加大力度引进高层次海外留学回国人才；做好骨干党员和后备干部队伍培养、培训和使用工作，让优秀人才不断涌现，干部队伍人才辈出。

“人才兴党”战略是万钢在总结致公党多年人才队伍建设实践的成功经验和做法，结合新形势对人才建设的新要求、新情况和新特点，提出的新的战略指导思想。归侨、侨眷、港澳台属及有其他海外关系人士约占致公党员总数的4/5，中上层人士也约占总数的4/5。致公党人才队伍数量和质量都处于稳步上升中，但也存在着一些亟待解决的问题。如党员分布不均匀，结构亟待优化，各领域发展不平衡，在某些领域高层次人才相对匮乏，部分地区后备队伍不能满足可持续发展需要；党员的知识结构和专业结构较为单一；年龄结构亟待调整。截至2009年12月，离退休党员约占总数的30%，有些基层组织甚至出现大部分是离退休人员的情况，组织活动陷入困难。“人才兴党”战略正是在这个背景下，基于人才队伍建设的紧迫性，着眼于致公党未来长远发展提出的战略构想。在“人才兴党”战略的指导下，全党组织建设逐渐呈现出新的局面。

（二）推进宣传思想建设

深入学习中共十六大、十七大精神。以中共十六大、十七大及中共中央历次全会精神为重点，全党积极开展中国特色社会主义理论体系和多党合作理论方针政策的学习。致公党十二大期间，各级组织结合实际，多措并举，深入学习贯彻“三个代表”重要思想，牢固树立科学发展观，组织学习《中共中央关于构建社会主义和谐社会若干重大问题的决定》，在工作实践中落实《中共中央关于进一步加强中国共产党领导的多党合作和政治协商制度建设的意见》和《中共中央关于加强人民政协工作的意见》。中共十七大召开后，致公党十三届一中全会号召全党认真学习贯彻会议精神，推进政治交接。致公党中央下发《关于在全党范围内深入学习贯彻落实科学发展观的通知》，召开全党深入学习贯彻科学发展观研讨会。2009年，致公党认真学习胡锦涛总书记在庆祝中华人民共和国成立60周年大会和人民政协成立60周年大会上的重要讲话精神，围绕多党合作政治制度确立60周年，开展了形式多样的三个“60周年”庆祝活动。2011年9月，致公党中央在上海召开全党宣传思想工作会议，总结宣传思想工作，表彰先进集体和先进个人，部署新时期宣传思想工作。

致公党十二届一中全会提出，努力建设学习型参政党。2003 年，致公党中央制定《关于建设学习型参政党的若干意见》，要求全党积极参与学习型社会的建设，努力建设学习型政党，要求通过有组织、持之以恒的学习，进一步提高党的整体素质，不断增强党的凝聚力和影响力。致公党中央动员和组织全党认真学习马克思列宁主义、毛泽东思想、邓小平理论和“三个代表”重要思想，努力提高分析问题和解决问题的能力；围绕多党合作的理论方针政策以及致公党历史、章程进行学习，增强党员的参政党意识；围绕中共中央和国家重大方针政策进行学习，加深对国情、政情、民情的了解，提高党员的政治素质；围绕反映时代进步的经济、文化、科技、法律等知识进行学习，提高党员的综合素质。

开展丰富多彩的学习教育活动。2007 年，全党开展以“坚持中国特色社会主义政治发展道路”为主题的政治交接学习教育活动，旨在推动各级领导班子继承和发扬致公党老一辈长期与中国共产党团结合作形成的政治信念、优良传统和高尚风范，增强接受中国共产党领导的自觉性和坚定性。2010 年，全党开展“树立和践行社会主义核心价值体系”学习教育活动，万钢强调，树立和践行社会主义核心价值体系要在认知、认同上下功夫，在贯穿、融入上下功夫，在践行、示范上下功夫。2012 年，致公党加大树立和践行社会主义核心价值体系活动的宣传力度，对先进集体和先进个人进行深入报道，编印《与祖国同心——致公党员风采录》一书。通过深入开展主题学习教育活动，广大党员更加坚定了中国特色社会主义的理想和信念。各级组织长期开展深入细致的思想调研，了解和把握党员特别是新党员的思想状况，为有针对性地开展思想工作提供了依据。以主题教育活动为抓手，组织了座谈会、征文比赛、文艺汇演、参观革命圣地等多种形式的学习教育活动，集中学习宣传致公党老一辈与中国共产党亲密合作、团结奋斗的优良传统。紧紧把握世情、国情和党情，对党员进行爱国主义、社会主义和集体主义教育，激发党员的爱国热情，深刻理解我国政治制度和政党制度的巨大优越性，进一步增强积极履行参政党职能、为科学发展和大局服务的能力。注重发挥党章、党史的教育作用，各级组织通过举办学习班、报告会等形式学党史党章，增强党员的认同感。

有重点地开展理论研究。多次召开理论研讨会，围绕坚持和完善多党合作制度、弘扬中华优秀传统文化、学习贯彻科学发展观与参政党建设方面的重大理论问题进行研讨。以《中国致公》杂志和网站为阵地，开辟理论研究园地和党员论坛，鼓励党员进行多党合作理论研究。推动了党内理论研究骨干人才的储备和理论研究成果的整理工作。2004 年，致公党中央召开“纪念《中共中央关于坚持和完善中国共产党领导的多党合作和政治协商制度的意见》颁发 15 周年”理论研讨会。2006 年 9 月，致公党中央举办“中国共产党领导的多党合作和政治协商制度”理论研讨会。同年，致公党中央召开“弘扬优秀传统文化，密切海内外同胞关系”理论研讨会。2010 年，致公党中央宣传部理论研究会成立，在全党发挥了理论研究的骨干和核心作用，先后编辑出版了《中国致公党党员读本》、《中国致公党理论研究选集》（第一、二辑）等书籍，组织理论研究会成员分赴各地开展党章、党史和理论专题讲座等。各级组织不断总结行之有效的学习方式，通过组织学习座谈会、理论研讨会、编发论文集等形式扩大理论交流的广度和深度，对参政党理论建设进行了有益探索，激发了党员理论研究积极性。

加强与各类媒体的联络互动，探索与媒体合作的有效方式。及时向媒体有针对性地提供线索与素材，并与媒体共同策划选题。“两会”前夕，致公党中央邀请多家在京新闻单位举办新闻通气会，介绍当年“两会”致公党中央提案与发言的情况。在致公党成立周年纪念、致公党老一辈领导人诞辰等重大纪念日，中央多次与《人民政协报》《团结报》等合作策划专版，通过刊登一批有历史意义的图片、文章来加大宣传力度。在年度大调研、中国发展论坛等重要活动期间，有针对性地邀请多家媒体记者随同报道，以获得更好的宣传效果。同时，各级组织还注意在工作中努力开辟宣传途径，围绕奋斗在各条战线上的优秀党员，相继推出“留学归国的致公党员”“在政府和司法机关任职的致公党员”等系列报道，向海内外各界展示致公党员的风貌。据不完全统计，仅致公党十三大期间，致公党中央见诸首都新闻媒体的报道累计达3000余篇。

加强《中国致公》杂志和中国致公出版社的建设。《中国致公》坚持正确的办刊方针，加强与基层组织和广大党员的互动与交流，起到了指导党务、传播信息、研讨理论、宣传典型的作用。2011年，按照中共中央文化体制改革的要求，中国致公出版社与湖北知音传媒集团开始战略合作，由湖北知音传媒集团实际主办。作为致公党对外宣传的重要窗口，中国致公出版社出版了一批为爱国统一战线服务、为致公党中央和党员服务，贴近群众、贴近生活的图书，取得了较好的社会效益和经济效益。

创办中国致公网站。中国致公网站于2003年3月开通运行，及时报道致公党在履行职能和自身建设中取得的成绩，为致公党宣传思想工作搭建了一个新的信息平台。2010年，网站进行了一次较大改版，结合工作实际科学设置栏目，注重增加与读者的互动，使网站兼顾中央与地方，全面囊括各项主要工作，着力突出侨海特色。许多地方组织建立了自己的网站，网络传播成为开展宣传思想工作的重要手段和途径。

修订出版《中国致公党简史》。在之前党史研究的基础上，2003年，中国致公出版社出版《中国致公党简史（1925—2002）》。2010年，中国致公出版社出版《中国致公党简史（1925—2009）》，对2003年版进行了修订和补充，对致公党的一些重要历史问题作出明确表述，反映了致公党的历史渊源和建立时就具有的鲜明的民主革命性质，也反映了新时期各级组织和广大党员履行参政党职能和加强自身建设的业绩。

2009年，中国致公画院成立。画院是以致公党内从事书画、篆刻、工艺美术、收藏鉴赏等工作的艺术家为主体组成的文化艺术机构，是致公党中央领导下的非营利性组织。画院成立以后，积极组织党员艺术家围绕中心工作开展书画等艺术交流及社会公益活动。先后于2009年9月举办中国致公党庆祝中华人民共和国成立60周年书画展，2010年12月举办庆祝中国致公党成立85周年书画摄影展。

（三）促进组织建设

中共十六大以来，中共中央就进一步坚持和完善我国多党合作制度，推进统一战线和多党合作事业提出一系列新的理论观点和政策主张。致公党坚持"'三个为主'，注重政治素质，发展与巩固相结合，有计划地稳步发展"的方针，坚持质量重于数量的原则发展党员，把一些符合发展条件、具有代表性的中高层人士吸收进党员队伍，不断优化党员队伍结构，组织发展呈良好态势。

在组织发展工作中，致公党中央从"人才兴党"战略高度，统一部署，明确要求，认真落实"三结合"原则，即：组织发展与后备干部队伍建设相结合，与参政议政骨干队伍建设相结合，与向人大、政府和司法机关、政协推荐人才相结合，把重在质量的要求进一步落到实处。针对组织发展中存在的问题，开展党员状况等方面的调查研究；定期通报各级组织发展的统计与分析，及时与地方组织沟通情况，交换意见；全面掌握组织发展状况，有针对性地对地方组织进行督促、检查与指导，并通过横向比较互相促进。

各级组织始终把领导班子建设摆在自身建设的重要位置。各级领导班子把提高政治把握能力、参政议政能力、组织协调能力、合作共事能力作为工作核心。加强领导班子建设注重抓好三个方面：一抓学习，不断提高思想政治素质、领导水平和工作能力。中央结合多党合作和统一战线面临的新形势，在全党特别是各级领导班子中相继开展了一系列主题教育活动，着力提高各级领导班子的荣誉感、使命感和责任感，增强坚持走中国特色社会主义道路的政治信念和自觉接受中国共产党领导的政治共识。二抓民主集中制，认真贯彻"集体领导、民主集中、个别酝酿、会议决定"的方针，建立健全领导班子议事和决策制度；坚持集体领导和个人分工负责相结合的制度，充分发挥领导成员各自的特点和优势。三抓团结，主要领导以身作则，维护团结，增强合力，妥善处理专、兼职领导干部的关系，开展批评与自我批评，全面提升领导班子的凝聚力、亲和力。各级领导班子深入实践、深入基层、深入党员群众，开展调查研究，不断提高自身的参政议政和组织领导能力。

致公党中央制定《致公党中央关于进一步加强机关建设的意见》。各级组织根据《中华人民共和国公务员法》及其实施方案的要求，切实加强各级机关公务员队伍建设，加强理论、政策和有关知识的学习，加强机关的科学管理，强化服务意识，提高干部综合素质。加强机关制度建设，进一步明确职责和工作要求，逐步建立起有利于加强中央与地方组织联系的长效机制。着力改善办公条件。在中共中央领导同志的关怀和有关部门的支持下，致公党中央机关办公楼于2006年年初建成并投入使用。各地方组织机关在当地中共党委的支持下，也相应地改善了办公条件。2009年9月，致公党在西安召开全党秘书长、办公厅（室）主任工作会议，进一步明确职责和工作要求，加强机关制度建设，逐步建立起有利于加强中央与地方组织联系的长效机制。

不断加强各级组织建设。将建立完善各级组织作为着力点，有重点、有步骤地推进地方组织的建立和完善。致公党中央统筹安排，精心组织，大力开展基层组织建设年活动。2010年年初，下发《关于树立和践行社会主义核心价值体系，推进本党基层组织建设的通知》，在全党范围内开展了基层组织建设年活动。各地方组织结合本地区特点和工作实际，改进工作措施，提高工作水平，加强对基层组织的领导，增强基层组织的凝聚力。配备好基层领导班子，实行专职干部联系基层制度。紧密结合基层组织工作实际，逐步建立健全了支部理论学习、组织生活、民主评议、成员发展、党员培训、支部建设等规章制度，努力使基层组织工作做到有章可循，有条不紊。开展各种文体活动，团结党员，凝聚人心。

2004年5月，致公党湖北省委筹委会成立；2004年11月，致公党湖北省委会成立。2011年4月，致公党河南省直、郑州、洛阳支部成立。至2012年11月底，致公党已成立省级委员会18个、中央直属工委1个、省级筹委会1个，设区的市级委员会125个，县级委员会15个。各级组织广泛分布在20个省、自治区、直辖市。

(四) 加强党员队伍建设

党员发展质量稳步提高。一是侨海特色更加突出。在继续发展归侨、侨眷中上层人士的同时，着重发展了一大批政治素质好、层次高、代表性强的留学回国人员。二是党员整体素质进一步提高。大批新生力量加入致公党，为致公党增添了新鲜血液和活力，党员队伍年龄结构得到改善，人才结构逐步优化。三是界别分布广泛。党员广泛分布于教育界、医卫界、科技界、文化艺术界、政府部门、司法机关、党派机关、人大、政协，以及涉侨单位、新的社会阶层等十余个职业界别，为致公党履行职能、发挥参政党作用提供了坚实的组织基础。四是党员结构更为优化。截至2011年年底，致公党员总人数37891人。根据2011年年底统计，党员平均年龄50岁，女性党员占46%，大学文化程度以上占76%，中上层人士占87%；归侨、侨眷、港澳台属及其他有海外关系人士占78%。

表6.11　2003—2011年党员人数

年份	2003	2004	2005	2006	2007	2008	2009	2010	2011
人数	23420	24989	26567	28193	29935	31708	33706	35698	37891

加强党员学习培训。各级组织举办多种培训班、学习班，并选派骨干党员参加各级社会主义学院学习。以专题学习、活动竞赛为载体，通过平面媒体、互联网络等多种手段，激发普通党员的学习热情，对凝聚共识、巩固共同政治思想基础起到积极作用。

提高干部队伍的能力和水平。各级组织始终以坚定政治信念、夯实多党合作思想基础为重点，牢牢抓住理论教育这个根本，在各级干部中开展形式多样的培训活动。进一步强化干部的责任意识，明确工作重点，更好地履职尽责。积极安排各级干部参加各级民主党派干部培训班和干部进修班。同时，中央认真做好民主党派局级干部出国考察班及处级干部赴港研修班的各项工作。

推进后备干部队伍建设。后备干部队伍建设关系到致公党各级干部队伍的巩固与发展，是一项长期的战略任务。各级组织始终坚持以建设一支政治素质高、年富力强、具有较高专业水平的后备干部队伍为目标，从党员发展、动态管理、认真考察、加强培养等方面出发，加强对后备干部选拔、培养、推荐的力度。2003 年以来，各级组织有组织、有步骤地做好后备干部的选拔、培养、推荐和使用工作。致公党中央从抓干部培训入手，有计划地从全党选派干部参加中央社会主义学院举办的民主党派干部培训班和进修班，以及赴国外、境外学习考察活动。2003 年至 2012 年，致公党中央组织中青年党员骨干参加中央社会主义学院培训共 27 期 97 人次，组织司局级、处级干部参加多期出国、出境学习、考察团。2007 年，中央下发《关于进一步贯彻〈中国致公党中央关于加强后备干部队伍建设的意见〉的通知》，进一步落实后备干部队伍建设规划。中央与地方组织相结合，深入调查研究，通过物色、考察、选拔，建立了“致公党后备干部人才库”。各级组织积极创造条件，帮助后备干部在实践中成长、提高。一方面，把后备干部逐步充实到各级班子中，形成干部队伍的合理梯次；另一方面，积极与有关部门协商，举荐作实职安排。通过内用和外举，一批后备干部脱颖而出，陆续走上领导岗位。至 2011 年 12 月底，致公党员任各级人大代表 814 人次，各级政协委员 3787 人次，担任县处级以上政府及司法机关领导职务 381 人。

（五）探索党内监督工作机制

2008 年 12 月，致公党第十三届二中全会选举产生了以王钦敏为主任、杨邦杰为副主任，九名委员组成的致公党中央第一届监督委员会，审议通过了《中国致公党党内监督条例（试行）》。《条例》强调教育与监督并举、重在预防原则，明确了监督的主要对象是各级组织和党员，重点是各级领导班子及成员。中央监督委员会还开展了对省级组织党内制度建设工作的检查。2009 年，致公党中央决定以广东省委会和长沙市委会为试点单位，开展党内监督工作的实践探索。

致公党将党内监督工作与加强省级领导班子建设、省级组织换届工作相结合，有针对性地开展监督工作，取得良好效果。中央和省级组织的监督机构不断完善，在各级组织换届工作中发挥了积极有效的作用。出台一系列规章制度，初步形成党内监督工作框架，党内监督工作取得初步成效。2009 年，致公党中央制定下发《中国致公党中央监督委员会工作规则（试行)》。2010 年，致公党中央制定下发《关于建立健全致公党省级组织领导班子谈心会制度的意见》《关于建立健全致公党省级组织领导班子述职和民主评议制度的意见》，要求自 2011 年起，在省级组织全面推行领导班子述职和评议制度，通过述职和民主评议，促使领导班子成员切实增强工作责任，不断提高领导能力和执行能力。党内监督工作机制的建立，发展了党内民主，维护了党的团结，提高了领导班子的组织领导能力、履职能力。

第七章

侨海报国，为实现中华民族伟大复兴而奋斗

2012年年底，中共中央总书记习近平走访致公党中央机关，对致公党提出殷切希望。2015年，《中国共产党统一战线工作条例（试行）》施行。2018年、2019年，关于参政党建设的相关文件相继印发。这些文件对新时代中国共产党领导的多党合作事业发展作出部署和安排，成为致公党履职尽责的行动指南。各级组织深入学习贯彻习近平总书记重要讲话精神和中共十八大、十九大精神，坚持“致力为公，侨海报国”，全力投入决战决胜脱贫攻坚和全面建成小康社会。

一、学习贯彻习近平新时代中国特色社会主义思想

致公党深入学习贯彻落实中共十八大、十九大以来中共中央作出的各项重大决策部署，用习近平新时代中国特色社会主义思想武装全党。

（一）学习贯彻中共十八大、十九大精神

2012年10月，致公党在十三届中常会第二十一次会议上，万钢强调，全党要把学习贯彻即将召开的中共十八大精神作为首要政治任务，切实把思想认识统一到中共十八大精神上来，学习执政党的党建经验，全面推进高素质参政党建设。中共十八大于2012年11月召开。大会高举中国特色社会主义伟大旗帜，以邓小平理论、“三个代表”重要思想、科学发展观为指导，解放思想，改革开放，凝聚力量，攻坚克难，坚定不移沿着中国特色社会主义道路前进，为全面建成小康社会而奋斗。中共十八大的召开，对于中国共产党团结带领全国各族人民，全面建成小康社会，加快

推进社会主义现代化，开创中国特色社会主义事业新局面，具有重大而深远的影响。随后，中共中央印发了《关于认真学习宣传贯彻党的十八大精神的通知》。

2012 年 11 月 15 日，致公党中央召开理论学习中心组扩大会议。会议强调，“我们要紧密联系广大致公党员的思想实际，用中共十八大精神武装头脑、指导实践、推动工作”。要深刻领会高举中国特色社会主义伟大旗帜的重要意义，坚持走中国特色社会主义道路；要深刻领会实现全面建成小康社会奋斗目标的新要求，进一步明确任务，团结奋进；要深刻领会报告关于社会主义协商民主和统一战线的新要求，进一步提高认识，履行职能。并要求，坚持以科学发展观为指导，把促进科学发展贯穿于致公党工作的各个方面；高度关注民生，为解决民生问题献计出力；围绕全面建成小康社会的目标，积极履行参政党职能；学习执政党的党建经验，进一步加强参政党的自身建设。

2013 年 11 月，中共十八届三中全会通过了《中共中央关于全面深化改革若干重大问题的决定》，对全面深化改革作了总部署。2013 年 11 月 20 日，致公党十四届四次中常会通过《致公党中央关于学习贯彻中共十八届三中全会精神的决议》，指出学习贯彻中共十八届三中全会精神，要准确把握全面深化改革的总目标，巩固团结奋斗的共同思想政治基础；要围绕全面深化改革的系统部署，进一步发挥“侨”“海”特色和优势，积极履行参政党职能。全党要紧紧围绕全面深化改革的重大问题，密切关注国内外形势变化，以促进改革、发展和创新作为参政议政第一要务，在深入开展调研的基础上，提出具有前瞻性、全局性、战略性、可操作性的意见和建议，使广大党员成为推动科学发展、建设和谐社会的重要力量。

2014 年 10 月，中共十八届四中全会审议通过了《中共中央关于全面推进依法治国若干重大问题的决定》，对全面推进依法治国作出整体部署。致公党各级组织采取多种形式深入学习全会精神，进一步树立法治理念，培育法治精神，认真做到自觉学法、遵法、守法和用法，切实增强厉行法治的积极性和主动性，成为社会主义法治的忠实崇尚者、自觉遵守者和坚定捍卫者，形成全面推进依法治国的强大精神合力。

2017 年 10 月，中共十九大胜利召开，会议提出了一系列新思想、新论断、新提法、新举措，确立习近平新时代中国特色社会主义思想为中国共产党必须长期坚持的指导思想。致公党把学习贯彻习近平新时代中国特色社会主义思想和中共十九大精神作为首要政治任务，持续开展坚持与发展中国特色社会主义主题教育活动、“不忘合作初心，继续携手前进”主题教育活动等系列活动，不断夯实共同团结奋斗的思想政治基础。11 月 1 日，中共中央发布关于认真学习宣传贯彻中共十九大精神的决定。致公党迅速响应，采取一系列措施，掀起了学习新高潮。11 月 2 日，致公党第十四届中常会二十一次会议在北京召开，会议主题是学习贯彻中国共产党第十九次全国代表大会精神。万钢强调，致公党各级领导干部在深入学习中共十九大精神中要率先垂范、做好表率。各级组织要认真学习，着力用中共十九大精神武装头脑，切实同以习近平同志为核心的中共中央保持高度一致，坚决维护习近平总书记的核心地位；要把学习贯彻习近平新时代中国特色社会主义思想作为政治交接的时代内涵，不断巩固坚持和发展中国特色社会主义学习实践活动和“不忘合作初心，继续携手前进”专题教育活动成果，坚持中国共产党领导的多党合作和政治协商制度；要以中国共产党为师，在新时代，全面切实加强中国特色社会主义参政党建设，围绕中共十九大作出的重大决策部署献计出力；要继承弘扬优良传统，充分发挥侨海特色，为实现中华民族伟大复兴的中国梦，为实现人民对美好生活的向往贡献力量。

会议审议通过了《致公党中央关于学习贯彻中国共产党第十九次全国代表大会精神的决议》（以下简称《决议》）。《决议》强调，深入学习贯彻中共十九大精神，要认真学习领会习近平总书记报告和习近平新时代中国特色社会主义思想的深刻内涵和实践要求；要把思想和行动统一到中共十九大精神上来，巩固学习实践活动和专题教育活动成果，夯实共同思想政治基础；要自觉服务于坚持和发展新时代中国特色社会主义，发挥侨海特色，积极履行参政党职能；要切实搞好政治交接，开好致公党十五大，建设适应新时代中国特色社会主义需要的高素质参政党。

2018 年是全面贯彻中共十九大精神的开局之年，也是致公党第十五届中央履职的起步之年。各级组织深入学习贯彻习近平新时代中国特色社会主义思想和中共十九大及十九届二中、三中全会精神，落实致公党十五大提出的各项部署，开启了致公党第十五届中央工作的良好局面。2019 年是中华人民共和国成立 70 周年，是决胜全面建成小康社会第一个百年奋斗目标的关键之年。万钢发表 2019 年新春贺词指出，致公党要以习近平新时代中国特色社会主义思想为指导，高举中国特色社会主义伟大旗帜，全面贯彻中共十九大，十九届二中、三中全会精神，树牢“四个意识”，坚定“四个自信”，做到“两个维护”，坚持“致力为公、侨海报国”的立党宗旨，推进新时代中国特色社会主义参政党建设，服务改革发展大局和“一带一路”建设，全面增强履职成效。

2019 年 10 月 28 日至 31 日，中共十九届四中全会在北京召开。全会听取和讨论了习近平总书记受中共中央政治局委托作的工作报告，审议通过了《中共中央关于坚持和完善中国特色社会主义制度　推进国家治理体系和治理能力现代化若干重大问题的决定》（以下简称《决定》）。为贯彻中共中央《决定》，11 月 8 日，致公党十五届中常会九次会议在京召开。会议主要内容是学习贯彻中共十九届四中全会精神和习近平总书记在会上作的工作报告精神。会议审议通过了《致公党中央关于学习贯彻中共十九届四中全会精神的决议》，强调学习贯彻中共十九届四中全会精神，要深刻理解和领会中共十九届四中全会的重要意义，要扎实有序开展好“不忘合作初心，继续携手前进”主题教育活动，要充分发挥新时代参政党作用。

为让学习贯彻习近平新时代中国特色社会主义思想落在实处，2019 年 6 月和 10 月，致公党中央分别在贵阳和广安举办第一期和第二期习近平新时代中国特色社会主义思想专题培训班。培训班要求深入学习习近平新时代中国特色社会主义思想，自觉主动学、及时跟进学、联系实际学、笃信笃行学，切实在学懂弄通做实上下功夫，深入学习习近平总书记的国际视野、战略思维、家国情怀，在建设“一带一路”、讲好中国故事、促进新一轮改革开放中身体力行、参与其中，在参政议政方面积极建言献策，建功立业。

2018年3月4日，习近平总书记在看望参加全国政协第十三届一次会议的民盟、致公党、无党派人士、侨联界委员时发表重要讲话，对中国共产党领导的多党合作和政治协商制度作了全局性、历史性的阐述，首次提出了“新型政党制度”的论述。2019年9月20日，习近平总书记在中央政协工作会议暨庆祝中国人民政治协商会议成立70周年大会上发表重要讲话，科学回答了人民政协一系列理论和实践方面的重大问题，进一步丰富和发展了中国共产党的人民政协理论，为新时代进一步加强和改进人民政协工作指明了方向，是指导新时代人民政协工作的纲领性文件。

致公党中央迅速召开主席会、理论中心组学习会、中常会等深入学习贯彻习近平总书记重要讲话精神。2018年7月3日，致公党中央召开“讲好中国故事，宣传好我国新型政党制度”专题座谈会。2019年9月23日，致公党中央机关召开专题学习会，蒋作君作辅导讲话。

2020年9月25日上午，纪念中国致公党成立95周年座谈会在北京召开。万钢出席会议并作重要讲话，回顾了致公党在不同历史阶段的发展历程。他强调，致公党在95年的光辉历程中，积累了宝贵经验，形成了优良传统：坚定不移地坚持中国共产党的领导，是致公党的事业取得一个又一个更大胜利的根本保证；更加鲜明地突出侨海特色和优势，是致公党义不容辞的历史使命和责任担当；更加努力地强化自身建设，全面提高履职能力，是致公党建设新时代中国特色社会主义参政党的必然要求。他号召全体党员要继续坚定不移地拥护中国共产党的领导，坚定不移地深入践行我国新型政党制度，紧密团结在以习近平同志为核心的中共中央周围，进一步增强“四个意识”、坚定“四个自信”、做到“两个维护”，不忘合作初心，继续携手前进，弘扬致公传统，无愧使命担当，为实现“两个一百年”奋斗目标、实现中华民族伟大复兴的中国梦作出新的更大的贡献。

致公党全党深入学习贯彻习近平新时代中国特色社会主义思想和中共十八大、十九大精神，认真践行新型政党制度，增强建言实效，拓展对外联络，做好定点扶贫和脱贫攻坚民主监督，加强新时代高素质中国特色社会主义参政党建设，各项工作取得了新成绩。

（二）开展坚持和发展中国特色社会主义学习实践活动

为进一步夯实政治共识、提高履职能力，促进各级组织和广大党员更加自觉地坚持中国共产党领导，与全国人民一道共同奋斗，努力为全面建成小康社会、实现中华民族伟大复兴的中国梦贡献智慧和力量，致公党中央领导高度重视学习实践活动，多次研究讨论开展学习实践活动的方案。2013 年 9 月成立了以万钢为组长、蒋作君为副组长的学习实践活动领导小组。在 12 月 17 日致公党十四届二中全会上，致公党中央动员部署全党开展坚持和发展中国特色社会主义学习实践活动，万钢要求全党要将“规定动作”与“自选动作”紧密结合，坚持以“四个统一”来全面推进学习实践活动。会议审议通过了《致公党中央关于开展坚持和发展中国特色社会主义学习实践活动的方案》。

在学习实践活动中，致公党中央学习实践活动领导小组周密部署，各级组织精心组织，广大党员积极参与，按照坚持突出重点、坚持自我教育、坚持正面引导、坚持注重实效的要求，整个学习实践活动主题鲜明、领导有力、措施得当、工作扎实，实现了预期目标，取得了显著成效。

致公党中央将 2014 年确定为学习教育活动年，全党结合中共十八大、中共十八届三中全会和致公党十四大精神开展学习；2015 年为优良传统教育活动年，围绕致公党建党 90 周年，开展了一系列纪念活动；2016 年为推进自身建设年，主要结合市级组织换届、加强自身建设开展活动；2017 年的学习主题是侨海报国，全党开展了“不忘合作初心，继续携手前进”专题教育活动。全党始终把筑牢思想根基摆在首要位置，党员共同思想基础不断夯实，全党的自身建设水平再上新台阶。省市级组织换届工作程序规范、结果圆满、宣传给力、面貌更新，为迎接致公党十五大胜利召开营造良好氛围。

各级班子负责同志带头学习、带头行动。致公党中央领导同志切实做到“三个一”，即讲一次课、写一篇文章、联系一个地方组织，积极推动全党学习实践活动深入开展。万钢在人民政协报上发表署名文章《发挥侨海特色，共筑中国梦想》《为全面建成小康社会献计出力》。2014 年至 2017 年，致公党中央领导同志先后率调研组近百次赴地方调研、督导学习实践活动，共计撰写发表理论文章、学习体会 200 余篇；各级组织举办培训班 50 余次，培训党员超过 3500 人次；致公党中央建立地方联系点 16 个，省级组织建立联系点超过 100 个。“主席、主委走基层”成为学习实践活动的常态机制。万钢每年都要去上海专门开展学习实践活动调研，召开座谈会。其他副主席也都对各自的联系点开展了深入、细致的学习实践活动，倾听了党员的心声，了解了基层组织的发展情况。

各级组织努力完成规定动作，又结合各自实际做好自选动作，多措并举开展学习实践活动。2015 年，致公党中央在中共中央统战部的支持下，与国家统计局一起对 381 个基层组织的 3887 名党员进行了“党员基本情况调查”，这次问卷调查规模空前，对于了解党员思想动态，有针对性地开展学习实践活动发挥了重要作用；举办“中国梦・侨海情”主题宣讲活动，先后在 15 个省的 35 个城市开展了 45 场宣讲活动，共有 337 人次进行了宣讲，1 万多名党员聆听了宣讲；中央党员学习教育基地建设工作有序开展，广州市致公党中央党部旧址陈列馆和上海市中国留学生博物馆先后挂牌“致公党中央党员学习教育基地”，地方组织也结合本地区实际，建立学习实践活动基地超过 200 个；通过建立微信、手机客户端、网站三位一体的互联网宣传矩阵，学习实践活动新媒体平台不断完善，致公党中央和 16 个省级组织开通了微信订阅号。各级地方组织也都结合本地区实际，努力创新工作方式方法，积极开展诸如 3D 党史馆上线，举办主题征文、演讲比赛等学习实践活动“自选动作”。

通过纪念大会等活动总结经验、教育党员。2015 年 9 月 28 日，中国致公党成立 90 周年纪念大会在北京召开。中共中央政治局委员、中央统战部部长孙春兰代表中共中央向致公党中央表示祝贺。万钢代表致公党中央作题为《致力为公　侨海报国》的报告。报告指出，中国致公党 90 年的风雨历程积累了宝贵的经验，形成了优良的传统。这些经验和传统就是：必须坚持中国共产党的领导；必须坚持高举爱国主义和社会主义两面旗帜；必须坚持和发挥侨海特色；必须坚持不断提高参政党意识和履职能力；必须坚持全面加强自身建设。报告要求致公党坚定不移地做发挥中国政党制度优势和特点的捍卫者；坚定不移地做改革开放、创新发展的促进者；坚定不移地做侨海资源可持续发展的推动者；坚定不移地做建设社会主义参政党的实践者。

为将坚持和发展中国特色社会主义学习实践活动不断推向深入，2016 年 11 月 12 日致公党十四届中常会十七次会议召开，决定开展“不忘合作初心，继续携手前进”专题教育活动。活动主要内容：一是将学习习近平总书记“七一”重要讲话精神与学习习近平总书记系列重要讲话精神、中共党史、多党合作历史与致公党历史传统等结合起来；二是以换届工作为抓手，做好政治交接，全面加强思想、组织、制度和作风建设，进一步巩固中国特色社会主义共同思想政治基础；三是建立思想教育基地，拓宽开展主题教育活动的平台、丰富开展主题教育活动的内容；四是组织采访记录致公党老同志的多党合作历史记忆、现任领导人对多党合作优良传统的思考感悟，开展多党合作历史传统记录工程；五是通过实地调研、问卷调查、走基层等形式，特别是关注致公党中的高校和科研机构成员、新的社会阶层人士和非公有制经济人士、青年成员，准确把握党员思想动态、主题教育活动的开展情况；六是通过继续推动“学习实践活动宣讲团”宣讲活动，讲好致公党故事，将学习实践活动不断推向深入。会议讨论并通过了《致公党中央开展“不忘合作初心，继续携手前进”专题教育活动方案》。

2017 年 12 月 1 日，致公党中央坚持和发展中国特色社会主义学习实践活动总结大会在京召开。万钢全面总结了致公党坚持和发展中国特色社会主义学习实践活动的开展情况，要求全党进一步深入学习贯彻中共十九大精神，深刻领会习近平新时代中国特色社会主义思想，筑牢共同思想基础；要进一步巩固学习实践活动成果，切实增强主题教育活动的针对性和实效性；要进一步继承和弘扬致公党优良传统，以执政党为师，不断丰富主题教育活动内涵；要进一步加强自身建设，切实搞好政治交接，开好致公党十五大。

（三）开展“不忘合作初心，继续携手前进”主题教育活动

2019 年 7 月至 12 月底，致公党开展“不忘合作初心，继续携手前进”主题教育活动。开展此次主题教育活动，是持续深入学习贯彻习近平新时代中国特色社会主义思想和中共十九大精神的重要举措，是坚持好、发展好、完善好我国新型政党制度的必然要求，是加强中国特色社会主义参政党建设的迫切需要。致公党中央制定《致公党中央“不忘合作初心，继续携手前进”主题教育活动方案》。8 月 17 日，致公党十五届中常会八次会议对主题教育活动进行了部署，要求全体党员要更加紧密地团结在以习近平同志为核心的中共中央周围，不忘合作初心，继续携手前进，扎扎实实搞好主题教育活动，共同把致公党的事业做得更好，为决胜全面建成小康社会、夺取新时代中国特色社会主义伟大胜利、实现中华民族伟大复兴的中国梦贡献智慧和力量。

致公党坚持将主题教育活动贯穿于自身建设和履职实践的全过程，明确“加强理论武装、巩固政治共识、强化责任担当、推进自身建设”目标任务，提出“学习教育、履职尽责、查找不足、整改提高”工作要求，努力做到“四个结合”：规定动作与自选动作相结合，强化学习与深入基层相结合，弘扬传统与自身建设相结合，侨海特色与创新实践相结合。主题教育活动体现出三个“早”的特点：主席们开展得早、中央机关开展得早、问题整改得早，主题教育活动取得良好成效。

各级组织高度重视主题教育活动，按照《致公党中央“不忘合作初

心，继续携手前进”主题教育活动方案》要求，有针对性地开展主题教育活动。为加强对全党主题教育活动的组织领导，致公党中央成立主题教育活动领导小组。各省级组织成立了由主委为第一责任人的主题教育活动领导小组，指导所辖地方组织开展主题教育活动。各级组织完善领导班子理论学习制度，严格对照主题教育活动方案中提出的12项学习主题开展活动。全党通过形式多样的学习教育，不断深化党员对习近平新时代中国特色社会主义思想的理解，自觉做习近平新时代中国特色社会主义思想的坚定信仰者和忠实实践者。

致公党紧扣“不忘合作初心，继续携手前进”主题，把深入学习贯彻习近平新时代中国特色社会主义思想作为主题教育活动的首要任务，创新学习形式，坚持知行合一，以学习指导实践，以实践促进学习，营造了重学习、善学习、比学习的浓厚氛围，多党合作共同思想政治基础不断夯实。领导率先垂范，全体中常委实地学习考察，主委走基层，紧扣主题，采取专题培训班、宣讲团宣讲、理论宣讲、理论征文、致公讲堂等形式推动学习活动往深里走、往心里走、往实里走。为把学习实践活动推向深入，全党开展了以“中国梦·侨海情”为主题的宣讲活动，在15个省、32个市进行了45场宣讲，1万多名党员聆听了宣讲报告，取得了很好的学习成效。

全党紧紧围绕中华人民共和国成立70周年、人民政协成立70周年和中国新型政党制度确立70周年等重要时间节点，大力弘扬以爱国主义为核心的伟大民族精神和“致力为公、侨海报国”的优良传统，切实加强自身建设。全党开展了“我和我的祖国”主题宣传教育活动，学习贯彻《中共中央关于加强中国特色社会主义参政党建设的意见》《民主党派代表人士队伍建设规划（2018—2027）》《各民主党派中央关于新时代组织发展工作座谈会纪要》等三个文件精神，切实加强自身建设。开好民主生活会，加强领导班子建设。致公党中央把开展机关“处室自身建设年”活动作为主题教育活动的一项重要内容，以提升机关效能，通过中央带动地方，全面加强各级机关自身建设。

二、中国致公党第十四次全国代表大会

2012年12月3日，致公党十四大胜利召开。12月25日，习近平总书记走访致公党中央机关，希望致公党在新时期注重发挥自身优势，切实做好侨海这篇大文章。习近平总书记的重要讲话，为致公党的发展指明了方向，提供了根本遵循。

（一）习近平总书记走访致公党中央机关

2012年12月25日，中共中央总书记习近平和中共中央政治局常委俞正声，中共中央政治局委员、中央办公厅主任栗战书一起，走访了致公党中央机关，并与致公党中央领导同志座谈。

习近平总书记在与致公党中央领导的座谈会上的讲话中强调，要坚定不移坚持和完善中国共产党领导的多党合作和政治协商制度，支持民主党派更好履行参政党职能，充分发挥自身优势，最大限度调动一切积极因素、凝聚一切积极力量，为实现中共十八大确定的奋斗目标和工作任务而奋斗。万钢表示，致公党要进一步加强与爱国侨团侨社、华侨、港澳台同胞和海外留学人员的联系交往，推动侨务资源可持续发展，进一步在海外弘扬和传承中华优秀文化，团结和引导广大海外侨胞和归侨、侨眷，积极为社会主义现代化建设献计出力。

习近平总书记走访致公党中央机关，对致公党的工作给予高度评价，并对今后工作提出新的要求。各级组织深入学习贯彻习近平总书记在走访致公党中央机关座谈会上的重要讲话和中共十八大精神，发挥侨海优势，积极履职尽责。

致公党各级组织按照习近平总书记的指示精神，在继承中发展、在发展中创新、在创新中前进。“致力为公，侨海报国”成为新时期的发展主题，成为致公党参政履职中不懈努力、孜孜追求的根本目标。彰显侨海特色，汇聚侨海智慧，发挥侨海力量，维护侨海权益，努力开拓侨海工作新局面。在反映归侨、侨眷和留学人员的意见和建议、维护他们的合法权益方面做了大量工作。特别是在解决华侨农场归难侨和侨眷的生活困难问题、促进留学人员创业园的健康发展、解决来华创业的高层次人才长期居留权问题、促进海外侨务资源可持续发展、增进港澳台同胞和海外侨胞对祖国的认同感、推进“一带一路”倡议中中国文化“走出去”等方面，致公党中央开展了一次又一次调研，组织了一场又一场研讨会，提交了一份又一份提案和建议。十年来，致公党中央提交的侨海特色提案累计达40余件，这些涉侨提案，凝聚着致公党为侨服务的智慧和心血，饱含着致公党爱侨护侨的真诚与热情，彰显着致公党“侨海报国”的责任与实践。

（二）中国致公党第十四次全国代表大会召开

致公党第十四次全国代表大会于2012年12月3日至6日在北京举行。这次大会是在全国人民深入学习贯彻中共十八大精神，奋力推进社会主义现代化的新形势下召开的。大会的主要任务是：学习贯彻中国共产党第十八次全国代表大会精神；听取和审议中国致公党第十三届中央委员会报告；修改《中国致公党章程》；选举中国致公党第十四届中央委员会。

中共中央政治局常委、国务院副总理张德江代表中共中央致贺词。贺词指出，中国致公党是具有侨海特色的参政党。长期以来，致公党团结带领全体成员和所联系的归侨、侨眷与海外侨胞，积极投身中国革命、建设、改革，为民族独立和人民解放，为国家发展和社会进步，为促进祖国和平统一大业作出了重要贡献。实践证明，致公党不愧为与中国共产党和衷共济、通力合作的亲密友党，不愧为致力于中国特色社会主义事业的参政党。贺词肯定了五年来致公党在五个方面取得的重要成绩，并对今后发展提出要求：一要紧紧围绕党和国家中心任务，坚持致力为公、侨海报国，认真履行参政党职能；二要注重把国家大局、社会需求同致公党自身特色优势有机结合，把发展作为参政议政的第一要务；三要充分发挥同海内外联系广泛的优势，加强与爱国侨团侨社、华侨华人、港澳台同胞和海外留学人员的联系交往，推动侨务资源可持续发展，积极开展反“独”促统活动，为促进我国对外友好交流和祖国和平统一大业发挥了独特作用等。

万钢代表中国致公党第十三届中央委员会作了《凝心聚力、开拓创新，为全面建成小康社会贡献力量》的报告。报告回顾了中国致公党五年来的主要工作：坚持正确的政治方向，切实加强思想理论建设；服务科学发展，积极发挥参政议政、民主监督作用；发挥自身优势，不断深化海外联络工作；促进民生改善，积极投身社会服务；顺应形势发展，扎实推进组织建设；注重工作实效，充分发挥专门委员会作用。报告总结了基本经验后指出：这些经验和体会，结合长期以来的具体实践，归结起来就是：我们在建设新世纪高素质参政党的历史进程中，必须继承传统，始终践行“致力为公、参政兴国”的宗旨；必须与时俱进，努力开创“侨海报国、人才兴党”的生动局面。这是我们顺应多党合作事业发展的要求，努力实践，悉心探索，在新时期全面推进高素质参政党建设的必由之路。

报告提出了今后五年的任务：深入学习贯彻中共十八大精神，进一步巩固团结奋斗的共同思想政治基础；增强自身活力，全面推进高素质参政党建设；发挥特色优势，切实提升参政议政整体水平；坚持侨海并重，积极拓展海外联络新领域；创新工作思路，努力开创社会服务新局面。

报告指出，致公党作为多党合作政治格局中的参政党，要深入学习贯彻中共十八大精神，进一步巩固团结奋斗的共同思想政治基础；要增强自身活力，全面推进高素质参政党建设；要发挥特色优势，切实提升参政议政整体水平；要坚持侨海并重，积极拓展海外联络新领域；要创新工作思路，努力开创社会服务新局面，为全面建成小康社会、实现中华民族伟大复兴作出新的更大的贡献。

大会审议通过《中国致公党章程（修正案）》。一是把科学发展观、生态文明建设列入致公党指导思想，将致公党的奋斗目标表述为："坚定不移沿着中国特色社会主义道路前进，为全面建成小康社会、继续实现推进现代化建设、完成祖国统一、维护世界和平与促进共同发展这三大历史任务，把我国建设成为富强民主文明和谐的社会主义现代化国家，实现中华民族的伟大复兴而共同奋斗。"二是在总纲中补充"致力于促进和发展社会主义和谐政党关系""同中国共产党在思想上同心同德、目标上同心同向、行动上同心同行""学习践行社会主义核心价值体系"等内容。三是就进一步完善组织制度、健全党内监督机制、明确党员的权利与义务、赋予中央和地方各级委员会全体会议届中调整和增补同级委员会部分委员的职权、加强各级机关建设等方面作出必要规范和适当修改。

大会选举产生了由118名中央委员组成的新一届中国致公党中央委员会。在十四届一中全会上，选举产生了由万钢、王珣章、甘霖（女）、吕彩霞（女）、刘珂（女）、闫小培（女）、闫傲霜（女）、严以新、李羚（女）、李嵘、李卓彬、李昭玲（女）、杨邦杰、杨兴平、张玲（女）、张柏青、张恩迪、陈超、林方略、郑继伟、赵进东、赵家军、胡旭晟、黄格胜、曹小红（女）、曹鸿鸣、麻建国、蒋作君、程津培、谢广祥、谢晓尧、蔡建国、滕卫平、薛卫民等34名委员组成的第十四届中央常务委员会和新一届致公党中央领导机构，万钢当选主席，蒋作君、王珣章、程津培、杨邦杰、严以新、黄格胜、曹小红（女）、李卓彬、闫小培（女）当选副主席。在第一次主席会上，蒋作君被确定为常务副主席，主持中央日常工作。在十四届一次常委会上，曹鸿鸣被任命为秘书长。在十四届五中全会上，曹鸿鸣被增选为中央副主席，于圣臣、沈国军被增选为中央常委。

★ 中国致公党第十四届中央领导班子，左起：李卓彬、黄格胜、杨邦杰、王珣章、万钢、蒋作君、程津培、严以新、曹小红、闫小培。

中国致公党第十四次代表大会是在新时代我国进入全面建成小康社会决定性阶段召开的一次重要会议。致公党在中国共产党的领导下，团结和带领全体党员，积极为全面建成小康社会，加快推进社会主义现代化，开创中国特色社会主义事业新局面贡献力量。

三、中国致公党第十五次全国代表大会

中国致公党第十五次全国代表大会于 2017 年 12 月 2 日在北京开幕，这是在中国特色社会主义建设进入新时代召开的一次重要会议。大会的主题是：在中国共产党的领导下，高举中国特色社会主义伟大旗帜，认真学习贯彻中共十九大精神和习近平新时代中国特色社会主义思想，坚持走中国特色社会主义道路，巩固和深化政治交接，团结带领致公党全党为决胜全面建成小康社会，夺取新时代中国特色社会主义伟大胜利作出新的贡献。

中共中央政治局常委、中央书记处书记王沪宁代表中共中央致贺词。贺词指出，致公党是我国最早成立的民主党派。实践充分证明，致公党作为中国共产党久经考验的亲密友党和中国特色社会主义参政党。五年来，致公党充分发挥自身特色优势，认真履行参政党职能，不断加强自身建设，为推进党和国家各项事业作出了重要贡献。希望致公党认真学习宣传贯彻中共十九大精神，准确把握习近平新时代中国特色社会主义思想的历史地位和丰富内涵，积极响应中共十九大关于广泛团结联系海外侨胞和归侨、侨眷，共同致力于中华民族伟大复兴的号召，把广大海外侨胞、归侨、侨眷和留学人员团结起来，为推进新时代中国特色社会主义事业、实现祖国统一作出更大贡献。

万钢代表中国致公党第十四届中央委员会作《致力为公、侨海报国，为建设新时代中国特色社会主义努力奋斗》的报告。报告总结了五年来的主要工作成绩：坚持正确政治方向，多党合作的思想基础进一步巩固；围绕改革发展大局，参政议政的履职成效进一步彰显；聚焦全面小康与脱贫攻坚，社会服务的工作实绩进一步突出；着眼强基固本，自身建设的能力水平进一步提升。今后五年全党任务是：认真学习贯彻中共十九大精神，坚定不移地走中国特色社会主义道路；以提升创新能力为重点，全面增强全党的履职能力；以服务“一带一路”倡议为着眼点，着力彰显侨海优势；以推进全面建成小康社会为目标，大力提升社会服务的整体水平；以推进致公党人文建设为支撑，努力提高全党的活力和生机；以加速融合共享为目标，不断加强信息化时代的自身能力建设。

报告指出，致公党作为中国特色社会主义参政党，要深入学习贯彻中共十九大精神，坚决维护习近平总书记的核心地位，以习近平新时代中国特色社会主义思想为指导，坚定不移地走中国特色社会主义道路，全面增强履职能力，着力彰显侨海优势，着力提升社会服务整体水平，不断加强自身建设，努力提高全党生机活力，为决胜全面建成小康社会、夺取新时代中国特色社会主义伟大胜利、实现中华民族伟大复兴的中国梦、实现人民对美好生活的向往而团结奋斗。

大会通过了《中国致公党章程修正案》。章程修正案对总纲部分作出修改。根据中共十九大精神对致公党的政治纲领、基本任务等内容作出修改和补充。在政治纲领中将习近平新时代中国特色社会主义思想列入指导思想，并强调习近平同志的领导核心地位。必须长期坚持并自觉运用习近平新时代中国特色社会主义思想，谋划致公党发展的新思路、新任务、新举措，保证致公党的各项工作符合新时代要求。坚持中国特色社会主义基本理论、基本路线、基本方略，牢固树立“四个意识”，坚定“四个自信”，坚持一致性和多样性统一，找到最大公约数、画出最大同心圆，坚持“致力为公、侨海报国”；强调中国共产党对多党合作事业的领导；完善有关奋斗目标的表述。根据中共十九大精神，将奋斗目标修改为：团结全体党员和所联系的归侨、侨眷、归国留学人员及海外侨胞，弘扬爱国主义精神，坚定不移地沿着中国特色社会主义道路前进，为实现推进现代化建设、完成祖国统一、维护世界和平与促进共同发展这三大历史任务，为决胜全面建成小康社会、把我国建设成为富强民主文明和谐美丽的社会主义现代化强国，为实现“两个一百年”奋斗目标、实现中华民族伟大复兴的中国梦而共同奋斗；增写了新时代中国特色社会主义历史方位下致公党的历史使命。推进“五位一体”总体布局和“四个全面”战略布局，助力伟大斗争、伟大工程、伟大事业、伟大梦想。完善了现阶段基本任务。补充了实现“两个一百年”奋斗目标、完成“两个阶段”战略安排等内容表述。根据近年来统一战线和多党合作理论与实践最新成果，补充和完善了致公党性质与基本职能的表述。在总纲第一段完整表述中国致公党的性质以及中国致公党与多党合作和政治协商制度的关系；在基本任务中明确了致公党作为参政党的基本职能，并充实了政治协商、协商民主等内容。

大会选举产生了由116名中央委员组成的新一届中央委员会。在十五届一中全会上，选举产生了由于圣臣、万钢、王大鸣（女）、王鹏杰[①]、

① 因违法违纪，于2022年3月8日，开除其党籍。

甘霖（女）、吕彩霞（女）、刘珂（女）、闫小培（女）、闫傲霜（女）、孙诚谊、李羚（女）、李嵘、李卓彬、杨兴平、沈国军、张玲（女）、张柏青、张恩迪、陈超、郑继伟、赵进东、赵家军、胡旭晟、侯茂丰、夏宁（女）、徐晓兰（女）、黄武、曹小红（女）、曹鸿鸣、麻建国、蒋作君、谢广祥、薛卫民等33名委员组成的第十五届中央常务委员会和新一届致公党中央领导班子。选举万钢为第十五届中央委员会主席、蒋作君为常务副主席。曹小红（女）、李卓彬、闫小培（女）、曹鸿鸣、甘霖（女）、张恩迪、吕彩霞（女）为第十五届中央委员会副主席。在十五届二中全会上，卢国懿被增选为中央常委。在第十五届中常会第八次会议上，卢国懿被任命为秘书长。在十五届四中全会上，杨洋被增选为中央常委。

★ 中国致公党第十五届中央领导班子，左起：吕彩霞、甘霖、闫小培、曹小红、万钢、蒋作君、李卓彬、曹鸿鸣、张恩迪。

致公党十五大将习近平新时代中国特色社会主义思想列入致公党指导思想，对新时代致公党建设提出了总体要求，号召全党积极投身新时代中国特色社会主义实践。十五大再次凝聚了致公党在中国共产党领导下，团结和带领全体党员为实现中华民族的伟大复兴而奋斗的蓬勃力量。全党牢固树立“四个意识”，坚定“四个自信”，推进“五位一体”总体布局和“四个全面”战略布局，为实现“两个一百年”奋斗目标、实现中华民族伟大复兴的中国梦共同奋斗。

★ 2018 年 2 月，习近平总书记在北京同党外人士共迎新春时，与万钢亲切握手。

四、创新引领参政议政工作

中共十八大以来，致公党不断完善参政议政工作机制，聚焦侨海、科技创新、经济发展、医药卫生、教育、三农等重点领域和热点问题，深入一线和基层，扎实开展调查研究，将履职建言的满腔热情转化为一份份高质量的调研报告和建议，以实际行动践行“做中国共产党的好参谋、好帮手、好同事”的“三好”要求。

（一）参与高层协商和民主监督

积极参与国家大政方针的协商，就关系国计民生的重大问题建言献策。2013 年以来，致公党中央参加中共中央和国务院召集的高层协商会 40 多次，就政府工作报告、经济工作、“十三五”规划、中共十九大报告、坚持和完善中国特色社会主义制度和国家治理体系等问题提出意见和建议。把握科技革命和产业变革的规律、重视发挥颠覆性技术的重要作用、加强青藏高原生态文明建设、发展高新技术产业、发挥华侨华人在“一带一路”建设中的作用、重视研究科技革命带动产业变革过程中出现的新问题、推进科技与产业协同发展、推进卫生健康科技创新、引导新时代归国留学人员群体健康发展等建议引起高度关注。

表 7.1　万钢在党外人士座谈会上议政建言情况摘要（2013—2020）

时间	主要内容
2013	1. 关于经济形势：抓住新技术革命带动产业变革的机遇，加快新兴领域技术突破和产业发展；以发展现代农业为重点，实现解决“三农”问题的新突破；以推进绿色、低碳、循环经济和应对气候变化为新重点，着力加强国际经济合作；进一步完善国内“引智”环境，努力促进海外人才回国创新创业。 2. 创新发展：进一步激发创新驱动发展的动力与活力；创新社会管理方法，加强法治社会建设；更加自信地实现开放合作重点的转变；重视发挥政协在经济社会发展中公共咨询的作用；抓住关键问题，着力推进农业现代化进程；立足改革与发展，着力稳定企业发展预期；顺应形势发展，稳步实施“走出去”战略；进一步强化企业在技术创新中的主体地位；坚持事业单位分类改革；促进社会主义协商民主有序、有效发展。

续表

时间	主要内容
2014	1. 关于经济形势：把推进简政放权与重视对社会组织的治理结合起来；重视以全球视野构建对外开放合作举措；充分发挥科技创新在农业发展中的支撑作用；切实提高我国医疗卫生事业中的健康管理能力；重视推进创新教育和华文教育。 2. 创新发展：把握好高新技术的战略取向；强化支持企业技术创新的政策性保障；重视基于电子商务的大学生创业；加强商业支付信用管理；重视引进外国高端人才；注重培育和激发企业家精神；加强创新驱动发展下的法治建设；推进法治框架下的高校、院所和国企去行政化改革；发挥法治建设对市场经济良性发展的重要作用；完善海外高层次人才引进中的法律法规体系；重视制定《基本医疗卫生法》；加快创业板市场发展；重视清理企业三角债；继续重视引进聚集海外人才。
2015	1. 关于经济形势：在制定“十三五”规划中要系统总结和展示“十二五”规划的成就与进展；“十三五”时期需要我国适应并引领经济发展新常态；要以改革创新推动“十三五”时期经济社会的发展；重视把中西部地区实现全面小康作为“十三五”时期全面建成小康社会的重中之重；着力完善支持大众创业、万众创新的政策举措；加强对外开放中“一带一路”建设和人才引进工作；制定全面推进对外开放战略；要提升全民健康管理水平，真正实现全面建成小康社会；高度重视人才第一资源作用，为发展提供可持续的智力支撑；切实把盐碱地整治作为良田建设的重要内容；关于对淮河流域调研情况及加快淮河流域发展的有关建议。 2. 创新发展：进一步突出创新驱动发展战略引领；着力加大专业化人才的培养力度；高度重视人口老龄化加快的问题；把耕地休耕与农业“走出去”有机结合起来；重视建立环境治理的跨省统筹机制。关注产业转型升级的拐点；重视农业结构调整，转变粮储结构；更加注重发挥企业家创业创新精神；着手研究放开“二孩”政策后的各类保障问题。
2016	1. 创新发展：产业创新发展需要加强体制机制创新；供给侧去产能要与市场侧调结构、减需求相配合；区域发展和扶贫脱贫要重视科技创新能力的协调互助；供给侧改革要侧重转型升级和创新驱动；加强基础研究，提升原始创新能力。 2. 重视推动高校院所去行政化改革；同步实施国际产能和创新合作；加大建设以“社区医养结合”为特征的新型居家养老服务体系力度；突出社会养老体系建设中的中国特色；“大健康”要强化居民个人健康管理；“一带一路”倡议中要发挥侨胞在“走出去”中的作用；实施“一带一路”倡议要发挥海外侨胞作用，加强青年人才交流。

续表

时间	主要内容
2017	1 创新发展：着重突出十八大以来治国理政的创新实践；进一步发挥创新驱动战略对未来发展的重要作用；着力强调“和平统一、一国两制”的基本方针；重视“一老一小”问题对经济社会发展的内在影响；进一步发挥海外侨胞在新时期发展中的重要作用；着力构建科技创新的先发优势；重视海底光缆建设，促进互联互通；房地产去库存要着力开发房屋租赁市场；大力推进“一带一路”下的中国文化“走出去”；把握好我国在全球气候和环境治理中的主动权；制定新时代推进我国新能源汽车发展的新战略；有效克服少数民族贫困地区的“四大鸿沟”。 2. 重视发挥中医药在传播中华传统文化和“走出去”中的重要作用；强化健康中国建设中的居民个人健康管理；加大对少数民族地区的脱贫攻坚工作；注重加快布局南向海底光缆建设；推进海洋强国中的海岛建设。
2018	1. 创新发展：重视发挥颠覆性技术在引领产业变革中的重要作用；发挥高新技术企业在发展实体经济中的引领作用；加强基础研究，重视研究科技革命带动产业变革过程中出现的新问题；加强青藏高原生态屏障建设，预防突发自然灾害；大力推进卫生健康科技创新；加强青藏高原生态文明建设，积极应对气候变化。 2. 突出发展新能源在打好污染防治攻坚战中的重要作用；高度重视防止因病返贫对打赢脱贫攻坚战的重要意义；积极推进“一带一路”国际合作要重视民心相通工作；在全社会营造发展公共慈善事业的良好氛围；进一步提高政府效能，为实体经济服务；加强新时代的未建交国家工作。
2019	1. 关于经济形势：进一步完善经济制度与政策措施，鼓励创新，提振信心，激励奋进；做好脱贫攻坚与乡村振兴的制度衔接；有针对性地做好开放合作，争取有利国际环境；加强战略导向，推进科技与产业协同发展；注重深度融合，推动“一带一路”的创新合作与民心相通；强化政治引领，重视引导新时代归国留学人员群体健康成长；对接乡村振兴，建立扶贫长效机制。 2. 中国特色社会主义制度是当代中国发展进步的根本制度保障；新时代要进一步坚持和完善党的领导，完善和发展中国特色社会主义制度，推进国家治理体系和治理能力现代化；正确认识前进道路上所面临的困难和问题，扎实推进政策落实和制度建设。
2020	1. 关于经济形势：坚持以人民为中心，推动经济社会持续健康发展；做好重点工作，培育经济社会发展新动能；深化重点领域改革，推进国家治理体系和治理能力现代化；长远谋划，推动 2035 年基本实现社会主义现代化战略目标；进一步深化开放合作，形成国内国际双循环相互促进的新发展格局，推动构建人类命运共同体。

续表

时间	主要内容
2020	2. 关于新冠疫情防控：直面挑战、坚定信心，坚持常态化疫情防控和恢复经济社会发展活力；统筹推进，使常态化疫情防控更加高效便捷；对新冠肺炎疫情防控工作的建议：坚持常态化疫情防控，优化完善各项措施；加强公共卫生和社区管理体系建设，发挥制度优势，应对风险挑战；大力推动复工复产，保就业保民生，恢复经济社会发展活力。 3. 创新发展：推动科技创新带动经济转型升级；坚持绿色发展，用高质量发展引领生态环境保护；坚持创新引领，推动经济社会高质量发展；关注民生发展，推进健康中国建设，聚力乡村振兴，实现共同富裕；坚持生态保护和绿色发展，切实践行“两山”理念。

致公党的意见和建议，得到中共中央、国务院领导同志的高度重视，其中一些建议在中共中央、国务院决策中得到吸纳和体现。各地方组织负责人也积极参加当地中共党委、政府举行的协商会、座谈会，为地方经济和社会发展作出了贡献。

认真履行民主监督职能。致公党中央领导同志定期参加廉政建设通报会，听取中共中央关于党风廉政建设和反腐败工作情况的报告；参加最高人民法院、最高人民检察院召开的专题座谈会十余次，就加强反腐倡廉、维护侨商合法权益等提出一系列意见建议。十四大期间，担任各级人大代表约 1100 人次，担任各级政协委员约 5300 人次。认真履行人大代表和政协委员的职责，悉心反映人民意愿。担任各级各类特约人员约 1100 人次，认真参加有关监督工作，充分履行了民主监督职责。

（二）推进年度大调研

民主党派年度大调研在 2015 年正式作为政党协商保障机制的重要内容，纳入《关于加强政党协商的实施意见》。2017 年年初，中共中央办公厅、国务院办公厅出台关于支持民主党派中央开展重点考察调研的文件，这是历史上首次对民主党派重点考察调研工作出台规范性文件。致公党聚焦经济社会发展中全局性、前瞻性、关键性问题和人民群众普遍关心的重点难点问题，统筹各方面资源力量，精心规划，深入调研。

表 7.2　2013—2020 年度大调研课题

年份	调研课题
2013	加快发展农业现代化。
2014	创新驱动促进装备制造业结构调整。
2015	淮河流域经济发展与环境保护。
2016	应对人口老龄化。
2017	推进“一带一路”建设，中华文化“走出去”。
2018	加强青藏高原生态文明建设，积极应对气候变化。
2019	深化“一带一路”创新合作。
2020	推进大数据、区块链与经济社会融合创新发展。

2014 年“创新驱动促进装备制造业调整”调研成果得到了国务院领导的批示。2015 年 5 月，国务院正式发布《中国制造 2025》，规划纲要中吸纳了致公党中央的有关建议，这是我国实施制造强国战略第一个十年的行动纲领。调研提出的许多建议，例如首台套政策、税收政策、科技支持等都陆续落到了实处，为加快装备制造业结构调整、推动建设制造强国作出了自己的贡献。

2015 年，致公党认真学习贯彻习近平总书记生态文明建设的重要思想，将“淮河流域经济发展与环境保护”作为 2015 年大调研课题。同年 4 月，致公党中央“淮河流域经济发展与环境保护”调研组在安徽就淮河的污染防治和绿色发展开展专题调研。调研组在深入河南、安徽、山东等省的基础上提交的调研报告《关于促进淮河流域经济与生态环境协同发展的建议》得到中共中央领导同志的批示，要求相关部门结合“十三五”规划认真阅研。2018 年 11 月，国家发展和改革委员会提交的《淮河生态经济带发展规划》（以下简称《规划》）得到国务院批复，正式印发。《规划》以淮河干流、一级支流以及下游沂沭泗水系流经的地区为规划范围，规划面积 24.3 万平方公里，2017 年末，常住人口 1.46 亿，地区生产总值 6.75 万亿元，分别约占全国的 2.5%、10.5% 和 8.2%。《规划》将淮河流域生态环境保护和经济社会协调发展提升到一个新阶段，对于打造水清地绿天蓝的淮河生态经济带，具有十分重要的意义。

在 2016 年“积极应对人口老龄化”专题大调研中，致公党中央深入城乡基层，倾听各方的不同声音，积累充分的一手资料，征求相关部委和专家的意见建议，形成了“积极应对人口老龄化”的调研成果，上报给中共中央、国务院后，很快就获得中共中央领导的批示，鼓励致公党中央继续做好相关工作。2017 年 3 月国务院正式印发《“十三五”国家老龄事业发展和养老体系建设规划》，为提升我国新时期老龄事业发展水平、完善养老体系进行了顶层制度设计。2019 年 11 月中共中央、国务院印发了《国家积极应对人口老龄化中长期规划》，这是到 21 世纪中叶我国积极应对人口老龄化的战略性、综合性、指导性文件。调研提出的加强顶层设计、超前谋划和部署应对老龄化战略等建议落到了实处，为探索符合中国国情、具有中国特色的应对老龄化之路提出了有价值、高水平的良策。

2018 年，万钢、蒋作君等率队开展“加强青藏高原生态文明建设，积极应对气候变化”重点调研，调研建议获得国务院领导的批示。2019 年 1 月初，致公党中央邀请发改委、科技部、自然资源部、生态环境部、气象局等部委与部分两院院士召开了青藏高原重点调研成果落实会，共同推进调研成果落实进程；1 月底，生态环境部会同外交部、发改委、财政部、气象局等部委召开专家座谈会，邀请致公党中央参会，就落实青藏高原调研成果开展座谈，会上生态环境部及各部委对调研报告中提出的问题及建议进行积极回应。2019 年 8 月底，曹鸿鸣率调研组赴西藏林芝、拉萨、山南等地开展“加强青藏高原生态文明建设，积极应对气候变化”跟踪调研，形成《关于“进一步加强青藏高原生态文明建设，积极应对气候变化”的建议》，得到国务院领导的批示。在中共中央和相关部门、地区的高度重视下，致公党的调研建议落到了实处，有力推动了青藏高原生态文明建设相关工作的深入开展。

2020 年 8 月 17 日至 19 日，万钢带队在贵州省开展“推进大数据、区块链与经济社会融合创新发展”调研。7 月 28 日至 29 日，蒋作君和曹鸿鸣带队在北京实地开展重点调研分调研，并委托上海、重庆、广东、福建、江苏、辽宁、浙江七省市开展调研，收集调研报告和多位专家书面建议，向中共中央、国务院报送《致公党中央关于“推进大数据、区块链与经济社会融合创新发展”的建议》，得到中共中央和国务院领导同志批示。

（三）围绕重点领域建言献策

2013 年以来，致公党中央在各地方组织的配合下，形成了服务创新型国家建设、推动实施健康中国战略、助力区域协调发展、促进对外开放合作、发挥归侨侨眷和留学人员作用等重点调研主题，开展调研 70 多项，向中共中央、国务院报送相关专题报告和建议 100 余篇，许多建议获得中共中央领导同志的批示。

2016 年 7 月，中共中央领导同志对《关于积极应对人口老龄化的建议》作出批示，鼓励致公党中央继续做好相关工作；2017 年 3 月，《关于着力推进新能源汽车创新发展，引领汽车产业转型升级的建议》获得中共中央领导同志的批示；2020 年 10 月，《致公党中央关于“推进大数据、区块链与经济社会融合创新发展”的建议》再次获得中共中央领导同志的批示。

致公党中央提交全国政协大会的发言和提案的数量和质量都在提高。2019 年 11 月 7 日，第十三届全国政协九次会议表彰了全国政协成立 70 年来 100 件有影响力重要提案。在表彰决定中，致公党有 3 件党派提案、2 件个人提案荣膺有影响力重要提案。3 件党派提案分别是：《维护海外华侨权益案》（一届全体会议）、《关于发展循环经济振兴东北老工业基地的提案》（十届二次）、《关于做好新归侨服务工作的提案》（十二届五次）。2 件委员个人提案为：罗豪才等 4 人提交的《关于尽快建立三江源国家级自然保护区的提案》（九届三次）、杨兴平等 38 人提交的《关于加快川藏大通道建设的提案》（十二届三次）。

表 7.3　2013—2020 年全国政协会议致公党提案和大会发言情况

时间	提案数	大会发言数	部分提案和大会发言
2013	29	19	加强海外引智工作，大力推进人才国际化；关于加强区域联防联控，改善大气质量的提案。
2014	33	3	完善政策机制，推进中医药事业健康发展；关于城镇化进程中住房保障问题的提案；关于加强海外中国公民、华侨人身安全的提案；关于加强固体废弃物综合利用，推进循环经济发展的提案。
2015	32	5	大力发展众创空间，积极营造大众创业、万众创新新生态；关于加强网络食品安全监管；关于加强抗生素类污染物环境管理与污染控制；关于大力发展康养产业；关于以永久基本农田保护区划定为抓手，切实加强土壤环境质量监管；关于进一步推进地方法院、检察院管理体制改革。
2016	35	3	关于促进少年儿童综合素质发展的若干建议；加强金融监管体制改革；关于淮河入海水道建设；关于发展更高层次的开放型经济，提升我国“十三五”对外开放水平的提案；关于完善农民工工资支付保障机制的提案；关于“十三五”期间设立长期护理保险制度的提案。
2017	35	3	健康中国建设慢性病防治是关键；关于推进“河长制”长效化的提案；关于做好新归侨服务工作的提案；关于加强和完善政府运用 PPP 模式购买公共服务的提案；关于建立金融不良资产专项基金，提升金融供给侧效率的提案。
2018	35	10	新时代弘扬血防精神，打好全面消除血吸虫病攻坚战；关于强化海陆污染同防同治的提案；关于弘扬劳模精神和工匠精神，大力推行现代学徒制，培育大国工匠的提案；关于及时应对金融去杠杆背景下委外业务印发风险的提案；关于构建离岸创新创业新模式，吸引海外人才为国服务的提案。
2019	31	9	加强青藏高原生态文明建设积极应对气候变化；关于促进新能源汽车产业健康发展的提案；关于利用“互联网＋医疗”模式为海外华侨华人提供医疗健康服务的提案；关于易地扶贫搬迁安置房产权的提案；关于促进公共设施规范化提升城市精细化管理水平的提案；关于进一步推广应用装配式建筑的提案。

续表

时间	提案数	大会发言数	部分提案和大会发言
2020	40	10	秉持人类命运共同体理念进一步深化“一带一路”创新合作；关于有序推进沿黄生态经济带建设的提案；关于完善执转破制度，加速僵尸企业出清的提案；关于深化“一带一路”创新合作的提案；关于着力推进第五代移动通信（5G）产业化发展的建议；关于加快完善我国突发公共卫生事件应急物资供给体系建设的提案；关于进一步推进农村改水改厕及垃圾处理工作的提案。

这些提案既体现了侨海特色，又涵盖了持续关注的农业与农村、脱贫攻坚、农业水利、生态文明、资源环境、区域经济发展、医药卫生体育、教育培训、供给侧结构性改革、科技创新、医疗、卫生、文化、法治、经济发展、财税金融、政治法律、城乡建设、科学技术、工交邮电等方面的内容，同时对其他一些社会热点以及民生问题给予关注。

社情民意信息工作成效显著。致公党始终保持反映社情民意信息渠道的畅通，认真倾听党员和所联系的归侨、侨眷、留学人员、海外侨胞及港澳台同胞的呼声，深入了解民情，充分体察民意，广泛集中民智，及时准确地向有关部门反映情况，提出意见建议。许多社情民意信息得到了全国政协和中共中央统战部的采用，主要包括党员对国家大政方针和地方重要举措，特别是有关经济建设和改革开放重要决策、政策出台前后的反映，关于我国经济、政治、文化、社会、生态文明建设中的重要问题的意见和建议，重大突发事件、严重自然灾害的情况和消除隐患、维护稳定的建议，以及对我国改革开放、现代化建设及祖国和平统一等问题的意见、建议等。

表 7.4　2013—2020 年致公党中央社情民意信息工作情况

年份	征集篇数	报送篇数	代表性社情民意信息
2013	1330	263	中资企业“走进”巴西遇到的困难及相关建议。
2014	1617	334	中资企业投资秘鲁矿业的机遇、挑战和几点建议。
2015	1686	206	关于分区分类科学休耕重塑京津冀水土利用新平衡的建议。
2016	2086	351	高度重视重要基础性战略资源——“时间安全”。

续表

年份	征集篇数	报送篇数	代表性社情民意信息
2017	2159	441	关于加强香港社区中医诊所建设，促进香港民众对中华传统文化认同的建议。
2018	2591	427	关于进一步加强青藏高原综合科学考察研究的建议。
2019	2668	421	关于持续推进集成电路技术攻关及产业可持续发展的建议。
2020	4553	791	建议试验和研发阻断新型冠状病毒侵入人类呼吸道上皮细胞的新型药物。

（四）为打赢三大攻坚战建言

2017 年 10 月，习近平总书记在中共十九大报告中提出，要坚决打好防范化解重大风险、精准脱贫、污染防治攻坚战，使全面建成小康社会得到人民认可、经得起历史检验。2018 年以来，致公党深入开展调研，围绕打赢三大攻坚战提出了多份高质量、有影响的调研报告和意见建议。

表 7.5　致公党中央关于助力打赢三大攻坚战的意见建议（2018—2020）

项目	时间	相关意见建议（部分）
防范化解重大风险	2018	关于坚持自主创新、推进集成电路技术及产业可持续发展的建议；关于地方政府融资平台债务风险防控的建议；关于加强金融衍生品战略研究，防范应对金融风险的建议；关于推动产城融合，促进我国经济社会高质量发展的建议；关于全面完善知识产权保护和运用体系的建议。
	2019	关于当前经济形势的分析与建议；对 2019 年下半年经济形势的分析及建议；关于科技创新引领高质量发展的建议；关于持续推进集成电路技术攻关即产业可持续发展的建议；关于金融科技支持经济高质量发展的建议；关于推动《科学技术进步法》修改工作的建议；关于探索两岸融合发展新路的建议；关于推动我国制造业高质量发展的建议；关于减轻制造业中小企业用工负担的建议；关于加强资源整合，深化文化旅游合作、促进“一带一路”民心相通的建议；关于深化“一带一路”创新合作的建议；关于汽车产业稳增长、促转型的政策建议。
	2020	关于当前经济形势的分析及建议；关于我国集成电路产业转危为机，实现中长期持续发展的建议；关于疫情影响下经济全球化的对策建议。

续表

项目	时间	相关意见建议（部分）
精准脱贫	2018	关于开展教育精准扶贫有关情况的报告；关于加快实现辽宁全面振兴、奋力走进现代化建设前列的建议；关于支持贫困地区优势资源转化，推动扶贫长效机制建设的建议；关于发展农村电商、助推乡村振兴战略的建议；关于易地扶贫搬迁安置房产权的建议；关于西部货运枢纽机场建设的建议。
	2019	关于资源枯竭型地区经济转型升级发展的建议；关于推进大兴安岭地区转型发展的建议；关于促进农村基本公共文化服务建设由“配送型”向“自主型”转变，助力乡村文化振兴的建议；关于大力发展多层次养老保险体系，稳步提高社会保障水平的建议。
	2020	关于西部货运枢纽机场建设的建议；关于促进农村地区新能源汽车推广，助力乡村振兴战略的建议。
污染防治	2018	关于加强青藏高原生态文明建设，积极应对气候变化的建议；关于加速绿色创新农药产业化、改善食品安全与生态环境的建议；关于新发展理念下促进海岛建设与保护的建议。
	2019	关于进一步加强水生态环境保护的建议；关于进一步加强青藏高原生态文明建设，积极应对气候变化的建议；关于进一步推进农村改水改厕及垃圾处理工作的建议。
	2020	关于编制“十四五”规划纲要生态环境保护篇的建议。

助力防范化解重大风险。致公党就经济社会可能存在的风险领域进行调研分析，为助力打好防范化解重大风险攻坚战积极建言献策。2018 年年初，针对美国遏制我国高新技术发展等问题，致公党提出了《关于坚持自主创新、推进集成电路技术及产业可持续发展的建议》，得到国务院领导高度重视。致公党提交的《关于地方政府融资平台债务风险防控的建议》《关于加强金融衍生品战略研究，防范应对金融风险的建议》得到国务院领导的批示。2019 年 3 月 5 日，万钢在参加第十三届全国人大二次会议致公组全体委员讨论时指出，要防止中美贸易战向其他领域发展，科技创新要有危机意识和风险意识，要补短板、延长板、强基础、重普及，建立跨界、跨行业、跨体制化合作的机制。

助力精准脱贫。致公党紧紧抓住定点扶贫和民主监督两条主线，加强脱贫攻坚和脱贫攻坚民主监督的理论研究，为脱贫攻坚和乡村振兴战略实施提出意见建议，助力打好精准脱贫攻坚战。2017 年，致公党中央社会发展与服务委员会召开“精准扶贫与脱贫攻坚民主监督”专题座谈会。2018 年《关于开展教育精准扶贫有关情况的报告》提出统筹协调各方面力量，构建全方位帮扶体系。2019 年《关于资源枯竭型地区经济转型升级发展的建议》提出，要分类引导与支持不同类型资源枯竭型地区转型发展。《关于促进农村基本公共文化服务建设由“配送型”向“自主型”转变，助力乡村文化振兴的建议》为农村基本公共文化服务建设建言。

助力解决污染防治。2017 年 11 月，致公党中央调研组赴江苏宿迁、淮安等地开展江淮生态经济区建设调研，建议要大力发展江淮生态经济区生态农业，治理好淮河。2018 年 11 月 9 日，致公党与全国政协经济委共同承办“促进新能源汽车产业健康发展”双周协商座谈会，取得良好反响。2019 年 3 月，蒋作君在全国政协第十三届二次会议作《保护好青藏高原生态环境　积极应对气候变化》的发言，提出保护好青藏高原生态安全屏障相关建议。2019 年 4 月 28 日，致公党召开“加强水生态环境保护”专题座谈会。2020 年 5 月 14 日，致公党召开“加强垃圾精准处理和资源化利用，促进循环经济发展”座谈会。

（五）办好中国发展论坛

中国发展论坛自 2007 年开始举办以来，成为致公党参政议政、建言献策的一个重要平台。在 2013—2020 年共举办过十届，内容涵盖经济社会发展众多重大理论和实践问题。

表 7.6　2013—2020 中国发展论坛一览

年份	地点	主题
2013. 11	江苏南京	加快农业现代化，推动“新四化”同步发展。
2014. 10	重庆	建设长江经济带。
2015. 9	四川成都	创新驱动建设西部开放高地。
2016. 8	湖北潜江	中小城市与创新驱动发展。

续表

年份	地点	主题
2016. 11	广东深圳	新常态下区域合作创新发展。
2017. 6	贵州黔西南	促进科技成果转化，助推民族贫困地区脱贫攻坚。
2017. 11	天津	共创智能生活·共享健康中国。
2018. 10	北京	新时代新理念引领城市群发展。
2019. 11	安徽合肥	科技创新引领高质量发展。
2020. 12	湖北武汉	创新发展　赢得未来——后疫情时代的中国发展战略。

2013 年 11 月，由致公党中央主办的“中国发展论坛·2013”在南京举办，来自国家发改委、科技部、工业和信息化部、国土资源部、环保部等部委和江苏省，致公党各地方组织代表，中国科学院、中国社科院、中国农业大学、南京大学、南京农业大学等科研院所与高校的专家学者共 150 人参加论坛，为加快农业现代化，推动“新四化”同步发展献计献策。2015 年，在成都围绕“创新驱动建设西部开放高地”举办“中国发展论坛·2015”主论坛，在北京分别围绕“智慧农业创新发展”和“京津冀环境与发展”举办中国发展论坛分论坛，创新中国发展论坛的组织工作，实现中国发展论坛品牌的集群效应。在 2019 年中国发展论坛上，万钢做“科技创新引领高质量发展”主旨演讲。2020 年 12 月，“中国发展论坛·2020 创新发展赢得未来——后疫情时代的中国发展战略”在湖北武汉举办。万钢在主旨讲话中强调：一是坚持辩证思维，在危机中化被动为主动。二是坚持创新思维，全面塑造发展新优势。三是坚持全球思维，努力扩大高水平开放。

中国发展论坛的成果转化成意见建议，得到中共中央、国务院和有关部门的高度重视，成为致公党发挥自身优势、履行参政党职能的一个重要品牌。

（六）参与国家创新驱动发展战略

2013 年 9 月 30 日，中共中央政治局以实施创新驱动发展战略为题举行第九次集体学习。中共中央总书记习近平在主持学习时强调，实施创新驱动发展战略决定着中华民族前途命运。全党全社会都要充分认识科技创新的巨大作用，敏锐把握世界科技创新发展趋势，紧紧抓住和用好新一轮科技革命和产业变革的机遇，把创新驱动发展作为面向未来的一项重大战略实施好。习近平在主持学习时发表了重要讲话。他强调，科技兴则民族兴，科技强则国家强。党的十八大作出了实施创新驱动发展战略的重大部署，强调科技创新是提高社会生产力和综合国力的战略支撑，必须摆在国家发展全局的核心位置。这是党中央综合分析国内外大势、立足国家发展全局作出的重大战略抉择，具有十分重大的意义。致公党中央认真学习贯彻习近平总书记在此次会议上的重要讲话精神，着眼新时代创新型国家发展的历史大势，参与国家创新驱动发展战略和经济转型发展。

助推一个战略——“大众创业、万众创新”。随着我国经济发展模式由要素驱动转向创新驱动，实施创新驱动战略成为打造我国经济升级版和实现可持续发展的根本途径。我国互联网经过几十年的发展，对经济社会发展以及传统制造业的生产方式和发展模式产生了深刻影响，成为“大众创业、万众创新”的新工具。为深入研究创客现象和创客文化，更好推动“大众创业，万众创新”，2014 年致公党中央开展了“壮大创客群体，培育创客文化”的调研，同年 11 月蒋作君率队深入杭州、深圳的企业、高校院所调研。2015 年致公党中央向国务院报送了《关于壮大创客群体培育创客文化的建议》和《关于壮大创客群体培育创客文化的调研报告》，提交了《大力发展众创空间积极营造大众创业、万众创新新生态》等重点提案。提案分析了“大众创业、万众创新”的发展趋势，指出创客现象的本质是以人为本的大众创新，是“互联网 + 智能制造”的有机融合。2015 年在中共中央召开的党外人士座谈会上，致公党中央提出的在“大众创业、万众创新”中协同发展“众创”“众包”“众扶”“众筹”等建议对中共中央、国务院有关决策产生了积极影响。

用好一个平台——中国发展论坛。充分利用中国发展论坛积极为科技创新建言献策。如首届论坛发出了《深入贯彻落实科学发展观，积极推进生态文明建设》的倡议书。论坛成果得到国务院领导批示，也被相关部门采用，如向国务院办公厅报送的《关于推进资源型城市可持续发展的建议》《关于建设长江经济带的建议》《关于科技创新引领高质量发展的建议》均得到国务院主要领导的批示。《关于促进科技成果转化，助推民族贫困地区脱贫攻坚的建议》得到国务院分管领导的批示。

助力一个产业——新能源汽车。新能源汽车是我国一个重要的战略性新兴产业，发展新能源汽车是中国从汽车大国迈向汽车强国的必由之路。为进一步推进新时代新能源汽车发展新战略，致公党建议：加大新能源汽车产业化和研发力度。加快公交、出租车普及步伐，扩大电动汽车市场销售配额，完善充电设施基础建设，开拓共享汽车新市场。研发上，适时推进自动驾驶上路，加大燃料电池和新型稀薄燃料内燃机增程器研发支持力度，补上续航里程短板，做好全方位转型升级的技术准备；营造政策和市场氛围，在2020年财政补贴政策退出同时，要明确延长车购税优惠政策，及时推出汽车节能积分制和相应的奖励措施；面向未来，制定标准，特别是制定适应新能源汽车推广应用的减排标准；为规避国际汽车转型过程中的剩余产能转移风险，在开放汽车市场准入的同时，发布禁止设立传统汽车新项目的规定。2018年我国新能源汽车销量突破百万辆，到2019年年底保有量超过381万台，占全球市场份额超过50%，这是中国首次在全球率先成功大规模导入高科技民用消费品，总体发展指数排名全球第一。新能源汽车产业的发展，致公党功不可没。

推动一项改革——科技体制改革。科技创新、产业变革需要提高跨部门、跨地区协调机制的权威性和执行力，合力推进科技创新在转型发展中的作用，以体制机制的全面深化改革保障创新驱动发展，激发企业主体创新发展的动力和活力。致公党大力推进科技体制改革，加强科技创新管理和统筹协调，支持和引导各类创新要素向企业集聚，着力发展科技型中小微企业，从金融、人才、市场、服务和政策等方面全方位支持中小微企业的创新活动。在推动科技体制改革和企业成为创新发展的主体方面，发挥了重要作用。

促进修订一部法律——《科技成果转化法》。致公党将创新驱动与法治建设有机统一，把创新治理作为全面依法治国的一项重要内容，建立健全支持创新、鼓励创新、保护创新的法律体系；加快科技成果转化法的修订，明确高校院所等国有事业单位创新成果的收益权和分配权。通过制定科技服务、资源共享、税收政策、融资平台等普惠性政策措施，为科技成果转化为社会生产力提供制度保障，进一步提升国家创新体系的整体效能。致公党提出的针对性建议，为《科技成果转化法》的修订，激发各类科研人员的积极性和创造性发挥了积极的推动作用。

（七）强化专委会工作

进一步发挥专门委员会的作用。致公党中央注重加强专门委员会建设，不断完善其机构和功能。致公党十四大期间，致公党中央设有13个专委会。2018年4月，致公党第十五届中央委员会专门委员会在京成立，共设有15个专门委员会，共有委员576名，包括经济、科技、生态环境与可持续发展、教育、医药卫生、文化、法治建设、海外联络、留学人员、社会发展与服务、妇女工作、党史研究与党务工作、理论与学习、农业与农村、青年工作等专委会。

完善专委会工作制度，努力推进专委会工作能力建设。致公党2016年修订了《中国致公党中央委员会专门委员会通则》；2017年建立了致公党中央专门委员会专题座谈会制度；进一步规范专委会工作机制，编写了《中国致公党中央专门委员会工作指南》。各专委会积极组织、参加致公党中央各类专题座谈会，从专业角度提出有价值的意见建议。发挥专业和资源优势，积极承办或配合做好以致公党中央名义举办的各类会议和相关活动，如承办或协办中国发展论坛等重要会议、参与重大外事活动、承办文艺演出、主办各项慈善活动等。专委会成为参政议政的主力军、“人才兴党”的主阵地、“双向发力”的主渠道，为推动致公党各项工作作出了新的更大的贡献。

表7.7　致公党中央专委会召开专题座谈会情况

时间	承办专委会	专题座谈会主题
2017	生态环境与可持续发展委员会	垃圾无害化处理。
	经济委员会	供给侧结构性改革，促进经济平稳健康发展。
	法治建设委员会	民法总则实施与完善产权保护制度。
	社会发展与服务委员会	精准扶贫与脱贫攻坚民主监督。
	医药卫生委员会	医疗卫生走出去。
	科技委员会	新兴生物学技术。
	留学人员委员会	归国留学人员成果转化与产业化。
	妇女工作委员会	二孩放开后的优生优育问题。

续表

时间	承办专委会	专题座谈会主题
2018	海外联络委员会	“一带一路”与走出去。
	理论与学习委员会	纪念中共中央发布“五一口号”70周年。
	党史研究与党务工作委员会	讲好中国故事，宣传好我国新型政党制度。
	青年工作委员会	优化营商环境，助力青年参与“双创”。
	教育委员会	促进医学教育发展。
	农业与农村委员会	贯彻乡村振兴战略，推进农村绿色发展。
2019	文化委员会	历史文化古迹保护与开发。
	经济委员会	制造业高质量发展。
	生态环境与可持续发展委员会	加强水生态环境保护。
	教育委员会	加快发展高水平职业教育，助力经济高质量发展。
	科技委员会	推进人工智能、自动驾驶等领域科技安全预警监测体系建设及立法。
	医药卫生委员会	健康中国人行动。
	法治建设委员会	进一步完善违法涉罪未成年人帮教矫正体系。
	海外联络委员会	参与“一带一路”、以创新促进“民心相通”。
2020	医药卫生委员会	打好社区防疫战、夺取战“疫”彻底胜利。
	理论与学习委员会	深化脱贫攻坚理论研究，讲好脱贫攻坚中国故事。
	农业与农村委员会	疫情防控背景下助力春耕生产，促进“三农”工作。
	科技委员会	我国集成电路技术及产业发展系列调研。
	社会发展与服务委员会	疫情防控背景下推动复工复产，助力打赢脱贫攻坚战。
	党史研究与党务工作委员会	关于新冠肺炎疫情的思考与建议。
	留学人员委员会	疫情影响下推动大学生就业工作。
	经济委员会	疫情对经济社会发展的影响和建议。
	青年工作委员会	后疫情时代的经济增长与老龄社会转型。

续表

时间	承办专委会	专题座谈会主题
2020	教育委员会	落实国务院领导同志批示，进一步推动大学生就业工作。
	经济委员会、法治建设委员会、科技委员会	疫情影响下的经济全球化面临的挑战与应对策略。
	海外联络委员会、留学人员委员会	全球疫情形势下发挥海外侨胞和留学生作用，讲好中国故事。
	生态环境与可持续发展委员会	加强垃圾精准处理和资源化利用，促进循环经济发展。

（八）完善参政议政工作机制

致公党中央除打造专门委员会工作平台参政履职外，还建立了参政议政联系点、央地联动、提案和社情民意信息质量保障等工作机制，这些成为推动参政议政工作的新引擎。

创立参政议政联系点制度。参政议政联系点工作制度是一项制度创新，能够加强中央与地方的联系，并与地方的需求有效对接。2016 年 4 月，致公党中央参政议政联系点工作会议在京召开，会上举行了 34 个致公党中央参政议政联系点授牌仪式。2019 年《致公党中央参政议政联系点工作办法（试行）》印发。

举办参政议政研讨会和参政议政干部培训班。2006 年以来，致公党中央每年举办参政议政研讨会和参政议政干部培训班，为全党总结交流参政议政工作经验、提高参政议政工作能力提供平台。致公党中央参政议政干部培训班主要任务是面向基层党员和基层干部，培养参政议政人才。通过研讨会和培训班，确保各级组织、党员和参政议政干部聚焦中共中央和国家的中心工作，发掘、涵养参政议政骨干，推动参政议政工作开创新局面。

完善提案质量保障机制。为保证提案的质量，致公党逐步建立起一套严格的提案评选制度。致公党中央通过调研和向各地方组织、专门委员会以及党员个人征集等方式，征集提案发言素材，经过筛选、整理、修改、评审等程序，初步形成提案发言备选，备选提案再交由相关行业专家修改，从质量、科学性和可操作性等角度严格把关。提案发言既要体现致公党侨海特色，又要涵盖致公党中央多年持续关注的科技、农业、生态文明、区域发展、医药卫生、教育、法制等方面，同时对一些社会热点问题和民生问题给予关注。

完善社情民意信息工作机制。社情民意信息是协商讨论的客观依据，是民主监督的重要内容，也是参政议政的基本素材。致公党把了解和反映社情民意信息作为各级组织和成员的一项重要的经常性工作，坚持围绕中心、服务大局，通过中央专委会、各地方组织、重点专家约稿等多种途径共同形成反映社情民意信息工作的整体合力，找准切入点，突出侨海特色，加强“三审三校”、周周报送等制度建设，搭建社情民意信息系统、参政议政数据库等平台，编印《建言策》《社情民意信息选编》等资料，不断提高社情民意信息工作的水平。

继续办好《中国发展》杂志。截至 2020 年 12 月，《中国发展》共出版 101 期，为推动经济社会全面转型升级和高质量健康发展持续发挥作用。

五、深入推进对外联络

致公党继续致力于团结广大归侨、侨眷、留学人员、海外侨胞和港澳台同胞，以服务侨胞更好生存发展为目标，注重涵养侨海资源，为海外留学人员和专业人士回国交流牵线搭桥，加强与海外留学人员中专业人士的联系，把侨海特色转化为履职尽责的资源优势、人才优势和智力优势，把侨海的无限智慧和磅礴力量汇聚到全面建设社会主义现代化国家的伟大实践之中，为构建人类命运共同体贡献力量。

（一）加强联系，凝聚侨心

致公党通过“请进来”“走出去”与海外侨界建立广泛而密切的联系。注重与海外侨胞长期的情感联络和维系，在重要节日、侨团重大庆典期间，用贺信、贺电、邮件、微信等多种形式表达祝福，传递问候，通过持续联谊和感情交流凝聚一大批有影响力的侨领和社团，增强海外侨界积极参与祖国改革开放创新的向心力与凝聚力。

2012 年至 2020 年，致公党中央共派出 34 个团组赴 64 个国家进行访问，派出 17 个团组赴港澳台地区访问。通过各种活动接待海外侨胞代表 2500 余人次，港澳台代表 1900 余人次。各级地方组织也派团对逾 30 个国家进行访问，接待海外侨胞、港澳台来访团组逾 400 批次，逾 6000 人次。

各级组织每年都邀请美、亚、大洋洲的传统侨团代表回国访问。致公党中央领导率团访问菲律宾、澳大利亚、新西兰、加拿大、美国、多米尼加、法属波利尼西亚等国家和地区，参加海外侨社的有关活动，加大对上述重点地区包括洪门社团在内的传统侨团的工作力度，宣传中国新型政党制度、中华文化、发展状况、建设成就和构建人类命运共同体理念，扩大共识，增进友谊。

致公党中央每年邀请和向国务院推荐邀请海外华侨华人代表参加国庆活动。先后主办和与有关单位联合举办“纪念致公党成立 90 周年系列活动”“纪念司徒美堂诞辰 150 周年座谈会”“环境与循环经济国际学术研讨会”“知识产权保护国际学术研讨会”等活动，取得了良好的效果。各级组织在出访中注重召开与新侨社团的座谈会，了解、关心新侨在当地生存、发展状况，反映他们的诉求，鼓励他们积极融入所在国社会，并在推动中外经贸往来交流、中资企业“走出去”方面发挥更大作用。2012 年 8 月和 2013 年 5 月，致公党中央率团对欧洲六国进行访问，针对欧洲新侨较多的特点，代表团广泛接触当地华侨华人总会、同乡会、商会和旅欧华人专业人士协会等多个侨团，与新老侨领进行了深入的交流。2016 年访问德国、捷克，2017 年访问芬兰、冰岛、丹麦，2019 年访问比利时、爱尔兰、斯洛伐克，与新老侨领进行了广泛接触。

随着改革开放的不断深入，海外侨情的变化引起了各级政府和侨务部门的重视，为适应新时期对海外华裔新生代统战工作的需要，按照中共中央有关方针政策，致公党进行了有益的尝试，取得了显著的成效。致公党积极做好华裔新生代、新兴主要侨社领军人物、传统侨团新一代接班人、海外侨胞中的精英人士、往来国内和海外之间的创业留学人员和投资者五类人群的联络和服务工作。

着力培养侨界特别是中青年和新生代的代表性人物。致公党中央举办海外洪门代表性人士研修班，引导洪门社团吸收更多新鲜血液，促进改革和发展。北京市委会在华裔新生代中挖掘重点培养对象、重点联络对象，积极推荐侨二代、侨三代参加国情研修班。

关注华文教育，重点开展与华裔青少年的交流活动。2012 年，致公党中央代表团访问日本，赴横滨山手中华学校调研。同年，访问菲律宾洪门近南学校，与师生座谈交流。2013 年，致公党中央向全国政协会议提交《关于进一步加大对海外华侨华人华文教育工作支持力度的提案》，产生较大影响。致公党中央与美国安生文教交流基金会合作，在美国纽约、洛杉矶、华盛顿、旧金山、费城等各大城市市立图书馆及分馆开展捐赠华文图书活动，推动中华文化的海外推广，开辟民间交流新路径。致公党中央代表团 2016 年访问柬埔寨，2018 年访问俄罗斯、吉尔吉斯斯坦，均考察了当地华文学校，了解海外华文教育发展遇到的困难，并向有关部门提出意见建议。北京市委会依托北京燕京文化专科学校，完成了文莱小学高级华文教材编写工作，并为印尼、文莱和葡萄牙等国家的 200 余名华裔教师开展远程汉语教学培训。广西区委会主办“同心筑梦 · 情系桑梓”马来西亚华裔青少年冬令营，增进了海外华侨华人新生代对民族文化的认知。

（二）持续深化公共外交实践

以侨为桥，沟通中国和世界，开展公共外交是致公党对外联络工作的重要任务。加强未建交国家工作，主要通过与我友好的传统侨团，广交、深交朋友，扩大对我友好力量，采取灵活多样的形式进行友好往来。在对外交往中，通过与我有联系的侨团或重要人士，开展与国外友好政党、政治团体、重要媒体的交流，多次与政府官员、议员等当地政要会面交流，宣传我国多党合作的政治制度，积极宣传改革开放的成果。尤其是在加强与未建交国家政要交流的基础上，尝试开展与建交的双边关系敏感的国家高层人士的工作，并致力于推动中华文化在世界范围的传播。

2012 年至 2019 年，致公党中央先后组团访问巴拿马、多米尼加、巴拉圭、洪都拉斯、伯利兹、帕劳、圣基茨和尼维斯、圣卢西亚等未建交国家，向他们介绍中国的新型政党制度和建设成就，丰富他们对中国的认识和了解；针对共同关切的全球性问题，如应对气候变化、环境保护、消除贫困等，介绍中国的做法和经验；针对共同关心的发展问题，介绍中国的新发展理念和发展道路；针对共同关注的全球治理问题，介绍中国全方位对外开放方略和“一带一路”倡议的核心要义及成果。通过交流让他们了解中国，增进共识，消除误解。

（三）开展港澳工作

巩固与港澳侨界的传统友谊。致公党发挥优势，把对港澳侨界的工作推向深入。2012 年以来，王钦敏和闫小培等分别率团访问香港和澳门。在港澳期间，广泛接触了港澳地区具有代表性的社团组织。2015 年以来，致公党中央共派出七个高访团访问港澳，并邀请十个团组来访，与香港侨界社团联会、香港华侨华人总会、香港侨友社、澳门归侨总会等社团密切互动，并通过他们向港澳同胞和台湾同胞转达了增进友好合作、共同维护港澳繁荣和两岸和平稳定的愿望。

推动与香港专业人士往来。通过港澳两个致公协会，多次邀请港澳工商界、科技界人士组织代表团赴内地访问，增进他们对内地的了解和认同，特别是增进对中国致公党和新型政党制度的了解，培育对我友好力量。分别派出法律和科技团组赴港澳访问，积极与两岸专业人士沟通交流。贵州省委会借助大数据发展契机，重点邀请香港专业人士社团考察信息与计算科学重点实验室，召开大数据运用座谈会等，搭建黔港专业人士交流平台。

加强与港澳青年的交流。着眼港澳青年群体，通过多种方式加强交流，推动他们进一步了解国情和中华传统文化。2015 年 7 月，首届“粤港青年公益行”活动在广州举行。来自广东工业大学和香港中文大学、香港大学、香港理工大学、香港树仁大学等十所香港高校社会工作专业共 30 名同学参加。“粤港澳青年公益行”成为开展港澳台青少年工作的重点之一，至今已举办三届，为粤港澳三地的青年学生开展公益之旅、文化之旅、互助之旅，促进了粤港澳三地青年的公益交流。邀请香港青年新创见、香港侨友社代表团来访；派团访问港澳，出席香港青年新创见第二届会长团就职典礼、澳门致公协会纪念“五四”百年活动。广东省委会发挥地缘优势，搭建粤港澳青年文艺交流平台，举办深港澳青年音乐会、珠澳青年实习就业座谈会，增进港澳青年的情感认同。2020 年 6 月，致公党围绕粤港澳大湾区发展开展调研，形成《关于适应国内国际双循环发展新格局，推进粤港澳大湾区科技创新产业协同发展的建议》，建议得到国务院领导同志的批示。

（四）深化对台工作

邀请岛内社团来访，做好台湾基层民众工作。发挥致公党对外联络优势，加强与台湾岛内相关社团的联系，通过邀请台湾洪门社团代表团等来访，增进与台基层民众的沟通交流。2016 年 12 月，致公党中央邀请以理事长陈孝忠为团长的台湾传统伦理文化发展协会访问团一行来大陆访问，该团成员多为台湾南部文化教育领域的基层从业人士。双方就如何推动新形势下两岸民间交往提出了看法和建议。2019 年，致公党中央先后邀请以刘沛勋主席为团长的国际洪门中华总会访问团和以刘会进总会长为团长的中华全球洪门联盟访问团到大陆访问。通过邀请加深了与台湾岛内传统洪门社团人士的进一步联系交流，巩固了传统友谊，深化了“两岸一家亲”理念。

推动两岸专业领域的交流合作。新形势下，致公党中央积极发挥党内人才优势，努力开拓与岛内交流的新渠道。组派专业团组赴台湾访问，邀请台湾有关专业人士团体组团来访，积极促成相关的项目合作，推进两岸专业领域人士深入交流。2017 年 9 月，致公党中央科技代表团一行赴台湾访问，这次访问是致公党中央首次组派科技界别专业团组访台，开了致公党赴台科技交流的先河；2018 年 5 月，致公党中央中医药代表团赴台湾交流，与有关各方深入就助力两岸中医药融合发展的主题进行交流探讨，并提出了有针对性的意见建议。

加强沟通了解，积极反映岛内民众诉求建议。在日常接待、来访中，致公党注重收集岛内民众关于两岸经济、科技、文化、青年交流等方面的看法和建议。2019 年 7 月，致公党中央围绕促进两岸融合发展主题开展的调研，吸收了台湾地区代表的意见建议，共同形成调研报告上报有关部门。此外，在重要时间节点、重大事件上，致公党及时联系岛内多个阶层的代表，了解他们对两岸关系发展中相关事件的看法，积极反映岛内民众的诉求建议。

致公党中央主办的海峡两岸青少年中华武术夏令营，让岛内青少年通过学习切磋中华武术，感受中国优秀传统文化，增进两岸青少年的亲情友谊。福建省委会举办“台胞青年福建夏令营”“中国寻根之旅”夏（冬）令营等活动，帮助台胞青年进一步增强对闽台渊源关系的认同。四川省委会举办“四川海峡两岸动漫音乐文化周活动”，立足新媒体新科技融合发展，带动两岸青年人交流合作创新创业，取得了很好的效果。

致公党在开展“反独促统”工作中，以习近平总书记重要讲话精神为指导，坚决贯彻中共中央对台工作大政方针，紧紧抓住争取台湾民心这条主线，持续做好促进祖国和平统一工作。

积极支持和参加海外华侨华人召开的“反独促统”大会。各级组织多次派团访问重点国家和地区，通过多种方式，积极宣传，号召海外侨胞团结起来，为促进祖国统一作出努力。2016 年，闫小培率致公党中央代表团赴巴拿马参加两岸关系全球论坛暨巴拿马中国和平统一促进会 15 周年纪念大会，号召巴拿马及中南美洲侨胞发挥优势，助推两岸交流，强化两岸同胞的精神纽带；充分发挥华人华侨的影响力，努力做居住国主流社会的工作，营造反“独”促统运动的良好外部环境。2015 年和 2017 年，致公党中央分别派团赴南非、意大利参加“全球华侨华人促进中国和平统一大会”，积极支持海外华侨华人的“反独促统”工作，同时抓住契机广泛接触各地统促会负责人和华侨华人代表，开展座谈、交流，听取他们对“反独促统”的意见建议，鼓励广大港澳台同胞、海外侨胞把握新方向，作出新贡献。2019 年 6 月，以“推进中国和平统一，实现民族伟大复兴”为主题的全球华侨华人促进中国和平统一大会在马尼拉隆重开幕。万钢发表主旨演讲，勉励广大统促会组织和港澳台同胞、海外侨胞牢牢把握新时代反“独”促统运动发展主题和方向，坚持一个中国原则，坚决反对一切分裂行径；聚焦“两制”台湾方案，探索推动两岸民主协商；助推两岸交流往来，积极推进两岸深度融合。

（五）办好三个论坛

致公党通过举办“海峡两岸中华武术论坛”、海峡科技论坛、“海峡论坛·致公恳谈会”等活动，深耕岛内重点社团，深化对台工作平台，在深化两岸经济社会融合发展、持续推动与岛内交流、增进同胞亲情和福祉、拉近同胞心灵距离、增强对命运共同体的认识等方面发挥作用。

举办海峡两岸中华武术论坛。论坛 2006 年由致公党中央发起举办，主要面向岛内洪门和两岸的武术界相关人士，已举办九届。

表 7.8 2013 年以来海峡两岸中华武术论坛一览

届次	时间	地点
第六届	2013. 10	台湾
第七届	2014. 9	天津
第八届	2015. 4	台湾
第九届	2017. 5	湖北

第八届武术论坛由国际洪门中华总会主办，于 2015 年 4 月在台湾举

行。蒋作君率中华武术交流访问团赴台参加。这是自 2006 年致公党中央与台湾岛内洪门团体轮流主办海峡两岸中华武术论坛以来，致公党中央第四次组团赴台参加论坛，也是致公党中央历次访台团组中级别最高的一次。论坛得到了岛内名流、各界人士的重视和参与，马英九、吴敦义、朱立伦、王金平、宋楚瑜等分别为论坛题写贺词。海峡两岸中华武术论坛加深了两岸的交流，促进了两岸的联系。

举办海峡科技论坛。论坛自 2010 年开始举办，是集两岸人力、智力、技术、项目为一体的科技交流盛会，是贯彻落实海峡两岸经济合作框架协议精神的具体举措。分别在福建、广东、江苏、山东、上海、浙江、海南成功举办了七届。

表 7.9　2013—2018 年海峡科技论坛情况一览

年份	主题	主办单位	主办地点	影响
2013	科技创新推动产业转型升级	致公党中央委员会	山东潍坊	22 个项目意向签约，合同金额达 191.4 亿元。邀请了港澳代表性人士与会，深化了两岸的交流合作。
2014	开放创新，合作发展	致公党中央委员会	上海市	进一步推动在沪台企转型升级，起到了拓宽视野、积极指导和无形鼓舞的作用。回应了全国对台工作会议提出“上海要做全国对台工作的主力军、地方对台工作的排头兵”的要求。
2016	创新合作，发展共赢	致公党中央委员会、浙江省政府	浙江杭州	两岸众多高校科技专家的参与，拓展了两岸科技交流的广度和深度，体验式考察、互动交流促进了两岸产业对接和成果落地。
2018	科技互联两岸，创新共享未来	致公党中央委员会、海南省政府	海南海口	充分利用好大陆自贸区建设契机，实现两岸合作互利双赢；精准对接“31 条惠台措施”，构建完善的人才制度体系；探索建立多部门持续合作的固定平台，不断凸显论坛品牌效应。

致公党作为侨海特色的参政党，与台湾同胞联系密切，论坛得到台湾相关科技机构的积极响应和支持参与。自 2016 年第六届海峡科技论坛开

始与省级政府共同主办以来，地方力量也被充分调动起来，拓宽了渠道，各种资源得到充分协调和整合，也提升了工作层次，为致公党进行两岸交流积累了经验和人脉。两岸嘉宾间的交流主题更加多样化，推介合作签约成果也更加丰硕。海峡科技论坛成为推动两岸科技合作交流、提升两岸科技创新能力、增强两岸核心竞争力、促进两岸民众福祉和同胞感情、维护中华民族整体利益的新平台和新纽带。

举办海峡论坛·致公恳谈会。该论坛是致公党中央参与主办的国家级论坛，是致公党中央开辟的又一对台工作平台。海峡论坛·致公恳谈会固定在福建厦门举办，时间多在每年6月。致公党中央在2010年成为海峡论坛主办单位之一，于2013年开设致公恳谈会分论坛，分论坛成为海峡论坛系列活动之一。海峡论坛·致公恳谈会致力于推进两岸基层民众的交流。在共计12届海峡论坛中独立主办了8届致公恳谈会。2020年9月，致公党中央在厦门主办海峡论坛·两岸社区服务恳谈会，围绕“社区卫生守护健康幸福家园”主题，创新交流方式，在特殊形势下增进两岸同胞的情感和共识。

表 7.10　2013—2020 年海峡论坛·致公恳谈会情况一览

届次	时间	主题
第五届	2013.6	中华传统文化传承与创新。
第六届	2014.6	人文关怀·社会服务。
第七届	2015.6	社区服务·共谋发展。
第八届	2016.6	社区营造·携手共创美好家园。
第九届	2017.6	社区发展·深化交流·共享成果。
第十届	2018.6	弘扬传统文化·服务社区健康。
第十一届	2019.6	共建活力社区·深化两岸融合发展。
第十二届	2020.9	社区卫生守护健康幸福家园。

（六）做好留学人员工作

海外留学生和留学归国人员是未来中国发展建设的重要新生力量，致公党不断加大力度，积极开展这部分群体工作。2015 年至 2019 年，致公党中央的 19 个出访团组，大多安排与当地留学生座谈，了解他们在海外的学习生活情况、遇到的问题和困难，向他们介绍中国的发展建设成就和留学归国创业政策，鼓励他们回国发展，报效祖国，实现理想。致公党非常重视北美致公协会的工作，致公党中央领导多次会见该协会代表团，并安排他们在国内考察访问，实现项目对接，鼓励该会成员对国家经济社会建设提出意见建议。2013 年闫小培率团出访美国时，专门与北美致公协会成员举行了座谈。2017 年，北欧致公协会成立，拓展了致公党与北欧专业人士的联系渠道。

致公党中央与科技部、教育部、人力资源和社会保障部、外国专家局等国务院有关部委开展协作与联动，就留学人员创业园孵化服务体系建设情况开展专题调研，形成了调研报告和《关于推进留学人员创业园服务体系建设的建议》。针对青年留学毕业生群体归国发展面临的新情况新问题开展调查研究，形成了《关于引导新时代归国留学人员群体健康发展的建议》及调研报告。2018 年，留学人员委员会调研组赴上海、广州、四川开展推进青年海归就业专题调研，形成了《关于加强留学人员回国服务体系建设、推进青年归国就业的建议》及调研报告，得到国务院领导同志的批示。2020 年，留学人员委员会调研组赴北京、广州、深圳等地开展推动留学人员创业园转型升级调研，形成了《关于常态化疫情防控下加快推动留学人员创业园转型升级高质量发展的建议》及调研报告，再次得到国务院领导同志的批示。

持续开展“引凤工程”。致公党中央留学人员委员会和江苏省委员会至今已成功举办 11 届“引凤工程”，累计面向 30 多个国家、数百所知名大学、50 多个侨团宣传发动，提供人才岗位信息逾 2 万个，组织海外推介会 20 多场，吸引海外博士、博士后、专家学者 2000 余人报名，与 500 多个/次开发区、高校、企事业单位零距离交流对接，举办了 5 届创新创业活动。据不完全统计，促成 500 余位博士回国创新创业，一批项目成功落地，其影响逐步扩大，先后与重庆、福建、四川、安徽、山东、湖南、辽宁、浙江、贵州等省市致公党组织对接。2012 年，中共中央政治局常委、国务院副总理张德江代表中共中央在祝贺致公党十四大召开的贺词中给予高度赞扬。“引凤工程”多次荣获中共中央统战部、人社部和致公党中央的表彰，成为全党对海外留学人员工作的品牌项目。

表 7.11　“引凤工程”历届活动相关情况

届别	年份	举办城市	主要情况
第一届	2010	苏州、无锡、连云港、南京	参加人员涵盖美国哈佛、斯坦福、麻省理工学院，英国牛津、剑桥等常青藤名校的海外博士。
第二届	2011	南京、镇江、扬州、无锡	获得省委省政府关心及省财政经费支持。活动规模显著扩大，“引凤工程”项目获“各民主党派、工商联和无党派人士为全面建设小康社会作贡献”表彰大会社会服务优秀成果奖。
第三届	2012	苏州、南通、盐城、连云港、南京	重点布局沿海，对接交流沿海城市南通、盐城、连云港，服务沿海发展战略。
第四届	2013	徐州、镇江、扬州、南京	首次在苏北城市徐州举行，“引凤工程”地区服务面进一步拓展。
第五届	2014	无锡、常州、扬州、南京	海外报名及参加人数呈双高。首次设立海外分会场，通过视频同步直播拓展海外留学人员与省内用人单位交流新形式。首次采用“引凤工程集中推介会”形式，扩大引才服务覆盖面。
第六届	2015	南京	组织“引凤工程渝闽川皖鲁湘推介会”，全面介绍了各地引才政策、环境及需求情况。
第七届	2016	南京、盐城、淮安	“引凤工程”与“中国江苏创新创业大赛”相结合，成功举办首届“引凤工程创新创业赛”。致公党江苏省委会获“第四届中国江苏创新创业大赛特别贡献奖”。
第八届	2017	无锡、苏州、常熟、常州	成功举办第二届“引凤工程创新创业赛”，首次探索与开发区合作，为双创项目落地搭建平台。在江苏省人才办主办的“第五届中国江苏创新创业大赛”中，致公党江苏省委会推荐的十个项目取得了七个奖项，获得“第五届中国江苏创新创业大赛最佳组织奖”。

续表

届别	年份	举办城市	主要情况
第九届	2018	南通、常州、南京	与武进国家高新技术产业开发区合作办赛，并建立“引凤工程创新创业基地”，为双创人才项目落地打造平台。
第十届	2019	南京、镇江、苏州、常州	举办四场“引凤工程”高校合作论坛；举办四场创新创业赛；举办十周年系列纪念活动，“侨海报国·引凤工程”十周年活动在南京开幕；组织“引凤工程”浙江行、辽宁行活动，携创新创业项目助力当地经济发展。
第十一届	2020	常州、苏州、贵阳、毕节	在新冠肺炎疫情背景下，在常州、苏州两地举办引凤工程创新创业项目对接活动，吸引数十位海外留学人员参与线上路演。组织“引凤工程”贵州行活动，赴贵阳、毕节等地开展脱贫攻坚国情考察、讲好中国故事活动。

海归论坛由致公党湖南省委会倡导，是聚焦湖南“开放崛起”战略建言献策、服务对外招才引智、助力海归创新创业的平台。论坛已成功举办七届，“湖南留学人员回国服务联盟”建立并发挥作用，共邀请300多名来自全球百强高校和硅谷的高层次人才参加，吸引项目和资金落地，助推区域经济高质量发展；致公党上海市委会自2012年举办中国留学生论坛以来，围绕国家和上海中心工作，邀请各领域专家学者、归国留学生、海外优秀青年人才集聚一堂，建言献策，在国内外形成一定影响；2019年开始举办的重庆英才大会海归论坛，旨在为重庆高质量发展，聚才汇智、聚势赋能，帮助广大留学人员，同重庆架起相互了解、积极对接、建立合作、谋求共赢的桥梁。

表7.12　2013—2020年全国政协会议致公党关于留学人员工作的提案和大会发言

年份	提案和大会发言（部分）
2013	关于吸引海外高层次人才回国创新创业的提案；关于完善海归人才引进工作机制的提案；加强海外引智工作，大力推进人才国际化。
2014	关于推进留学人员创业园服务体系建设的提案。

续表

年份	提案和大会发言（部分）
2015	关于完善自主创新法治环境，支持留学回国人员创新创业的提案；进一步推动海外高层次人才引进工作。
2017	关于支持留学创业园建设，推进留学人员归国发展的提案。
2018	关于构建离岸创新创业新模式，吸引海外人才为国服务的提案；进一步促进留学归国人员成果转化与产业化。
2020	关于加强来华留学生培养管理的提案；关于引导新时代归国留学人员群体健康发展的提案。

（七）服务“一带一路”建设

自“一带一路”倡议提出以来，致公党将“一带一路”沿线国家作为对外联络工作的重点区域，全面布局，重点突破，采取出访、邀请来访、调研等多种方式，积极发挥在助推国家战略中的积极作用。

拓展联络范围，布局“一带一路”沿线。2015 年至 2019 年，致公党中央累计派出 13 个团组赴“一带一路”沿线的 29 个国家访问，实现了对捷克、阿联酋、斯洛伐克、芬兰、冰岛、哈萨克斯坦、吉尔吉斯斯坦、土耳其、塞尔维亚、克罗地亚等国的首次访问，有效拓展了对外联络范围。共邀请 12 个涉及“一带一路”主题的团组来访，人员涵盖“一带一路”沿线 40 多个国家的政界、商界、侨界以及相关专业领域。

凝聚侨海力量，助推“一带一路”建设。2016 年，致公党中央与陕西省政府共同主办，以“共建‘一带一路’使命与行动”为主题的“海外华商·致公峰会”，邀请 100 余位海外华商和来自港澳台的企业家参会，为“一带一路”倡议实施和陕西省发展建言献策。2015 年和 2017 年，致公党云南省委会和四川省委会先后承办致公党中央外事工作与“一带一路”工作座谈会，邀请“一带一路”沿线国家和地区的侨胞代表参加，就“一带一路”倡议下国家间的合作机遇、华人华侨在其间的作用等进行研讨交流。北京、上海、广东和辽宁等致公党地方组织也发挥联络优势，通过举办华人华侨与“一带一路”侨团论坛、粤港澳大湾区对接“一带一路”论坛等，助力地方参与“一带一路”建设。

开展调研，献策“一带一路”。致公党中央围绕“一带一路”建设进行了多次专题调研。2015 年赴陕西，2016 年赴山东、海南、浙江等地进行专项调研，形成《关于推进丝绸之路经济带战略实施和区域合作共赢的建议》和《关于加快建立“5 + 15”海上丝路港口城市创新发展协作机制的建议》，得到国务院领导同志的批示。在推进“一带一路”建设中，地方组织的主动作为取得了良好效果。

致公党把服务“一带一路”建设作为彰显侨海优势、写好侨海大文章的基本内容，着力在“一带一路”沿线国家及地区建立和壮大爱国友好的侨界力量，牢牢坚持有助于凝聚侨心维护侨益、有助于促进“反独促统”、有助于服务“一带一路”建设的原则来参与构建“一带一路”建设新格局。

（八）围绕侨海履职建言

致公党在与海外侨胞的交往中，关心他们的生存和发展，鼓励他们融入住在国社会，遵守住在国法律，与当地人民友好相处，为住在国的经济发展和社会进步贡献力量；广泛宣传中国共产党领导的多党合作和政治协商制度，宣传中国的和平外交政策、侨务政策和其他相关政策；鼓励海外侨胞为中国的社会主义现代化建设事业和祖国的和平统一大业，以及世界和平与发展作贡献。

关注侨情、维护侨益主要通过每年的政协提案体现出来。2013 年至 2020 年，致公党共提交涉及侨益的提案发言共 26 项，年均约 3 项，《关于关注当前海外侨社现状，维护海外华侨合法权益的提案》更是触及海外华侨的核心权益。自 2016 年以来，致公党中央收集各级组织报送的关注侨情、维护侨益的社情民意信息共 216 篇，如《香港“归侨”群体权益应得到制度保障》《关于制定华侨权益保护法的建议》《新型冠状病毒肺炎疫情下做好华侨和留学人员权益保护的几点建议》《海外华人华侨子女归国接受高等教育存在困难应引起重视》《关于华侨权益保护立法的几点建议》等。致公党中央筛选后向全国政协、中共中央统战部报送 66 篇，28 篇得到了采用。

表 7.13　2013—2020 年全国政协会议致公党围绕侨海的提案和大会发言

年份	提案和大会发言（部分）
2013	进一步推动海外华文教育工作，促进华侨资源可持续发展。
2014	关于发挥海外华侨华人作用，推动中国企业“走出去”的提案；关于加强海外中国公民、华侨人身安全的提案；关于关注当前海外侨社现状，维护海外华侨合法权益的提案。
2015	关于发挥华侨华人作用推动中华文化“走出去”的提案。
2016	关于进一步促进粤港澳合作，率先形成世界级城市群的提案。
2017	关于做好新归侨服务工作的提案；关于把华侨农林场贫困归侨侨眷列入精准扶贫工作对象的提案；关于建立台胞台属遗嘱库，构建两岸遗嘱登记中心的提案；关于加强与“一带一路”沿线国家、地区农业贸易合作的提案。
2018	关于“一带一路”背景下构筑我国与东盟国家疾病预防控制体系的提案。
2019	关于利用“互联网 + 医疗”模式为海外华侨华人提供医疗健康服务的提案；关于用系统的法律来规范中国移民问题的提案。
2020	关于构建“一带一路”公共外交统筹协调机制的提案；关于深化“一带一路”创新合作的提案；关于促进新时期两岸婚姻健康发展的提案；秉持人类命运共同体理念，深化“一带一路”创新合作。

（九）形成全党侨海工作一盘棋

中共十九大以来，各级组织积极开展侨海工作。致公党中央编制《致公党中央对外联络工作五年规划纲要（2013—2017）》《致公党侨海工作纲要（2019—2022）》，召开全党对外联络工作会议，制定《致公党中央外事工作管理暂行规定》等，将海外联络工作重点定位于合理培育、开发、运用、涵养侨海资源。通过制度建设、纲要编制、活动开展、机制创新，侨海工作初步形成全党一盘棋格局。

致公党各地方组织也充分发挥各自优势，分别开展召开留学人员座谈会、建立留学人员联谊会、成立归国留学党员支部、打造留学人员数据库、搭建留学归国人员信息交流平台等多种形式的工作，关注留学人员的工作和生活情况，鼓励和引导他们参与国家发展和建设。关注和反映侨台港澳同胞、留学人员回国创业遇到的困难，形成建议和提案，及时向有关部门反映，协助解决问题，为其回国创业提供便利和支持，切实维护其合法权益。为拓展侨务资源，重点加强华裔新生代工作，推动侨务工作可持续发展。通过组织华侨华人子女夏令营等活动，邀请他们来华度假，增强他们对中华传统文化的感性认识，增进对祖（籍）国的认同。

六、持续开展社会服务，扎实推进脱贫攻坚民主监督

致公党十四大以来，为决胜全面建成小康社会，致公党认真学习贯彻习近平总书记关于精准扶贫和脱贫攻坚系列重要讲话精神，着眼于形势新变化和社会各界新要求，深入研究社会服务工作的内在规律，着手制定全党社会服务工作规划，全党社会服务工作出现新局面。一批具有致公党特色的社会服务品牌取得显著成效，脱贫攻坚民主监督扎实推进。

（一）“致酉合作”提质增效

“致酉合作”是全党扶贫工作的重点工作。致公党中央从改进调研方式、凝聚帮扶力量、组织消费扶贫、加大宣传力度等方面，积极创新帮扶思路。2013 年，制定《致公党帮扶酉阳土家族苗族自治县近期工作计划》。2016 年，印发《关于在全党开展精准扶贫结对帮扶工作的通知》，北京、浙江、天津、福建等地方组迅速加入帮扶酉阳的队伍之中。2018 年、2019 年，先后召开精准扶贫精准脱贫工作推动会、深化“致酉合作”助力脱贫攻坚工作推进会等，印发《中国致公党 2018 年脱贫攻坚精准扶贫工作计划》《2018 年致公党定点扶贫酉阳县工作计划》等文件，落实定点扶贫工作，进一步加大对酉阳的帮扶力度，创新帮扶模式，构建了全党动员、东西协作、结对帮扶的扶贫工作机制，加大扶贫过程中督促检查力

度，帮助整合拓展各类资源，强化扶贫项目品牌建设，动员社会力量参与扶贫，酉阳定点扶贫工作成效显著。

2013 年，致公党中央以酉阳花田乡为社会服务实践基地开展重点产业帮扶，帮助当地制定旅游规划、捐赠农用机械、开展产业扶贫，协调福建省厦门市委会引进先进生物肥技术，帮助花田乡生态大米实现增产增收；继续支持木药材林项目，该项目逐步发展成为当地支柱产业。2013 年以来，致公党在酉阳县实施帮扶项目 266 项，完成培训 5141 人次，捐赠和投入资金 4166.2 万元，通过消费扶贫完成农产品销售 1200 多万元。

教育帮扶方面。继续设立“致公酉阳班”，发放“致公奖学金”和“致公助学金”，从 2007 年开设以来到 2019 年年底，共为酉阳 1600 多名贫困学生减免学杂费 417 万，享受国家学费资助、国家贫困资助和致公奖助学金的学生比例分别达到 96.4%、52% 和 40%。2016 年组织酉阳县英语和数学骨干教师培训工作，培训当地青年骨干教师 200 余人次。2018 年至 2019 年，致福慈善基金会为酉阳捐建 2 所致公科普中心，新建更新 2 所远程教学中心，并捐赠多所图书室。至 2017 年，致公党已在酉阳相继援建希望小学 15 所。酉阳 39 个乡镇小学的名称，接近一半都含有“致公”二字。许多致公希望小学的墙上都能看见致公党的帮扶名单，从致公党中央领导到普通党员都“榜上有名”。

健康帮扶方面。捐建卫生院、卫生室，捐赠医疗设备；开展致福送诊活动 10 余次，接诊 1.8 万余人次。捐赠大量药品和医疗器械，开展医疗培训项目，全面提升贫困地区医疗服务水平。香港爱心人士捐赠 30 万港元用于酉阳县黑水镇卫生院扩建项目。铜鼓乡卫生院是海外大溪地、菲律宾、澳洲、加拿大、巴西等 5 个国家地区的侨团和侨胞捐款 100 万元建设而成的。截至 2017 年致公党已在酉阳捐建医院 5 所。

产业帮扶方面。持续不断地支持酉阳产业发展，引入资金和技术，大力发展中药材、养殖业等支柱产业，带动旅游业、特色农业等产业发展。2018 年和 2019 年，投入、引进帮扶资金分别达到 813 万元和 1130 万元，结合酉阳县中药材、茶油产业优势，通过收购中药材、提供先进生物肥以及搭建“酉好货”电商平台等，助力酉阳县特色农业、电商产业发展。2018年12月，致公扶贫“酉好货”电商平台建成。2019年，创建致公扶贫电商创业园，截至2020年6月，创业园已入驻仓储、快递、电商企业16家。

消费扶贫方面。致公党中央创新帮扶举措，多次发动并组织全党各级组织，积极通过“以购代捐、以买代帮”促进消费扶贫，有效提升扶贫的深度和广度。万钢等中央领导带头在电商平台多次消费。2018年、2019年，购买重庆酉阳县土猪腊肉、琥珀茶油、花田贡米等农特产品共计192.8万元，帮助销售564.2万元。此外，河南省委会打造的“豫酉旅游扶贫”项目，先后组织三批近百名致公党员及家属赴酉阳旅游扶贫。

人才帮扶方面。选派机关干部分别挂职酉阳县副县长和酉阳县驻村第一书记。2019年，在浙江桐庐举办“定点扶贫地区基层干部乡村振兴战略专题培训班”，异地培训酉阳43名基层干部。此外，还邀请中央党校和中央社会主义学院专家为酉阳县1060余名基层干部授课，提高基层干部工作能力。2018年至2019年，共为酉阳县培训基层乡镇干部1389人，教师、医生、致富带头人等各类技术人员约1998人。

在中国共产党的坚强领导下，在酉阳人民的奋发努力下，在致公党的帮扶下，酉阳这个昔日的贫困县，已发展为全国水能资源百强县、全国生猪调出大县、全国“三木药材”基地和世界青蒿之都。

2020年，致公党圆满完成定点扶贫重庆酉阳各项指标，酉阳县于2020年2月实现脱贫摘帽。11月，致公党中央召开“致酉合作”30周年总结大会，系统总结致公党帮扶酉阳的经验成果。

（二）深度参与毕节试验区建设

从1988年毕节“开发扶贫、生态建设”试验区经国务院批准建立以来，致公党中央通过组织各级组织赴毕节大力实施“同心致福工程”项目，打造了“致福送诊”“致福教育”“致福光谷”等一批致公党参与毕节试验区建设项目品牌。2013年，致公党中央提出以“科技帮扶促发展、人才帮扶补短档、特色帮扶惠民生”的新思路，制定《致公党参与毕节试验区建设近期工作计划》。2015 年，召开东西部帮扶协作会议，鼓励东西部省级组织“结对子、搭台子”。组织成立“致公党中央参与毕节试验区建设工作领导小组”，加大东部六省三市联合参与毕节试验区建设工作力度。2018 年，致公党中央以脱贫攻坚与乡村振兴有效衔接为抓手，深度推进参与毕节试验区建设。2019 年，为贯彻落实习近平总书记对毕节试验区的重要指示精神，致公党中央以七星关区朱昌镇双堰社区为重点，选派机关干部担任第一书记，支持双堰创建贯彻新发展理念示范社区。2019 年 8 月，致公党第十五届中常会八次会议在毕节召开，全体中常委在朱昌镇双堰社区等地开展调研并召开座谈会，为毕节试验区发展提出意见建议。2020 年 10 月 21 日至 22 日，万钢率队赴贵州毕节开展贯彻新发展理念示范区建设调研并召开座谈会。万钢强调，多年来，致公党与毕节结下了深厚的友谊，形成了通畅的沟通合作机制，取得了重要成果，站在“两个一百年”奋斗目标的历史交汇点上，下一步在助力毕节贯彻新发展理念示范区的工作当中必须要有理念、有方向、有蓝图，找准定位，继续贯彻好新发展理念，推动朱昌镇双堰社区示范点建设；要持续推动科技创新，用科技引领产业发展，巩固脱贫成果，推动乡村振兴；要乘着数字经济的潮流，开展直播带货，搭建电商平台；要进一步推动体制机制创新，完善基层治理；要共建长效的联系帮扶机制，全方位推动毕节在新时代建设贯彻新发展理念示范区。

对毕节试验区的帮扶涉及多个领域，采取多种方式，成效显著。产业方面，致公党中央联系农业与农村委员会和大连、厦门、重庆、上海等组织，为毕节七星关区茶产业增产增收和毕节“致福光谷”产业发展提供技术指导，引进广东奥丽侬内衣集团在七星关区设厂，有效带动了当地就业。协调国投人力资源公司与毕节职业技术学院合作，帮助毕业生就业。开展“春晖行动——致公学生培养计划”，招收 89 名来自建档立卡贫困户的学生，资助他们免费完成初高中学业。致公党贵州省委会还为毕节七星关区茅坪小学捐建教学楼、图书室等。致福慈善基金会、致公党贵州省委会共同为七星关区茅坪村捐建100盏太阳能路灯。致公党中央选派机关干部赴贵州毕节挂职进行人才帮扶。七星关区15名基层干部参加“定点扶贫地区基层干部乡村振兴战略专题培训班”。从乡村规划、产业发展、乡村治理、医疗卫生、教育培训、公共设施建设等方面全力助推双堰社区乡村振兴。

致公党发挥科技领域专家优势，争取科技部支持，为毕节落实国家科技支撑和科技富民强县项目，建立“致公党毕节农业科技帮扶园”，实施“国家新能源汽车高新技术产业基地”建设、“茅台酒原产地及赤水河上游地区生态建设和环境保护规划项目”和“三江源”生态保护等重大项目，帮助毕节村民脱贫致富；引进“致福光谷”园区项目，共完成投资2亿元，带动2000余人就业。教育方面，向毕节杨家湾镇捐赠图书，实现当地16所小学图书室全覆盖；实施“致公学生培养计划”，招收贵州省500余名贫困小学生赴北大附属实验学校免费培养。截至2017年，北大青鸟集团已累计投资1.4亿元资助512名贫困学生免费在北京等地优质学校完成为期6年的学业。医疗方面，实施“致福送诊”项目，截至2017年，200多名致公党医务工作者参加，开展巡查病房和诊查患者7000余人次，培训医务人员3000余人次，有效减少了当地“误诊”和因病致贫、返贫现象。生活方面，致公党广东省委会专门为在粤打工的毕节农民工兄弟回家过年提供帮助；致公党辽宁省委会在毕节开展“致福温暖工程”，实施暖气改造工程，关爱当地孤寡老人。2013年以来，致公党参与毕节试验区建设，实施帮扶项目100余项次，帮助协调建设发展融资及贷款额度90亿元，引进产业及捐赠资金5.1亿元，培训教师2200余人次，资助1000余名贫困学生，开展青少年学生科普培训活动1.5万余人次，诊查病人8403人次，培训医务人员8312人次。

（三）“致泸合作”和黔西南帮扶

“致泸合作”形成以来，已累计开展合作项目100余项，落实扶贫资金近5亿元，有力促进了泸州经济和社会发展，成为致公党社会服务品牌之一。2013 年至 2017 年，项目共招商引资近 1 亿元，在纳溪、合江开展三华山旅游养老和影视基地建设，引进成都国嘉生物科技集团新建 5 万亩赶黄草种植基地，以发展泸州特色产业，促进村民增收。致公党中央支持四川省委会成立“社区发展基金”，将社会捐款以小额借贷形式借给有发展需求的村民滚动使用，并运用“参与式工作法”，调动全体村民共同参与项目管理。联系中国初级卫生保健协会捐赠 100 台价值 3400 万的深麻监测设备，以提高手术安全保障水平。争取爱德基金“儿童预防保健牵手”项目资金 100 万元，以关注儿童健康。为基层医院协调引进中医设备 100 台，培训基层中医医护人员 300 余名。

黔西南“星火计划、科技扶贫”试验区成立以来，致公党中央始终高度重视对该地区的帮扶工作。2013 年 8 月，万钢出席黔西南试验区建设联合推动暨项目推进大会并指出，试验区建设的快速发展，是充分发挥多党合作政治优势和智力优势推进民族地区经济社会发展的成功范例，为贫困地区探索科学发展之路提供了宝贵经验。2017 年 6 月 22 日，致公党中央在黔西南州以“促进科技成果转化，助推民族贫困地区脱贫攻坚”为主题举办中国发展论坛。在兴义民族师范学院成立“致公—中关村战略新兴产业及创新创业人才培养基地”及“中关村加一战略新兴产业人才发展中心黔西南分中心”，把致公党在科学技术领域的资源优势、中关村企业集群优势与黔西南发展结合起来。2013 年至 2017 年，致公党中央连续参与举办五届“中国美丽乡村 · 万峰林峰会”，搭建黔西南对外推广的宣传平台。

（四）其他社会服务品牌项目

在“致西合作”和毕节试验区建设基础上，各级组织不断丰富社会服务形式，完善由中央统筹、多个地方组织参与的工作模式，打造各具特色的社会服务品牌项目，形成社会服务品牌集群。如北京的“致公学生培养计划”、上海的“致科工程”、广东的“致汕合作”、福建的“社区致公学校”、云南的“京滇科技创新驱动区域合作活动”、四川的“十百千工程”、江苏的“致福工程”、浙江的“致公博爱基金”、安徽的“同心示范工程”、山东的“致公微爱——为藏区村民捐赠”、湖南的“一家一助学班”等。社会服务工作已初步呈现出“一地一品牌”的良好局面，社会影响不断扩大。

侨海特色项目。致公党中央依托致福慈善基金会捐赠和地方配套资金成立“致福助侨奖学金”，与海南、广西、云南、福建、广东五个省级组织共同为当地华侨农场考上大学的贫困家庭子女发放奖学金。致公党广东省委会开展“粤港澳青年公益行”项目，组织广东和香港澳门社工专业学生参与暑期公益活动，深化两地公益认知和文化认同。致公党江苏省委会开展“引凤工程”和相关子品牌建设，搭建各种平台，为归国留学生就业和生活提供服务。

文化教育项目。致公党福建省委会打造“一品三校”项目，建立“福建致公学校”“社区致公学校”“致公女校”，分别服务山区教育、丰富社区居民文化生活和促进海峡两岸女性交流。致公党深圳、杭州市委会分别开展“致公爱阅图书馆”和“明志·悦读”图书角捐赠项目，向贫困山区农民和城市外来务工人员子女捐赠图书，帮助学生培养良好的阅读习惯。致公党山东省委会持续开展“致公书屋”捐赠项目，截至 2016 年年底，捐赠“同心·致福书屋”129 所、图书 40 余万册，总价值达 890 余万元。致公党湖南省委会搭建“致公助学平台”，2013 年至 2017 年，共签约 35 个“‘一家一’致公班”，筹集资金 700 多万元，资助 1800 余名寒门学子，并组建“致爱小组”，从精神上关心学生成长。致公党贵州遵义市工委推进以“淘健康、促小康”为主题的“两康”计划，为大学生群体提供“众创平台”，助力“黔货出山”。致公党安徽省委会开展“致普工程”，面向重庆酉阳、安徽金寨等地普及科学、文化、教育、卫生等知识，提升群众科学文化素养。

其他民生项目。致公党北京市朝阳区委会持续开展“天露助学工程”，对北京西藏中学贫困藏族学生及其家庭开展帮扶，实施“天露医疗工程”，帮助拉萨城关区建设标准化乡镇卫生院，完善当地公共卫生服务体系。致公党广西区委会开展“致公双拥边关行”，向边防战士和边民提供医疗等方面的服务。致公党湖北省委会实施“致福关爱迷途”项目，向服刑人员中的外籍犯、归侨犯、侨眷犯送技能、送健康、送岗位、送温暖、送政策，帮助他们加快改造、重新做人。河南省委会组织“中原致公大讲堂”，开展公益性讲座，弘扬社会正能量。天津市委会开展“法律、医药、音乐、教育”四进社区工作，发挥党员专业特长服务社区居民。致公党珠海市委会开展“致福·以老扶老工程”，组织“老人帮扶老人”小组。

（五）推进脱贫攻坚民主监督

自2016年6月起，致公党中央在中央统战部和国务院扶贫办统筹下对口四川省开展脱贫攻坚民主监督工作。脱贫攻坚民主监督工作是中共中央赋予民主党派的新任务，也是民主党派发挥自身优势，主动融入全面建成小康社会、决胜脱贫攻坚的重要途径。致公党中央高度重视，成立以万钢为组长的领导小组，与四川省及国家有关部门建立了较为完善的集“信息沟通、实地督导、意见反馈”三位一体的监督机制，并动员12个省市致公党组织对口四川12个贫困地市州开展民主监督工作，形成全方位、多层次的脱贫攻坚民主监督工作布局。

致公党全党动员，聚焦重点，围绕“两不愁三保障”，开展多层级、立体式调研。致公党中央领导紧盯大小凉山、高原藏区等“三州三区”地区，把四川最为贫困的凉山州作为主阵地。万钢、蒋作君、吕彩霞带队进行多次考察走访。针对凉山州主阵地发现的问题，开展“回头看”，多次深入同一乡镇。同时还根据四川省集中连片贫困“四大片区”分布情况，组织扶贫经验丰富的东部12个省（市）致公党组织开展对口监督，每个省级组织对口四川一个市（州），任务分解，重心下沉，确保对集中连片贫困区监督全覆盖。

截至2020年6月，致公党中央共组织开展专题监督调研61次。走访了大小凉山彝区，甘孜、阿坝高原藏区，乌蒙山区，秦巴山区四大重点贫困片区的274个贫困村，907户农户，考察了几十个易地扶贫搬迁安置点、扶贫项目产业基地、学校和幼教点、乡镇卫生院和村卫生室等设施，召开专题座谈会、现场会、对接会、情况反馈会等 97 次，提出意见建议 247 条。聚焦扶贫领域的重点难点问题，提出了切实可行的意见建议，有力推进了农村科技进步与创新、农村环境卫生整治和移风易俗、“一村一幼”计划实施以及乡村全面振兴。

此外，组建了致公党中央脱贫攻坚民主监督专家团，凝聚致公党经济、法律、审计、教育、医疗等各领域人才，进一步提高监督针对性和监督质量。通过举办中国发展论坛、脱贫攻坚民主监督专题座谈会、工作研讨会等形式，汇聚智力，助力攻坚。广泛邀请部委领导、党员专家学者、扶贫一线干部等各界人士，深入开展脱贫攻坚相关专题研究，为打赢脱贫攻坚战提供智力支持。

致公党的脱贫攻坚民主监督工作推动四川省如期完成脱贫攻坚任务。致公党中央借助专门委员会平台和国内外人才资源，开展了脱贫攻坚理论探索和政策制度研讨等一系列活动，探讨扶贫长效机制建设，形成《关于脱贫攻坚实践、思考与建议的研究报告》上报中共中央。2020 年，致公党中央编写《致公党中央脱贫攻坚民主监督工作汇编（2016—2020）》，探索专项监督的长效机制。致公党中央把“监督帮扶与政策宣传凝聚共识”相结合，把“在国内做好帮扶与监督，在国际讲好中国扶贫故事”作为双向发力的工作新常态。在监督的同时积极帮扶，开展各类培训 7 场 608 人次，引进投资 2000 万元，捐赠物品约 35 万元，开展“致福送诊”、技术帮扶等，助力地方打赢脱贫攻坚战。

在脱贫攻坚民主监督工作中，致公党发扬求真务实的优良作风，坚决杜绝形式主义，坚持轻车简从、暗访、个别访谈等好形式、好方法，不添乱、不扰民，既了解和掌握第一手资料，也磨炼了意志，锻炼了队伍。

（六）完善社会服务体系，创新扶贫工作机制

2013 年 1 月，致公党中央制定了《中国致公党社会服务工作五年规划纲要（2013—2017）》，指导全党社会服务工作科学化、规范化发展。

先后制订了《致公党参与毕节试验区建设近期工作计划》《中国致公党帮扶重庆市酉阳县近期工作计划》《“致泸合作”近期（2015—2017）工作计划》等专项工作计划，明确了社会服务尤其是扶贫工作的思路。

建立健全社会服务工作机制。一是建立上下联动机制。增强中央与地方组织的联系，开展创新社会服务工作研讨，指导和鼓励地方组织建立社会服务实践基地，依托各种有效平台，发动更多党员参与社会服务工作，提高工作运行效率。二是建立横向合作机制。充分推广东部六省三市帮扶毕节试验区的经验，多次开展东部地区组织赴西部地区调研，加大横向合作力度，实施东西协作，推动结对帮扶。将参与对口帮扶的地方组织扩大到市级，促成34个东部地区组织与15个连片贫困地区组织建立扶贫结对帮扶关系，催生了一大批富有成效的扶贫项目。同时，积极拓展与社会公益组织、海内外爱心人士和机构的联系，为社会服务工作争取更多支持。致公党中央与宋庆龄基金会建立长期合作关系，积极争取海外爱心侨团的捐赠款项。

2013年至2017年，由致公党中央组织开展的部级以上领导到定点扶贫地区调研共计40余人次，共为贫困地区引进和实施项目100余项，协调招商引资80多亿元，协调捐赠款物1.2亿多元，利用“致科工程”为贵州、云南、四川、重庆等贫困地区捐建13所青少年科普活动中心，帮助毕节、酉阳70所小学组建“致福足球队”，丰富留守儿童课余生活。

致福基金会成立并发挥作用。2013年8月，由致公党中央发起，党员爱心企业家出资的致福慈善基金会成立并在民政部注册。成立以来，致福慈善基金会积极稳妥开展工作，逐步发展成为公开、透明、高效率、高公信力的慈善组织。先后获得非营利组织免税资格、慈善组织认定，通过各年度检查、审计及抽查，并在2017年全国社会组织等级评估中获得3A等级。

作为社会服务发展的新平台，致福慈善基金会积极开展公益项目，不断扩大对外交流，涵养慈善资源，为社会服务工作提供可持续的资金保障。2014年至2020年6月，致福慈善基金会捐赠收入约3736万元，对社会开展捐赠资金约 3820 万元，实施项目 20 余个，为多个品牌公益项目提供强有力的支持。作为致公党公益交流、对外合作的平台，致福慈善基金会连续七年参与了由宋庆龄基金会等单位共同主办的海峡论坛“两岸公益论坛”，与广东工业大学合作开展两届“粤港青年公益行”，并与清华大学教育基金会、姜昆艺术公益基金等公益机构建立长期合作关系，成功扩大了致福慈善基金会的影响力。2020 年，致公党召开脱贫攻坚理论座谈会三场，出版《致公党脱贫攻坚理论研讨文集（2020）》。报送关于教育帮扶、脱贫成果巩固、乡村振兴等建议十余篇。开展“助力脱贫攻坚”主题宣讲活动近十场，编辑出版《致公党助力“脱贫攻坚”主题宣讲故事汇》。2019 年致公党中央社会服务部社会服务处获得国务院扶贫开发领导小组“全国脱贫攻坚奖组织创新奖’提名。2020 年，致公党中央社会服务部社会服务处获得国务院扶贫开发领导小组“全国脱贫攻坚奖”组织创新奖。

七、参与抗击新冠肺炎疫情

2020 年年初，新冠肺炎疫情发生后，习近平总书记亲自指挥、亲自部署，中国率先实现了控制疫情、恢复经济，体现了我国社会主义制度的巨大优越性。致公党坚定不移同中国共产党站在一起参与抗击疫情，带领全体党员积极参与疫情防控和复工复产。致公党在抗疫期间向海外邮寄爱心小包裹等工作得到中共中央领导同志的肯定。

（一）统筹部署应对疫情

为全力配合中共中央和国家做好疫情防控工作，致公党迅速行动起来。2020 年 1 月 30 日，致公党中央成立新型肺炎疫情防控工作领导小组，万钢任组长，蒋作君任常务副组长。1 月 31 日下午，领导小组召开第一次工作会议（网络会议），介绍了疫情防控工作开展情况，并围绕疫情防控的相关事项展开讨论。2 月 3 日，领导小组召开网络会议，要求认真贯彻落实习近平总书记重要指示精神，在中共中央、国务院坚强领导和统一部署下，团结全体党员和所联系的群体，共同助力打赢疫情防控阻击战；进一步发挥好致公党侨海特色，鼓励爱国帮扶热情，提出专业化、高质量、针对性强的意见建议；进一步发挥好专门委员会和致公党广大专家学者的作用，提出意见建议；进一步发挥好致公党新闻平台的作用，做好宣传工作，讲好中国抗击疫情故事；充分动员致公党员和联系群体同舟共济、坚守岗位，各尽其责。

2 月 9 日，致公党中央医药卫生委员会召开“疫情中社会心理问题”专题座谈会。2 月 19 日，万钢主持召开致公党中央十五届二十六次主席办公会议（网络会议），学习习近平总书记在中央政治局常委会会议研究应对新冠肺炎疫情工作时的讲话精神，要求把思想和行动高度统一到习近平总书记重要讲话精神上来，增强“四个意识”、坚定“四个自信”、做到“两个维护”，履行职责，凝聚共识，资政建言，为打赢疫情防控阻击战贡献力量。2 月 23 日下午，致公党中央召开“分区分级防控疫情逐步恢复经济社会正常秩序”专题座谈会。

5 月 6 日上午，致公党中央召开“总结研讨抗疫精神，凝聚党员思想共识”读书心得交流会（视频）。万钢指出，在以习近平同志为核心的中共中央的坚强领导下，14 亿中国人民众志成城，在抗疫过程中展现出强大的制度优势和精神力量，值得我们认真思考和总结。5 月 25 日，在致公党第十五届中常委会第十一次全体会议上，万钢指出，要坚持学习贯彻习近平新时代中国特色社会主义思想，把思想政治工作落实在抗击疫情和复工复产、恢复发展活力的实践中；要从“生命至上、不负人民的人本精神，万众一心、众志成城的团结精神，勇于担当、敢于胜利的斗争精神，尊崇科学、厉行法治的务实精神，复工复产、锐意创新的奋斗精神，同舟共济、守望相助的人类命运共同体精神”等几个方面总结研讨凝练“抗疫精神”，将其作为思想政治建设内容，并转化为推动经济社会发展的动力；要聚焦重点工作，精准建言资政，统筹推进常态化疫情防控和经济社会发展；要发挥侨海特色，讲好中国故事。

（二）多种形式支援抗疫

疫情发生之后，致公党医务工作者们义无反顾、挺身而出，战斗在疫情防控第一线。截至2020年12月，致公党员中的医务人员参加一线抗疫累计2500多人。党员踊跃捐款捐物。截至2020年12月，通过各种渠道协助捐赠款项2.6亿余元，捐物价值5.1亿余元。

致公党充分利用党内资源，依托"致公讲堂·抗疫科技篇"和"致公科普·抗疫篇"两大专题，科普抗疫知识。截至6月13日，"致公讲堂·抗疫科技篇"先后发布蒋作君教授、王辰院士、张伯礼院士、杜雪平教授、张柏青教授、段军教授抗疫科技讲座6期，"致公科普·抗疫篇"先后在网站和微信公众号发布《个人防护知识（中英文视频）》等25个科普图文和视频，传播了中国科技抗疫力量。

致公党中央充分发挥海外专家智力优势，就治疗方案、防控举措、复工复产等提出意见建议，形成《关于统筹做好严防境外疫情输入和关爱华侨华人留学生工作的建议》《关于做好新冠肺炎疫情期间心理干预工作的建议》《海外华侨华人和留学生心系祖国、同舟共济抗击疫情的情况报告》《关于采用多种方案治疗新型冠状病毒感染的肺炎的建议》《致公党中央关于有序复工复产，逐步恢复经济社会正常秩序的建议》《建议"新型冠状病毒感染肺炎"传播期间采用社交媒体及移动通信运营商数据识别潜在感染区和感染人群》《海外新冠肺炎疫情持续蔓延下关心关爱留学生的建议》等多篇建议，得到了中共中央领导同志的批示。《关于建议运用抗血管药物和抗炎药物治疗新型冠状病毒感染疾病的建议》等三篇建议在《新型冠状病毒肺炎诊疗方案（试行第七版）》中得到体现。

截至11月，致公党各级组织发动党员群策群力，积极报送有关疫情防控及相关社会问题的社情民意信息共4142篇，致公党中央采用703篇，经筛选后报送全国政协和中共中央统战部等，其中许多被有关部门采用。

致公党中央组织出版《健康中国人行动手册》，推出《中国致公》抗疫专刊。各宣传阵地和社会媒体协作发声，跟踪报道致公党党员投身抗击疫情阻击战事迹，进一步激发党员使命意识、责任意识和奉献精神。

2020 年 3 月初，国家卫生健康委、人力资源和社会保障部、国家中医药管理局印发《关于表彰全国卫生健康系统新冠肺炎疫情防控工作先进集体和先进个人的决定》，4 名致公党白衣战士荣获“全国卫生健康系统新冠肺炎疫情防控工作先进个人”表彰。2020 年 12 月，致公党中央召开抗疫表彰会议，对参与抗击新冠疫情作出突出贡献的 50 个抗疫先进集体、240 名抗疫先进个人进行表彰。通过表彰先进、树立典型，广泛凝聚强大的抗疫正能量，激发全体党员的责任感、使命感、荣誉感。会议还向疫情防控期间与致公党各级组织开展抗疫合作的侨社侨胞代表颁发纪念盘、纪念章，以表彰海外侨胞无私奉献、同心抗疫的精神。

（三）联系海外侨胞助力国内抗疫

疫情暴发后，我国多地出现了医疗物资短缺的情况，牵动了海外无数华侨华人的心，他们尽己所能为抗击疫情出力。致公党中央充分发挥服务侨胞的“娘家”作用，密切联系美国、瑞典、德国、加拿大、菲律宾、巴西、阿根廷等 30 多个国家 60 多个侨团，通过多种方式积极帮助侨胞牵线搭桥，协助侨胞落实捐赠，接受海外侨社及侨胞捐赠资金 24. 43 万元，一次性医用口罩 17000 个，用于湖北和国内贫困地区抗击疫情。

同时，积极引导侨胞通过当地使领馆或致公党中央致福慈善基金会捐赠善款和物资。菲律宾洪门侨领郑远明和林国瑞分别捐赠 500 万和 360 万菲律宾比索支援武汉。此外，号召各地方组织联系筹集海外捐赠物资用于国内抗疫一线，如致公党广东省委会协助美国华商总会将捐赠的 3M 医用口罩运送到武汉，致公党福建省委会积极协助阿根廷、美国、菲律宾等地侨胞捐赠善款和防疫物资落地福建各地市和医院，致公党浙江省委会联系荷兰、日本等国侨胞，运回 100 多万个医用口罩、手套等防疫物资支援浙江。他们或积极破解运输难题，运回大批防疫物资；或积极奔走，协助国内相关部门在海外采购急需的医疗防护物品等。从募集物资到跨洋对接，整个援助链条环环相扣。

（四）关心和支持海外侨胞抗疫

2020 年 3 月，新冠肺炎疫情在全球呈现扩散态势，致公党高度关注海外疫情发展情况，并向中共中央提交了《关于统筹做好严防境外疫情输入和关爱华侨华人留学生工作的建议》，得到中共中央领导同志重要批示。3 月 17 日，受国家派遣、主要由浙江省组建的中国赴意大利抗疫医疗专家组，奔赴意大利协助应对疫情，致公党员裘云庆担任该专家组组长。4 月 3 日和 6 日，致公党中央两次召开视频会议，动员部署关爱海外侨胞抗击新冠疫情专项行动，以寄发“致公爱心小包裹”、举办抗击疫情科技讲堂以及传播防疫科普知识等形式，开展“关爱海外侨胞抗击新冠疫情专项行动”，助力海外侨胞共同战胜疫情。4 月 8 日，致公党中央发出《致全体致公党员的倡议书》，号召广大党员积极认捐“致公爱心小包裹”。5 月 13 日，在“全球疫情形势下发挥海外侨胞和留学生作用，讲好中国故事”专题座谈会上，万钢指出，在全球疫情形势依然严峻的背景下，讲好中国故事、分享我国抗疫经验具有重大意义，并就如何讲好中国故事提出三点希望：确定“中国故事”内容、锁定“中国故事”接收人群，以及调整“中国故事”讲述方式。

通过中国宋庆龄基金会个人扫码捐款、公对公转账捐款和致福慈善基金会大额捐款三个账户，“致公爱心小包裹”项目收到捐款共计 740.3 万元，党员个人捐款 3 万多笔，一半以上的党员参与捐款。中央机关和地方组织各显神通、联系侨胞、筹划物流。致公党中央和 12 个省级组织向所联系的 68 个国家的 200 多个海外侨团寄送 13000 余个“致公爱心小包裹”。致公党中央领导还以个人名义向 20 个国家 60 余位国际友人寄送防疫物资爱心包。此外，还通过发布中英双语系列科普图文和短视频等形式，转发致公抗疫专题讲座、致公科普视频等科学防疫信息，向 60 多个国家和地区的 200 多个侨团推送政策解释、医疗咨询等惠侨服务信息，点击量达 24 万余次，为海外侨胞抗疫提供帮助。

八、贯彻“四新”“三好”要求，建设高素质参政党

人才是最宝贵的资源，对建设高素质中国特色社会主义参政党具有重要的战略意义。致公党十四大以来，按照“四新”“三好”要求，继续坚持“人才兴党”战略，注重发展和培养更多的高层次人才，特别是具有侨海特色的人才，不断优化党员结构，加强后备干部队伍建设，将基层组织建设与发挥党员主体作用有机结合，自身建设取得显著成效。

（一）部署组织建设目标任务

2012 年 6 月，致公党省级组织换届工作顺利完成。同年万钢在致公党第十三届中常会第二十一次会议上强调，要围绕在新的历史阶段“建设什么样的参政党，怎样建设参政党”这一重大历史性课题，不断提高全党的整体素质。会议要求各级组织要以“人才兴党”为目标，切实做好发现、培养、推荐使用和管理工作，使致公党尽快培育出一批高素质、有影响、作用大的代表性人士，为致公党组织可持续发展储备人才。2014 年 12 月，致公党组织工作会议在北京召开。会议深入贯彻中共十八大和十八届三中、四中全会精神及致公党中央全会精神，研究部署省级组织后备干部队伍建设工作。

进入新时代，致公党以习近平新时代中国特色社会主义思想为指引，着力加强高素质中国特色社会主义参政党建设。2017 年 11 月，在十四届中常会二十一次会议上，万钢强调“要深刻领会、准确把握习近平新时代中国特色社会主义思想的历史地位和指导意义”，“要更加紧密地团结在以习近平同志为核心的中共中央周围，坚决维护中共中央权威和集中统一领导，把维护核心作为第一位的政治要求”，“全面贯彻落实中共十九大精神，奋力开创致公党各项工作新局面”，“必须以党为师，在新时代，全面切实加强中国特色社会主义参政党建设”。

2018年2月6日，习近平总书记同各民主党派中央、全国工商联负责人和无党派人士代表共迎新春时指出，中国特色社会主义进入新时代，多党合作要有新气象，思想共识要有新提高，履职尽责要有新作为，参政党要有新面貌，引导广大成员增进对中国共产党和中国特色社会主义的政治认同，使新时代多党合作展现出勃勃生机。2018年3月4日，习近平总书记在看望参加全国政协十三届一次会议的民盟、致公党、无党派人士和侨联界别委员时，发表重要讲话，希望各民主党派和无党派人士要做中国共产党的好参谋、好帮手、好同事，增强责任和担当，共同把中国的事情办好。致公党迅速传达学习贯彻习近平总书记的重要讲话精神，要求全党在学懂弄通做实上下功夫，不断提高政治站位，进一步增强“四个意识”，坚定“四个自信”，做到“两个维护”。按照“四新”“三好”要求，不断加强自身建设，切实提升履职能力。

2018年、2019年，关于加强中国特色社会主义参政党建设的三个文件相继印发。2019年10月，致公党组织工作会议在京召开，会议对贯彻落实三个文件精神，做好组织建设工作提出新的要求。各级组织要紧跟时代步伐，以习近平新时代中国特色社会主义思想为指导，深入推进“不忘合作初心、继续携手前进”主题教育活动，学习贯彻加强中国特色社会主义参政党建设的有关文件，不断提升自身建设水平，努力提高履职能力，更好地发挥新型政党制度效能，为实现中华民族伟大复兴的中国梦发挥作用。致公党要锚定新时代新使命，围绕习近平总书记提出的“四新”“三好”要求，深刻领会加强中国特色社会主义参政党建设有关文件精神，按照组织发展目标，结合自身实际，抓重点，补短板，夯基础，制定任务书、路线图，努力开创组织工作和参政党建设的新局面。

（二）加强领导班子和代表人士队伍建设

各级组织领导班子带头坚持凝聚政治共识，履职双向发力，提升自身能力，增强工作合力。坚持理论学习中心组理论学习制度，积极发挥领学、促学作用，将集体学习与自学相结合、理论学习与实践相结合、专题学习与培训相结合；坚持民主集中制原则，不断完善全委会、常委会、主席会议议事规则。2019 年中共中央印发的关于加强中国特色社会主义参政党建设的文件明确了参政党关于加强思想政治建设、组织建设、履职能力建设、作风建设、制度建设的目标任务和具体举措。中央和各省级组织领导班子每年定期召开领导班子（专题）民主生活会，发扬民主，广泛听取意见，互相尊重、坦诚沟通，有效提升了领导班子的履职决策能力，形成了体谅包容、和谐稳定、彼此信任、合作互助的工作氛围。

致公党中央始终以建设一支政治过硬、素质高、专业精的后备干部队伍为目标，注重从全局高度谋划后备干部队伍建设。2014 年年初，中央组织部在赴广东、海南等地开展调研的基础上，系统分析后备干部队伍建设中的新情况新问题，以中央名义起草并下发了《关于做好 2014—2017 年省级组织领导班子后备干部队伍建设工作的意见》，为全党后备干部队伍建设工作提供了指导性文件。按照中央部署，各省级组织相继制定后备干部队伍建设工作规划；从党员发展、组织考察、干部选拔、加强培养、积极推荐等方面着手，发现、选拔一批代表性强的中青年知识分子，奠定后备干部队伍人才基础。各级组织还积极创造条件，给后备干部搭舞台、压担子，安排他们参加或主持课题调研及专题研讨等党务活动，帮助他们在实践中锻炼、提高。

2015 年颁布的《中国共产党统一战线条例（试行）》将“留学人员”作为重点团结对象，致公党各级组织进一步加大力度，吸引海外高层次人才为国服务，吸纳符合条件的归国留学人员加入致公党，人才队伍建设全面推进。各级组织将人才发掘，特别是代表性人士的发展和培养作为组织高质量发展的重要依托，经过多年的努力，致公党中央建立了全党组织信息管理系统，初步动态掌握了代表性人才队伍发展数据；制定五年培训规划，每届完成覆盖中央委员、地方组织主委、专职副主委、骨干党员、组工干部的专项培训工作；加强与各级统战部门定期协商沟通，将领导班子队伍建设、后备干部培养使用、任职推荐纳入协商内容。

这一时期，党员数量、质量得到明显提升，结构进一步优化。截至

2019年12月，党员总量突破了6万，达60855人；结构进一步优化，高层次人才显著增加，具有侨海关系人士45433人，占比74.66%，中上层人士53224人，占比87.46%。中国科学院院士11人、中国工程院院士1人。担任全国和地方各级政协委员5763人、全国和地方各级人大代表1231人，其中全国人大代表、全国政协委员96人；后备干部队伍建设取得新进展，在政府和国家部委担任副省（部）级实职3人，在各级政府部门、法院、检察院任副厅以上实职人员65人，在高校、科研院所、社会团体、国有企业担任厅级以上实职人员67人。广大致公党员活跃在经济社会各条战线，为新时代中国特色社会主义现代化建设事业建功立业，为实现中华民族伟大复兴的中国梦而努力奋斗，涌现了一大批先进人物。

（三）完善体制机制推动组织建设

开展表彰与经验交流。2014年12月，致公党组织工作会议总结、交流各级组织开展组织工作的经验和做法，对在各项工作中涌现出来的51个先进集体、160名优秀党员及30名优秀组织工作者进行表彰。2019年10月，致公党组织工作会议对全党先进典型进行表彰，授予53个单位“致公党先进集体”荣誉称号，153位同志“致公党优秀党员”荣誉称号，33位同志“致公党优秀组织工作者”荣誉称号。

2015年11月，致公党在安徽合肥召开了地方组织工作经验交流会。会议总结地方组织工作的经验做法，分析地方组织工作面临的形势和任务，强调人才队伍建设任务更加迫切，要进一步增强引才、储才、爱才、惜才意识，在保持特色、引进人才、做好组织发展上打好先手牌。

2020年11月18日至19日，第二届中国致公党地方委员会工作会议在山东济南召开。会议的主要内容是以习近平新时代中国特色社会主义思想为指导，深入学习贯彻中共十九届五中全会精神和加强参政党建设三个文件精神，探索加强中国特色社会主义参政党建设的经验做法。万钢出席开幕会并作重要讲话。

切实加强基层组织建设、充分发挥党员在各项工作中的主体作用。

2015年，致公党中央在全党开展“创建先进基层组织、争当优秀致公党员”活动，要求把“创先争优”活动与坚持和发展中国特色社会主义学习实践活动及致公党成立90周年纪念活动有机结合，以“创先争优”活动为载体深化学习实践活动，以学习实践活动和致公党成立90周年纪念活动为主题丰富和夯实“创先争优”活动。各省级组织按照中央部署和“六个一”要求（即：落实一项要求、开展一次基层组织建设专题调研、开展一次党史和优良传统教育主题活动、组织一次专题讨论、组织一次宣讲、开展一次交流），积极开展“创先争优”活动；各地组织发掘党员当中的典型事例，组织宣讲、交流和讨论；按照中央的调研提纲，开展基层组织建设调研，研讨加强基层组织建设的思路和举措。

加强基层组织制度建设。2016年7月，致公党中央制定并下发《关于加强基层组织建设的意见》。《意见》明确了加强基层组织建设的意义、指导思想和总体目标，并从加强基层组织领导班子建设、思想建设和制度建设，创新基层组织活动的内容与形式，强化基层组织管理，加强党员队伍建设，加强对基层组织建设的领导，保持与中共党组织的密切联系等方面提出了明确要求。

2019年，致公党中央开展基层组织联系点活动，旨在助推基层组织全面加强自身建设，不断增强基层组织感召力、凝聚力和向心力。活动开展以来，致公党中央确定21个基层组织为联系点，制定并下发了《致公党中央基层组织联系点工作办法（试行）》。致公党中央领导、中央机关各部门分别前往联系点调研并与基层党员座谈交流。2020年，为适应新冠肺炎疫情防控常态化形势，更加全面广泛联系基层组织，对联系机制适当进行了调整。

地方组织建设取得新进展。2012年6月，致公党河南省工委成立；2015年3月，致公党河南省委会筹委会成立；2017年12月，致公党河南省委会成立。2012年9月，致公党陕西省委会筹委会成立；2014年1月，致公党陕西省委会成立。2016年11月，致公党中央直属江西支部成立。

表 7.14　2012—2020 年党员人数

年份	2012	2013	2014	2015	2016	2017	2018	2019	2020
人数	40434	43370	46129	48797	51691	54924	58022	60855	63407

（四）加强党内监督工作

致公党各级组织以组织建设为基础，以制度建设为保障，探索建立“四个重点”“四个拓展”“三个动作”的党内监督工作机制，取得了显著成效。

2012 年年底，致公党第十四次全国代表大会产生了第十四届中央监督委员会。第十四届中央监督委员会由 11 位委员组成，蒋作君任主任，杨邦杰任副主任。2017 年年底，成立了由蒋作君任主任、曹鸿鸣任副主任、共 19 名委员组成的第十五届中央监督委员会。2010 年 3 月，致公党第一个省级监督委员会在广东省成立。2009 年 1 月，致公党第一个市级监督委员会在长沙成立，到 2019 年 6 月，64 个省辖市级组织先后成立了监督委员会，6 个省完成了省辖市级监督委员会全覆盖。

建章立制，为党内监督提供规范的行为准则。2013 年，《中国致公党党内监督条例》及《中国致公党中央监督委员会工作规则》实行。监督条例将党内监督制度化，工作规则为党内监督工作提供了具体行为规范。2017 年 12 月，致公党十五大通过的《中国致公党章程》，将“党内监督”作为单独一个章节写入党章，并对监督的主体、内容、程序进行了明确规定，从而为进一步开展党内监督工作提供了制度保障。2020 年年初，致公党中央印发《各民主党派中央关于建立健全领导班子民主生活会制度座谈会纪要》和《各民主党派中央关于内部监督工作座谈会纪要》等文件，要求各级组织以习近平新时代中国特色社会主义思想为指导，深入落实内部监督制度，规范领导班子民主生活会工作程序，健全工作机制，开展批评和自我批评，不断增强民主党派政治生活的政治性、严肃性、规范性，不断提高解决自身问题的能力，提升领导班子建设水平。

聚焦重点，加强监督机制建设，以党内监督促进自身建设不断深入。

为更好地履行监督职能，2013年致公党中央监督委员会着重聚焦监督工作的四个重点：一是与领导班子建设结合起来，建立健全规章制度，检查执行情况；二是与机关建设结合起来，特别是加强对财务、人事工作的监督；三是与换届工作结合起来，严明换届纪律，规范换届程序；四是与党员发展工作结合起来，把好源头关，地方组织建设及党员发展既要积极，也要稳妥。在抓好“四个重点”的基础上做到四个拓展：一是切实提高任实职党员的政治意识、大局意识和廉政意识；二是加强企业家党员的社会责任意识、诚信意识、守法意识；三是对任人大代表、政协委员的党员的履职情况进行了解，以作为是否继续推荐的参考；四是建立与后备干部党员所在单位的联系制度，全面客观地了解他们的工作状态和表现。2015年开始，各级组织围绕“三个专项”，开展督查调研，一是加强对领导班子的监督，监督委员会听取领导班子述职，监督委员会派员列席重要会议。二是坚持巡视督察，重点督察地方组织规章制度建设及执行情况，以及对“四个重点”“四个拓展”的落实情况。三是确保监督工作取得实效，监督委员会每年向本级委员会提交本年度监督工作报告。同时，各省级监督委员会要在完成“规定动作”的基础上，结合本组织实际，开拓创新，坚持问题导向，制定适合本地方的“自选动作”，以确保“四个重点”“四个拓展”得以全面深入地贯彻执行。结合专项工作或当前出现的个别问题，开展诸如专项警示教育、专项巡视督察的“专项动作”。

2018年，致公党提出新时代推进监督工作的“五点要求”，即从严要求、从细做起、从难突破、从新举措、从实总结，着力做好基础性工作；积极推进党内监督工作，开展警示教育，特别是在坚持“高素质的党员队伍”“高质量的履职成果”的“两高”要求上，强化监督实效，监督工作取得了显著成绩。

2019年，致公党中央按照《各民主党派中央关于内部监督工作座谈会纪要》，开展《中国致公党党内监督条例》《中国致公党中央监督委员会工作规则》修订工作。

（五）提升宣传阵地建设水平

致公党中央不断加强与中央各主流新闻媒体的联络互动，在配合统一战线总体宣传工作部署、做好各类“规定动作”的同时，还着力推动中央核心媒体对致公党重大活动和重要工作的宣传报道，创造性地开展对外宣传工作，力求全方位展现致公党各项重要工作的新动态、新举措、新发展。

加强对致公党重要会议、重大调研和品牌活动的宣传报道。邀请新华社、人民日报、中央电视台、中新社等媒体，对致公党海峡科技论坛、中国发展论坛、年度大调研等活动进行跟踪报道。在《中国统一战线》《中国政协》《人民日报》《人民政协报》等媒体上多次刊发致公党中央领导署名文章。每年召开全国两会新闻通气会，加强与经济、科技、卫生、法治、文化、环保等领域专业媒体的交流沟通，积极宣传党派参政议政工作成效。

持续推进对致公党各级优秀组织和先进党员的事迹报道。与《人民日报（海外版）》《人民政协报》《团结报》《中华儿女》杂志等媒体开展合作，推出多篇人物访谈报道，组织编写出版了《与祖国同心》《侨海情中国梦·致公党员风采录》系列丛书，收录近百位优秀致公党员的事迹文章。

为充分适应当前媒体发展要求，提升宣传效果，《中国致公》立足自身传统纸质媒体特点，逐步弱化动态新闻报道，加强策划选题，突出专题设置，强化理论学习。从 2013 年第 7 期起，《中国致公》由单月刊改为双月刊，页码由 32 页增至 48 页，同时对编辑思路、栏目设置、内容安排等做了相应的调整，并在重大时间节点适时推出各类专刊。

中国致公画院发挥自身优势，通过举办各类活动凝聚党员共识。2015 年 9 月，举办笔墨丹青——庆祝中国致公党成立 90 周年美术书法作品展。2016 年 11 月，举办天下为公——纪念孙中山先生诞辰 150 周年书画名家邀请展。2018 年 12 月，举办中国致公画院换届大会暨庆祝改革开放 40 周年书画展。2019 年 9 月，举办同筑中国梦——庆祝中华人民共和国成立 70 周年美术书法作品展。这些展览活动充分展示了中国致公党的良好形象和致公党艺术界党员昂扬向上的精神风貌。

2020 年，为进一步加强中国特色社会主义新型政党制度建设，中共中央统战部与各民主党派中央共同策划编写“中国参政党丛书”，致公党中央开始组织编写《中国致公党史》。依托党史编写，全党不断加强党史教育。

（六）创新机关建设

为更好发挥新型政党制度效能、全面提升参政党建设水平制度保障，围绕“治党有章、履职有效、运转有序、保障有力”的目标，致公党中央从制度、作风、学习等方面深入推进机关建设。

建章立制。2016 年机关各部门对原有规章制度重新梳理、修订和汇总，制定了 11 类 40 余项机关工作制度。2017 年以来，先后出台了《致公党外事工作管理暂行规定》《致公党中央机关关于调研报告、出访报告和新闻稿完成时限的规定（试行）》《致公党中央机关公文评价工作组工作规则（试行）》《致公党中央货物采购管理办法》《致公党中央工程和服务采购管理办法》《致公党中央机关档案管理办法》《致公党中央机关职务与职级并行暂行办法》《致公党中央机关公务员平时考核暂行办法》等多项工作制度。落实中共中央“三重一大”精神，完善主席会议、主席办公会议、机关办公会议议事规则，并严格做到党务、参政议政、宣传、对外联络、脱贫攻坚、人财物等各项工作会议集体审议。相继成立了财务管理领导小组、财务内部控制领导小组和内部控制工作小组、档案管理领导小组、数字致公领导小组、绩效考评工作小组等，集体研究决策指导机关的常态化工作。

加强作风建设。自 2017 年致公党十五大后，致公党中央多次开展机关作风建设活动。2018 年用近两个月的时间集中开展“改进机关作风、助力政治交接”专题教育活动。2019 年在机关开展“处室自身建设年”“不忘合作初心、继续携手前进”主题教育活动。推动参政议政联系点、基层组织联系点等建设，加强中央与地方联系。

狠抓制度落实，将岗位责任制度进一步细化，分别制定了《致公党中央机关职责总则》《致公党中央机关部门设置及职责》等，严格岗位责任工作规则。落实中共中央统战部关于“廉政风险防控”的要求，编制规范，实现了以岗位责任制为核心的针对风险防控的全环节管理。

开展公文规范化活动。为进一步提高公文质量，致公党中央制定了《致公党中央机关公文规范评价办法（试行）》《致公党中央机关关于调研报告、出访报告和新闻稿完成时限的规定（试行）》《致公党中央机关公文评价工作组工作规则（试行）》三项工作制度，成立公文评价工作组，并定期召开公文评价小组会议，促进机关公文质量稳步提升。

创新工作方式。2020 年面对突如其来的疫情，机关创新方式，充分利用网络等形式开展工作。机关各部门、各专门委员会围绕履职和疫情防控采用网络视频形式召开研讨会、座谈会、读书心得交流会、海外交流研讨会等 30 余次，针对疫情各个阶段的重点问题，提出有针对性的意见建议。同时围绕落实“六稳”“六保”任务、推进脱贫攻坚与乡村振兴、推动粤港澳大湾区建设、逆全球化下的自主创新与科技合作等议题成立课题组，以研究为主，调查为辅，线上线下结合，动态跟踪，持续加强研究，积极建言献策。

致公党中央机关在年度中央部门预算管理工作考评中多次荣获三等奖，在中央部门决算工作考核中被评为“优”。资产管理工作连续三年得到财政部通报表彰，2018 年度政采工作首次获得财政部表彰。机要文件交换工作人员连续两年受到有关部门表扬。此外，机关干部的政治思想水平得到进一步提高，作风进一步改进，参政履职本领进一步提升，“八项规定”、廉洁从政等规定继续严格执行，机关干部履职干事的积极性不断提高。

加强机关干部队伍建设。致公党中央不断深化干部人事制度改革，着力培育和造就一支高素质的机关干部队伍。修订并完善多项干部管理制度，严格规范选拔任用，落实考核制度，树立正确用人导向，健全干部监督机制。

建设图书资料信息化工作平台。致公党中央机关图书资料查询、借阅与归还实现全面无人值守。图书资料室登记在册图书 14257 本，价值 45 万余元，馆藏图书近 5 万余册。

附　录

大　事　记

1925 年

10 月 10 日　五洲洪门第四次恳亲大会在旧金山召开。来自美洲各地、香港、澳门和上海等地的洪门组织代表参加了会议。大会的主要内容是：决定以洪门致公堂为基础，组织华侨政党，命名为“中国致公党”；通过《中国致公党党纲》，大会选举陈炯明（1878—1933）为党的总理，唐继尧（1883—1927）为副总理。这次恳亲大会实际上是中国致公党的第一次代表大会。中国致公党第一次代表大会的召开，宣告了中国致公党的成立。

10 月　发表《致公党同人救国主张》。

1926 年

2 月 20 日　在香港成立致公俱乐部。以杨达波、钟秀南为正、副主任，徐公整、陈天球、陈演生、俞华山、陈益延、曾仲伟、黄伯群等为委员。

9 月 12 日　召开了五洲致公团体各区代表联合会议。

1931 年

9 月　发表《五洲致公团体各区代表联合会议决组党存堂公约》。

9 月 15 日　五洲致公团体各区代表联合会议召开，决定成立“中国致公党中央党部临时办事处”，筹备组建党部事宜，拟正式成立“中国致公党中央党部”。

9 月 29 日　《大汉公报》刊登南北美洲致公党（堂）组织通电蒋介石等，提出“废党治、开国会、挽民心、对日决战，本党誓为后盾”的声明。

10 月 1 日　发表《五洲致公团体各区代表联合会公启》。

10 月　致公党在香港举行第二次代表大会。大会通过决定：既承认党、堂并存的现状，又决定存堂保党，党、堂分家，以党领导堂。这次会议决定致公党总部设在香港，仍推举陈炯明为总理，陈演生（1875—1952）为秘书长。

大会根据九一八事变后中国面临的民族存亡的严重威胁，以及国内人民和广大华侨日益增长的爱国情绪，提出并通过了以团结抗日、反对国民党独裁统治为主要内容的政纲。

成立了中央干事会，干事有：司徒俊葱、黄景华、林荣石、李麟书、曾助尧、徐静洲、黄无晦、陈锦楠、曾义和、黄佰群、梁太仓、臻明悦、崔秀武、钟文裕、林琼、曾仲伟、陈演生、朱耀、钟秀南、杨文道。

成立了中央监核会，监核员有：冯观图、王孙卓、冯祥先、刘习卿、陈玉仁、陈诒、廖维明、雷文藻、江英华、严锡煊。

10 月 10 日　致公党驻古巴总支部在《大汉公报》上发表宣言声援祖国抗日。

10 月 15 日　发表了《中国致公党全党代表大会致各地总部、支部信函》，提出："倭奴乃伺隙而至，强占我东省，杀戮我人民""凡我海内外同志，须知国难当前，非有巨大的政治团体采取一切行动，实无挽回劫运"，提出"共同救国"，"现在本党既成立中央党部为全党中心机关。各地方党部自应内外相维并接受其指挥"，"各同志昆仲应以至诚接受其领导"，并号召："庶几群策群力，一德一心，担负本党新使命"。

九一八事变后，致公党中央谴责蒋介石的不抵抗政策，要求取消党治，以团结各党各派共组抗战政府，领导全国人民抗击日本侵略，维护国家独立，同时训令："海内外各处党员，一致参加抗战工作，出钱出力，以尽职责。"

11 月 6 日　发表了《中国致公党全党代表大会通告第一号》，号召"兴党救国""国难当前，责无旁贷，急起直追"。

11 月 13 日 致公党召开全党临时代表大会，通过了《中国致公党全党规章》。

1932 年

3 月 15 日 发表了《中国致公党中央本部训令第四号》，颁布《中国致公党全党规章》《中国致公党中央登记章程》。

3 月 27 日 发表了《中国致公党中央本部通告第二号》，其中记载："查此次沪变，国人受难者数十万人，本党同志及其家属被灾亦达数千人。除由捐册收条由各党部自行备制。捐得之数，从速汇回港部汇收，转汇上海洪顺互助会。""各党部务宜踊跃捐助，以符合本党共济之宗旨。"

4 月 司徒美堂率领侨胞携带侨胞捐款及捐赠物资到上海慰问十九路军。

1933 年

5 月 30 日 发表了《中国致公党中央本部通告第一号》，通告 5 月 20 日，中央干事会投票推选曾仲伟、黄佰群、朱耀、钟秀南、陈演生五人组成第三届常务干事。

9 月 陈炯明在香港病逝，致公党中央决定由中央干事会主持中央工作，领导党务，维持现状。由陈演生在香港负责与各国各地致公党（堂）联络。

12 月 23 日 发表了《中国致公总部拥护人民政府讨蒋》。

1936 年

11 月 救国会"七君子"事件发生后，美洲致公总堂盟长任锐勋与 300 余名知名人士联合发出《旅美华侨告海外同胞书》。

1937 年

7 月 七七事变后，司徒美堂不辞辛劳奔走呼号于美国、加拿大、古巴、秘鲁、巴西、巴拿马等国之间，宣传抗日救国，专职负责纽约抗日筹饷总局工作，并与在香港以宋庆龄为领导的“保卫中国大同盟”取得联系，把美洲侨胞的捐款送往国内。

1942 年

5 月　由 52 名华侨青年组成菲律宾华侨抗日游击支队。不久，在菲律宾中国洪门致公党领导人许志猛（1909—1990）的主持下，成立了“洪门复兴委员会”秘密组织，创办地下油印报纸《华侨导报》和《侨商公报》，组织和发动华侨青年回国参加抗战，后来又进一步在当地组成“抗日锄奸义勇军”，许志猛任总指挥，直接面对日军进行武装斗争。

1945 年

3 月 12 日　司徒美堂发出重组致公党的倡议，“美洲洪门恳亲大会”在美国纽约举行，美国、加拿大、墨西哥、巴拿马、巴西、秘鲁、牙买加等九国的致公党（堂）组织均派代表出席了大会。会议结束后，洪门致公堂改称“中国洪门致公党”，司徒美堂被选为全美总部主席。大会还通过了党纲和对时局宣言，表示要“以华侨资本和人力参加复兴中国建设”。

6 月 11 日　美洲致公堂的负责人司徒俊葱（中央干事会成员）力排国民政府驻美使领馆的阻拦，公开为董必武同志及其随员举行招待会，邀请董必武同志在会上介绍国内的形势和中国共产党的基本政策，并负责保护他们的人身安全。

1946 年

年初至六七月　抗战胜利后，司徒美堂率洪门代表团回国，在上海召开“五洲洪门恳亲大会”，试图重组统一的中国洪门致公党。在此期间，由国民党 CC 系的陈立夫、陈果夫操纵制造了一个中国洪门民治党，司徒美堂任中央执行委员会主席。成立不久，司徒美堂就看出 CC 系实际上控制了民治党，几经周折，司徒美堂发表了“脱离民治党声明”，并登载在上海各大报纸。

年中至1947年4月 陈其尤等同志为恢复致公党组织进行了大量工作，恢复致公党总部。由陈其尤、陈演生、黄鼎臣、伍觉天等负责内部事务及与中共、各民主党派进行联系，以取得各方面的同情和支持；由陈演生等负责以总部名义同海外各地组织联系，并征求各地组织对于恢复致公党组织活动的意见及要求。成立了党务整理委员会，重新登记党员。

7月6日 致公党中央干事会在香港《华商报》发表《致公党组织概况》。

11月2日 发表了《致公党对时局意见》。

年底 组建致公党广州支部，任洪为主任委员。

1947年

2月10日 《中国致公党中央本部通告（复字第四号）》通告将于5月1日，在广东某地召开本党全体代表大会。

2月27日 发表《中国致公党对时局的宣言》。

5月5日 发表《致杜鲁门总统电文》。

5月1日至10日 致公党第三次全国代表大会在香港举行，大会讨论修改了《中国致公党政纲》和《中国致公党章程》，发表了《中国致公党第三次全国代表大会宣言》《中国致公党第三次全国代表大会告海外同胞书》《致杜鲁门总统电文》，大会通过《中国致公党章程》，并一致决议加入中国共产党领导的人民民主统一战线。选出新的中央执行委员会，选举产生由李济深、陈其尤、陈演生、黄鼎臣、雷荣珂、钟杰臣、严锡煊、韩毓辉和伍觉天九人组成的中央常务委员会，推选李济深为主席，陈其尤为副主席，陈演生任秘书长，黄鼎臣任组训部部长，雷荣珂任宣传部部长，钟杰臣任财务部部长，韩毓辉任代理侨务部部长，严锡煊、伍觉天任组训部副部长。设立了香港、马来亚、美洲3个总支部及20多个分部。

当时，由于李济深正与国民党中几个反对蒋介石独裁统治的派别商议组成一个“国民党革命委员会”，李济深以致公党主席身份出现颇有不便，因此致公党的一切活动均由陈其尤出面。

5 月 20 日　在香港召开致公党中央执行委员会常务委员会第一次会议。

12 月 1 日　《公论》创刊号出版。

1948 年

5 月 5 日　致公党领导人陈其尤和各民主党派领导人李济深、沈钧儒、何香凝以及郭沫若等无党派民主人士，向国内外各报馆各团体及全国同胞发出《各民主党派为召开新政协致海内外电》和《各民主党派为召开新政协致中国共产党电》。

6 月 9 日　致公党发表《响应中共中央“五一”号召宣言》，指出：“全国人民和人民敌人之间的生死斗争已经达到最尖锐化，革命和反革命已明显地划分为两个阵营，人民已没有第三条道路可以观望”，明确表示“中共在中国革命艰苦而长期斗争中，贡献最大而又最英勇，为全国人民起了先导和模范作用，因此这次新政协的召开，无疑我们得承认它是领导者和召集人”，并断言“历史决定了独裁者将要走进自己掘好的坟墓，人民必然获得解放和翻身。新中国已经胎动，将在旧中国的崩溃过程中建立起来!”“今天的中国革命少不了华侨同胞在精神上和物质上的支持”，号召华侨同胞将来“回到民主的祖国的怀抱，参与新中国的各种建设，使中国成为一个独立、自由、康乐的国家”。同时，致公党中央执行部还函电美洲、南洋各地致公党党部，“切实研究这个重要号召的意义，展开广泛的讨论”，得到了普遍良好的反应，一致希望能“建立真正属于人民全体的、平等的、合理的民主政权”。

10 月 18 日　司徒美堂发表《拥护中国共产党召开新政治协商会议的声明》，表示“今中共及各民主党派所号召以四大家族除外之新政治协商会议，进而组织人民民主联合政府之主张，余认为乃解决国内政治问题唯一良好方法，表示热诚拥护，并愿以八十有二之高龄，为中国解放而努力”。

11月23日　应中共中央的邀请，陈其尤代表致公党与马叙伦、郭沫若、许广平等离开香港北上参加新政协的筹备工作。

12月19日　陈其尤致电中共中央领导人毛泽东、朱德、周恩来，代表致公党向中共中央致敬，表示要为实现新民主主义，建设新中国而努力。

1949年

1月6日　致公党在《华商报》《文汇报》《大公报》发表《中国致公党最近对时局之声明》，声明明确表示，“中国当前正是民主势力与反民主势力决斗的阶段，也就是革命势力要彻底消灭反革命势力的阶段，在这一阶段里决没有中间路线和妥协的余地”，“革命必须彻底进行”。

1月28日　致公党发表《中国致公党拥护毛泽东时局声明》。声明指出：国民党政府“明知大势已去，假倡和平，冀收拾余孽，为卷土重来之计”，“兹幸中共领导人民革命，已近全面胜利，甚望彻底肃清反动残余势力，使中国得到真正民主和平”，“本党代表海外数十万华侨，伫望祖国和平统一，独立富强，自当同为新民主主义而奋斗到底，并盼国民党统治区内各界同胞一致主张为幸”。

2月25日　陈其尤等从沈阳乘火车抵北平。

6月15日至19日　新政治协商会议筹备会第一次全体会议在北平中南海勤政殿举行。致公党代表陈其尤、黄鼎臣、官文森、雷荣珂、严希纯出席了筹备会。

9月21日至30日　中国人民政治协商会议第一次全体会议在北平中南海怀仁堂隆重开幕。致公党选派陈其尤、陈演生、黄鼎臣、官文森、雷荣珂、严希纯参加会议。陈演生因留守香港致公党总部，未能出席会议，司徒美堂作为华侨界的代表出席了会议。陈其尤代表致公党在全体会议上发言，着重阐述制定和贯彻《共同纲领》等文件的重要意义。司徒美堂作为美洲华侨代表在大会上发言。致公党以党派名义递交了一份关于维护海外华侨权益的提案，开了民主党派团体提案的先河。致公党的陈其尤、陈演生和司徒美堂当选为全国政协第一届委员会委员。

年底　致公党总部从香港迁移广州，开始整理党务。成立临时工作委员会，分秘书、组织、宣传、侨务等组办事。陈其尤同志任临工委主席，并成立华南总支部筹备委员会，由郑天保、陈炳瀚同志任正、副主委。

年底　致公党设立了致公党驻北京办事处。

1950 年

1 月 11 日　致公党中央在《南方日报》上刊文《本党号召侨胞发扬爱国光荣传统认购胜利折实公债》，文章指出，“我们的侨胞，对于爱护祖国，支援祖国，有过光荣的革命传统。深盼对于人民祖国首次发行的胜利折实公债，一本以往的爱国热情，光荣地、踊跃地认购，使祖国得以顺利地恢复战争的创伤，并进而逐步进行新民主主义的伟大建设”。

1 月　致公党华南总支部在广州成立，下属有广东、广西等地的组织。

4 月 15 日至 18 日　在广州召开了致公党第四次全国代表大会。会议通过了政治报告和《第四次全国代表大会宣言》，大会一致决议“以人民政治协商会议所制定的共同纲领为本党的政治纲领”。大会修改并通过新党章，选举产生了由 42 位中央委员组成的第四届中央委员会，选举陈其尤、陈演生、官文森、雷荣珂、司徒俊葱、郑天保、陈炳瀚、罗伟夫、伍觉天、李维纲、廖保生、钟杰臣、左大炘、李星川、甘善斋为中央常务委员会委员。按新党章规定，由陈其尤、陈演生、官文森、雷荣珂和司徒俊葱组成中央主席团，陈其尤为主席团召集人，郑天保为秘书长。

4 月 22 日　在广州召开了致公党第四届中央常务委员会第一次会议。

4 月 25 日　在广州召开了致公党第四届中央常务委员会临时会议。

10 月　周恩来总理邀请民主党派座谈。致公党领导人应邀出席，表示坚决拥护中共中央“抗美援朝”的决策。

11月4日　致公党参加签署的《各民主党派联合宣言》严正指出："以美国为首的帝国主义者侵略朝鲜的行动正在严重地威胁着中国的安全"，中国各民主党派"誓以全力拥护全国人民的正义要求，拥护全国人民在志愿基础上为着抗美援朝保家卫国的神圣任务而奋斗"。

1951年

4月2日至11日　致公党第四届中央委员会第二次全体（扩大）会议在广州召开。出席会议的共有中央委员25人和特邀出席的干部11人。会议发表《告海外华侨书》，介绍了祖国人民在各条战线上所取得的伟大成就，并号召华侨回来参加生产建设。

10月　陈其尤在全国政协一届三次会议上代表华侨、归侨、侨眷，"对于伟大的抗美援朝运动，无疑地以最大的力量予以支援"，"无保留地响应祖国的一切号召"，"特别对增产节约捐献武器的工作，将尽最大的努力去完成"。

10月17日　在广州召开致公党中央干部大会。

1952年

1月2日至9日　在广州召开致公党中央干部会议。研究了抗美援朝、土地改革、镇压反革命分子、党务工作以及今后的其他工作等问题，并进行了个人思想自我检查。

9月《致公通讯》创刊。

11月8日至17日　致公党第五次全国代表大会在广州举行，通过了《中国致公党第五次全国代表大会宣言》，选举产生致公党第五届中央委员会，由27位委员组成。

11月16日　致公党第五届中央常务委员会第一次会议召开。会议研究了机关人事任免问题，刘锦汉调任北京办事处主任秘书。

11月18日　在致公党第五届中央委员会第一次全体会议上，选出陈其尤、官文森、郑天保、严希纯、黄鼎臣、雷荣珂、司徒俊葱和钟杰臣组成中央常务委员会，选举陈其尤为主席，官文森、司徒俊葱为副主席，郑天保为秘书长。

1953 年

3 月 15 日　致公党中央召开第五届中央常务委员会第三次会议。

7 月底　致公党中央委员会从广州迁到首都北京，8 月 1 日起正式对外办公。

7 月　致公党华南总支部广西省支部成立。

7 月 29 日　陈其尤代表致公党在《光明日报》上发表文章，拥护《朝鲜停战协定》签字。

9 月至 10 月　中央人民政府组织了一个大规模的赴朝慰问团，黄鼎臣、伍觉天和各民主党派、人民团体负责人一道，参加慰问团赴朝鲜前线慰问。

1954 年

8 月　致公党在《中华人民共和国各民主党派各人民团体为解放台湾联合宣言》上签字，向全世界宣告：台湾是中国的领土，中国人民一定要解放台湾。

1955 年

5 月 21 日　致公党华南总支部改名“致公党广东省总支部”，同时，致公党中央在北京、福建和广东、广西的 13 个市县，发展了一批党员。

7 月 2 日　致公党第五届中央常务委员会在京委员举行临时会议。

1956 年

2 月 29 日　致公党在京常委举行临时会议，提议本年 4 月 5 日至 13 日召开第六次全国代表大会，指出：“由于祖国社会主义工业化和社会主义改造达到空前的高潮，社会主义革命取得决定性的胜利，客观形势起了如此巨大的变化，为了及时适应这种形势的要求，使本党成员能在祖国社会主义事业中作出更大贡献。”

3 月　伍觉天同志参加中央人民政府代表团，赴藏祝贺西藏自治区筹备委员会成立。

4 月 3 日　致公党第五届中央委员会第二全体会议通过决议，决定召开第六次全国代表大会。

4 月 5 日至 13 日　致公党第六次全国代表大会在北京举行。大会讨论通过了新党章，在总纲中规定：“中国致公党是中国人民民主统一战线中的一个民主党派，以《中国人民政治协商会议章程》的总纲为本党的政治纲领，在中国共产党的领导下，全力贯彻宪法的实施，为实现国家在过渡时期的总任务，为把祖国建设成为社会主义社会而奋斗。”新党章规定：“凡中华人民共和国公民，愿决心遵守本党章程，为华侨工作服务，在完成入党手续后，就成为本党党员。”大会修改党的章程，通过了《关于党务报告的决议》，通过了《向毛主席致敬电》，选举产生由 28 位中央委员和 5 位候补委员组成致公党第六届中央委员会。在六届一中全会上，选出陈其尤、官文森、郑天保、严希纯、黄鼎臣、雷荣珂、钟杰臣、雷沛鸿、伍觉天、王廷俊、司徒俊葱组成常务委员会。选举陈其尤为主席，官文森为副主席，郑天保、严希纯为正、副秘书长。

6 月　致公党广东省委员会成立。

9 月　致公党广西省委员会成立。

1957 年

1 月 7 日　致公党广州市工委会成立。

2 月 25 日　致公党福建省工委会正式对外办公。

6 月 1 日　致公党北京市委会筹委会成立。

9 月 13 日至 17 日　致公党第六届中央委员会第二次全体（扩大）会议召开。

11 月 1 日　致公党泉州市工委会成立。

1958 年

10 月 25 日至 11 月 15 日　致公党召开第六届中央委员会第三次全体（扩大）会议。会议讨论通过了《中国致公党根本改造规划》。

7 月 20 日至 23 日　致公党中央派出中央工作组，在广州召集各地方组织负责人举行整改座谈会，同时分组到广东、广西、福建地方机构现场了解情况，听取各地成员对本党整改的意见。

1959 年

2 月 15 日　致公党海口市支部正式成立。

3 月 3 日　致公党福州市直属支部正式成立。

5 月 4 日至 8 日　致公党召开第六届中央常务委员会第九次会议。

1960 年

2 月 25 日　致公党召开第六届中央委员会第四次全体（扩大）会议。

4 月　致公党召开第六届中央常务委员会第十次（扩大）会议，会议发布《关于学习毛主席著作的决议》。

1961 年

9 月 4 日至 13 日　致公党第六届中央常务委员会第十三次（扩大）会议在广州举行。

1962 年

5 月 18 日致公党第六届中央常务委员会第十四次会议决定在广东汕头和福建厦门建立组织。

12 月 2 日　致公党第六届中央委员会第五次全体会议在京召开。

1963 年

12 月 8 日　致公党中央召开第六届中央常务委员会第十八次会议。

1964 年

1月4日　致公党中央召开第六届中央常务委员会行政会议第八十八次会议。

1965 年

1月6日至9日　致公党中央在北京举行了中央工作会议。

1966 年

8月25日　北京市中学红卫兵宣布《致各民主党派最后通牒》，勒令民主党派“自动解散”。致公党从中央到地方组织被迫停止组织活动。

1969 年

3月6日　致公党中央机关革命群众联合委员会为抗议苏修侵犯我国领土珍宝岛给苏联驻华大使馆去信。

1970 年

11月　各民主党派中央机关工作人员迁入全国工商联大楼。

1977 年

致公党中央负责人开始参加全国政协和中共中央统战部召开的各种会议。

12月24日　民主协商确定了各民主党派和全国工商联中央临时领导小组成员名单。随之，致公党中央成立了由黄鼎臣、伍觉天、伍禅、王廷俊组成的临时领导小组，开始恢复工作。

1978 年

3月　致公党中央临时领导小组邀集出席全国人大和政协会议的致公党员及部分地方组织的负责人举行中央工作座谈会。会上，地方同志分别介绍了致公党广东、广西、福建三省和北京市的情况，并对今后的工作交换意见。

年中　致公党广东省委会正式恢复活动。

1979 年

10 月 11 日至 22 日　致公党第七次全国代表大会在北京召开。大会修改《中国致公党章程》，选举产生由马南等 24 名中央委员、王济弱等六名候补委员组成第七届中央委员会。在七届一中全会上，选举产生由黄鼎臣、伍觉天、伍禅、邝明、许志猛、陆榕树、廖周行、黄复康、柯朝阳九人组成的中央常务委员会，并选举黄鼎臣为主席，伍觉天、伍禅为副主席，邝明为秘书长。

10 月 23 日至 25 日　致公党第七届中央委员会常务委员会第一次会议在北京召开，会议讨论中央机构问题，决定了致公党中央办公厅、组织部、宣传部、华侨问题研究委员会的工作人员配备。

10 月 24 日　叶剑英、邓小平、李先念等中共中央和国家领导人，在人民大会堂亲切接见了包括致公党在内的各民主党派和全国工商联全国代表大会的全体代表，并合影留念。

1980 年

1 月 24 日至 29 日　致公党福建省第一届委员会成立，伍觉天副主席出席并代表致公党中央在大会上讲话。

2 月 22 日至 25 日　致公党北京市第一次代表大会在北京召开。

3 月 17 日至 22 日　致公党广东省第四次代表大会在广州召开。伍觉天副主席、邝明秘书长出席了会议，邝明秘书长代表致公党中央在大会上讲话。

7 月 12 日至 18 日　致公党中央在广州召开第一次全国性的为“四化”服务经验交流会。

7 月 19 日　致公党组织工作会议在广州举行。伍觉天、伍禅副主席等出席了会议。

10 月 4 日　在上海召开了致公党上海市支部成立大会，邝明秘书长出席了会议，并代表致公党中央在大会上讲话。

12 月 11 日至 18 日　致公党第七届中央常务委员会第四次全体（扩大）会议在北京召开。

致公党第七届中央委员会第二次全体（扩大）会议在北京召开。会议增选杨成志、萧焕、董寅初同志为致公党第七届中央委员，叶鸿宝、张昆烈、韩承隆为候补中央委员。

12 月 18 日　致公党第七届中央委员会第二次全体（扩大）会议在北京召开。

年底　致公党中央决定恢复出版《致公通讯》。

1981 年

4 月 6 日　黄鼎臣主席在《中国新闻》上发表《和谈统一是海外侨胞的心愿》的文章。

5 月 21 日　致公党第七届中央常务委员会第五次全体会议在泉州召开。

5 月 22 日至 28 日　在泉州召开致公党党员为“四化”建设服务经验交流会。

6 月 27 日　黄鼎臣主席在《人民日报》上发表《党的统一战线政策放光辉》的文章，纪念中国共产党成立 60 周年。

8 月 11 日至 9 月 13 日　黄鼎臣主席率致公党中央工作组赴广东就致公党组织工作进行调研。

9 月　伍禅副主席在《中国建设》上发表《发挥爱国主义精神》的文章，纪念辛亥革命 70 周年。

10 月 6 日　致公党中央与国务院侨办、全国侨联、全国政协华侨组在北京联合举行纪念辛亥革命 70 周年座谈会。

10 月 23 日至 26 日　致公党第七届中常会行政会议第六次全体会议在

北京召开。

12 月 10 日　黄鼎臣主席在北京出席电视座谈会并在会上作了《努力发挥桥梁作用，为台湾回归祖国贡献力量》的发言。

12 月 16 日至 20 日　致公党第七届中央常务委员会第六次全体（扩大）会议在北京召开。

1982 年

2 月　黄鼎臣主席和民革中央副主席贾亦斌及民建中央副主席孙起孟，去福建、广东调查归侨和台胞中的知识分子工作。

4 月中旬　伍觉天副主席率致公党中央工作组赴福建就致公党组织、宣传工作进行调研。

5 月　在天津市成立了致公党组织。

5 月 11 日　黄鼎臣主席在上海出席致公党上海市支部和上海市侨联联合举行的《中华人民共和国宪法修改草案》座谈会并讲话。

5 月 15 日　致公党第七届中央常务委员会行政会议第五次会议在北京举行，会议听取了各地方组织发展新党员和新建组织及新领导班子情况。

5 月 18 日至 6 月 16 日　黄鼎臣主席率全国政协考察团赴福建就关于“三胞”落实政策的情况进行考察。

7 月　在浙江省杭州市建立了致公党组织。

7 月 13 日至 18 日　致公党第七届中央委员会第三次全体（扩大）会议在北京举行，增选黄独峰、董寅初为致公党第七届中央常委，叶鸿宝、许乃波、吴肇光、林春福、黄周规、韩承隆为中央委员，叶佩英（女）、郭寿镇、朱培鑛为候补中央委员。

8 月底　致公党中央机关迁至西城区太平桥大街 4 号办公。

9 月　在山东省青岛市建立了致公党组织。

9 月 23 日　黄鼎臣主席、赵平副秘书长到江苏省发展成员筹建组织。

10 月 12 日　在江苏省南京市成立了致公党南京市工作委员会。

10 月 15 日　在湖南省长沙市成立了致公党长沙市支部委员会。

12月　致公党中央邀请致公党党员中的20多位高级知识分子列席七届中常会七次扩大会议，请他们对落实知识分子政策反映情况，提出建议。

12月16日至20日　致公党第七届中央常务委员会第九次全体（扩大）会议在北京举行，会议同意邝明同志辞去致公党中央委员会秘书长职务的报告，决定由陆榕树同志担任致公党中央秘书长。

1983年

2月18日至22日　致公党第七届中央常务委员会第十次全体会议在北京举行，会议增选许志猛、陆榕树为副主席。

5月17日　黄鼎臣主席在武汉出席致公党武汉市小组成立大会，并代表致公党中央在大会上讲话。

6月26日至30日　致公党第七届中央委员会第四次（扩大）会议在北京举行。

7月23日　黄鼎臣主席出席在青岛召开的致公党青岛市工作委员会成立大会。

8月13日　在沈阳市建立了致公党组织。

9月2日　黄鼎臣主席、许志猛副主席出席致公党天津市工委会成立大会。

11月28日至12月7日　致公党第八次全国代表大会在北京举行。大会修改《中国致公党章程》，大会选举产生由48名中央委员、14名候补委员组成的第八届中央委员会。在八届一中全会上，选出由叶佩英（女）、伍觉天、伍禅、许志猛、许乃波、郑守仪（女）、柯朝阳、陆榕树、黄鼎臣、黄独峰、董寅初、廖周行、蔡其侃等13人组成的中央常务委员会，并选举黄鼎臣为中央主席，伍觉天、伍禅、许志猛、陆榕树、董寅初、郑守仪为副主席，陆榕树为秘书长（兼）。成立了以许乃波为主任的华侨知识分子工作委员会和以郑守仪为主任的妇女工作委员会。大会期间，邓小平、胡耀邦、彭真、邓颖超等党和国家领导人，在人民大会堂亲切会见了全体与会代表和工作人员，并一起合影留念。

12 月 6 日　致公党中央华侨知识分子工作委员会第一次会议在北京举行。

1984 年

1 月 3 日　致公党中央在北京举行座谈会。

2 月　董寅初副主席在《致公通讯》上发表《发扬毛泽东思想，团结华侨，振兴中华》的文章，纪念毛泽东同志诞辰 90 周年。

3 月 18 日至 4 月 18 日　黄鼎臣率队赴沪、宁、杭等地考察工作。

4 月 5 日　陆榕树副主席兼秘书长在成都出席致公党成都市工作委员会成立大会。

5 月 27 日至 29 日　致公党第八届中央常务委员会第二次全体（扩大）会议在京举行。决定成立致公党妇女工作委员会。

6 月 24 日至 8 月 13 日　以黄鼎臣为团长、许志猛为副团长的致公党访问团出访菲律宾、加拿大和美国，还顺访了香港和澳门地区。

9 月 17 日至 21 日　致公党第八届中央常务委员会第三次全体会议在京举行。

9 月 28 日　致公党中央举行座谈会，座谈中、英关于香港问题的联合声明。黄鼎臣主席，伍禅、许志猛、陆榕树副主席和在京中央委员出席了座谈会。

11 月 24 日至 30 日　致公党第八届中央委员会第二次全体（扩大）会议暨致公党为“四化”建设服务经验交流会在北京举行，在会上增补李世雄、谷建芬（女）、郑正仁、黄清渠为致公党第八届中央委员，增补陈其挥、郑正仁、黄清渠为致公党第八届中央常委。

11 月 30 日　致公党第八届中央常务委员会第七次全体会议在北京举行。

1985 年

1 月 15 日至 21 日　黄鼎臣主席、许志猛副主席在长沙出席致公党长沙市工作委员会成立大会。黄鼎臣主席代表致公党中央在大会上讲话。

3 月 11 日　黄鼎臣主席、许志猛副主席在南京出席致公党江苏省工作委员会筹备委员会成立大会。黄鼎臣主席代表致公党中央宣布筹委会组成人员名单，成立大会由许志猛副主席主持。

4 月 7 日　致公党第八届中央常务委员会第八次全体（扩大）会议在北京举行。

5 月 16 日至 6 月 2 日　黄鼎臣主席赴厦门、同安、漳州、泉州、福州等地考察党务工作。

6 月 29 日　致公党西安市工作委员会成立。

8 月 26 日　黄鼎臣主席在《人民日报》上发表题为《在抗日民主统一战线政策的感召下》的文章，纪念抗日战争胜利 40 周年。

10 月 4 日　致公党第八届中央常务委员会第九次全体（扩大）会议在京举行。

10 月 5 日　致公党成立 60 周年纪念大会在北京人民大会堂举行。邓颖超、习仲勋、乔石、叶飞等中共领导人出席，并同大家合影留念。

11 月 2 日　黄鼎臣主席、许志猛副主席在长沙出席致公党湖南省工作委员会成立大会。黄鼎臣主席代表致公党中央在大会上讲话。

1986 年

1 月 5 日至 10 日　致公党第八届中央常务委员会第十次全体（扩大）会议在京举行。

4 月 17 日至 21 日　致公党第八届中央委员会第三次全体（扩大）会议在京举行，在会上增选黄清渠为中央副主席，王宋大、陈国川、陈爱莲（女）、俞云波、唐国俊、黄辉白、韩明等为第八届中央委员。

5 月 25 日至 27 日　董寅初副主席在纽约出席美国洪门致公总堂第十五届恳亲大会，并代表致公党中央在大会上致贺词，赠送锦旗。

7 月 14 日　陆榕树副主席在大连出席致公党大连市工作委员会成立大会，并代表致公党中央在大会上讲话。

8月29日　黄鼎臣主席、陆榕树副主席在合肥出席致公党安徽省工作委员会成立大会。黄鼎臣主席代表致公党中央在大会上讲话。

9月8日至12日　致公党第八届中央常务委员会第十四次全体（扩大）会议在京举行。会议增选李宏硕、陈作义、郑振妙（女）、雷时康为致公党第八届中央委员。

12月27日至29日　致公党第八届中央委员会第四次全体会议在京举行。

12月30日至1987年1月3日　致公党全国代表会议在北京举行。这次会议主要是解决充实和调整中央委员会和引进新人问题，增选了19名中央委员和6名候补中央委员。

1987年

2月21日至28日　黄鼎臣主席率致公党中央工作组赴武汉考察党务工作。

3月4日　许志猛副主席在广州出席致公党广东省代表会议，并代表致公党中央在会上讲话。

黄鼎臣主席，伍禅、陆榕树副主席在北京出席由致公党北京市委会举行的庆祝“三八”国际劳动妇女节集会。

3月29日至4月9日　致公党在北京召开第八届中常会第十五次全体（扩大）会议。

5月17日　致公党中央和致公党北京市委会在北京联合举行纪念致公党第三次全国代表大会召开40周年座谈会。

8月24日至31日　致公党第八届中央常务委员会第十五次全体（扩大）会议在北京举行。会议决定董寅初副主席担任致公党中央常务副主席。

9月11日至19日　黄鼎臣主席率团赴牙买加，参加牙买加洪门致公堂100周年盛典，回国途中还顺访了纽约洪门致公堂。

9月19日至26日　伍觉天副主席率团赴澳大利亚，参加了澳大利亚洪门民治党墨尔本总支部成立90周年庆典。

11月26日至28日 在北京召开致公党第八届中央常务委员会第十七次会议。会议传达、学习了中共十三大的精神，并通过了《关于学习和贯彻中国共产党第十三次全国代表大会精神的决议》《关于召开中国致公党第九次全国代表大会的建议方案》。

12月18日 许志猛副主席出席在沈阳召开的致公党辽宁省工作委员会筹备组成立大会，并代表致公党中央在大会上讲话。

1988年

1月4日 致公党第八届中央委员会第五次全体会议在北京召开。

4月3日至11日 致公党第八届中央常务委员会第十八次（扩大）会议在北京召开。会议接受黄鼎臣同志辞去中央委员会主席职务的要求，推举董寅初同志担任第八届中央委员会代主席。

7月20日至27日 致公党全国“党派基本理论”研讨会在北京举行。会议就致公党的历史地位、纲领、特点和使命及如何开展海外联谊工作进行了研讨。

8月15日至18日 致公党中央在北京召开对外联络和经济咨询工作会议，杨纪珂参会。

9月至11月 伍觉天、许志猛副主席率团赴加拿大，参加了加拿大洪门民治党温哥华支部成立100周年、《大汉公报》创刊80周年、温哥华达权支社成立70周年的“三庆”大会，同时还顺访了美国纽约洪门致公总堂、旧金山五洲洪门致公总堂、夏威夷洪门致公总堂等。

12月12日至18日 致公党第九次全国代表大会在北京隆重举行。大会通过了新的《中国致公党章程》，选举产生由91名中央委员、9名候补中央委员组成的第九届中央委员会。在九届一中全会上，选举产生了由董寅初、杨纪珂、伍觉天、黄清渠、陆榕树、郑守仪（女）、王宋大、黄独峰、郑正仁、蔡其侃、叶佩英（女）、俞云波、刘文湖13人组成的中央常务委员会，并选举董寅初为主席，杨纪珂为常务副主席，伍觉天、黄清渠、陆榕树、郑守仪、王宋大为副主席，王宋大为秘书长（兼）。第九届中央委员会全体会议一致推举黄鼎臣为名誉主席，许志猛为名誉副主席，许乃波为顾问，马南等15位同志为咨议。

1989年

1月21日　杨纪珂常务副主席、黄清渠副主席在深圳出席致公党深圳市第一次代表大会。杨纪珂常务副主席代表致公党中央在大会上讲话。

3月4日　杨纪珂常务副主席为致公党北京市委会举办的“增强政治意识，提高参政议政水平，积极发挥参政议政作用”学习班作报告。

3月25日至26日　致公党第九届中央常务委员会第二次全体（扩大）会议在北京举行。会议增选吴豪德、邱国义、唐国俊为致公党中央常委。

6月17日　黄鼎臣名誉主席、杨纪珂常务副主席、陆榕树副主席在北京中南海出席由中共中央举行的党外人士座谈会。

6月26日　致公党中央在北京举行集会，学习中共十三届四中全会文件。

7月6日至9日　致公党第九届中央常务委员会第三次全体（扩大）会议在北京举行。

7月30日至8月1日　杨纪珂常务副主席在海口出席致公党海南省第一次代表大会，并代表致公党中央在大会上讲话。

9月8日　致公党中央、致公党北京市委会在北京联合举行庆祝教师节、中秋节、国庆节联欢会。黄鼎臣名誉主席，陆榕树、王宋大副主席及致公党北京市委会负责同志出席联欢会。全国侨联、北京市政协、北京市民革、北京市工商联的负责同志应邀出席联欢会。

9月20日　杨纪珂常务副主席在北京出席各民主党派智力支边贵州毕节地区专家顾问组成立会议，杨纪珂常务副主席被聘任为贵州省毕节试验规划实施顾问组副组长。

11月9日至11日　致公党第九届中央常务委员会第四次全体（扩大）会议在北京举行。

11 月 25 日　致公党中央在北京举行在京中央常委会议。

1990 年

1 月 31 日　致公党中央向地方各级组织发出了关于学习《中共中央关于坚持和完善中国共产党领导的多党合作和政治协商制度的意见》的通知。

2 月 18 日　致公党中央在京召开第九届中央委员会第二次全体会议，学习《中共中央关于坚持和完善中国共产党领导的多党合作和政治协商制度的意见》。

6 月　董寅初主席率领致公党代表团出访菲律宾，参加菲律宾洪门进步党总部成立 80 周年纪念活动暨 81、82 届新职员就职典礼。

6 月 29 日至 7 月 4 日　致公党召开九届中常会七次（扩大）会议。会议认真学习了江泽民总书记的讲话，并结合贯彻落实《中共中央关于坚持和完善中国共产党领导的多党合作和政治协商制度的意见》和致公党的实际，通过了《中国致公党关于加强自身建设的决定》，要求全党把思想建设抓紧抓实，不断提高党员的政治素质。

9 月 3 日　致公党中央通过了《中国致公党关于进一步加强自身建设，努力担负起参政党重任的若干意见》。

10 月 23 日至 27 日　致公党中央召开全国工作会议，讨论了《〈中国致公党关于进一步加强自身建设，努力担负起参政党重任的若干意见〉的实施要点（草案）》。

10 月 26 日　致公党召开九届中常会九次会议。会议通过了《〈中国致公党关于进一步加强自身建设，努力担负起参政党重任的若干意见〉的实施要点（草案）》，要求全党认真贯彻执行。

10 月 26 日　致公党中央在北京举行纪念致公党成立 65 周年座谈会。

1991 年

1 月 22 日至 23 日　致公党第九届中央常务委员会第十次全体（扩

大）会议在北京举行。

1 月 24 日至 26 日　致公党中央在京召开第九届中央委员会第三次全体会议。

3 月 31 日　致公党第九届中央常务委员会第十一次全体会议在北京举行。

6 月 6 日　杨纪珂常务副主席在成都出席致公党川、湘、滇三省党务工作经验交流会。

6 月 17 日至 20 日　致公党第九届中央常务委员会第十二次全体（扩大）会议在北京举行。

6 月 20 日　致公党中央在北京举行纪念中国共产党成立 70 周年座谈会。

8 月 17 日至 25 日　杨纪珂常务副主席赴贵州、云南等地就民族地区经济发展及边贸情况进行调研。

9 月 11 日　致公党中央发表声明《强烈谴责和抗议美国政府向台湾出售战斗机》。

9 月 29 日　致公党中央在北京宴请以英国致公总堂名誉会长陈秋兴为团长，总堂首席副会长彭康、总堂名誉会长甄其洛为副团长的英国致公总堂国庆观光团一行。黄鼎臣名誉主席、杨纪珂常务副主席，中共中央统战部、全国政协有关领导同志出席了宴请。

11 月 2 日至 6 日　致公党第九届中央常务委员会第十一次全体会议在北京举行。

11 月 19 日至 22 日　董寅初主席在杭州出席致公党浙江省第一次代表大会。

1992 年

1 月 3 日至 6 日　致公党中央在京召开第九届中央委员会第四次全体会议。

1 月 11 日至 25 日　致公党中央与全国政协提案委联合组成调查组，

对广东、广西华侨农场现状进行了调研。

3月24日至29日　致公党第九届中央常务委员会第十五次会议在北京举行，会议增补罗豪才为致公党第九届中央委员、中央常务委员会委员。

4月8日　王宋大副主席兼秘书长在北京出席致公党中央参与制定的《贵州省兴仁县社会经济发展战略规划》论证会。

5月13日至6月1日　致公党中央派员赴美国参加美国洪门致公总堂第十八届恳亲大会。

5月　黄鼎臣名誉主席、伍觉天副主席在《致公通讯》上发表《风雨同舟数十年》《肝胆相照荣辱与共》的文章，纪念致公党第三次全国代表大会召开45周年。

6月10日至13日　致公党武汉市第一次代表大会在武汉召开。

年中　董寅初主席在《人民日报》上发表题为《遏制“台独”逆流，维护祖国统一》的文章，谴责“台独”分子数典忘祖、倒行逆施，并呼吁台湾当局从民族大义出发，本着对国家、民族负责的态度，捐弃前嫌，共同完成祖国统一大业。

9月4日至7日　陆榕树副主席在济南出席致公党山东省第一次代表大会，并代表致公党中央在大会上讲话。

9月21日至22日　陆榕树副主席在长沙出席致公党湖南省第一次代表大会，并代表致公党中央在大会上讲话。

9月26日　致公党中央主席会议研究决定成立中国致公出版社，杨纪珂常务副主席兼任致公出版社社长。

12月15日至20日　致公党第十次全国代表大会在北京召开。大会修改了《中国致公党章程》，选举产生由87名中央委员、4名候补中央委员组成的第十届中央委员会，在十届一中全会上，选举产生由王宋大、古华民、叶佩英（女）、吴豪德、邱国义、杨纪珂、杨兆旋、李家宝、李铮友、张骏升、陆榕树、郑守仪（女）、罗豪才、俞云波、唐国俊、梁立基、靳晋、董寅初等18人组成的中央常务委员会，并选举董寅初为中央主席，杨纪珂为常务副主席，陆榕树、郑守仪、王宋大、罗豪才为副主席，王宋大为秘书长（兼）。全会一致推举黄鼎臣为名誉主席，伍觉天为名誉副主席，5 位老同志为顾问和 15 位同志为咨议。

1993 年

2 月 18 日至 21 日　致公党中央在深圳召开经济特区首次海外联谊、经济工作研讨会。

3 月 21 日　致公党第十届中央常务委员会第二次全体（扩大）会议在北京举行。

3 月 25 日　致公党中央、民革中央、台盟中央在北京联合举行中外记者招待会。罗豪才副主席出席招待会并就致公党参政议政和海外联谊工作等问题回答了记者的提问。

6 月 11 日至 15 日　致公党中央在福建召开全国海外联络工作会议。

7 月　陆榕树副主席在《致公通讯》上发表《为建设有中国特色的社会主义事业贡献力量》的文章，纪念中国共产党成立 72 周年。

9 月 7 日　罗豪才副主席在北京出席由全国政协邀请各民主党派中央和无党派人士代表就“银河”号事件举行的座谈会，并代表致公党中央发言，强烈谴责美国在“银河”号事件中所表现的霸权主义行径。

12 月 7 日至 10 日　致公党第十届中央委员会第二次全体会议在北京举行。

12 月 11 日至 13 日　致公党全国组织工作会议在北京召开。会议讨论了《中国致公党中央关于组织工作的若干意见》，研讨了关于党员发展的程序，党籍、党费的管理，组织关系转移等问题。

12 月 21 日　中共中央政治局常委、全国政协主席李瑞环和全国政协副主席、中共中央统战部部长王兆国等走访致公党中央机关，受到杨纪珂常务副主席、陆榕树、王宋大副主席和中央机关干部的热烈欢迎。

12 月 27 日　中共中央政治局常委、全国政协主席李瑞环，全国政协副主席、中共中央统战部部长王兆国视察即将竣工的致公党新建的办公大楼，并听取有关同志汇报工作。

1994 年

1 月 20 日　致公党中央机关迁入新址（东城区蒋宅口安定门外大街 55 号）。

1 月　致公党中央宣传部主办的《致公通讯》更名为《中国致公》，并由致公党中央委员会主办。

2 月 22 日至 24 日　致公党中央参政议政工作座谈会在北京举行。

2 月 25 日　致公党中央已故主席陈其尤入选邮电部发行的《爱国民主人士》纪念邮票并配发首日封。

3 月 3 日　致公党贵州省支部成立大会在贵阳召开。

5 月 21 日至 24 日　致公党中央在南京召开了全国宣传思想工作会议。

6 月 19 日　杨纪珂常务副主席、陆榕树副主席在深圳出席居港党员座谈会并讲话，会议达到了互相沟通，加深联系，多做工作，推动居港党员共同为 1997 年香港回归和保持香港的繁荣、稳定贡献力量的预期目的。

9 月 7 日至 11 日　致公党中央在四川省成都市召开了全国参政议政工作会议。

10 月　致公党召开第十届中央常务委员会第六次会议。会议学习《中共中央关于加强党的建设几个重大问题的决定》和全国民主党派工作座谈会精神，通过了《中国致公党中央关于进一步加强自身建设的意见》。

12 月 6 日至 9 日　致公党中央第十届中央委员会第三次全体会议在北京举行。

1995 年

2 月　董寅初主席发表《坚决拥护八项重要主张，努力促进祖国和平统一》的讲话，对江泽民总书记关于祖国和平统一八项主张表示完全赞同和坚决支持，并号召全党遵循讲话精神，为推进祖国和平统一作出贡献。

5 月 24 日至 6 月 4 日　董寅初主席在广州、新会、珠海、深圳等地就侨务工作进行考察。

6 月 1 日至 4 日　王宋大副主席兼秘书长出席在酉阳县召开的致公党中央全国支边扶贫工作会议。

9 月 4 日　郑守仪副主席在北京出席联合国第四次世界妇女大会。在大会期间举办的中国妇女与科技发展成就展中，郑守仪副主席入选个人成就人物部分。

10 月 5 日　致公党中央在北京人民大会堂隆重召开致公党成立 70 周年纪念大会。会前，中共中央领导特为致公党 70 周年纪念题词以表祝贺。中共中央政治局常委刘华清代表中共中央向大会致了贺词，贺词充分肯定了致公党建党 70 周年来，在中国革命和现代化建设中所起的作用。中共中央书记处书记任建新，全国人大常委会副委员长王丙乾，全国政协副主席、中共中央统战部部长王兆国，以及各民主党派中央、全国工商联的领导人，全国侨联的领导人，海外洪门团体的代表出席大会。九三学社中央主席吴阶平代表各民主党派中央和全国工商联向大会致了贺词，菲律宾洪门联合总会、加拿大洪门民治党总支部也致了贺词，此外，海外许多华侨社团也发来贺电。

10 月 6 日　致公党在北京召开了为社会主义“两个文明”建设服务先进个人和先进集体表彰大会。

10 月 6 日　致公党西南六省（区）经济开发与海外联谊工作会议在南宁召开，陆榕树副主席出席了会议。

12 月　致公党第十届中央委员会第四次全体会议在北京召开。会议同意王宋大副主席辞去所兼任的致公党中央秘书长职务，增选吴明熹为致公党第十届中央委员、中央常委、中央副主席兼秘书长。

1996 年

1 月 19 日至 27 日　致公党中央组成了以陆榕树副主席为团长，郑守仪、罗豪才副主席为副团长的“中国致公党访问团”应邀访菲，参加第二届全菲洪门昆仲恳亲大会。

3 月 20 日　致公党第十届中常会第十二次会议通过了《致公党中央关于中央和省级委员会换届的意见》。

3 月 25 日至 4 月 5 日　致公党党史编纂工作座谈会在南京举行。

5 月 4 日至 7 日　致公党中央在广州召开了全党组织工作会议。

6 月 7 日至 11 日　致公党中央在苏州召开了全国宣传思想工作会议。

8 月 6 日至 9 日　致公党中央在大连召开致公党机关建设工作会议。

11 月 5 日至 8 日　郑守仪副主席在海南出席致公党西南六省（区）海外联谊与旅游开发研讨会。

11 月 7 日至 9 日　各民主党派、工商联为“两个文明”建设服务经验交流会在北京人民大会堂隆重召开。参加经验交流会的共有 43 个先进集体代表和 106 名先进个人。致公党推选出 4 个先进集体代表和 10 个先进个人。

11 月 11 日　致公党中央在北京举行座谈会，纪念孙中山先生诞辰 130 周年。

12 月 17 日至 19 日　致公党第十届中央委员会第五次全体会议在北京举行，增选杜宜瑾为致公党第十届中央委员、中央常委、中央副主席。

12 月 20 日至 21 日　致公党中央扶贫工作推动会在北京举行。杨纪珂常务副主席，吴明熹、杜宜瑾副主席出席了会议。

1997 年

4 月 10 日至 13 日　致公党重庆市委会升格为省级组织，召开了致公党重庆市第一次代表大会。

5 月 14 日　致公党中央在北京举行纪念本党三大召开 50 周年大会。杨纪珂在纪念大会上讲话。他说，致公党在香港召开的第三次代表大会，确定了反对美蒋反动派、建立真正的民主国家的宗旨，并一致决议加入中国共产党领导的统一战线。这次会议是致公党由一个旧民主主义政党转变为接受中国共产党领导的新民主主义政党的重要标志。中共中央统战部副部长刘延东到会祝贺，她肯定了致公党自三大以来为中国革命和建设所作出的积极贡献，并热诚希望致公党全体同志继承发扬三大以来形成的优良传统。

5月　致公党中央为祝贺华人移民古巴150周年和古巴洪门民治党成立110周年，将一对醒狮及配套锣鼓赠送给古巴民治党和中华会馆。

6月25日　致公党中央迎接香港回归座谈会在北京举行。

11月1日至6日　致公党在北京召开了第十一次全国代表大会。大会通过了修订的《中国致公党章程》，大会选举产生的第十一届中央委员会，由92名委员组成。在十一届一中全会上，选举产生了由王宋大、王珣章、古华民、叶文虎、叶佩英（女）、邱国义、杜宜瑾、吴明熹、李家宝、李铮友、杨兆旋、郑守仪（女）、林子亮、罗龙、罗豪才、周畅、俞云波、程津培、蒋作君等19人组成的中央常务委员会，并选举罗豪才为中央主席，郑守仪、王宋大、吴明熹、杜宜瑾、俞云波、王珣章为副主席，任命邱国义为秘书长。全会一致推举董寅初为名誉主席，伍觉天、杨纪珂为名誉副主席，并聘请三位老同志担任顾问。

1998年

3月　在致公党中央第十一届中常会第二次（扩大）会议上，罗豪才主席作了“关于领导班子建设”的讲话，提出了新一届领导班子面临的重要任务，就是以政治交接为主线，加强自身建设。

4月9日　在致公党中央第十一届第六次主席会上审议并通过了《中国致公党中央委员会主席会议议事规则》和《中国致公党中央常务委员会议事规则》。

5月　印尼发生社会骚乱，广大华人华侨遭受迫害，致公党中央发言人发表《华人权益必须保护，不法之徒必须严惩》的谈话，对印尼华人华侨表示声援和同情，坚决支持我国政府对印尼华人华侨问题的严正立场，强烈要求印尼政府惩办凶犯，确保印尼华人华侨的人身安全和合法权益。

6 月　致公党中央在长沙召开全党参政议政工作会议。

6 月 20 日至 22 日　在致公党中央第十一届中央常务委员会第三次（扩大）会议上审议通过《中国致公党关于加强参政议政和民主监督工作的意见》。逐步建立、健全工作制度，实行参政议政课题立项制度。

11 月 6 日至 8 日　致公党全党组织工作会议在福州召开。

12 月 7 日至 10 日　致公党第十一届中央委员会第二次全体会议在京召开。

1999 年

1 月 4 日至 7 日　致公党中央直属贵州支部升格为省委会，致公党贵州省第一次代表大会在贵阳召开，王宋大副主席出席，并代表致公党中央在大会上致辞。

5 月 9 日　致公党中央紧急召开主席（扩大）会议，会议通过严正声明，就以美国为首的北约悍然轰炸我驻南联盟大使馆提出最强烈的抗议。同日，致公党中央向各地组织下发了紧急通报，要求各级组织引导党员及时了解真相，坚定立场，维护稳定，把对以美国为首的北约的愤慨和激发出的爱国热情引导到做好本职工作上来。

7 月 8 日至 9 日　致公党第十一届中央常务委员会第六次会议在京召开，会议审议并通过了《致公党中央关于加强海外联谊工作的几点意见》，审议了《关于致公党思想建设情况的报告》《关于致公党基层组织建设的报告》《关于致公党加强后备干部队伍建设问题的报告》。

7 月 10 日至 11 日　致公党中央在北京召开全党海外联谊工作会议。

7 月 21 日至 23 日　致公党中央在安徽合肥召开全党参政议政工作会议。

7 月 23 日　致公党中央就“法轮功”扰乱社会公共秩序，破坏改革发展稳定局面的活动发表声明，坚决拥护中共中央采取的措施。

致公党中央向各省级组织下发《中国致公党中央关于致公党党员不准修炼“法轮大法”的通知》。

10 月 28 日至 11 月 2 日　罗豪才主席、吴明熹副主席等领导同志视察黔江地区、酉阳县扶贫工作，参加了“酉阳致公希望小学”落成典礼，赠送课桌、书报、文体用品、彩电等物品，并向酉阳一中捐资 2 万元奖学金。

11 月 27 日至 29 日　致公党召开第十一届中央委员会第三次全体会议，增选王忠康、许克敏为中央常务委员会委员。届中增选了四位中央委员。

2000 年

1 月　致公党中央与国务院侨办、全国政协港澳台侨委、中国侨联等中央涉侨单位赴广东、广西对华侨农场进行调研，慰问农场归侨侨眷，了解农场生产和生活情况，与中央有关部门商议，妥善解决了华侨农场归侨的社会养老保险统筹资金问题。

3 月 21 日　致公党中央与国务院侨办、中国侨联联合召开座谈会。会议议题是：抓住历史机遇，发挥侨界联合优势，为西部大开发服务。

5 月 22 日　致公党中央与国务院侨办、全国人大华侨委、全国政协港澳台侨委、中国侨联在北京联合召开“侨界反分裂、反‘台独’、促统一”座谈会。

5 月 25 日至 6 月 8 日　罗豪才主席同民建中央主席成思危率队赴重庆、四川就西部大开发战略实施情况进行考察。中共中央统战部副部长刘延东，致公党中央副主席王宋大、杜宜瑾等参加此次考察。

7 月 20 日至 23 日　致公党中央在青岛召开了致公党第十一届中央常务委员会第九次会议，对全党的思想政治工作进行了专题研究，强调要按照江泽民同志关于加强和改进思想政治工作提出的要求，紧密结合致公党的实际，把全党的思想政治工作开展得有声有色、富有成效。

9 月　致公党中央召开“中国致公党在新世纪的历史使命”理论研讨会，将加强全党思想理论建设作为重要内容之一进行了探讨和研究。

10 月 2 日　致公党中央在京隆重集会，纪念中华人民共和国成立 51

周年暨致公党成立75周年。罗豪才主席在纪念大会上作了题为《致力大团结公心谋国是》的讲话，中共中央统战部副部长刘延东到会祝贺并讲话。

11月9日至11日　致公党中央在云南昆明召开全党自身建设会议。

12月12日至14日　致公党第十一届中央委员会第四次全体（扩大）会议在京召开。

2001年

2月2日　致公党中央与全国人大华侨委、全国政协港澳台侨委、国务院侨办、中国侨联联合在北京举办座谈会，强烈谴责"法轮功"邪教组织残害生命的新罪行。

4月　致公党中央与中央涉侨单位发起侨界为西部"送温暖"活动，致公党广西区委会积极组织具有中高级专业技术职称的医务人员赴广西华侨农场，开展医疗咨询和义务诊疗活动。

6月　致公党中央领导班子借鉴中共"三讲"的成功经验，结合自身实际，开展了集中学习、总结经验的活动，制定了《中央领导班子和机关职能部门改进工作的若干措施》，并在工作中认真贯彻执行，推动了全党的自身建设。

7月　致公党中央邀请以巴拉圭参议院副议长古安内斯为团长的巴拉圭参议员代表团来华访问，收到了积极的效果。

9月4日至6日　致公党中央在长沙召开担任政府、司法机关领导职务人员的座谈会，总结交流经验，提高从政水平，并就从政中遇到的带有共性的问题进行探讨，增强了担任政府、司法机关领导职务人员加强学习、廉洁奉公、勤政为民的观念。

10月1日　致公党中央在京举行座谈会，纪念辛亥革命90周年，缅怀伟大的革命先行者孙中山。同时致公党中央在京举行《司徒美堂》一书首发式。

10月　致公党中央在重庆召开宣传思想工作会议，总结《致公党中央关于宣传思想工作五年设想》颁布以来的实施情况，并提出了要以“三个代表”重要思想为指导，做好新形势下的宣传思想工作，以促进全党的思想建设，会后下发了《致公党中央关于加强和改进思想政治工作的若干意见》及其实施办法。

10月　致公党中央在四川成都召开全党参政议政工作经验交流会，总结交流了各地方组织参政议政的经验，促进了参政议政工作制度化、规范化建设。

12月10日至13日　致公党第十一届中央委员会第五次全体会议在京举行。

年内　致公党中央与《光明日报》、国务院侨办、人事部、教育部、科技部等联合，举办《为华夏献才智》专栏，展示海外留学人员报效祖国的业绩，反映他们为弘扬中华文明的佳言良策。

2002年

1月28日至2月1日　罗豪才主席率团开展对云南华侨农场进行慰问活动。

2月19日至27日　罗豪才主席率致公党中央代表团应澳洲中国和平统一促进会的邀请赴澳大利亚访问。同时，以中国和平统一促进会会长身份参加了中国和平统一——全球反“独”促统大会。

年内　致公党中央在全党开展了参政议政“质量·效果年”活动，制定了《致公党中央关于加强参政议政和民主监督工作意见的实施办法》，建立了致公党中央参政议政专家网络，广大党员和基层组织参政议政的参与程度不断扩大。

8月8日　致公党中央发言人发表谈话，对“一边一国”论提出了强烈的谴责，指出陈水扁的“一边一国”论是李登辉“两国论”的翻版，顽固坚持“台独”立场，推行“台独”路线，是不会有好结果的。

9月22日至24日　致公党中央参政议政工作座谈会在长沙召开。

10月11日至12日　致公党中央可持续发展调研座谈会在京召开。

12 月 10 日至 14 日　致公党在北京召开第十二次全国代表大会，审议并通过了《中国致公党章程（修正案）》，大会选举产生了由 99 人组成的第十二届中央委员会。在十二届一中全会上，选举产生了由牛文元、王孝询、王宋大、王志民、王钦敏、王珣章、古华民、叶文虎、甘霖（女）、朱坦、朱天慧（女）、许克敏、严以新、吴明熹、李羚（女）、杜宜瑾、邱国义、陈杰、林方略、罗豪才、俞云波、相建海、黄因慧、黄格胜、彭图治、程津培、蒋作君、蔡建国、滕卫平等 29 人组成的中央常务委员会，罗豪才连任中央主席，王宋大、吴明熹、杜宜瑾、俞云波、王珣章、程津培、王钦敏为中央副主席。

12 月 15 日　致公党中央全党社会服务工作经验交流暨表彰大会在北京举行。

致公党中央在北京人民大会堂举行纪念著名民主人士、已故致公党中央主席陈其尤同志诞辰 110 周年座谈会。罗豪才主席、中共中央统战部部长刘延东出席座谈会并先后在会上发言。

12 月 21 日　中共中央政治局常委贾庆林在北京会见各民主党派中央新老领导班子的同志。罗豪才主席，杨纪珂名誉副主席，吴明熹、杜宜瑾、程津培副主席参加了会见活动。

12 月 27 日　中共中央总书记胡锦涛和中共中央政治局常委贾庆林，中共中央政治局常委、中央书记处书记曾庆红，中共中央政治局候补委员、中央书记处书记王刚，中共中央统战部部长刘延东等走访致公党中央机关，并与致公党中央领导同志进行座谈。胡锦涛同志发表了重要讲话。罗豪才主席，杨纪珂名誉副主席，王宋大、吴明熹、杜宜瑾、程津培副主席参加座谈会。在走访活动中，胡锦涛等中共中央领导人还亲切看望了致公党中央机关工作人员，与致公党中央领导同志和部分机关干部合影留念。

2003 年

2 月 11 日　罗豪才主席在北京主持召开致公党中央第十二届第二次

主席办公会，明确杜宜瑾为常务副主席，协助主席抓全面工作。

3月4日　致公党第十二届中央常务委员会第一次会议在北京举行，讨论并通过了《致公党中央关于建设学习型参政党的若干意见〈试行〉(草案)》。

4月3日　著名爱国侨领、致公党元老司徒美堂先生诞辰135周年纪念日。由致公党中央牵头，全国人大华侨委、国务院侨办、全国政协港澳台侨委、中国侨联联合在北京八宝山革命公墓为司徒美堂先生举行祭扫活动。中央“五侨”单位领导和司徒美堂家属分别向司徒美堂先生墓前敬献花篮。罗豪才主席作了题为《弘扬司徒美堂先生爱国主义精神　团结广大海外侨胞为祖国统一大业做出新贡献》的讲话。

5月16日　致公党中央印发《致公党中央关于建设学习型参政党的若干意见（试行)》，要求全党积极参与学习型社会的建设，努力建设学习型政党，要求通过有组织、持之以恒的学习，进一步提高党的整体素质，不断增强党的凝聚力和影响力。

6月6日　致公党第十二届中央常务委员会第二次会议提出，致公党学习贯彻“三个代表”重要思想，就是要坚持“致力为公、参政兴国”的宗旨。

6月19日　致公党中央向各省级及中央直属组织发出《关于认真组织学习〈“三个代表”重要思想学习纲要〉的通知》。

7月10日至12日　致公党中央召开抗击“非典”先进集体和先进个人表彰大会。

8月15日　致公党中央办公厅向各省级及中央直属组织发出《关于贯彻执行〈致公党中央关于加强反映社情民意工作的意见〉的通知》。

10月11日　致公党中央纪念司徒美堂先生诞辰135周年大会在广东开平举行。

12月16日至18日　致公党第十二届中央委员会第二次全体会议在北京举行。

12月19日至20日　致公党中央参政议政工作表彰大会在北京举行。

2004 年

1 月 8 日　致公党中央在北京举行海外侨情座谈会。罗豪才主席、杜宜瑾常务副主席、吴明熹副主席及侨界专家学者和致公党老同志出席座谈会。

1 月 9 日至 14 日　罗豪才主席率中央“五侨”慰问团赴海南慰问华侨农场归难侨职工。

2 月 13 日　致公党中央在北京举行征地制度改革研讨会。会议议题是：交流经验，集思广益，共同呼吁土地征用工作的健康发展。罗豪才主席出席会议并作重要讲话。吴明熹副主席在会上作题为《严把土地征用关　切实保障失地农民根本利益》的主题报告。杜宜瑾常务副主席及国土资源部、农业部、劳动社会保障部、国家发改委、全国政协经济委员会等有关部门领导同志和相关专家出席会议。

3 月 10 日　致公党第十二届中央常务委员会第五次会议作出决议，要求全党牢固树立科学发展观，把促进我国经济社会科学发展作为致公党的主要任务和发挥作用的着力点，为执政党和政府科学决策积极建言献策。

3 月 26 日　致公党中央参政议政工作会议在北京举行。

4 月 4 日至 8 日　致公党中央组织发展工作理论研讨会在福建福州举行。

6 月 5 日至 8 日　致公党中央在江苏苏州召开多党合作研究工作会议。

8 月 5 日至 14 日　致公党中央在贵州毕节举行扶贫活动，请北京新东方学校教师对当地 100 名教师进行英语培训。

8 月 25 日　致公党中央与致公党北京市委会联合在北京举行纪念伍禅同志诞辰 100 周年座谈会。

11 月 15 日　致公党中央纪念《中共中央关于坚持和完善中国共产党领导的多党合作和政治协商制度的意见》颁布 15 周年座谈会在北京举行。

11 月 20 日至 21 日　致公党湖北省委会召开第一次代表大会。

12 月 11 日　致公党第十二届中央常务委员会第八次全体会议在北京举行。会议决定任命曹鸿鸣同志为致公党第十二届中央委员会秘书长。

12 月 12 日至 14 日　致公党第十二届中央委员会第三次全体会议（扩大）在北京举行。会议增选了于炼等 11 名同志为中央委员，增选杨邦杰同志为中央常委、中央副主席。

12 月 15 日　致公党中央专门委员会工作会议在北京举行。

2005 年

3 月 25 日　致公党中央向各省级及中央直属组织发出《关于学习宣传贯彻〈关于进一步加强中国共产党领导的多党合作和政治协商制度建设的意见〉的通知》。

4 月 13 日　致公党中央在北京举行学习《中共中央关于进一步加强中国共产党领导的多党合作和政治协商制度建设的意见》的座谈会。

4 月 28 日　致公党中央办公厅向各省级及中央直属组织发出《关于进一步贯彻〈中国致公党中央关于后备干部队伍建设的意见〉的通知》。

5 月 23 日　致公党中央在北京举行“贫困地区的发展与和谐社会的构建”大考察预备会议。

6 月 8 日至 9 日　致公党第十二届中央常务委员会第十次会议召开，通过了《致公党中央关于加强致公党的参政能力建设的若干意见》，要求全党以参政能力建设为重点，全面加强自身建设。

7 月 22 日　致公党中央在北京召开构建节约型社会专题座谈会。

9 月 27 日　致公党中央向各省级及中央直属组织发出《致公党中央关于表彰先进集体和优秀党员的决定》。

10 月 1 日　致公党第十二届中央常务委员会第十一次全体会议在北京召开。

致公党纪念抗日战争胜利 60 周年座谈会在北京举行。

10 月 2 日　致公党成立 80 周年纪念大会在北京人民大会堂举行。致公党中央“心系祖国统一，同创中华振兴”座谈会在北京举行。

11 月 21 日至 24 日　致公党海外联谊工作座谈会在浙江省杭州市召开。

12 月 8 日　致公党中央向各省级组织及中央直属组织发出《关于表彰致公党参政议政信息工作先进集体、优秀组织、先进个人的决定》。

12 月 15 日　致公党第十二届中央常务委员会第十二次会议在京召开。

12 月 16 日至 17 日　致公党第十二届中央委员会第四次全体会议在北京举行。审议了《致公党中央关于进一步发挥中央委员作用的意见（征求意见稿)》，通过了《中国致公党第十二届中央委员会第四次全体会议关于接受王宋大同志提出不再担任中央委员会副主席、常委、委员职务请求的决定》。

12 月 21 日　致公党中央办公厅向各省级及中央直属组织发出《关于印发〈致公党中央重要事项报告制度（试行)〉的通知》。

致公党中央办公厅向各省级及中央直属组织发出《关于印发〈中国致公党党员发展程序〉的通知》。

12 月 29 日　致公党中央在北京举行侨界专家学者座谈会。会议研讨了近年来海外侨情、侨务研究和有关涉侨单位、驻外机构的侨务工作等问题。

2006 年

1 月 19 日至 20 日　致公党中央机关由北京市东城区安定门外大街 55 号迁至北京市西城区德胜门东滨河路 11 号。

3 月 15 日　致公党中央向各省级及中央直属组织发出《关于学习贯彻〈中共中央关于加强人民政协工作的意见〉的通知》。

4 月 13 日　致公党中央办公厅向各省级及中央直属组织发出《关于深入开展社会主义荣辱观学习教育活动的通知》。

4 月 18 日至 19 日　致公党组织工作会议在北京举行。

6 月 30 日　根据中央编办复字〔2006〕76 号文件，《中国发展》杂志社正式成立。

8 月 5 日至 15 日　致公党中央在贵州毕节举行扶贫活动，请北京新东方学校教师对当地 100 名教师进行英语培训。

9 月 13 日至 14 日　致公党中央在北京举行中国共产党领导的多党合作和政治协商制度理论研讨会。

11 月 11 日　致公党中央向各省级及中央直属组织发出《致公党中央关于表彰机关建设工作先进集体和先进个人的决定》。

11 月 11 日至 12 日　致公党机关建设工作会议在浙江杭州举行。

12 月 24 日至 26 日　致公党第十二届中央委员会第五次全体会议（扩大）在北京举行。会议增选万钢同志为致公党第十二届中央委员、常委、中央副主席。

12 月 26 日至 27 日　致公党中央在北京举行“弘扬优秀传统文化　密切海内外同胞关系”理论研讨会。

2007 年

2 月 23 日　罗豪才主席代表中央“五侨”单位在海南省慰问兴隆和文昌两个华侨农场。

3 月 9 日　致公党在北京召开了第十二届中央常务委员会第十七次会议。

3 月 15 日　致公党中央向各省级及中央直属组织发出《关于学习贯彻〈中共中央关于加强人民政协工作的意见〉的通知》。

4 月 2 日　罗豪才主席召集“五侨”单位有关同志，以“弘扬中华文化，密切海内外同胞关系”为主题进行座谈。致公党中央常务副主席杜宜瑾，副主席吴明熹、杨邦杰及来自全国人大华侨委员会、国务院侨务办公室、全国政协港澳台侨委员会、中国侨联的相关人员参加了座谈。

4 月 21 日至 22 日　致公党中央与致公党福建省委会、福建省武术协会在福建省厦门市联合举办海峡两岸中华武术论坛。

4 月 28 日　致公党中央参政议政部召开国有林场与新农村建设调研

研讨会。

5 月 11 日　致公党中央在天津召开致公党中央参政议政工作委员会工作会议。

5 月 17 日　致公党中央各专门委员会工作会议在京召开。

6 月　根据《各民主党派中央关于加强地方组织领导班子建设座谈会纪要》精神，致公党中央发出通知，要求各省级组织通过开展“政治交接学习教育活动”，将加强地方组织领导班子建设，作为当前和今后一个时期自身建设中一项十分重要的任务。

6 月 26 日　致公党中央向各省级及中央直属组织发出《关于印发〈致公党中央关于省级组织换届工作的意见〉的通知》。

7 月 3 日　致公党召开第十二届中央常务委员会第十八次会议。

8 月 15 日至 17 日　致公党中央海外联谊工作委员会全体会议在山东威海召开，吴明熹副主席出席会议。

9 月 9 日至 11 日　吴明熹副主席赴广东省台山市出席美洲协胜公会成立 150 周年庆典暨 81 届恳亲大会。

9 月 13 日至 14 日　致公党中央在北京举行中国共产党领导的多党合作和政治协商制度理论研讨会。

9 月 29 日　杜宜瑾常务副主席赴天津出席致公党天津市委会政治交接学习教育活动动员会。

11 月 11 日　致公党中央向各省级及中央直属组织发出《致公党中央关于表彰机关建设工作先进集体和先进个人的决定》。

11 月 24 日至 25 日　罗豪才主席、杨邦杰副主席赴天津出席“中国发展论坛 · 2007”。

12 月 16 日　致公党在京召开第十二届中央委员会第六次全体会议。

12 月 17 日　致公党第十三次全国代表大会预备会在京召开。

12 月 17 日至 21 日　致公党在北京召开第十三次全国代表大会，会议审议并通过了《中国致公党章程（修正案）》，大会选举产生了由 110 名中央委员组成的第十三届中央委员会。在第十三届中央委员会第一次全体会议上，选举产生了由万钢、王孝询、王志民、王钦敏、王珣章、甘霖（女）、朱天慧（女）、刘富兴、闫小培（女）、严以新、李羚（女）、李卓彬、李昭玲（女）、杨邦杰、吴幼英（女）、陈杰、林方略、郑继伟、赵进东、相建海、姚凯伦、黄因慧、黄格胜、曹小红（女）、曹鸿鸣、蒋作君、程津培、谢广祥、谢晓尧、蔡建国、滕卫平等31人组成的中央常务委员会，选举万钢为中央委员会主席，王钦敏、王珣章、程津培、杨邦杰、严以新、黄格胜、曹小红（女）、李卓彬为副主席。致公党第十三届中常会第一次会议任命曹鸿鸣同志为致公党十三届中央委员会秘书长。在十三届中央第一次主席会上，王钦敏被确定为常务副主席，主持中央日常工作。

2008 年

1月22日　中共中央统战部部长杜青林走访致公党中央机关，看望机关工作人员。

3月21日　在中央机关召开专门委员会主任会议，王钦敏常务副主席，杨邦杰、严以新、李卓彬副主席及各专委会主任出席会议。

3月27日至29日　严以新、李卓彬副主席在京出席“中国致公党‘政治交接学习教育活动’经验交流会”。

4月22日　致公党中央党务研究委员会纪念中共中央发布“五一口号”60周年座谈会在中央机关举行。

4月26日　致公党中央举办纪念司徒美堂先生诞辰140周年座谈会。

李卓彬副主席在广东中山市出席美国安良工商会第二十九届年会暨成立115周年庆典。

5月23日至31日　万钢主席、王钦敏常务副主席、杨邦杰副主席就“大力发展碳汇林业，促进生态文明建设”赴云南进行调研。

6月4日　致公党中央“抗震救灾、共建家园”领导小组第二次会议在中央机关举行。

10月21日至22日　致公党第十三届中央常务委员会第四次会议在厦

门召开。审议通过《致公党中央关于加强省级组织领导班子后备干部队伍建设的意见（草案）》，讨论通过《中国致公党党内监督条例〈试行〉（草案）》。

11 月 13 日至 14 日 致公党中央在开平与广东省江门市政府共同举办“纪念著名侨领司徒美堂先生诞辰 140 周年大会”及相关活动，万钢主席，王钦敏常务副主席，王珣章、程津培、杨邦杰、李卓彬副主席，罗豪才、杜宜瑾、王宋大、吴明熹等老同志及致公党中央邀请的海内外来宾出席。

11 月 26 日至 27 日 “中国发展论坛 2008——统筹城乡发展”在重庆举办。

12 月 16 日至 19 日 致公党第十三届中央委员会第二次全体会议在北京举行。会议通过了《中国致公党党内监督条例（试行）》，成立了致公党中央监督委员会。会议期间，还举行了致公党纪念改革开放 30 周年座谈会、致公党政治交接学习教育活动总结表彰大会、致公党抗震救灾总结表彰大会和致公党中央专门委员会工作研讨会。

2009 年

2 月 13 日 致公党中央向各省级及中央直属组织下发《关于下发〈中国致公党党内监督条例（试行）〉的通知》。

3 月 4 日 致公党中央向各省级及中央直属组织下发《致公党中央关于深入学习贯彻科学发展观的实施意见》。

5 月 6 日 致公党中央向各省级及中央直属组织下发《关于结合加强爱国主义教育做好当前宣传思想工作的通知》。

6 月 5 日 致公党中央向各省级及中央直属组织下发《关于下发〈致公党中央关于进一步做好组织发展工作若干问题的意见〉的通知》。

6 月 8 日至 11 日 致公党中央在江苏南京举办的“致福工程”学习交流会暨社会发展与服务专委会扩大会议。

7 月 5 日至 8 日 致公党第十三届中央常务委员会第七次会议在贵州

召开。

8 月 20 日至 21 日　致公党中央主办、致公党天津市委会承办的第二届留学回国人员论坛在天津举行。

9 月 1 日　王钦敏常务副主席、杨邦杰副主席在中央机关出席致公党中央监督委员会会议。

10 月 22 日至 24 日　致公党中央在武汉主办“中国发展论坛 2009——武汉城市圈‘两型社会’建设”。

10 月 26 日　致公党中央向各省级及中央直属组织下发《关于表彰致公党参政议政工作先进集体和先进个人、参政议政优秀调研报告、提案工作和信息工作优秀组织奖、致公党机关参政议政优秀工作者的决定》。

12 月 21 日至 24 日　致公党第十三届中央委员会第三次全体会议在京举行，期间举行了致公党中央监督委员会会议和专门委员会会议。

2010 年

1 月 13 日至 15 日　严以新副主席在广州出席致公党中央宣传部理论研究会第一次会议。

4 月 19 日　致公党中央经济委员会主任会议召开。

4 月 18 日至 23 日　致公党中央环发委赴四川开展西部小城镇建设调研。

4 月 22 日至 29 日　万钢主席率团出访菲律宾和泰国，李卓彬副主席随团出访。

5 月 9 日至 12 日　致公党党内监督工作研讨会在湖南长沙举行。

8 月 20 日至 22 日　由致公党中央和辽宁省政府联合举办的“中国发展论坛 2010——辽宁沿海经济带和环渤海地区合作与发展”在大连召开。

8 月 30 日至 31 日　万钢主席、王钦敏常务副主席、李卓彬副主席在福州参加海峡两岸科技论坛。

9 月 7 日至 13 日　严以新副主席赴云南、贵州调研地方组织开展学习践行社会主义核心价值体系活动情况。

10月15日　中央媒体单位对“致西合作”20年进行专题采访，李卓彬副主席、原副主席吴明熹接受采访。

10月17日至19日　致公党毕节帮扶工作会议在贵州召开。

11月22日至24日　致公党中央在安徽合肥组织召开致公党中央参政议政工作会议。

12月1日　致公党第十三届中央常务委员会第十三次全体会议在京召开。

12月2日至3日　致公党中央第十三届中央委员会第四次全体会议在京召开。

12月19日至21日　致公党中央海外联络工作会议在广州召开。

12月23日至24日　致公党中央在湖北武汉举办“中国发展·武汉2010——汽车与新能源论坛”。

2011年

2月22日至25日　杨邦杰副主席率致公党中央调研组赴西沙群岛进行“偏远海岛保护与整治修复”调研。

4月11日至17日　致公党中央与交通运输部“发展水运事业、推进航道立法”联合调研组赴浙江、广东、四川、重庆调研，严以新副主席参加调研。

5月15日　杨邦杰副主席在京出席中国民盟成立70周年大会。

5月25日至6月1日　杨邦杰副主席率致公党中央“川陕革命老区发展”调研组赴四川、陕西等地调研。

6月24日　万钢主席，罗豪才同志，王钦敏常务副主席，严以新、李卓彬副主席在中央机关出席纪念中国共产党建党90周年暨辛亥革命100周年座谈会。

8月19日至21日　严以新副主席在内蒙古出席“中国发展·呼和浩特2011——呼包鄂区域经济发展与高效人才引进论坛”及2011中国留学人员西部科技交流洽谈会。

8 月 31 日至 9 月 10 日　万钢主席率全国政协代表团赴美国、加拿大、哥斯达黎加访问，李卓彬副主席随团出访。

10 月 1 日　王钦敏常务副主席在天安门广场参加向人民英雄纪念碑敬献花篮仪式。

10 月 9 日　万钢主席、王钦敏常务副主席、严以新副主席，及在京中央委员和中央机关有关同志在人民大会堂参加辛亥革命 100 周年纪念大会。

10 月 20 日　王钦敏常务副主席率调研组赴中国技术交易所就“加快推进科技成果转化及产业化”问题进行专题调研并召开座谈会。

11 月 2 日　致公党中央召开“经济界专家座谈会”，研究讨论当前的经济形势，对 2012 年经济工作提出政策建议。

11 月 16 日至 17 日　严以新副主席在云南出席致公党中央社会发展与服务委员会全体会议暨“致福工程”研讨会。

11 月 17 日　万钢主席在中央机关会见并宴请了美国洪门致公总堂辛亥革命百年纪念访问团一行。

11 月 24 日至 26 日　由致公党中央主办、致公党江苏省委会承办的第五届“海外洪门中青年人士研讨班”暨“江苏省海外联络干部培训班”在南京举行。来自菲律宾洪门五属的 22 位中青年人士以及致公党江苏各级组织的 30 多位海外联络工作人员参加了研讨班的学习。

11 月 28 日　王钦敏常务副主席，严以新副主席在宁海出席由致公党中央委员会和国家海洋局共同主办，浙江省宁波市人民政府承办的“中国发展论坛 · 2011——海洋经济发展与海岛保护”。

12 月 15 日　由致公党中央主办，广东省科学技术厅、致公党广东省委员会、广东省人民政府台湾事务办公室、东莞市人民政府承办的 2011 海峡科技论坛在东莞隆重举行。来自两岸学术界和产业界的专家、学者和企业家代表约 500 多人应邀出席了论坛。

12 月 19 日至 20 日　致公党第十三届中央委员会第五次全体会议在北京召开。会议增选闫小培为致公党中央副主席。会议期间，还举行了致公党中央专委会工作会议和监督委员会工作会议。

2012 年

2 月 24 日　致公党中央第十三届第二十九次主席办公会议在中央机关举行。学习《中共中央关于加强新形势下党外代表人士队伍建设的意见》，听取关于筹备成立致福慈善基金会有关进展情况的汇报等。

4 月 21 日　严以新副主席在江苏苏州出席江苏省“引凤工程”展览馆开馆仪式。

4 月 26 日　闫小培副主席在京看望“春晖行动——致公学生培养计划”所资助学生。

5 月 11 日　闫小培副主席在中央机关会见并宴请了美国旧金山中华总会馆主席团访问团一行。

5 月 24 日至 6 月 2 日　王钦敏常务副主席率致公党文化交流团赴美国、多米尼加访问。

6 月 10 日至 15 日　万钢主席、王钦敏常务副主席、杨邦杰副主席赴广东参加致公党中央“技术创新，促进产业转型升级”大调研。

6 月 28 日至 29 日　王钦敏常务副主席在郑州出席致公党河南省工作委员会成立大会。

7 月 14 日　致公党第十三届中央常务委员会第十九次全体会议在湖北武汉召开。

9 月 2 日至 4 日　致公党党章修订座谈会在广州举行。

9 月 16 日至 19 日　“中国发展论坛 · 2012——可持续发展 20 年暨资源枯竭型城市转型”在湖北黄石举行，万钢主席、王钦敏常务副主席、杨邦杰副主席出席论坛。

9 月 19 日至 21 日　王钦敏常务副主席在山东泰安出席《中国致公党章程》修订研讨会。

9 月 25 日至 28 日　致公党陕西省委员会筹备委员会成立大会在西安举行，万钢主席、王钦敏常务副主席出席活动。

12 月 1 日　致公党第十三届中央常务委员会第二十一次全体会议在京召开。

12 月 2 日　致公党第十三届中央委员会第六次全体会议在京举行。

12 月 3 日至 6 日　致公党第十四次全国代表大会在京召开，会议通过了《致公党第十四次全国代表大会关于第十三届中央委员会报告的决议》和《中国致公党章程修正案的决议》，选举产生了由 118 名中央委员组成的新一届中央委员会。

会议期间举行了致公党第十四届中央委员会第一次全体会议，选举产生了由 34 名委员组成的第十四届中央常务委员会和新一届致公党中央领导机构，万钢连任主席，蒋作君、王珣章、程津培、杨邦杰、严以新、黄格胜、曹小红、李卓彬、闫小培当选副主席。选举了致公党第十四届中央委员会监督委员会主任、副主任和委员。在第十四届第一次主席会议上决定蒋作君同志为致公党第十四届中央委员会常务副主席。

12 月 6 日　致公党第十四届中央常务委员会第一次全体会议召开，会议审议通过了致公党第十四届中央委员会秘书长建议名单（曹鸿鸣）。

12 月 25 日　中共中央总书记习近平和中共中央政治局常委俞正声，中共中央政治局委员、中央办公厅主任栗战书一起，走访了致公党中央机关，并与致公党中央领导同志座谈。

2013 年

3 月 9 日　致公党第十四届中央常务委员会第二次会议在京举行，会议学习贯彻“两会”精神、审议通过了《致公党中央关于学习贯彻“两会”精神的决议》，通报《致公党中央 2013 年工作要点》，审议通过了《中国致公党第十四届中央委员会专门委员会主任、副主任建议名单》

3 月 24 日至 25 日　致公党在长沙召开中央理论研究会第一次会议。

4 月 8 日至 12 日　致公党中央调研组赴安徽蚌埠、阜阳、淮南等地开展“加快安徽淮河经济带建设，实现地区四化同步协调发展”调研。

5 月 6 日至 11 日　万钢主席、蒋作君常务副主席赴江苏苏州、南通、扬州、盐城、南京等地，参加“加快发展农业现代化”大调研。

5 月 20 日至 29 日　致公党省级组织新任专职领导干部多党合作专题研究班在京举行，蒋作君常务副主席出席开班式。

7 月 4 日至 5 日　致公党第十四届中央常务委员会第三次全体会议在云南昆明召开。

7 月 6 日至 10 日　致公党中央文化委赴云南开展侨乡文化调研。

7 月 6 日至 12 日　杨邦杰副主席率致公党中央经济委员会调研组赴广东调研“中国企业走出去”。

7 月 22 日至 26 日　致公党中央科技委赴山西就“创新驱动推动绿色低碳循环经济发展”开展调研。

8 月 6 日　万钢主席、闫小培副主席在中央机关出席“致福慈善基金会”发起人单位、发起人、出资人会议。

闫小培副主席在中央机关出席“致福慈善基金会”第一届理事会第一次会议。

8 月 21 日至 27 日　蒋作君常务副主席率致公党中央医药卫生委员会调研组赴广西、天津、辽宁就促进健康产业良性发展进行调研

11 月 4 日至 5 日　致公党中央在南京举办“中国发展论坛·2013——加快农业现代化，推动‘新四化’同步发展”。

11 月 20 日　致公党第十四届中央常务委员会第四次全体会议在京举行。

12 月 17 日至 18 日　致公党第十四届中央委员会第二次全体会议在北京召开。审议通过了《中国致公党第十四届中央委员会第二次全体会议关于中央常务委员会工作报告决议》《致公党中央关于开展坚持和发展中国特色社会主义学习实践活动的方案》《中国致公党党内监督条例》。

2014 年

3 月 9 日　致公党第十四届中央常务委员会第六次全体会议在京召开。

3月19日至22日　致公党中央在贵州毕节召开致公党参与毕节试验区建设工作扩大会议。

5月6日至13日　致公党中央在海口召开致公党党内监督工作研讨会。

5月18日至23日　万钢主席、蒋作君常务副主席、杨邦杰副主席率致公党中央“创新驱动促进装备制造业结构调整”调研组赴黑龙江、辽宁等地开展调研。

9月27日　致公党中央在北京国际饭店举行国庆招待会，欢迎来华访问的海外洪门中青年人士代表团、欧洲中青年侨领代表团和港澳人士代表团。

10月31日　万钢主席，蒋作君常务副主席，杨邦杰、闫小培副主席，在重庆出席“中国发展论坛·2014——建设长江经济带”开幕式。

11月20日至21日　中央监督委员会检查组赴浙江检查党内监督工作开展情况。

12月2日至3日　致公党第十四届中央委员会第三次全体会议在京召开。

2015年

1月21日至23日　蒋作君常务副主席、严以新副主席在四川成都出席致公党坚持和发展中国特色社会主义学习实践活动阶段性总结交流会。

3月9日　致公党第十四届中央常务委员会第十次全体会议在京召开，万钢主席，蒋作君常务副主席，王珣章、程津培、杨邦杰、严以新、黄格胜、曹小红、李卓彬、闫小培副主席出席会议。

4月12日至17日　万钢主席、蒋作君常务副主席、杨邦杰副主席赴安徽开展“淮河流域经济发展与环境保护”大调研。

5月11日至15日　蒋作君常务副主席率致公党中央医药卫生委员会调研组在北京、山东开展关于互联网医疗发展情况的调研。

6月13日至16日　致公党中央在福建厦门组织召开“2015海峡论

坛·两岸公益论坛”，蒋作君常务副主席、闫小培副主席出席。

7 月 5 日至 8 日　致公党中央邀请香港科技协进会访问团赴北京、天津考察访问。

7 月 5 日至 13 日　致公党中央赴新疆开展“现代农业”调研。

7 月 17 日至 20 日　致公党第十四届中央常务委员会第十一次全体会议在贵州遵义召开，万钢主席，蒋作君常务副主席，王珣章、程津培、杨邦杰、严以新、黄格胜、李卓彬、闫小培副主席等出席。

8 月 18 日至 21 日　蒋作君常务副主席、杨邦杰副主席在河南郑州出席致公党党内监督工作研讨会。

9 月 3 日　万钢主席，蒋作君常务副主席，杨邦杰、严以新副主席在京出席纪念中国人民抗日战争暨世界反法西斯战争胜利 70 周年大会。

9 月 21 日　致公党中央组织召开董寅初同志诞辰 100 周年座谈会。

12 月 4 日上午　蒋作君常务副主席在京出席庆祝中国民主促进会成立 70 周年大会。

12 月 27 日　蒋作君常务副主席在京出席致公党监督工作会议。

12 月 27 日至 30 日　致公党第十四届中央委员会第四次全体会议在京召开。

2016 年

3 月 15 日至 17 日　致公党第十四届中央委员会第五次全体会议在京召开，会议增补孙大文、侯茂丰为中央委员，于圣臣、沈国军为中央常委，曹鸿鸣为中央副主席。

3 月 16 日　致公党第十四届中央常务委员会第十四次会议在京召开。

3 月 28 日至 30 日　曹鸿鸣副主席兼秘书长率队赴湖北武汉、湖南长沙开展“加强致公党中央专门委员会自身建设”调研。

4 月 18 日至 21 日　致公党对外联络干部培训班在大连举办，闫小培副主席出席开幕式。

4 月 21 日至 23 日　致公党实施精准扶贫精准脱贫工作推动会在京

召开。

5月12日至17日　万钢主席、蒋作君常务副主席，曹鸿鸣副主席兼秘书长赴四川省开展“积极应对人口老龄化”大调研。

5月30日至6月8日　致公党中央骨干党员培训班在中央社会主义学院举办，蒋作君常务副主席出席开班式。

6月11日　蒋作君常务副主席在福建开展“一带一路”文化产业“走出去”调研。

7月8日至10日　致公党第十四届中央常务委员会第十五次会议在山东济南召开。

8月26日至28日　万钢主席、蒋作君常务副主席、曹鸿鸣副主席在湖北潜江出席“中国发展论坛·中小城市与创新驱动”。

9月18日至20日　蒋作君常务副主席、曹鸿鸣副主席赴四川开展脱贫攻坚民主监督工作调研。

10月20日至21日　致公党宣传思想理论工作会议在北京举行。

11月7日至8日　致公党组织工作会议在北京举行。

11月21日至25日　闫小培副主席赴四川广元出席致公党精准扶贫结对帮扶中期推动暨经验交流会。

12月14日至17日　致公党第十四届中央委员会第六次全体会议在京召开。

2017年

2月14日　严以新副主席赴南京出席学习实践活动调研座谈会。

2月18日　严以新副主席赴上海出席致公党员座谈会。

严以新副主席赴上海出席上海市委会“不忘合作初心，继续携手前进”专题教育活动推进会及“中国梦·侨海情”致公党宣讲团巡讲（浦东）。

3月9日　万钢主席，蒋作君常务副主席，王珣章、程津培、严以新、黄格胜、曹小红、李卓彬、闫小培副主席，曹鸿鸣副主席兼秘书长在中央机关出席致公党第十四届第十九次主席会议和致公党第十四届中央常务委员会第十九次会议。

3 月 15 日至 18 日　蒋作君常务副主席带队赴陕西省开展“推进文化‘走出去’调研”。

3 月 20 日　闫小培副主席赴贵州遵义开展“培育和发展特色小（城）镇，推进区域性整体贫困地区脱贫攻坚”调研。

4 月 11 日至 15 日　闫小培副主席赴陕西安康开展“培育和发展特色小（城）镇，推进区域性整体贫困地区脱贫攻坚”专题调研。

4 月 18 日至 27 日　蒋作君常务副主席率致公党中央代表团出访新西兰、法属波利尼西亚、新加坡。

5 月 2 日至 6 日　万钢主席、蒋作君常务副主席、曹鸿鸣副主席兼秘书长赴福建开展“推进‘一带一路’建设中中国文化‘走出去’”大调研。

6 月 16 日至 17 日　致公党中央在江苏常州召开纪念致公党三大召开 70 周年理论研讨会。

9 月 3 日至 8 日　闫小培副主席赴重庆酉阳开展致酉合作工作调研。

10 月 20 日　万钢主席，蒋作君常务副主席，程津培、曹小红、李卓彬、闫小培、曹鸿鸣副主席在京出席致公党中央主席民主生活会。

11 月 2 日　致公党第十四届中央常务委员会第二十一次全体会议在京召开。

11 月 13 日至 15 日　严以新副主席赴福建厦门出席致公党章程修订座谈会。

12 月 2 日　致公党第十四届中央委员会第七次全体会议在北京举行。

12 月 2 日至 5 日　致公党第十五次全国代表大会在京举行，选举产生了由 116 名中央委员组成的新一届中央委员会。选举产生了由 33 名委员组成的第十四届中央常务委员会，万钢连任主席，蒋作君、曹小红、李卓彬、闫小培、曹鸿鸣、甘霖、张恩迪、吕彩霞当选副主席，选举了致公党第十五届中央委员会监督委员会主任、副主任和委员。

12 月 5 日　致公党第十五届中央常务委员会第一次全体会议在北京

召开。万钢主席，蒋作君常务副主席，曹小红、李卓彬、闫小培、曹鸿鸣、甘霖、张恩迪、吕彩霞副主席及中央常委出席会议。会议审议通过了致公党第十五届中央委员会副秘书长建议名单（卢国懿）。

2018 年

1 月 9 日　闫小培副主席在机关会见东南亚五国华侨华人代表团。

3 月 22 日　闫小培副主席在京会见国际洪门中华总会访问团。

3 月 24 日　中共中央政治局常委、全国政协主席汪洋走访致公党中央机关，并与万钢主席，蒋作君常务副主席，李卓彬、闫小培、曹鸿鸣、甘霖、吕彩霞副主席等座谈。

3 月 26 日至 30 日　蒋作君常务副主席率致公党中央医卫委赴安徽、浙江就旅游城市卫生建设情况开展调研。

4 月 8 日至 11 日　吕彩霞副主席赴贵州黔西南州出席精准扶贫精准脱贫工作推动会并开展调研。

4 月 20 日　万钢主席，蒋作君常务副主席，曹鸿鸣、吕彩霞副主席在机关出席致公党中央纪念中共中央发布“五一口号”70 周年座谈会。

5 月 9 日　蒋作君常务副主席在北京开展“促进学前教育健康发展”调研。

5 月 21 日至 25 日　曹鸿鸣副主席率队赴辽宁开展“加快实现辽宁全面振兴，奋力走进现代化建设前列”调研。

6 月 1 日至 10 日　万钢主席率中国和平统一促进会代表团赴巴拿马、秘鲁、阿根廷访问，并在巴拿马出席“纪念中国和平统一促进会成立 30 周年大会暨中南美洲和平统一促进会年会”。

6 月 14 日　致公党中央召开纪念司徒美堂诞辰 150 周年座谈会。

6 月 19 日至 24 日　万钢主席、蒋作君常务副主席、张恩迪副主席率队赴西藏开展“加强青藏高原生态文明建设，积极应对气候变化”重点调研。

7 月 1 日至 6 日　吕彩霞副主席赴四川凉山彝族自治州开展脱贫攻坚

民主监督调研。

7 月 5 日至 13 日　蒋作君常务副主席率致公党中央代表团访问巴拿马、厄瓜多尔。

7 月 13 日至 17 日　吕彩霞副主席赴重庆与重庆市委会研究推进酉阳脱贫攻坚相关工作并出席“第二届精准扶贫致公青少年科普夏令营”开营仪式。

7 月 22 日至 24 日　致公党在辽宁沈阳召开致公党第十五届中央常务委员会第三次全体会议。

8 月 20 日至 24 日　曹鸿鸣副主席率队赴贵州、云南开展“易地扶贫搬迁安置房产权归属问题”调研。

9 月 18 日至 19 日　蒋作君常务副主席、曹鸿鸣副主席赴湖南长沙出席中央监督委员会专项督察调研座谈会及 2018 年党内监督工作研讨会。

9 月 19 日至 22 日　万钢主席、蒋作君常务副主席、曹鸿鸣副主席赴海南开展新发展理念下海岛建设调研。

10 月 9 日至 12 日　万钢主席、蒋作君常务副主席、吕彩霞副主席赴四川甘孜藏族自治州开展脱贫攻坚民主监督调研。

11 月 7 日至 9 日　致公党中央在福建举办致公党省级组织分管副主委社会服务培训班，吕彩霞副主席出席培训班开班式。

12 月 17 日至 20 日　致公党在北京召开第十五届中央委员会第二次全体会议，会议增补卢国懿为中央常委。

2019 年

1 月 15 日　万钢主席在京出席“统一战线学习贯彻习近平总书记在纪念《告台湾同胞书》发表 40 周年座谈会上重要讲话精神座谈会”。

2 月 20 日　万钢主席、曹鸿鸣副主席在中央机关出席“集成电路核心技术攻关进展”座谈会。

2 月 20 日至 24 日　吕彩霞副主席赴四川开展脱贫攻坚民主监督调研。

2 月 27 日　万钢主席、蒋作君常务副主席、闫小培副主席出席中央纪委国家监委驻中央统战部纪检监察组组长在致公党中央机关进行的专题讲座。

3月18日　蒋作君常务副主席、闫小培副主席在中央机关会见国际洪门中华总会代表团。

3月25日至27日　闫小培副主席率队赴陕西西安开展“加强对外投资引导，深化‘一带一路’人文旅游合作”调研。

3月26日至28日　蒋作君常务副主席、吕彩霞副主席赴重庆酉阳调研并出席致公党中央精准扶贫和脱贫攻坚民主监督推动会。

4月15日至19日　蒋作君常务副主席、曹鸿鸣副主席率队赴福建、黑龙江开展“大力发展多层次养老保险体系，稳步提高社会保障水平”调研。

5月7日至12日　万钢主席、蒋作君常务副主席、曹鸿鸣副主席率队赴新疆开展“深化‘一带一路’创新合作”大调研。

6月11日至12日　万钢主席，蒋作君常务副主席，曹鸿鸣、吕彩霞副主席，在湖北潜江开展“资源枯竭型地区经济转型升级发展”调研。

7月21日至26日　蒋作君常务副主席、曹鸿鸣副主席赴安徽、江苏、黑龙江开展“资源枯竭型地区经济转型升级发展”调研。

7月30日至8月2日　蒋作君常务副主席率队赴山东济南、安徽合肥开展“健康中国人行动”调研。

8月16日至17日　致公党在贵州毕节召开致公党第十五届中央常务委员会第八次会议。会议研究决定卢国懿为秘书长。

9月9日至11日　蒋作君常务副主席、闫小培副主席赴江苏南京出席“侨海报国·引凤工程”十周年活动。

10月8日至10日　万钢主席、吕彩霞副主席赴四川开展脱贫攻坚民主监督调研。

11月16日至17日　曹鸿鸣副主席赴福建厦门出席第二届民营经济发展论坛。

12月22日至23日　致公党第十五届中央委员会第三次全体会议在京

召开。

12 月 21 日　蒋作君常务副主席、曹鸿鸣副主席出席 2019 年致公党党内监督工作会议。

2020 年

1 月 10 日　闫小培副主席在致公党中央机关出席“推进留学人员创业园转型升级”专题调研座谈会。

3 月 23 日　万钢主席、蒋作君常务副主席、闫小培副主席在致公党中央机关出席“关于新冠肺炎疫情的思考与建议”专题座谈会（视频）。

4 月 15 日　吕彩霞副主席在京出席致公党中央进一步推进消费扶贫助力脱贫攻坚专题会议（视频）。

4 月 24 日　蒋作君常务副主席、曹鸿鸣副主席出席致公党党内监督工作研讨网络会议。

4 月 30 日　万钢主席、蒋作君常务副主席、曹鸿鸣副主席在京出席“疫情影响下的经济全球化面临的挑战与应对策略”座谈会（视频）。

5 月 6 日　致公党中央组织召开“总结研讨抗疫精神，凝聚党员思想共识”读书心得交流视频会。万钢主席，蒋作君常务副主席，曹小红、李卓彬、闫小培、曹鸿鸣、甘霖、张恩迪、吕彩霞副主席等出席会议。

5 月 13 日　万钢主席、蒋作君常务副主席、闫小培副主席在京出席“发挥海外侨胞和留学生作用，讲好中国故事”座谈会（视频）。

5 月 25 日　致公党第十五届中央常务委员会第十一次全体会议（视频）召开，万钢主席，蒋作君常务副主席，曹小红、李卓彬、闫小培、曹鸿鸣、甘霖、张恩迪、吕彩霞副主席等出席。

6 月 15 日至 17 日　闫小培副主席赴广东深圳开展“粤港澳大湾区科技创新产业协同发展”调研。

7 月 7 日　万钢主席，蒋作君常务副主席，李卓彬、曹鸿鸣、甘霖、张恩迪、吕彩霞副主席出席致公党“书香机关”读书活动启动会（视频）。

8 月 28 日　万钢主席在京出席纪念致公党北京市委会成立 40 周年暨“致力为公 筑梦京华”主题座谈会。

9 月 6 日至 8 日　吕彩霞副主席赴重庆酉阳开展定点扶贫工作调研及“致福送诊”活动。

9 月 8 日至 10 日　万钢主席，蒋作君常务副主席，曹小红、李卓彬、闫小培、曹鸿鸣、甘霖、张恩迪、吕彩霞副主席赴四川成都出席致公党第十五届中央常务委员会第十二次会议。

9 月 9 日　万钢主席，蒋作君常务副主席，张恩迪、吕彩霞副主席，在四川成都出席致公党中央对口四川省脱贫攻坚民主监督工作座谈会。

9 月 13 日至 18 日　蒋作君常务副主席、曹鸿鸣副主席赴广东珠海、福建漳州开展“协调推进海洋资源保护与开发”调研。

9 月 25 日　万钢主席，蒋作君常务副主席，曹小红、李卓彬、闫小培、曹鸿鸣、张恩迪、吕彩霞副主席，在京出席纪念致公党成立 95 周年座谈会。

10 月 21 日至 22 日　万钢主席、吕彩霞副主席赴贵州毕节开展助力毕节决战决胜脱贫攻坚和建设贯彻新发展理念示范区调研。

11 月 4 日至 6 日　万钢主席、蒋作君常务副主席，吕彩霞副主席赴重庆酉阳出席“致酉合作”30 周年座谈会。

11 月 17 日至 18 日　万钢主席，蒋作君常务副主席，闫小培、曹鸿鸣、吕彩霞副主席，赴山东济南出席致公党第十五届中央常务委员会第十三次会议。

11 月 18 日至 19 日　万钢主席，蒋作君常务副主席，闫小培、曹鸿鸣、吕彩霞副主席，在山东济南出席第二届致公党地方委员会工作经验交流会。

11 月 24 日　万钢主席赴致公党中央基层组织联系点——致公党中央直属江西支部调研。

11 月 25 日至 26 日　曹鸿鸣副主席在海南出席致公党中央参政议政工作研讨会。

11 月 26 日至 28 日　闫小培副主席赴福建厦门出席第二十一届全国留学人员创业园网络年会并开展基层组织调研。

12 月 17 日至 18 日　致公党十五届中央委员会第四次全体会议在京召开，会议还审议通过了《中国致公党党内监督条例（修订草案）》，增补杨洋为致公党第十五届中央委员、中央常委。

后　记

2020年10月，中国共产党十九届五中全会胜利召开。全会是在全面建成小康社会胜利在望、全面建设社会主义现代化国家新征程即将开启的重要历史时刻召开的一次十分重要的会议。全会审议通过的《中共中央关于制定国民经济和社会发展第十四个五年规划和二〇三五年远景目标的建议》，充分体现了以习近平同志为核心的中共中央谋划未来的远见卓识和继往开来的历史担当，深刻指明了今后一个时期我国发展的指导方针、目标任务、战略举措，对于动员和激励全党、全国人民继续抓住用好重要战略机遇期，推动全面建设社会主义现代化国家开好局、起好步，具有重大而深远的意义。这也为致公党的事业指明了方向，在“两个一百年”历史交汇点上，激励致公党为中华民族伟大复兴继续奋斗。

今年是中国共产党成立100周年，致公党成立96周年。半个多世纪来，致公党与中国共产党风雨同舟，共同致力于国家富强和民族复兴。致公党的历史，是在中国共产党领导下为祖国从站起来、富起来到强起来贡献力量的历史，是在新时代助力全面建成小康社会、为实现中华民族伟大复兴中国梦团结奋斗的历史。

一

致公党具有深厚的爱国传统。华人华侨和海外洪门支持孙中山领导的辛亥革命，对推翻清王朝专制统治、打倒袁世凯的帝制复辟，作出了重要贡献。辛亥革命孕育了中国致公党。致公党成立后，与祖国同患难、共命运，以“民主建国革命之工程”为己任，并按照现代政党要求完善自身。九一八事变后，广大致公党员和华人华侨积极投入祖国的抗日救亡斗争，共赴国难。抗战胜利后，与中国共产党亲密合作，积极投身新中国建设，投身改革开放。96 年来，一代又一代的致公党人铸就并发展了致公党的爱国传统，这一爱国传统可以归结为“致力为公，以兴邦为民为己任；侨海报国，以创新开放为担当”，这一爱国传统的本质在于强烈的爱国奉献信念，这一爱国传统的特征在于积极的开创进取意识。

致公党具有鲜明的侨海特色。致公党早期群众基础是广大海外华侨华人，从建立初始致公党就具有鲜明的侨海特色。无论是在民主革命时期，还是在社会主义建设时期，致公党都积极动员与团结华人华侨，致力于国家建设。致公党坚持“侨海报国”，加强与华人华侨联系，发展与其他国家和地区的交流，维护华侨权益。致公党通过多种途径，发挥自身优势，最大限度地把广大归侨、侨眷、留学人员和海外侨胞团结起来，最大限度地把他们促进国家改革开放和新时代社会主义现代化建设的积极性调动起来，最大限度地把他们在促进祖国和平统一中的独特优势发挥出来。

致公党始终坚持中国共产党的领导。1921 年中国共产党成立，把为中国人民谋幸福、为中华民族谋复兴作为其初心与使命。1931 年九一八事变爆发，致公党积极响应中国共产党提出的“集中一切国力，为抗日救国的神圣事业而奋斗”的号召，同祖国人民一起承担起抗日救亡的使命。也正是在抗战中，致公党与中国共产党从相识、相知、相认，到合作，结下深厚情谊。1947 年致公党三大的召开实现了重大历史转折，致公党在中国共产党的帮助下开始踏上新民主主义革命的征程，几经风雨，初心不改。致公党自觉接受中国共产党的领导，与中国共产党风雨同舟、真诚合作，书写了肝胆相照、共创伟业的光辉历史。

二

中华人民共和国成立以来，致公党对如何加强自身建设适应时代要求、坚持中国特色社会主义制度自觉、不断推进多党合作事业蓬勃发展进行了积极的探索，积累了一些经验。

这些经验主要有：只有坚持中国共产党的领导，坚持中国特色社会主义发展道路，坚持中华民族伟大复兴的目标，夯实共同思想政治基础，才能使致公党的事业始终沿着正确方向前进；只有继承和发扬致公党的优良传统，才能保持致公党的特色，发挥致公党的优势，自尊、自信、自强，推动致公党的事业不断发展；只有坚持以促进发展为第一要务，发挥统筹有力、上下联动、运行有序的组织优势，强化中央和各级地方组织的合作，提高广大党员的参与力度，才能最大限度地凝聚全党推进改革发展的智慧和力量；只有加强队伍建设，注重领导班子和代表人士队伍培养，重视吸收更多优秀人才加入致公党，坚持人才兴党战略，坚持发挥党员的主体作用，才能使致公党在国家政治生活中发挥更大作用，更好地履行参政党职能；只有坚持以人为本、为侨海服务的立场，广泛团结和联系归侨侨眷、海外侨胞和留学人员，多渠道、多层次、多形式开展对外联络工作，才能进一步发挥致公党在爱国统一战线中的独特作用。

中国特色社会主义进入了新时代。今天，中国人比历史上任何时期都更接近、更有信心和能力实现中华民族伟大复兴的目标。新的时代开启新的征程，新的目标赋予新的使命。我们要有勇往直前的决心和气概，在中国共产党的领导下，坚定正确道路，传承精神传统，凝聚侨海力量，在建设社会主义现代化国家、夺取新时代中国特色社会主义伟大胜利的新征程中，让即将迎来百年历史的中国致公党再续辉煌篇章。

三

2020年3月，为向海内外读者更好地宣介我国多党合作制度，扩大我国新型政党制度的社会影响，中共中央统战部和各民主党派中央开始策划编写“中国参政党丛书”。《中国致公党史》是该丛书之中的一册，由致公党中央负责编写。

致公党历来高度重视党史工作。1981年12月，致公党中央成立党史编纂委员会，着手收集资料，筹备开展党史编写工作。1995年，致公党中央十届十一次主席办公会议决定编写出版《中国致公党简史》，经过两年的努力，完成了《中国致公党简史》（初稿）的编写。2003年，中国致公出版社出版《中国致公党简史（1925—2002）》。2010年，中国致公出版社出版《中国致公党简史（1925—2009）》，对2003版简史进行了修订和补充。这几版简史，尤其是2010年版《中国致公党简史（1925—2009）》，为《中国致公党史》的编写打下了坚实的基础。与2010年版简史相比，《中国致公党史》主线更加清晰，史料更加翔实，内容更加丰富。一是进一步挖掘史料，全景展现致公党与中国共产党从相识、相知、相认到合作的全过程；二是扩充早期党史和海外华侨部分内容，突出致公党的显著特色；三是增加参与抗战的部分史实，彰显致公党在抗战中的作用；四是增加2009年至2020年的内容，围绕致公党十三大以来的工作重点来编写，注重资料性，呈现新时代致公党侨海报国的理论与实践，展现中国特色政党制度的生动画卷。

致公党中央和万钢主席高度重视《中国致公党史》编写工作，多次召开主席办公会议研究部署有关工作。万钢主席、蒋作君常务副主席等亲自修改编写大纲草案并对送审稿进行阅改。2020年4月，万钢主席召开全党党史工作会议，通过编写工作方案，进一步部署和推进党史编写工作。致公党中央成立《中国致公党史》编写组，吕彩霞副主席担任编写组组长，钱叶用、吴春梅担任副组长。《中国致公党史》编写提纲由钱叶用、吴春梅、孙宇鹏、刘超拟订。在吕彩霞副主席的具体指导下，编写组成员王起鹍、石瑶、卢立菊、冯雪彬、孙宇鹏、刘超、米其智、吴春梅、宋汉晓、陈倩、陈木金、周云水、赵蔷、胡中应、储节旺等，各司其职，按照提纲起草了初稿。大事记由陈颂原、王鑫磊编写。全书后期统稿工作由张刃、孙宇鹏、王鑫磊、刘超主要参与，储节旺、陈木金、陈颂原部分参与。任浩、陈文良、周强、颜士永、黄蓝青等在资料搜集、送审和书稿编辑等方面提供帮助。

《中国致公党史》的编写，得到了中共中央统战部一局、致公党中央机关各部门和地方组织的大力支持。致公党中央领导、老领导老同志、中央机关各部门、各省级组织、中央党史研究与党务工作委员会有关专家和参与前两版致公党简史编写工作的一些党内专家学者对书稿进行了审阅，提出了重要的修改意见。在此，本书编写组特向长期从事致公党历史研究的党内专家学者王宋大、邱国义、陈昌福、谢慈庭等表达敬意，也向为本书编写予以指导、支持和帮助的各位领导和单位表示衷心感谢。本书编写过程中，借鉴、吸收了中国近现代史、华侨史、会党史以及统一战线史等相关研究成果，我们对这些研究者一并深表感谢。

由于编写时间紧、历史资料不足和水平所限，本书难免有疏漏与欠妥之处，敬请批评指正，以在今后的党史修订中吸纳。

2021 年 6 月